COMMISSION D'ENQUÊTE

SUR LA

Durée du travail dans les mines de houille

ENQUÊTE ORALE

DÉPOSITIONS DES TÉMOINS

SECTION DE LIÉGE

MISCH ET THRON
ÉDITEURS.

BRUXELLES
Rue Royale, 126.

LEIPZIG
Hospitalstrasse, 10.

DÉPÔT EXCLUSIF POUR LA FRANCE
MARCEL RIVIÈRE
31, rue Jacob, Paris.

1908

COMMISSION D'ENQUÊTE

SUR LA

Durée du travail dans les mines de houille

ENQUÊTE ORALE

DÉPOSITIONS DES TÉMOINS

SECTION DE LIÉGE

BRUXELLES
GOEMAERE, IMPRIMEUR DU ROI, ÉDITEUR
21, *rue de la Limite.*

1907

COMMISSION D'ENQUÊTE

SUR LA

DURÉE DU TRAVAIL DANS LES MINES DE HOUILLE

ENQUÊTE ORALE

DÉPOSITIONS DES TÉMOINS

Section de Liége

INTRODUCTION.

Pour procéder à l'enquête orale dans les différents bassins houillers du pays, la commission d'enquête s'est subdivisée en trois sections.

La section de Liége se composait de sept membres :

Président :	MM.	Alf. Magis, sénateur ;
Vice-Président :		le baron Alf. Ancion, sénateur ;
Secrétaire :		Ch. Dejace, professeur à l'Université de Liége ;
Membres :		J. Dallemagne, membre de la Chambre des représentants;
		N. Kaes, ouvrier mineur à Ougrée ;
		V. Leduc, Administrateur-Gérant des charbonnages des Kessales.
		C. Van Marck, membre de la Chambre des représentants;

MM. G. Francotte, L. Dejardin, L. Delruelle et A Delmer, respectivement président, secrétaire et secrétaires-adjoints de la commission, ont assisté à plusieurs réunions de la section de Liége.

M. l'inspecteur général des mines et MM. les ingénieurs en chef-directeurs d'arrondissement des mines de Liége, ont été invités à siéger au bureau.

Les charbonnages dépendant de la section de Liége ont été divisés en trois groupes, dont les témoins ont été entendus respectivement à Liége, à Seraing et à Fléron.

Les dépositions ont été recueillies par les ingénieurs principaux des mines ;

elles ont été lues devant les témoins, qui les ont approuvées.

Le questionnaire qui est reproduit ci-dessous servait de guide au président dans l'interrogation des témoins.

La forme des questions variait suivant qu'elles étaient adressées à un ouvrier ou à un patron.

La dernière question n'a pas été posée aux ouvriers.

En transcrivant les dépositions des témoins, on a placé dans le texte des numéros rappelant ceux du questionnaire.

Tous les paragraphes ont été numerotés en marge pour faciliter l'emploi des tables analytiques.

QUESTIONNAIRE

1. Parlez-vous en votre nom personnel ou bien êtes-vous délégué par une association ?

2. Les ouvriers demandent-ils que la journée de travail soit réduite?

3. Qu'entendez-vous par durée de la journée de travail : est-ce le nombre d'heures de présence dans la mine ou la durée du travail effectif?

4. Si on limitait la durée du travail, conviendrait-il de limiter :

a) le nombre d'heures de présence dans la mine;

b) la durée du travail effectif.

Cette limitation devrait-elle se faire en une fois ou par étapes ?

5. A quelle heure les ouvriers descendent-ils dans la mine ?

6. A quelle heure remontent-ils de la mine?

7. Quel temps leur faut-il pour se rendre du puits à leurs chantiers et pour en revenir?

Le trajet est-il fatigant et pénible; pourquoi?

8. Quelle est la durée de leur repos dans la mine?

9. Pendant combien d'heures par jour travaillent-ils effectivement ?

10. Le travail est-il prolongé certains jours; de combien?

Quels sont les moyens employés par les patrons pour déterminer les ouvriers à prolonger leur travail?

11. Les ouvriers chôment-ils le lundi ou d'autres jours?

Pourquoi chôment-ils?

Quels sont les effets du chômage sur l'organisation du travail?

12. Une limitation de la journée de travail ne devrait-elle pas être appliquée uniquement aux ouvriers à veine?

13 Si la limitation de la durée du travail était générale, quelques exceptions ne seraient-elles pas nécessaires, par exemple pour les surveillants ou certaines catégories d'ouvriers?

14. Quelles sont les dérogations qui devraient être prévues?

15. Les ouvriers ne sont-ils pas parfois retardés ou arrêtés dans leur travail :

a) Par suite d'une préparation incomplète du chantier;

b) Par suite d'une interruption dans le transport (manque de matériel, évacuation trop lente du chantier, etc.);

c) Par suite de retards dans le service des lampes et des bois;

d) Pour d'autres causes indépendantes de leur volonté?

16. Ces arrêts ou retards sont-ils fréquents?

Sont-ils habituels et dus à des services d'organisation ou accidentels?

17. La température de la mine est-elle élevée; l'air y est-il vicié; la mine est-elle humide?

18 Les ouvriers pourraient-ils accomplir la même tâche qu'actuellement dans un temps plus court?

19. Si la réduction de la journée de travail avait pour conséquence une diminution de la production, cette diminution pourrait-elle être compensée :

a) Par la réduction des temps de repos pris à l'intérieur de la mine;

b) Par une diminution de chômages;

c) Par un travail plus intense;

d) Par l'amélioration des conditions hygiéniques de la mine;

e) Par la suppression au moins partielle des causes d'arrêt ou de retard énumérées au n° 15?

20. Ne pourrait-on pas organiser plusieurs postes d'abatage par jour?

Les ouvriers seraient-ils satisfaits de ce mode d'organisation du travail?

21. La durée du travail doit-elle être limitée par la loi? Avez-vous des raisons à donner à l'appui de votre opinion?

22 Ne pensez-vous pas qu'une diminution légale de la durée du travail aura pour conséquence un abaissement des salaires?

23. La journée de travail n'a-t-elle pas été diminuée au cours des années écoulées?

Quand et de combien?

24. Cette diminution de la journée a-t-elle été le résultat :

a) D'une entente entre patrons et ouvriers;

b) De grèves;

c) D'interventions syndicales;

d) De progrès dans l'outillage?

25. L'effet utile
Le salaire a-t-il diminué lorsque la durée du travail a été réduite?

26. La même durée de travail peut-elle être appliquée à tous les sièges d'un même charbonnage, à tous les charbonnages d'une même région et à toutes les catégories d'ouvriers?

27. Comment les ouvriers sont-ils payés, à la tâche ou à la journée?

Y a-t-il des primes; le salaire est-il parfois progressif; inflige-t-on des amendes pour travail incomplet?

28. Y a-t-il des sous-entreprises? Quelle est leur influence au point de vue du salaire?

29. En supposant que la journée du travail soit diminuée et que les salaires soient maintenus, pourriez-vous supporter les conséquences d'une diminution de la production?

COMMISSION D'ENQUÊTE

SUR LA

Durée du travail dans les mines de houille

ENQUÊTE ORALE

DÉPOSITIONS DES TÉMOINS

SECTION DE LIÉGE

GROUPE DE LIÉGE

BRUXELLES
GOEMAERE, IMPRIMEUR DU ROI, ÉDITEUR
21, *rue de la Limite.*

1907

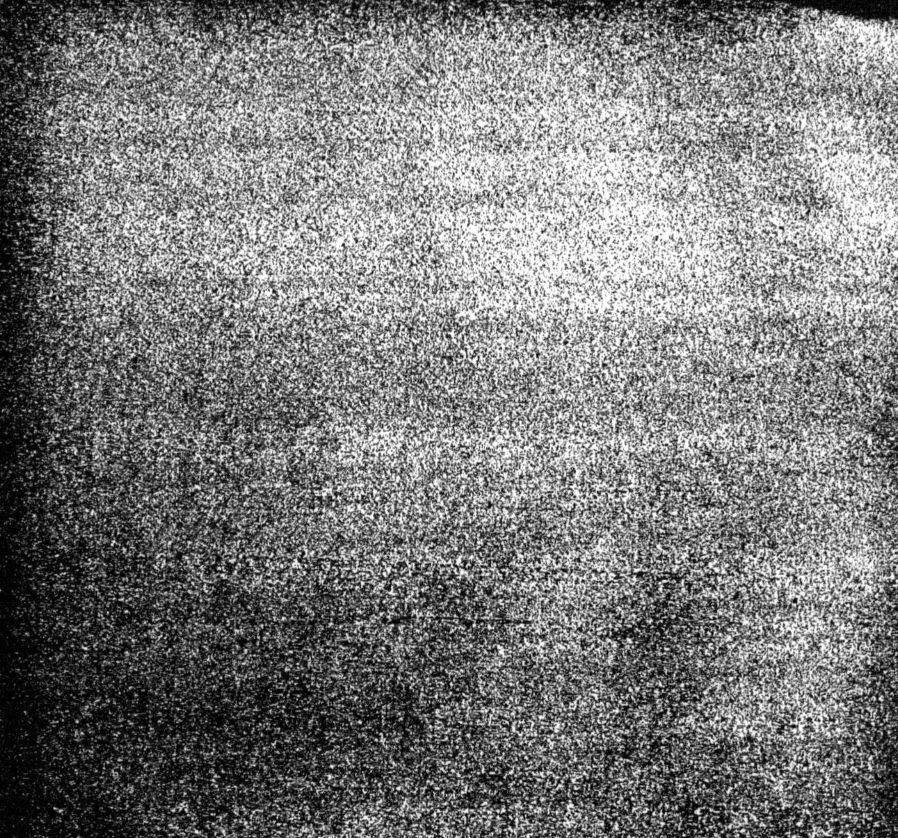

GROUPE DE LIÉGE

Les charbonnages suivants faisaient partie du groupe de Liége :

Abhooz et Bonne Foi Hareng;
Angleur;
Ans et Rocour;
Belle Vue et Bien Venue;
Bois d'Avroy;
Bonne Espérance, Batterie et Violette;
Bonne Fin;
Espérance et Bonne Fortune;
Grande Bacnure;
La Haye:
Oupeye (Biquet Gorée);
Patience et Beaujonc;
Petite Bacnure;
Wandre;

La section a siégé cinq jours à Liége.

DÉPOSITIONS DES TÉMOINS

LIÉGE

PREMIÈRE SÉANCE

15 juillet 1907

Sont présents :

M. le Sénateur A. MAGIS, président,

MM. DALLEMAGNE, KAES, | MM. VAN MARCK, DEJACE, secrétaire.

Assistent à la séance :

MM. FRANCOTTE, DEJARDIN, DELRUELLE et DELMER, respectivement président, secrétaire et secrétaires-adjoints de la Commission.

Ont été invités à siéger au bureau :

MM. l'inspecteur général des mines LIBERT, l'ingénieur en chef, directeur des mines JULIN.

Ont recueilli les dépositions des témoins :

MM. les ingénieurs principaux des mines DELBROUCK et FIRKET.

DÉPOSITIONS DES OUVRIERS

Courard François-Nicolas.

âgé de 49 ans, domicilié à Liége, mineur, occupé depuis deux ans en qualité de haveur au charbonnage de la Batterie à Liége, exerce la profession de mineur depuis l'âge de 12 ans.

1 1. Je parle en mon nom personnel.

2 2. Je suis partisan de la réduction de la journée de travail, pourvu que le salaire reste le même.

3 3, 4. Par durée de journée de travail, j'entends la durée du travail effectif ; c'est celle-ci qu'il faut réduire.

5, 6. Je descends dans la mine à 4
6 heures et je travaille de 7 à 15 heures ; je remonte à 15 1/2 heures.

7. Il me faut vingt-cinq minutes pour 5

aller du puits à mon chantier ; ce trajet n'est pas fatigant.

6 8. A 10 heures du matin, j'ai trente à trente-cinq minutes de repos.

7 10. La journée de travail n'est généralement pas prolongée.

8 11. Je ne chôme jamais le lundi, sauf en cas de force majeure.

9 12, 13. La limitation de la journée de travail ne devrait être appliquée qu'aux ouvriers à veine ; elle ne pourrait s'appliquer aux manœuvres et hiercheurs mais pourrait s'étendre aux boiseurs.

10 15. Je ne subis pas de retard dans mon travail par suite d'un défaut d'organisation des services de la mine. Le service des lampes et des bois fonctionne convenablement.

11 17. La température de la mine n'est pas élevée ; l'air n'y est pas vicié ; la mine n'est pas grisouteuse.

12 18. Il ne serait pas impossible de fournir la même quantité de charbon en un temps plus court.

13 19. La réduction de la journée de travail et par suite de la production ne pourrait être compensée par une diminution du temps de repos. Je ne pourrais non plus fournir un travail plus intense.

20. L'organisation de deux postes d'abatage le même jour et dans un même chantier serait malaisée sinon impossible. 14

23. La durée de la journée de travail a été réduite spontanément il y a deux ans, par la Direction du charbonnage ; la réduction a été d'une demi-heure : au lieu de sortir de la mine à 16 heures, on en sort à 15 heures et demie. 15

24. La production a un peu diminué à la suite de cette réduction de la journée de travail ; les salaires des ouvriers travaillant à la journée n'ont pas été réduits. 16

27. Le charbonnage n'accorde pas de primes pour l'excédent de production. 17

Je n'ai jamais été mis à l'amende, mais on en inflige parfois pour infraction au règlement. 18

Pendant la remonte du personnel, qui dure une demi-heure, l'extraction du charbon est interrompue. 19

La diminution de la journée de travail des ouvriers du fond aurait comme conséquence celle des ouvriers de la surface. 20

Je ne suis pas d'avis qu'il faille interdire aux ouvriers de faire des quarts de journée supplémentaires. La durée du quart est de deux heures et sa valeur est celle du quart du salaire correspondant à la journée normale de travail. 21

Henrard André,

âgé de 39 ans, domicilié à Liége, mineur, travaillant depuis quinze ans en qualité de bosseyeur au charbonnage de Batterie, exerce le métier de mineur depuis l'âge de 15 ans.

22 1. Je parle en mon nom personnel.

23 2. Je demande que la journée de travail soit réduite, à la condition qu'il n'en résulte pas une diminution de salaire.

24 **3.** J'entends par journée de travail le nombre d'heures de présence à la houillère.

25 **4.** Je voudrais voir limiter ce nombre d'heures de présence.

26 **5, 6.** Je descends à 19 heures et je remonte à 6 heures du matin.

27 **7.** Il me faut environ trente minutes pour me rendre à mon chantier.

28 **8.** Je dispose journellement de deux repos de vingt minutes chacun.

29 **9.** Mon travail effectif est de neuf heures vingt minutes.

30 **10.** Le travail n'est jamais prolongé.

31 **11.** Je ne chôme jamais le lundi.

32 **12.** A mon avis, on peut limiter la journée de tous les ouvriers du fond; cela serait même plus aisé pour le personnel du poste de nuit. Je ne puis toutefois garantir de faire le même travail dans un temps moindre, parce qu'il peut se présenter des causes accidentelles de retard.

13. La limitation de la journée de travail pourrait, sans inconvénients, être appliquée à tous les ouvriers de nuit sans aucune exception, y compris les remblayeurs et les hiercheurs. 33

15. Les causes de retard ne sont pas fréquentes; le service des lampes et celui des bois sont satisfaisants. 34

17. La température de la mine est bonne; celle-ci est saine et n'est pas humide 35

18. Si le travail bien organisé, je crois qu'il me serait possible de faire la même tâche en moins de temps, et je propose de réduire la journée actuelle de une heure et demie. 36

19. Pour compenser cette réduction de la journée, on pourrait supprimer un des repos. 37

22. Le travail produit restant le même, le salaire ne sera pas diminué. 38

27. Je travaille à la tâche et je réalise un avancement journalier de $1^m.50$. 39

Hamal Jacques,

âgé de 45 ans, domicilié à Herstal, ouvrier boiseur au siège Bonne-Espérance des charbonnages de Bonne-Espérance, Batterie et Violette; Hamal travaille en cette qualité depuis quatre ans; il est occupé depuis l'âge de 11 ans dans les mines du bassin de Liége.

40 **1.** Je représente la Société de secours mutuels : *Les disciples de J.-B. Cols.*

41 **2.** Je demande la réduction de la journée de travail. Quant au salaire, la question devrait être discutée avec les patrons ; au surplus, je pense que l'on pourrait maintenir l'effet utile des ouvriers ; au charbonnage d'Abhooz, en effet, la journée a été récemment diminuée d'une heure sans que la production en ait souffert.

3. C'est le séjour au charbonnage qui constitue, à mon avis, la durée de la journée de travail. 42

43 4. C'est cette durée qu'il faudrait réduire.

44 5. Les ouvriers se présentent au charbonnage entre 5 heures 1/2 et 6 heures et ils commencent à descendre vers 6 heures.

45 6. La remonte se fait à 16 heures. Dans certains charbonnages, les boiseurs remontent les premiers; ailleurs, c'est le contraire. L'ouvrier boiseur travaille dans de moins bonnes conditions que les autres; il est plus sujet à l'ankylostomasie et plus exposé aux accidents. Sa journée devrait être plus courte que celle des ouvriers des autres catégories.

46 7. Le trajet à parcourir pour me rendre du puits au chantier de travail est très variable; il demande de dix minutes à une heure, suivant les cas; ce trajet est parfois pénible, spécialement lorsqu'il faut gravir des plans inclinés, sur lesquels on circule difficilement.

47 8. On accorde aux ouvriers un seul repos d'une demi-heure; cette durée est strictement limitée; craignant d'être puni, l'ouvrier abrège souvent ce repos.

48 9. La durée du travail effectif varie entre neuf et neuf heures et demie.

49 10. Le travail est rarement prolongé au delà de 16 heures. Parfois, pour terminer un éboulement, je travaille jusqu'à 18 heures et touche de ce chef un quart de journée. Je ne suis pas partisan d'une telle prolongation de la journée.

50 11. Par suite du bon état du marché charbonnier, il n'existe pas de jours de chômage imposés par les patrons, mais beaucoup d'ouvriers s'absentent volontairement le lundi.

Je me repose parfois le lundi pour jouir 51
de la lumière du jour et ménager ma vue, spécialement en hiver. — Le chômage du lundi diminue la production; seuls les meilleurs chantiers sont attelés.

Une amende du cinquième du salaire est 52
affligée aux ouvriers qui s'absentent sans prévenir. Certains d'entre eux ne peuvent travailler, parce qu'ils arrivent trop tard à la mine, ce qui peut résulter de circonstances indépendantes de leur volonté.

13. Avec l'organisation actuelle, les 53
abatteurs doivent commencer à travailler avant les autres, et il serait difficile d'imposer à toutes les catégories d'ouvriers du fond le même nombre d'heures de travail; mais cette organisation peut être modifiée.

15. Des retards sont occasionnés par le 54
manque de matériel de transport; j'attribue cette situation à une exagération de la production et à l'insuffisance des installations d'extraction et de triage. Je critique également le service des bois et celui des lampes; celles-ci ne possèdent pas de rallumeurs.

17. Un nouveau ventilateur a amélioré 55
les conditions d'aérage de la mine; le courant d'air est bon en général. Toutefois les jaugeages devraient être plus fréquents. D'autre part, les traîneurs qui travaillent entre des portes, souffrent du manque d'air et sont reconnaissables à leur teint pâle; les boiseurs occupés dans les voies d'aérage respirent les émanations des lampes, les produits de décomposition des bois et le grisou, qui existe en petite quantité au charbonnage de la Batterie.

Cette mine est humide et on y travaille 56
souvent dans l'eau.

57 **18.** Les ouvriers obtiendraient la même production en moins de temps, si l'organisation du transport et le service des lampes étaient meilleurs.

58 L'effet utile de l'ouvrier à veine dépend, en outre, de la hauteur des gradins ; en plaçant un trop grand nombre d'ouvriers dans une même taille, on augmente la production au détriment de cet effet utile. Les ouvriers sont parfois si rapprochés, qu'ils risquent de se blesser mutuellement. On hâte ainsi l'avancement pour réduire l'existence des chantiers et éviter les frais d'entretien des voies.

59 **19.** Il n'est pas possible de réduire la durée des repos ; mais on pourrait parfois travailler plus vite, en y mettant un peu de bonne volonté.

60 **20.** Le système du double poste d'abatage a été réalisé jadis à la Batterie ; les ouvriers du premier poste travaillaient de 6 heures à 15 heures ; ceux du second, de 14 heures à 23 heures.

61 Toutefois, on ne déhouillait pas chaque jour les mêmes tailles. J'estime qu'il serait difficile d'organiser deux postes d'abatage successifs dans la même chantier. La question ne peut être résolue à priori et un délai serait nécessaire pour l'étudier et faire des essais. La chose serait possible dans les dressants de grande puissance, exploitées notamment aux charbonnages du Bois-d'Avroy et du Val-Benoît ; mais elle serait d'une réalisation très difficile dans les petites couches en plateure de la région de Herstal.

62 **21.** Nous savons d'avance que les patrons directeurs sont tous systématiquement opposés à la limitation par la loi de la durée du travail ; il y en a qui prétendent même que l'ouvrier ne la réclame n'y ne la demande pas, alors que tout le monde sait que cette limitation est désirée et réclamée par tous les mineurs en général. Il va sans dire que l'ouvrier sait qu'il se butera toujours à cette résistance manifeste de la part des patrons, c'est pourquoi il réclame l'intervention de la loi.

Peut-être y aura-t-il quelques patrons 63
généreux qui, d'un commun accord avec leurs ouvriers, réduiront la durée du travail, seulement cela n'aura aucune sanction durable, parce que les fréquents changements de direction amèneront tôt ou tard un nouveau directeur qui, pour parvenir à mieux faire que ses prédécesseurs, remaniera et profitera parfois d'un excédent d'ouvriers pour prolonger à nouveau la durée du travail.

Si l'on compare la durée du travail des 64
mineurs avec des ouvriers d'autres industries, telle que la grosse et la petite construction mécanique par exemple, c'est bien alors que l'on s'aperçoit que l'ouvrier mineur est le plus sacrifié et qu'il travaille plus que tous les ouvriers de ces industries. On constate que ces derniers ne travaillent que neuf et demie à dix heures, c'est-à-dire de 7 heures du matin à 18 heures, non compris une heure à une heure et demie de repos, et que le lundi, afin de diminuer les chômages et permettre à l'ouvrier de se reposer après s'être récréé, il ne commence qu'à 8 heures ou 9 heures du matin ; cet ouvrier industriel travaille donc 55 heures environ par semaine, alors que l'ouvrier traîneur des mines, occupé de 6 à 18 heures avec une heure de repos, travaille ainsi 66 heures, et l'ouvrier boiseur et à la pierre

jusque 60 heures par semaine. Nous constatons également que les pays voisins, la France, l'Allemagne et même la Hollande, qui ne possède que quelques mines, ont reconnu la nécessité de légiférer en faveur de la limitation de la durée du travail et ont limité cette durée à huit heures.

65 Le Parlement belge lui-même n'a-t-il pas reconnu récemment cette nécessité, en faisant une loi en faveur des mines du Limbourg non encore exploitées, c'est-à-dire pour des exploitations futures dans lesquelles on suppose que les conditions du travail seront encore meilleures que dans les anciens bassins, parce qu'on espère y faire des installations grandioses, tout en profitant des derniers perfectionnements apportés à l'industrie minière ; à plus forte raison donc ce parlement devrait-il reconnaître la nécessité de légiférer pour les mines sur lesquelles on a des données qui sont de nature à permettre de juger et de décider en connaissance de cause.

66 Nous avons du reste en Belgique des mines où l'on ne travaille que huit heures, descente et remonte comprises ; ce régime s'applique à tous les ouvriers du poste de jour, y compris les traîneurs, et l'on constate que ces charbonnages font des bénéfices et sont dans d'excellentes conditions au point de vue de l'organisation du travail. Comme on le voit, la loi doit nécessairement intervenir dans cet important problème, afin de lui donner une application générale et une heureuse solution qui accordera aux ouvriers le repos qui chasse les excès de fatigue, tout en les arrachant au surmenage qui épuise prématurément.

67 **22.** L'offre et la demande viendront régler la question des salaires. Les mineurs sont parfois si fatigués le samedi soir qu'ils ont un grand besoin de repos.

23, 24. La journée de travail a été di- 68
minuée d'une heure au charbonnage d'Abhooz peu après une grève.

Il y a une quinzaine d'années, le régime 69
à la tâche et à la journée était tel que, dans quelques charbonnages de Liége et de Herstal, les abatteurs faisaient douze heures de travail et les traîneurs, chargeurs, conducteurs, etc., descendus vers 6 heures du matin, remontaient après avoir fait dix-sept, dix-huit et dix-neuf heures de présence dans la mine, c'est-à-dire remontaient le lendemain à 1 et 2 heures du matin, et étaient parfois encore punis d'une demi-journée pour ne pas avoir terminé leur tâche, et cela faute de wagonnets, ce qui est imputable à la négligence du patron.

A ce moment-là encore, tous les patrons 70
étaient opposés à la réduction de la durée du travail et à l'intervention de la loi ; il n'y avait, selon eux, rien à faire pour l'ouvrier ; on allait diminuer la production de telle façon que la concurrence étrangère allait ruiner l'industrie charbonnière ; on agitait constamment la chimérique enseigne des lourdes charges qui allaient grever et anéantir l'industrie charbonnière.

Qu'a dû faire l'ouvrier mineur pour ar- 71
river à modifier cette triste situation.

L'ouvrier a dû s'ameuter contre la so- 72
ciété, contre l'autorité et les chefs d'industrie, par des grèves et des révoltes.

C'est aussi alors que sont intervenues 73
les enquêtes ordonnées par arrêté royal en 1886, qui ont reconnu la légitimité des plaintes ouvrières, d'où sont nés, par voie légale, les conseils de prud'hommes, qui

ont mis fin à des griefs nombreux, les règlements d'atelier, qui ont aplani plusieurs conflits et qui ont, en somme, donné une sanction à peu près acceptable à la durée du travail, mais qui sont malheureusement inefficaces et sans sanction dans les grèves; enfin, toute une série de lois ouvrières, telles que les contrats de travail, etc., qui ont permis l'entente et le rapprochement entre le capital et le travail et qui ont en grande partie mis fin à des griefs légitimes.

74 **25.** La situation des charbonnages a-t-elle empiré par le fait, bien qu'il y avait là du même coup une notable diminution de la durée du travail pour toutes les catégories d'ouvriers des mines?

75 On peut franchement dire que non, si l'on compare la situation prospère et florissante actuelle avec celle de ces industries à cette époque.

76 Où se trouvait le mal alors?

77 Les faits l'ont démontré : d'abord, dans l'organisation défectueuse du travail, puis dans l'affaiblissement du travailleur, épuisé par les longues journées de travail sans repos suffisant, et par la privation des aliments nécessaires causée par les bas salaires, ensuite dans l'insouciance des patrons envers l'amélioration du sort des classes laborieuses.

78 Doit-on supposer maintemant qu'il n'y a plus rien à faire dans cet ordre d'idées, que tout y est pour le mieux, qu'on a accordé tout ce qui est possible à l'ouvrier, qu'il n'y a plus moyen de parfaire l'organisation, qu'il n'y a plus quelques bribes de bien-être à retrouver pour lui? Evidemment non.

79 Les enquêtes de 1870 et 1886, sur les mines, ont apporté des améliorations sensibles pour les mineurs; en présence des décisions prises par les récents congrès des mineurs, notamment celui d'Auvelais qui a décrété la grève générale, grève qui sans aucun doute donnerait une fâcheuse secousse au marché charbonnier, au capital et au travail, il est du devoir du Gouvernement d'intervenir dans ce malaise social et j'espère que l'enquête actuelle trouvera les moyens de concilier les parties en remédiant et améliorant le sort de ces éternels sacrifiés, afin d'apaiser et d'éviter des conflits, et qu'elle apportera, comme les précédentes, d'heureux résultats.

26. On dit et on répète à satiété que 80
l'on ne peut adopter dans tous les charbonnages la même limitation, à cause des différences dans la disposition des travaux, des installations de gisements, etc. Or que remarquons-nous?

C'est que ce sont les charbonnages les 81
mieux outillés, les plus riches au point de vue du gisement qui exigent de leurs ouvriers la plus longué durée du travail, et nous sommes sûrs à l'avance que l'enquête le prouvera abondamment.

Quand on met en regard la durée du 82
travail des différentes catégories d'ouvriers d'un charbonnage à l'autre, cette situation saute aux yeux, et l'argument que l'on fait valoir en faveur de la diversité de la durée du travail pour les mêmes catégories ne tient donc pas debout.

Je n'ose pas affirmer que la même durée 83
de travail peut être appliquée à tous les sièges. Je pense que l'on pourrait, sans réduire l'effet utile par ouvrier, diminuer la journée de travail dans toutes les mines qui exploitent des couches en plateure.

J'ajoute que les abatteurs travailleraient avec plus d'ardeur.

84 **27.** Je travaille à la journée; les abatteurs sont payés par mètre carré déhouillé; lorsque l'avancement minimum qui leur est fixé n'est pas atteint, ils reçoivent cependant le salaire correspondant à ce minimum.

85 Il n'existe pas de primes.

86 Les amendes sont appliquées par les surveillants d'une façon parfois arbitraire et avec une sévérité excessive. C'est ainsi qu'un serveur de bois, ayant été puni par le surveillant, parce qu'il ne conduisait que deux bois afin d'aller plus vite, fut mis à l'amende; une autre fois, par le chef mineur, alors qu'il traînait quatre bois, pour le motif qu'en se chargeant ainsi, il n'avançait pas assez rapidement.

87 Quant aux boiseurs, les surveillants ne peuvent pas toujours apprécier facilement la besogne qu'ils ont faite; aussi n'inflige-t-on que très rarement à ces ouvriers des amendes pour travail incomplet.

88 Je me fais maintenant un devoir de vous présenter quelques considérations sur les causes d'invalidités prématurées affligeant les ouvriers mineurs. Les rouages qui reflètent le mieux et prouvent la véracité de cette prématurité sont les sociétés de secours mutuels de mineurs et la caisse de réassurance, d'autant plus qu'elles contiennent les meilleurs éléments du personnel ouvrier, la partie la plus prévoyante de cette catégorie de travailleurs indemnes des affections dues aux excès de l'alcoolisme et à laquelle on se plaît à reconnaître la grosse part d'honnêteté et de moralité.

89 Quand on compare les bases et les opérations de ces mutualités de mineurs, relativement à celle des autres métiers, on constate :

1° Que les mutualités de mineurs sont 90
toutes allégées du service médical et pharmaceutiques, par le fait que les sociétés charbonnières ont pris ces services à leur charge pour les ouvriers, reconnaissant ainsi que leurs ouvriers travaillaient très souvent dans des conditions nuisibles à leur santé, et que ce service rentre dans les dépenses des mutualités pour 50 p. c. environ.

2° Qu'elles sont fondées à base de haute 91
cotisation;

3° Que l'indemnité y est réduite, parce 92
que l'expérience a démontré qu'elle devait toujours rester en dessous de la cotisation et ne jamais dépasser 70 p. c. de celle-ci.

Malgré ce triple avantage, on constate 93
que ces mutualités font difficilement face à leurs engagements; ces constatations sont tellement vraies, vérifiées et reconnues par les faits, qu'il en résulte que les ouvriers mineurs ne sont pas admis au sein des mutualités composées d'ouvriers d'autres industries, parce qu'ils apportent la ruine; d'autre part, les caisses de réassurance ne les admettent plus, ou moyennant une cotisation presque double des autres catégories d'ouvriers.

Le témoignage de tous ces faits permet 94
de conclure que la santé des ouvriers mineurs subit d'une façon inéluctable, l'action du milieu où ils travaillent, et que ce milieu est d'autant plus nuisible qu'il s'écarte des conditions naturelles et nécessaires à la vie de l'homme.

A ce point de vue, les travaux miniers 95
sont tout à fait contre-nature, parce que les rayons du soleil, principe vivifiant de tous

les êtres organisés, n'y pénètrent jamais.

96 Ce milieu étant donc en principe nuisible à l'ouvrier bien portant, l'est à plus forte raison à celui atteint d'une affection, et il s'ensuit que ce dernier ouvrier doit presque toujours quitter ce milieu pour pouvoir se guérir, et que même, pour des maladies banales, il doit se mettre à charge de sa mutualité.

97 On sait aussi que l'ouvrier mineur est un médiocre ouvrier à la surface, sans énergie et sans résistance au début, inapte à exercer un autre métier; bien qu'il lui serait parfois possible, dans certaines maladies bénignes, de s'occuper à la surface ; toutes ces considérations suffisent pour le faire refuser où il se présente, et l'obligent à rester chez lui avec les secours de sa mutuelle.

98 Telles sont à grands traits les causes de la situation onéreuse de toutes les sociétés de secours mutuels de mineurs. Les maladies qui ont le plus frappé les membres de la société pendant le cours des cinq dernières années écoulées, c'est-à-dire de 1902 à 1906, sont d'abord les bronchites qui ont affecté 25 p. c. de nos dépenses environ, ensuite les rhumatismes pour une proportion de 22 p. c

L'asthme compte pour 8 p. c., l'ankylostomasie 12 p. c., les autres affections et les blessures interviennent pour le reste, soit un peu plus de 30 p. c. J'ai, en outre, remarqué que les bronchites et rhumatismes sont particulièrement de longue durée, et les membres qui en sont atteints ont de fréquentes rechutes ; de sorte qu'ils chôment, puis retravaillent, et vont ainsi jusqu'à épuiser les secours fixés pour l'ordinaire. 99

Je tiens de la Fédération neutre de Charleroi des chiffres englobant 7,168 mutuellistes ; ces chiffres sont suggestifs au point de vue de la morbidité des ouvriers mineurs. 100

On y a tablé sur une période de seize ans, de 1890 à 1906. 101

Ces 7,168 mutuellistes se décomposent comme suit :

2,325 houilleurs, soit 32 p. c. des membres ;

3,160 ouvriers de la grande industrie, soit 44 p. c. des membres ;

1,683 journaliers, maçons, peintres, etc., soit 23 p. c. des membres.

Le nombre de membres secourus a été de 449 en seize ans, se décomposant : 102

103

CATÉGORIES.	NOMBRE DES MEMBRES SECOURUS POUR			TOTAL.
	blessures.	maladies ordinaires.	bronchites.	
Houilleurs	44	48	81	173
Grande industrie	41	78	62	181
Journaliers	14	51	30	95
Totaux	99	177	173	449

104 Le nombre de journées d'incapacité de travail s'élevaient à 184,656 se décomposant :

105 CATÉGORIES.	JOURNÉES D'INCAPACITÉS DE TRAVAIL POUR			TOTAL.
	blessures.	maladies ordinaires.	bronchite.	
Houilleurs	19,303	18,499	39,518	77,320
Grande industries	23,468	33,259	17,179	73,906
Journaliers.	3,650	19,728	10,052	33,430
Totaux	46,241	71,486	66,749	184,656

106 L'indemnité est de 1 franc par jour.

107 D'après ces chiffres, on constate que les dépenses proportionnelles par catégories sont pour :

Les houilleurs, de 42 p. c. avec 32 p. c. de membres.
Grande industrie, 40 — 44 —
Journaliers, 18 — 23 —

108 Mais si l'on tient compte du nombre proportionnel de membres de chacune de ces trois catégories de travailleurs, on constate que, en seize ans :

109 Le houilleur a reçu une indemnité de fr. 2,383.67, alors que les cotisations ont rapporté fr. 1,244.16.

110 L'ouvrier de la grande industrie a reçu fr. 1,673.63, et ses cotisations ont rapporté fr. 1,692,67.

111 Les journaliers ont touché fr. 1,423.77, et leurs cotisations ont rapporté fr. 901.63.

112 Ainsi, il résulte de là que l'ouvrier de la grande industrie couvre par ses cotisations les charges qu'il apporte à la caisse de réassurance, tandis que le houilleur devrait payer une cotisation presque double de celle qu'il paie, et que le journalier devrait augmenter sa cotisation de plus de 50 p. c.

113 Il résulte également de ces chiffres que la bronchite intervient pour 51 p. c. dans les journées d'incapacité de l'ouvrier mineur. Comme on le voit par les deux tableaux, les blessures apportent également un contingent considérable de journées d'incapacité qui mettent les caisses de secours en déficit; des auteurs ont fourni des preuves de l'influence de la durée du travail sur la fréquence des accidents, et ont démontré que la plus grande fréquence des accidents correspond toujours aux heures où l'ouvrier est le plus fatigué.

Au point de vue de l'hygiène, que la mine 114
soit sèche ou humide, le mineur se trouve toujours dans des conditions peu favorables pour sa santé; il travaille péniblement dans des positions fatigantes, dix et onze heures, et parfois davantage, dans l'eau qui coule sur le sol ou qui tombe sur lui, ou bien dans une atmosphère chaude et chargée de poussières, qui diminue la force et la résistance de l'ouvrier. Les deux espèces de mines ont donc leur action pernicieuse sur la santé du mineur et, quoi que l'on fasse, il n'y a qu'un moyen de porter remède à cet état de choses, c'est la réduction, au strict nécessaire, du séjour de l'ouvrier dans les travaux souterrains.

Riga Nicolas,

âgé de 38 ans, domicilié à Liége, mineur, occupé au charbonnage de la Batterie en qualité de haveur depuis dix-huit ans.

115 1. Je parle en mon nom personnel.

116 2. Je demande que la durée de la journée de travail soit réduite, mais sans réduction de salaire.

117 3. La durée du travail effectif constitue, selon moi, la journée du mineur.

118 4. Cette réduction pourrait se faire par étapes.

119 5. Je descends à 6 heures du matin.

120 6. Je remonte à 15 heures 1/2.

121 7. Il me faut quinze minutes pour aller du puits à mon chantier et autant pour revenir. Le trajet n'est pas fatigant.

122 8. Je prends un repos d'une demi-heure à 10 heures et à 13 heures.

123 9. Je commence à travailler à 7 heures et je finis à 15 heures; en déduisant une heure de repos, il reste sept heures de travail effectif.

124 10. La journée de travail est quelquefois prolongée dans des cas exceptionnels.

125 Les patrons ne m'obligent pas à prolonger ma journée; ils me demandent si je suis content de le faire.

126 11 Je ne chôme pas le lundi.

127 12 Il n'y a pas lieu de limiter seulement la durée de la journée des ouvriers à veine; cette limitation devrait s'appliquer à tous.

128 13. Quelques exceptions devraient être prévues, notamment pour les surveillants, traîneurs et chargeurs.

15. Je n'ai jamais été retardé dans le travail; le service des lampes et des bois est bien organisé. 129

17. La température de la mine est bonne; il n'y a pas de grisou et la mine n'est pas humide. 130

18. Il me serait impossible d'exécuter en moins de temps le travail que je fais actuellement. 131

20. On ne peut organiser un double poste d'abatage. 132

21. La durée du travail ne doit pas être limitée par une loi, car je veux garder ma liberté de pouvoir travailler autant que je veux. 133

22. La diminution légale de la durée de travail aurait pour conséquence une diminution de mon salaire, car je ne pourrais plus accomplir la même tâche qu'aujourd'hui. 134

23, 24. Il y a deux ans, nous avons eu une réduction de la journée d'une demi-heure, à la suite d'une entente entre patrons et ouvriers. 135

25. L'effet utile n'a pas diminué très sensiblement et le salaire n'a pas baissé. 136

27. Je suis payé à la tâche (au mètre carré). 137

Il n'y a pas de prime et on n'inflige pas d'amende pour travail incomplet.

28. Il n'y a pas de sous-entreprises. 138

LIÉGE

DEUXIÈME SÉANCE

16 juillet 1907

Sont présents :
M. le Sénateur MAGIS, président,
MM. DALLEMAGNE, DEJARDIN, KAES,
MM. VAN MARCK, DEJACE, secrétaire, DELRUELLE, secrétaire adjoint.
Ont été invités à siéger au bureau :
MM. l'inspecteur général des mines LIBERT. l'ingénieur en chef, directeur des mines, JULIN.
Ont recueilli les dépositions des témoins :
MM. les ingénieurs principaux des mines DAUBRESSE et DELBROUCK.

DÉPOSITIONS DES PATRONS

Wéry Émile,

directeur gérant des charbonnages d'Abhooz et Bonne Foi Hareng.

139 1. Je parle au nom de la Société des charbonnages d'Abhooz de de Bonne, Foi Hareng.

140 2. Les ouvriers des charbonnages que je dirige ne demandent pas actuellement que la journée de travail soit réduite ; à la suite de leur demande, en mars dernier, le travail a été réduit d'une heure pour les ouvriers laveurs à partir du 1er avril.

141 3. La journée de travail s'entend du jour au jour.

142 4. Étant opposé à la limitation des heures de travail, je n'ai pas à dire s'il conviendrait de limiter le nombre d'heures de présence dans la mine ou la durée du travail effectif. Chacun doit être libre de limiter la durée du travail comme il l'entend. Le système qui prédomine aujourd'hui doit pouvoir être modifié suivant les circonstances : ainsi dans les chantiers éloignés, c'est la durée du travail effectif qui doit prédominer.

5, 6. L'appel des ouvriers du poste de 143
jour du siège d'Abhooz se fait à 5 heures 1/2; la descente des ouvriers à veine commence entre 5 heures 45 et 6 heures, celle des ouvriers des autres catégories immédiatement après.

La descente du personnel est terminée 144
vers 7 heures 15.

La remonte des ouvriers à veine se fait 145

à 15 heures; celle des autres ouvriers entre 15 heures 30 et 18 heures 30. La remonte des ouvriers à veine est terminée à 15 heures 30, celle des autres ouvriers à 18 heures 30.

146 L'appel des ouvriers du poste de nuit se fait à 17 heures 30. La descente a lieu à 18 heures et est terminée entre 19 heures et 19 heures 15. La remonte se fait à 4 heures 1/2 et est terminée à 5 heures 20.

147 Au siège de Milmort, l'appel des ouvriers du poste du jour se fait à 5 heures 30. La descente des ouvriers à veine se fait entre 5 heures 45 et 6 heures, celle des autres catégories immédiatement après. La descente du personnel est terminée vers 6 heures 40. La remonte des ouvriers à veine se fait à 15 heures; celle des autres ouvriers entre 15 heures 30 et 18 heures. La remonte des ouvriers à veine est terminée à 15 heures 30, celle des autres ouvriers à 18 heures.

148 L'appel des ouvriers du poste de nuit se fait à 17 heures 50. La descente a lieu à 18 heures 25 et est terminée entre 19 heures et 19 heures 15. La remonte se fait à 4 heures 30 et est terminée entre 5 heures et 6 heures.

7. Le temps nécessaire pour aller du puits au chantier ou pour en revenir dépend de la distance; en général, les ouvriers mettent plus de temps pour se rendre au chantier que pour en revenir, parce qu'ils ont hâte de sortir de la mine; à Milmort, ce temps est en moyenne de 30 à 40 minutes. 149

Les trajets ne sont pas fatigants. 150

9. La durée du travail effectif des ouvriers à veine est d'environ sept heures et demi; pour les autres ouvriers, elle varie de sept heures et demie à dix heures, en y comprenant les repos forcés, c'est-à-dire ceux occasionnés par le manque de produits. 151

10. Le travail n'est prolongé qu'accidentellement, et dans ce cas, il est malaisé de trouver des ouvriers pour accomplir les travaux de réparation extraordinaires. 152

11. Un certain nombre d'ouvriers chôment les lundis et les lendemains des jours fériés; comme le montrent les tableaux ci-après, il y a ces jours-là 25 à 30 p. c. d'absents. 153

Abhooz. Nombre d'ouvriers absents pendant le mois de juin 1907. 154

JOURS.	Le 1er juin		Semaine du 3 au 8.		Semaine du 10 au 15.		Semaine du 17 au 22.		Semaine du 24 au 29.	
	Jour.	Nuit.	Jour.	Nuit.	Jour.	Nuit.	Jour.	Nuit.	Jour.	Nuit.
Lundi	»	»	61	50	121 Fête à	117 Vivegnis.	52	55	50	43
Mardi	»	»	13	14	52	21	14	10	10	15
Mercredi	»	»	10	7	17	3	6	10	9	13
Jeudi	»	»	9	12	11	5	5	6	6	15
Vendredi	»	»	7	10	6	5	11	9	7	7
Samedi	22	36	7	30	10	10	13	28	4	15

155 Moyenne générale des ouvriers inscrits pendant le mois de juin, 429 (240 poste de jour et 189 poste de nuit).

156 Moyenne générale des ouvriers présents pendant le mois de juin, 400 (230 poste de jour et 170 poste de nuit).

Milmort. Nombre d'ouvriers absents pendant le mois de juin 1907. 157

JOURS.	Le 1er juin.		Semaine du 3 au 8.		Semaine du 10 au 15.		Semaine du 17 au 22.		Semaine du 24 au 29.	
	Jour.	Nuit.	Jour.	Nuit.	Jour.	Nuit.	Jour.	Nuit.	Jour.	Nuit.
Lundi	»	»	116	91	69	71	42	60	Fête à Milmort.	
			Fête à Vottem.							
Mardi	»	»	55	49	23	27	17	21	52	56
Mercredi	»	»	24	20	17	14	13	10	23	18
Jeudi	»	»	15	12	13	16	13	17	17	12
Vendredi	»	»	18	15	12	12	13	8	13	11
Samedi	19	48	24	31	11	15	15	48	15	19

158 Moyenne générale des ouvriers inscrits pendant le mois de juin, 391 (230 poste de jour et 161 poste de nuit).

159 Moyenne générale des ouvriers présents pendant le mois de juin, 332 (201 poste de jour et 131 poste de nuit).

160 J'attribue ces chômages aux repos forcés des dimanches et des jours de fête ; les ouvriers, après s'être amusés, rentrent tard et ne savent pas, le lendemain, se trouver au poste. Je dois ajouter que ces absences frappent également le poste de nuit, quoique cependant ces ouvriers aient la journée du lundi pour se reposer Il est bon de faire observer que ce sont les jeunes ouvriers qui s'absentent le plus souvent.

161 Ces chômages déroutent complètement l'organisation du travail ; ainsi pour pouvoir enlever le charbon abattu le lundi, il faut employer comme traîneurs un certain nombre de haveurs que l'on paie plus cher et qui, très souvent, sont mécontents de faire ce travail.

12. Si l'on doit imposer la limitation de la durée du travail, il est à désirer que cette limitation ne frappe que le travail du haveur ; le service de la mine sera déjà ainsi suffisamment désorganisé, 162

15, 16. Les retards apportés à l'exécution du travail par suite d'une préparation incomplète du chantier, d'une interruption dans le transport, de retards dans le service des lampes et des bois, etc., sont fortuits et on s'efforce de les supprimer dans la mesure du possible. Ils sont d'ailleurs rares et les ouvriers ne s'en plaignent pas. 163

17. La température de la mine est bonne ; il est rare de voir cette température s'élever à 20° dans certains chantiers alors même qu'à la surface on en constate plus de 35. Quant à l'air, celui-ci est 164

constamment renouvelé par des ventilateurs; le Corps des mines veille à ce que les courants d'air soient plus que suffisants.

165 La mine est généralement sèche ; ce n'est qu'accidentellement que certains chantiers sont humides et l'on emploie alors tous les moyens dont on dispose pour préserver les ouvriers ; on leur fournit notamment des bâches.

166 **18.** Mes ouvriers ne pourraient accomplir la même tâche qu'actuellement en un temps plus court. L'effet utile de l'ouvrier est en raison directe de la durée du travail journalier pour autant que ce travail soit régulier et non poussé à l'excès. La preuve est dans l'essai que nous faisons depuis trois mois. Jusqu'au 1er avril, les haveurs à nos différents sièges travaillent de 6 à 16 heures ; depuis le 1er avril, ils ont en moins une heure de présence à la mine et remontent à 15 heures au lieu de 16 heures, Le tableau ci-dessous indique les résultats obtenus :

167

DÉSIGNATION.	Rendement journalier moyen des 5 dernières années.	Rendement journalier en tonnes des mois de			
		Avril	Mai	Juin	Moyenne.
Abhooz :					
Extraction brute . . .	5,976	5,640	5,661	5,421	5,575
Extraction nette . . .	5,387	4,671	4,751	4,571	4,663
Diminution brute p. c. .	»	5,6	5,3	9,3	6,7
Diminution nette p. c. .	»	12 »	11,9	13,9	13,5
Milmort :					
Extraction brute . . .	3,393	3,311	3,154	3,237	3,234
Extraction nette . . .	3,132	3,012	2,969	2,946	2,991
Diminution brute p. c. .	»	2,4	7 »	4,6	4,4
Diminution nette p. c. .	»	4 »	5,2	5,4	4,55

168 Pour les sièges réunis nous avons pour les cinq dernières années :

Rendement brut : 4.551 ;
— net : 4.144.

169 Pour les mois d'avril, mai et juin nous avons :

Rendement brut : 4.253 ;
— net : 3.724.

En p. c la diminution est donc de : 170

Rendement brut : 6.55 ;
— net : 10.15.

Cela confirme que la diminution de l'extraction est proportionnelle à la réduction des heures de travail et que l'ouvrier en faisant le charbon moins propre cherche par tous les moyens à maintenir le chiffre de la production brute. Le gisement en 171 effet n'a pas changé, ce qui rend comparables les chiffres de production et de rendement donnés ci-dessus.

172 Bien que les rendements aient diminué, les salaires n'ont pas baissé grâce à la situation du marché charbonnier, mais il en est résulté une augmentation du prix de revient.

173 **19.** Si une réduction de la journée de travail venait à être imposée, celle-ci ne pourrait être compensée d'aucune façon, si ce n'est sur l'ensemble par la diminution des chômages.

174 Je ne crois pas qu'il soit possible de réduire le temps de repos et encore moins d'augmenter l'intensité du travail. Quant aux améliorations des conditions hygiéniques de la mine et à la suppression des causes d'arrêt et de retard, ce sont là des points sur lesquels on veille tous les jours de façon à y apporter le plus d'amélioration possible.

175 **20.** Je ne pourrais pas organiser plusieurs postes d'abatage par jour, ne possédant pas de chantier en nombre suffisant et ne pouvant augmenter ce nombre vu que notre concession n'est pas suffisamment riche en couches de charbon. Il faudrait d'ailleurs pour cela créer de nouveaux sièges d'extraction et l'existence de la mine, qui en serait d'autant raccourcie, ne permet pas de telles dépenses. De plus, il faudrait avoir un nombre d'ouvriers dont on ne dispose pas dans nos régions. Il ne serait pas possible non plus d'organiser par jour deux postes d'abatage dans le même chantier, parce que le bosseyement des voies et le remblayage des tailles ne suivraient pas l'avancement des fronts.

21. Je suis d'avis que la durée du tra- 176
vail ne doit pas être limitée par la loi. Cette durée doit être laissée à l'appréciation de chacun, d'autant plus que les abus, s'ils ont existé dans le temps, sont aujourd'hui supprimés; l'ouvrier adulte est suffisamment intelligent pour savoir ce que ses forces lui permettent de faire et si, d'autre part, le patron voulait le forcer à produire davantage, il saurait à qui s'adresser et au besoin changerait de charbonnage.

Il faut, d'autre part, que l'ouvrier adulte 177
puisse prolonger la durée du travail dans la mesure de ses moyens s'il juge nécessaire d'augmenter son salaire. A ce sujet, je dirai que les heures supplémentaires sont toujours mieux rémunérées que les autres et se payent même au double.

22. Au commencement de la limitation 178
de la journée du travail, il est certain que les salaires à la tâche et très probablement les autres seront diminués, mais on peut être persuadé que peu de temps après, l'ouvrier revendiquera, soit par la grève, soit en désertant le charbonnage ou par tout autre moyen l'ancien salaire. Celui-ci entrant pour environ 70 p. c. dans le prix de revient, l'on voit l'effet désastreux de cette mesure.

23, 24, 25. La diminution de la journée 179
de travail des ouvriers haveurs dont j'ai parlé a été accordée à la suite d'une entente entre patrons et ouvriers. Ceux-ci avaient formellement promis qu'ils feraient la même production. L'effet utile a été moindre, comme cela ressort d'un tableau précédent. Quant au salaire, il n'a pas été réduit, car s'il l'avait été, les ouvriers auraient déserté la mine. D'autre part, la

situation du marché charbonnier nous permettait de maintenir les salaires, ce qui n'est pas toujours le cas.

180 **26**. Il n'est pas possible d'assigner la même durée de travail, même aux différents puits d'un même charbonnage, car les conditions de travail de l'un diffèrent parfois sensiblement de celles de l'autre; il ressort en effet du dernier tableau que le rendement journalier de l'ouvrier haveur est à un siège de plus de cinq tonnes, alors qu'à l'autre il atteint à peine trois tonnes.

181 Il est également impossible d'appliquer une mesure générale à toutes les catégories d'ouvriers, car les différents travaux d'une mine s'enchaînent et se succèdent et ne peuvent être exécutés dans le même temps.

182 **27**. Les ouvriers sont payés à la tâche ou à la journée, suivant la catégorie. Dans les travaux ordinaires, il n'y a généralement pas de primes; celles-ci ne sont données que pour le creusement de bacnures, de puits, etc.

183 Rarement, on inflige des amendes pour travaux incomplets; il faut que l'ouvrier ait sciemment mal exécuté sa besogne ou l'ait laissée inachevée pour que sa journée soit diminuée.

28. Il n'y a pas de sous-entreprises aux 184
charbonnages de notre société.

29. J'ai déjà signalé la part prépondé- 185
rante des salaires dans le prix de revient. Si, comme le montre d'autre part le dernier tableau, pour chaque heure de travail en moins nous devons subir une réduction minimum de production de 10 p. c., le prix de revient, subissant une augmentation proportionnelle, va atteindre un chiffre tel qu'il dépassera le prix de vente. Dans ce cas, ce sera la ruine des charbonnages, à moins qu'il ne soit possible d'augmenter le prix des charbons, et ce serait alors le consommateur qui aurait à supporter le contre-coup de la limitation des heures de travail.

Toutefois, il y a lieu de tenir compte ici 186
de la concurrence étrangère et celle-ci est d'autant plus redoutable que les bassins étrangers produisent des charbons à meilleur compte que nous.

Nagant Eugène,

directeur gérant des charbonnages de La Haye.

187 **1**. Je parle au nom du charbonnage dont je suis le directeur-gérant.

188 **2**. Après le retrait, par arrêté royal, de la proposition concernant la journée de huit heures, soumise à la Chambre des députés, les ouvriers mineurs furent très travaillés par les meneurs socialistes.

189 Des meetings s'organisèrent à la sortie du personnel, devant les portes du charbonnage, et de nombreux imprimés furent distribués en faveur de la journée de huit heures.

C'est seulement à partir de ce moment 190
que, par solidarité socialiste, quelques ouvriers remontèrent à deux heures de l'après-midi en réclamant la journée de huit heures. 136 ouvriers remontèrent sur

un total de 800. Le plus grand nombre cédait à des actes d'intimidation

191 Cette petite manifestation dura deux jours. Après quoi tout rentra dans l'ordre.

192 Antérieurement au 1er mai de cette année, tous nos ouvriers acceptaient de prolonger leur travail. A la suite de meetings et de manifestes, personne ne voulut plus faire d'heures supplémentaires au siège Piron. Au siège de Saint-Gilles, le nombre d'ouvriers fournissant un supplément de travail diminua. La situation se prolongea jusqu'en juin et redevint ensuite ce qu'elle était auparavant. Actuellement le total des quarts, des demies et des journées supplémentaires s'élève journellement à 160 journées pour un personnel de 800 ouvriers. La plupart des ouvriers travaillent donc après la fin de leur journée. C'est la preuve que le personnel du charbonnage ne réclame pas une réduction des heures de travail.

193 **3.** Quand on parle de journée de travail, on entend ordinairement le temps compris entre la descente et la remonte, alors qu'à mon avis ce devrait être la durée du travail effectif.

194 Il est rationnel de considérer la journée de travail effectif, qui est le seul travail producteur, seule raison d'être d'une affaire commerciale.

195 Il est impossible, dans une exploitation, de transporter d'un seul coup le personnel à son lieu de travail; si l'on considérait le nombre d'heures de présence, on créerait par là même des inégalités dans la durée du travail effectif. Ces inégalités devraient être compensées par des moyens rapides de descente, qui ne pourraient se faire qu'au détriment de la sécurité du personnel.

4. En principe, je suis hostile à la limitation légale des heures de travail, et suis partisan de la liberté du travail que je voudrais voir maintenir. 196

Si on arrivait à cette malheureuse décision, il faudrait limiter la durée du travail effectif, et cette limitation devrait se faire par étapes, pour nous rendre compte de la valeur de notre personnel et remplacer les ouvriers qui donneraient un rendement par trop inférieur, par suite de la diminution d'heures de travail. 197

Le travail d'abatage est une suite d'efforts musculaires importants répartis sur un nombre d'heures suffisant. Si on diminue ce nombre, l'effort devra augmenter au grand détriment de la catégorie d'ouvriers de force moyenne, qui devra inévitablement disparaître, en vertu de la loi du plus fort. 198

5, 6. Aux deux sièges du charbonnage, il existe des puits de service reliant la surface au niveau de la recette d'où les charbons sont transportés à la paire, par un tunnel ouvert à flanc de coteau. Ces puits de service sont utilisés pour la translation du personnel qui doit ainsi changer de cage pour parvenir aux étages d'exploitation. La durée de la remonte et de la descente est donc de beaucoup supérieure à celle des autres charbonnages; elle peut atteindre trente minutes. Il en résulte qu'une diminution de la durée du séjour dans la mine nous serait particulièrement préjudiciable. 199

La descente du poste de jour s'effectue de 5 1/2 à 6 3/4 heures. Celle du poste de 200
nuit, de 17 1/2 à 18 1/4 heures.

201 Pour le poste de jour, les ouvriers à veine, les traîneurs bacs et bouteurs remontent à 15 heures; les répareurs, les hiercheurs, les conducteurs de chevaux et les chargeurs remontent de 15 heures à 16 heures 1/2, suivant la rapidité d'exécution du travail.

202 Pour le poste de nuit, la remonte s'effectue de 4 1/2 à 5 heures 1/4 du matin.

203 **7.** La distance des puits aux chantiers est très variable. Les ouvriers retournent beaucoup plus rapidement aux puits qu'il ne se rendent aux chantiers. Il faut ordinairement de dix à vingt cinq minutes pour parvenir aux ateliers.

204 Le trajet n'est ni difficile ni fatigant.

205 Voici la durée de la translation des ouvriers dans les puits pour le siège de Saint-Gilles.

206 Nous comptons de la surface (partie supérieure des puits), il faut descendre par le *puits n° III* de service, soit : chargement, 30 secondes; descente, 45 secondes; déchargement, 20 secondes.

207 *Pour le puits n° I* (de 66 mètres à 725 mètres) : chargement, 2 minutes 15 secondes; descente, 5 minutes, 20 secondes; déchargement, 2 minutes, 10 secondes.

208 *Puits n° II* (66 mètres à 488 mètres) : chargement, 2 minutes; descente, 3 minutes 40 secondes; déchargement, 1 minute, 30 secondes.

209 *Puits n° IV* (66 mètres à 725 mètres) : chargement, 2 minutes, 30 secondes; descente, 4 minutes, 25 secondes; déchargement 2 minutes, 15 secondes, temps minima; soit *en moyenne 10 minutes, 16 secondes.*

210 Voici la longueur des trajets des accrochages aux différents chantiers (siège St-Gilles) :

Oignette, 292, ouest	920	mètres.
Sourdine, 411	400	—
Sourdine, 488	1,850	—
Grand Maret, 618	1,800	—
Grande Moisa, 618	1,100	—
Souvenière 670	1,080	—
Grande Moisa, 725 (bal. 15)	180	—
Grande Moisa, 725 (bac. Nd)	315	—
Grande Moisa, 725 (bal. 14)	215	—
Petite Moisa, 725	300	—
Sauvenière, 725	620	—
Perée, 725	610	—
Malgarnie, 725	700	—

Pour le siège Piron, les trajets sont à 211
peu près les mêmes.

8. *Pour le poste du jour*, la durée du 212
repos est de trois quarts d'heure en deux repos

Pour les adolescents de moins de 16 ans, 213
le repos total est d'une heure.

Même chose pour le poste de nuit, avec 214
différence que nous n'avons pas un seul adolescent la nuit.

9. Pour les catégories d'ouvriers remon- 215
tant à 15 heures, la durée du travail est de six heures trois quarts.

Pour les catégories remontant à 16 heu- 216
res et demie, la durée est de huit heures un quart.

Pour le poste de nuit, la durée est de 217
huit heures un quart.

10. Les ouvriers peuvent faire toutes les 218
heures supplémentaires qu'ils désirent.

Le quart de journée comporte une heure 219
et demie de travail au siège de Saint-Gilles et deux heures au siège Piron. La demi-journée est de trois heures de travail et la

double journée est de cinq heures et demie.

220 Ces heures supplémentaires se font d'accord avec les ouvriers. On n'oblige personne, Les chefs porions le demandent simplement aux intéressés.

221 **11.** Le lundi, 35 p. c. du personnel chôment volontairement, les autres jours de la semaine, environ 10 p. c.

222 Les motifs du chômage doivent se chercher dans les plaisirs du dimanche, qui ne se passent pas sans consommer d'assez fortes proportions d'alcool.

223 Pour les jours de la semaine, c'est la culture des jardins, les promenades, la pêche, les pigeons, etc.

224 L'organisation du travail devient, dans ces conditions, très difficile et même dangereuse, les ouvriers devant effectuer des besognes peu connues pour assurer l'extraction.

225 Ce sont surtout les absences des ouvriers préposés au transport qui sont fréquentes et il est dangereux de remplacer les absents, les seuls vraiment habitués aux difficultés du transport, qu'ils ont l'habitude d'effectuer.

226 **12.** La diminution de la durée du travail des ouvriers à veine réduirait la production. Les ouvriers à veine, la majeure partie du moins, donnent actuellement le maximum de rendement possible.

227 Si la limitation devait se faire, c'est la seule catégorie qui devrait en profiter, car elle seule fait la production.

228 Les autres catégories, tout en assurant la production, veillent à la sécurité et à la reprise du travail le lendemain.

229 **13.** Des exceptions devraient être prévues dans la loi, notamment pour les surveillants et pour d'autres catégories d'ouvriers.

15. Les ouvriers sont parfois retardés 230
dans leur travail.

a) Le chantier n'est parfois pas com- 231
plètement préparé, par suite d'une pression de terrains ou d'un manque de personnel de nuit;

b) Par un arrêt de transport, déraille- 232
ment des berlaines, des cages, accidents aux lavoirs, etc.;

c) Retard dans l'arrivée des bois aux 233
tailles.

d) L'extraction, exigeant de longs tra- 234
jets, un nombreux personnel, beaucoup de machines et d'appareils mécaniques, est soumise évidemment à de multiples causes d'arrêt, indépendantes de la volonté de l'ouvrier.

Il faut, au siège Piron, un personnel 235
très nombreux pour produire l'extraction normale.

Pour le poste de jour, la descente et la 236
remonte prennent les trois puits pendant au moins trois heures; il arrive qu'ils ne parviennent pas à suivre l'extraction des produits.

Quand on aura réduit la journée de tra- 237
vail, il faudra encore augmenter ce personnel et réduire le temps d'extraction, deux causes qui retarderont l'ouvrier dans son travail.

La production s'en ressentira très sensi- 238
blement.

En réalité, nous tournons dans un cercle 239
vicieux : nous manquons de bras pour assurer l'extraction normale; sera-ce en réduisant le temps de travail que l'on parviendra à combler ce vide? C'est le contraire qu'il faudrait chercher à obtenir,

c'est-à-dire augmenter la journée de travail.

240 **16**. Les retards qui peuvent se produire ne sont pas plus imputables à la direction et à la surveillance qu'au personnel ouvrier. Ce sont des cas fortuits, accidentels.

241 Ces arrêts ou retards sont fréquents et accidentels et proviennent des difficultés et de l'étendue de la mine.

242 **17**. La température est normale et régulière, grâce aux puissants ventilateurs dont nous disposons — tout au plus une température de 25° est-elle constatée dans certains aérages à grande profondeur — mais les ouvriers travaillent rarement en ces endroits.

243 L'air n'est nullement vicié, la quantité introduite dans la mine étant considérable.

244 La mine est généralement sèche; toutefois, au siège Piron, des chantiers sont humides aux étages supérieurs, à cause de l'existence d'anciennes exploitations.

245 **18**. Nos ouvriers ne pourraient généralement pas accomplir la même tâche qu'actuellement dans un temps plus court. Peut-être quelques ouvriers, doués exceptionnellement et dans des conditions déterminées, le pourraient-ils faire.

246 **19**. Une diminution de la production ne pourrait pas être compensée; en effet :

247 *a*) Le repos n'est pas exagéré et ne peut être réduit;

248 *b*) Les chômages ne sauraient être réduits suffisamment : on ne change pas ainsi les habitudes invétérées des ouvriers;

249 *c*) Le travail plus intense ne pourrait se faire que par les bons ouvriers, il y aurait alors un grand déchet de personnel et celui-ci fait toujours défaut dans les mines;

d) La mine est très hygiénique; 250

e) Impossible de remédier utilement au plus grand nombre des causes d'arrêt, lesquelles sont indépendantes de notre volonté. 251

20. Nous ne pourrions pas organiser plusieurs postes d'abatage. 252

Avec le poste unique actuel, le remblayage, les bosseyements et les réparations ordinaires sont déjà très difficiles. 253

Actuellement, le travail est à son maximum d'intensité. Le nombre de chantiers d'abatage ne pourrait pas être augmenté. Les conditions économiques de la mine s'y opposent. 254

21. A notre avis, la durée du travail ne doit pas être limitée par la loi. 255

Les raisons sont les suivantes : 256

1° La durée du travail actuel n'a rien que de très normal. 257

2° On va à l'encontre de la liberté individuelle en réglementant la volonté de l'ouvrier. 258

3° On diminuera le personnel des mines déjà si restreint. 259

4° En augmentant le nombre d'heures de loisir, on augmentera les occasions de dépenser l'argent du salaire, par les jeux et l'alcool, par suite de la préparation insuffisante de la classe ouvrière. 260

5° Diminution de bien-être dans le ménage par la diminution du revenu et par le motif précédent. 261

6° Difficulté donc à l'ouvrier d'améliorer sa position sociale et d'amasser un pécule suffisant pour élever sa famille suivant les règles du progrès. 262

22. La diminution légale de la durée du travail aura inévitablement pour consé- 263 quence un abaissement des salaires. Le prix de revient haussera dans des proportions exagérées et nécessitera une diminution de salaire.

264 23, 24. Depuis vingt ans, par suite d'améliorations et de progrès réalisés dans l'outillage, la durée du séjour dans la mine a diminué. Cette réduction n'a été le résultat ni d'une requête du personnel ni d'une décision de la direction.

265 26. La même durée du travail ne peut être appliquée à toutes les mines, pas même à tous les sièges d'un charbonnage. C'est le cas pour nos deux sièges.

266 La durée du travail dépend de l'allure des couches du gisement et de l'habitude du personnel dans les sièges d'un même charbonnage et pour les charbonnages d'une même région.

267 Certains charbonnages n'utilisent que des ouvriers très vigoureux pour l'abatage du charbon, par exemple dans les pérets de dressant; d'autres utilisent des ouvriers de valeurs différentes. Les premiers ne trouveront plus l'avantage de remonter plus tôt et le rendement diminuera. Les ouvriers plus faibles seront inévitablement sacrifiés.

268 Toutes les catégories d'ouvriers ne peuvent faire la même durée de travail, c'est absolument contraire au service de l'extraction. Le charbon est beaucoup plus vite abattu qu'il n'est transporté et emmagasiné au jour.

27. Les ouvriers sont payés à la tâche et à la journée, suivant les circonstances et les catégories. 269

Les traîneurs reçoivent une prime d'une journée lorsqu'ils ont travaillé une quinzaine complète, soit douze jours en deux semaines. 270

Le salaire est progressif dans certaines limites, suivant le travail de l'ouvrier. 271

Les quarts supplémentaires comportent deux heures de travail au siège de Saint-Gilles et une heure et demie au siège Piron. Cette différence d'une demi-heure est due à la nature du gisement, plus difficile à exploiter d'un côté que de l'autre. 272

Les amendes d'un cinquième de la journée sont infligées pour travail incomplet, au bénéfice de la caisse de secours en faveur des ouvriers mineurs. 273

28. Il n'y a pas de sous-entreprises. 274

29. Si la durée du travail est diminuée et si les salaires sont maintenus, je ne crois pas que nous puissions supporter les conséquences d'une loi sur la durée du travail pendant les années normales. 275

Dans les entreprises telles que la nôtre, les frais généraux sont très élevés et les imprévus sont toujours à craindre. 276

Joris Richard,

directeur des travaux du siège Saint-Gilles des charbonnage de La Haye.

277 Je n'ai rien à ajouter à la déposition de M. Nagant, ingénieur directeur-gérant des charbonnages de la Haye, que vous venez d'entendre.

Bernard Alfred,

directeur gérant des charbonnages de la Petite Bacnure,

278 **1.** Je parle au nom du charbonnage.

279 **2.** Les ouvriers ne m'ont jamais demandé une réduction de la journée de travail.

280 **4.** Je suis opposé en principe à la limitation légale de la durée du travail des adultes. Ce serait un danger que de fixer un nombre d'heures de travail maximum, inférieur à celui existant; l'ouvrier de bonne volonté, voulant faire la même production qu'auparavant pour gagner le même salaire, s'épuiserait prématurément, si bien qu'à 50 ans il serait incapable de travailler.

281 **5, 6.** Le poste de jour descend 5 1/2 h. et remonte à 15 heures.

282 La durée du séjour dans la mine est donc de neuf heures et demie.

283 **7, 8, 9.** La descente dans la mine dure deux minutes et quart, et il faut huit à vingt minutes pour aller du puits aux chantiers. La durée de présence est coupée par deux repos de vingt minutes. La durée du travail effectif des ouvriers à veine est en moyenne de sept heures.

284 Ces ouvriers ne se mettent à la besogne qu'à 7 heures, bien que la descente commence à 5 1/2 heures.

285 **10.** On ne fait pas de quarts supplémentaires.

286 **11.** Le lundi, il y a 25 p. c de chômeurs et le mardi, 10 à 15 p. c. L'organisation du travail et la production souffrent de ces chômages. Ce sont toujours les mêmes ouvriers qui chôment, principalement les jeunes, mais il en est qui sont mariés et pères de famille.

4. Je suis assez bien d'avis que, pour 287
un haveur, un travail effectif de sept heures est convenable et que cette durée devrait même être imposée comme minimum pour que l'ouvrier ne se surmène pas.

12. Les différentes catégories d'ouvriers 288
ne peuvent avoir le même nombre d'heures de travail. En admettant qu'il y ait une limitation légale, cette mesure ne pourrait être prise d'une manière générale pour tous les ouvriers.

15. Les ouvriers ne subissent pas d'ar- 289
rêt ni de retard dans l'exécution de leur travail.

17. La température de la mine ne dé- 290
passe pas 20 degrés; la ventilation est convenable et les chantiers ne sont pas humides.

20. Il ne serait pas possible d'orga- 291
niser plusieurs postes d'abatage par jour au charbonnage de la Petite Bacnure.

23, 24, 25. Il y a une quinzaine d'an- 292
nées, la durée du séjour dans la mine était de douze heures; actuellement elle n'est plus que de neuf heures. La production n'était cependant pas plus élevée jadis, parce que l'organisation des transports laissait alors à désirer.

La situation actuelle pourrait encore 293

s'améliorer si les ouvriers y mettaient de la bonne volonté. Si les ouvriers se mettaient à la besogne aussitôt qu'ils arrivent sur poste, leur rendement et, par suite, leur salaire seraient majorés.

294 27, 28. Les abatteurs, bosseyeurs et bacneurs travaillent à la tâche, les autres ouvriers à la journée.

295 A l'occasion de fonçage de puits ou du creusement de bacnures, travaux remis à l'entreprise.

On accorde des primes pour la rapidité 296
d'exécution du travail. Les ouvriers à veine ne touchent pas de prime.

29. Le charbonnage de la Petite Bac- 297
nure ne pourrait supporter les conséquences d'une réduction de la journée de travail, parce que le prix de revient augmenterait par suite de la diminution des rendements.

Bogaert Hilaire,

directeur gérant des charbonnages du Bois d'Avroy.

298 1. Je parle en mon nom personnel.

299 2. Les ouvriers ne demandent pas de réduction de la journée de travail.

300 3. J'entends par durée de la journée de travail, le temps qui s'écoule entre la descente et la remonte de l'ouvrier.

301 4. Je ne suis pas partisan d'une limitation des heures de travail. Dans le cas où la limitation serait décrétée, elle devrait s'appliquer à la durée du séjour dans la mine.

302 5, 6. Le charbonnage possède quatre sièges d'extraction.

303 A trois des sièges la descente commence, pour le poste de jour, à 6 heures, et la remonte a lieu à 15 heures. Au quatrième puits, les ouvriers descendent à partir de 5 heures 1/2 et la remonte commence à 14 heures 1/2.

304 Le poste de nuit, à tous les sièges, descend à 18 heures et remonte à 4 heures.

7. La durée du trajet des puits aux 305
chantiers et des chantiers au puits varie; elle est, en moyenne, d'une demi-heure.

Le trajet n'est pas fatigant. 306

8. La durée totale des repos est de deux 307
heures pour chacun des postes, y compris la descente, l'aller aux chantiers et le retour, ainsi que les repos et le temps consacré aux repas.

9. Les ouvriers fournissent sept heures 308
de travail effectif.

10. Ce n'est qu'en cas de force majeure 309
que le travail est prolongé.

11. 30 p. c. du personnel s'absentent le 310
lundi. 10 p. c. des ouvriers chôment, en moyenne, tous les autres jours de la semaine.

Ces chômages ont une influence désas- 311
treuse sur l'organisation du travail. Ce sont d'habitude les ouvriers adultes, les plus vigoureux, qui s'absentent. Les lundis, les équipes doivent être composées, en

grande partie, de jeunes et de vieux ouvriers. Il en résulte certainement une diminution de la sécurité du travail.

312 12. La limitation légale de la durée du travail serait néfaste pour les ouvriers à veine, dont le travail ne comporte pas seulement l'abatage de la houille, mais encore le havage, le nettoyage du charbon, le boisage. Pour gagner le même salaire, dans un temps réduit, ces ouvriers négligeraient le havage, le nettoyage et le boisage. La sécurité serait ainsi diminuée et le travail serait exécuté avec beaucoup moins de soin.

313 L'exploitation, au charbonnage du Bois d'Avroy, se fait principalement en dressant et le soutènement joue un rôle prépondérant dans la sécurité du travail.

314 15, 16. Les retards que peuvent subir les ouvriers dans leur travail sont rares et toujours accidentels; ils ne peuvent être imputés au personnel ouvrier, ni à la surveillance, ni à la direction.

315 17. La température de la mine, en général, n'est pas élevée. Un des quatre sièges ne donnant pas toute satisfaction quant à l'aérage, on y installe un puissant ventilateur.

316 La mine est grisouteuse, mais le grisou y est fortement dilué par une ventilation abondante.

317 Les travaux sont généralement secs. Ils sont parfois humides, à cause du voisinage d'anciennes exploitations.

318 18, 19. Je suis convaincu que les ouvriers ne pourraient pas accomplir la même tâche qu'actuellement dans un temps plus court. La durée du travail effectif (sept heures) ne pourrait être davantage réduite pour les ouvriers à veine. Si le rendement est ordinairement bon, c'est parce que le personnel se compose, en grande partie, d'ouvriers jeunes, vigoureux et ardents au travail. Le temps des repos ne peut être diminué. Un travail plus intense épuiserait rapidement les forces des ouvriers.

On travaille surtout des dressants qui 319
donnent un charbon friable. Le charbon est évacué des gradins aussitôt qu'il est abattu. L'ouvrier à veine n'éprouve donc aucune gêne, de ce côté, dans l'exécution de son travail.

20. L'organisation de plusieurs postes 320
d'abatage est pratiquement impossible. Le coupage des voies, très difficile, s'y oppose. Actuellement déjà, avec un seul poste d'abatage, il serait impossible d'exécuter le bosseyement, en temps voulu, si des dérogations ne nous avaient été accordées pour le minage.

Le nombre de chantiers ne pourrait être 321
augmenté, les conditions de gisement s'y opposent.

21. La limitation légale des heures de 322
travail n'est pas possible ; elle entrainerait fatalement l'épuisement prématuré des forces de l'ouvrier.

22. Une diminution légale des heures de 323
travail aurait certainement pour conséquence un abaissement des salaires.

23, 24. La durée du travail effectif a 324
diminué peu à peu d'une heure, depuis une dizaine d'années, pour les ouvriers autres que les haveurs et les bosseyeurs, par suite des progrès réalisés dans l'outillage et la plus grande compétence du personnel tech-

nique, qui comprend un plus grand nombre d'ingénieurs qu'auparavant.

325 26. La durée travail ne peut être la même pour tous les charbonnages ; elle doit même parfois être différente dans les sièges d'une même mine.

326 27. Les ouvriers à veine, les bosseyeurs et les bacneurs sont payés à la tâche, les autres ouvriers sont payés à la journée.

327 Il n'est plus accordé de primes. Auparavant, une journée de gratification était donnée aux ouvriers qui avaient travaillé la quinzaine (deux semaines) complète. Il y a une quinzaine d'années, M. Petit, directeur-gérant du charbonnage, avait proposé d'accorder l'occupation gratuite de maisons ouvrières aux ouvriers travaillant régulièrement.

328 Cette mesure n'ayant pas donné les résultats qu'on en attendait, n'a pas été maintenue.

329 28. Il n'y a pas de sous-entreprises.

330 29. Les crises ont pu être traversées jusqu'à ce jour, grâce à l'organisation actuelle. La réduction des heures de travail augmenterait le prix de revient, ce qui rendrait inévitable une diminution du salaire.

Il est pratiquement imposssible de régle- 331
menter la durée du travail. Il y a, à côté de la question du prix de revient, la question de sécurité. Si une loi limitait le nombre d'heures de travail, elle ne serait pas, pratiquement, applicable dans certains cas. Lorsque, par exemple, il y aurait à faire des boisages compliqués et indispensables, dont la durée d'exécution dépasserait le temps limité par la loi, il serait impossible d'obtenir, en temps utile, une dérogation de n'importe quelle autorité, attendu que le cas se présenterait accidentellement et ne pourrait, par conséquent, être prévu. Il faudrait donc laisser à cet égard toute latitude au patron.

Il en serait de même en cas d'éboule- 332
ment.

De plus, dans les dressants exploités au 333
charbonnage du Bois d'Avroy, il en est dont le charbon est ébouleux. Le travail n'y peut être accéléré, pas plus que dans les couches grisouteuses.

Je conclus qu'une loi réglementant la 334
durée du travail n'est pas d'une application pratique.

Thiriart Léon,

directeur gérant du charbonnage de Patience et Beaujonc.

335 1. Je parle en mon nom personnel et en qualité de Directeur-Gérant de la Société Anonyme des Charbonnages de Patience et Beaujonc.

336 2. En ce qui concerne la réduction de la journée de travail, aucune demande officielle n'a été formulée par les ouvriers. Cette idée leur a été suggérée surtout depuis cette année et je crois que la plupart l'abandonnerait si elle leur était exposée avec toutes les conséquences qu'elle entraî-

nerait à leur désavantage si l'application en était réalisée.

337 3. Jusque maintenant on a considéré que la durée du travail était déterminée par le temps qui s'écoule depuis l'heure à laquelle le chef mineur et ses surveillants font la distribution du travail au personnel du fond, qui est réuni dans l'« Aise des Mineurs », jusqu'au moment de la remonte pour chacune des catégories des travailleurs.

338 Chez nous, l'heure fixée pour la distribution du travail est 5 1/2 heures du matin.

339 On n'a jamais envisagé la durée du travail effectif : c'est un usage établi dans tous les charbonnages.

340 4. A mon avis, si la limitation des heures de travail devait se réaliser, il conviendrait de fixer la durée du travail effectif, c'est-à-dire le travail « pic à pic » ou à pied d'œuvre.

341 La faire par étapes serait nous torturer pour nous exécuter.

342 Au surplus, si la mesure est jugée bonne, pourquoi ne pas l'appliquer immédiatement?

343 5. Le commencement de la descente du poste de jour dans les travaux se fait à 5 heures 1/2 du matin.

344 Elle est terminée à des heures différentes, suivant l'importance du poste et des moyens de translation.

345 Au siège Bure aux Femmes, à Glain, le poste est descendu à 6 1/2 heures ; au siège Beaujonc, à Ans, à 7 heures et au siège Fanny, à 6 heures 45.

346 En ce qui concerne le poste de nuit, moins important que celui de jour, la descente commence à 17 heures 30 pour être terminée respectivement à 18 heures 15 et 18 heures 20.

6. L'heure de la remonte est variable suivant les différentes catégories de travailleurs : 347

Poste de jour : pour les haveurs et traîneurs bacs, boiseurs, etc., elle commence à 15 heures, pour les traîneurs berlaines à 16 heures 15. 348

Pour le personnel protégé, dont la durée du séjour dans la mine est réglée par la loi du 13 décembre 1889 et l'arrêté royal du 15 mars 1893, la remonte s'effectue à une heure telle qu'on n'excède pas le nombre d'heures de travail annuel on peut l'astreindre. 349

Poste de nuit : La remonte commence à 5 heures du matin. Pour le personnel protégé, les mesures sont prises de façon à observer la loi. 350

7. Le temps nécessaire pour se rendre aux chantiers ou pour en revenir est très variable; il dépend de la situation des chantiers dans la mine, de la hauteur des galeries, de la longueur de celles-ci, du nombre et de la pente des plans inclinés à gravir, du nombre et de la pente d'échelles à monter, etc. Il dépend aussi de la bonne volonté des ouvriers. 351

Nous estimons qu'il faut chez nous de quinze à quarante-cinq minutes aux ouvriers pour se rendre aux fronts d'abatage, suivant le degré d'éloignement de ceux-ci. 352

Il est à remarquer que le retour est toujours plus accéléré et il doit en être ainsi, car la descente des plans inclinés, des échelles, etc., est facilitée. 353

Au point de vue fatigue, seule une bacnure montante de 205 mètres de longueur 354 et de 190 de pente est le parcours qui soit un peu fatigant dans nos travaux : cette bacnure se trouve au siège Bure aux Femmes.

355 8. *Poste de jour* : les ouvriers haveurs ont un repos fixe de trente minutes ; il en est de même de ceux qui remontent à 15 heures en même temps que les haveurs.

356 Les traîneurs ont deux repos, plus ceux qui proviennent des interruptions naturelles du travail.

357 Quant aux ouvriers protégés par la loi, ils ont les repos prévus par celle-ci; je dois ajouter que par suite du genre de travail que ces ouvriers exécutent, leurs repos sont plus nombreux que nécessaires.

358 *Poste de nuit* : les ouvriers de poste de nuit ont deux repos.

359 9. Nous avons dit que le travail effectif était celui qui était exécuté « pic à pic » ou à pied d'œuvre : autrement dit c'est celui qui exige une dépense musculaire nécessitée par le travail proprement dit du mineur.

360 Pour les ouvriers haveurs, nous pouvons l'estimer de la façon suivante : la moyenne de l'heure de la descente du poste étant 6 heures 15, celle de la remonte 15 heures, la durée du séjour sera de 8 heures 45 ; il faut trente minutes en moyenne pour se rendre du puits aux chantiers, trente minutes pour en revenir, trente minutes pour le repas que tout ouvrier fait au milieu du temps du poste, soit une heure et demie, temps pendant lequel l'ouvrier ne produit aucun travail utile à l'exploitation; il restera donc comme durée de travail effectif : 8 h. 15 — 1 h. 30 = 7 h. 15.

Nous avons constaté que des ouvriers 361
ne commençaient pas à travailler avant 7 heures du matin, alors qu'ils étaient sur poste bien avant.

La durée du travail effectif des traî- 362
neurs bacs est la même, puisque leur travail est une conséquence de celui des haveurs.

Quant aux traîneurs berlaines, dont la 363
remonte se fait une heure quinze minutes plus tard que celle des ouvriers à veine et traîneurs bacs, la durée du travail effectif est de huit heures trente minutes, dont il faut défalquer les interruptions naturelles dans le travail de cette catégorie d'ouvriers.

On peut donc dire, sans crainte d'être 364
contredit, que l'ouvrier du poste de jour travaille moins de huit heures.

10. 1° Certains ouvriers haveurs et traî- 365
neurs bacs prolongent la journée de une heure quinze minutes. C'est ce qui s'appelle le quart supplémentaire.

Pour ce supplément, les haveurs reçoi- 366
vent fr. 1.50 ; les traîneurs bacs ont de fr. 1.15 à fr. 1.25.

Ces suppléments se font par accord entre 367
la direction et les ouvriers. On ne peut obliger ceux-ci. C'est ainsi qu'au siège Beaujonc il y a peu ou point d'ouvriers faisant du travail supplémentaire, tandis que c'est l'inverse aux sièges Fanny et Bure aux Femmes.

2° Pris isolément, les ouvriers décla- 368
rent qu'ils désirent pouvoir faire du travail supplémentaire quand bon leur semble. Ils ne le peuvent pas toujours, par suite de la pression extérieure que l'on exerce sur eux, sous prétexte qu'ils créent de la surproduction.

369 Après le 1er mai 1907, les ouvriers ont cessé de faire le quart supplémentaire. Quinze jours après, les ouvriers demandaient à le reprendre, ce qui fut accordé. Immédiatement, meeting à la porte des sièges et, le lendemain, cessation du travail supplémentaire pendant peu de jours et ensuite nouvelle reprise. De nouveau meeting, qui, cette fois, ne produit plus qu'un effet partiel, et aujourd'hui, comme nous l'avons dit ci-avant, les ouvriers de deux sièges font du travail supplémentaire, tandis qu'au troisième siège il n'en est pas ainsi.

370 Il est à remarquer que l'embauchage des ouvriers est plus grand dans les charbonnages où ils sont autorisés à faire du travail supplémentaire.

371 3°. Il est évident que pendant celui-ci l'ouvrier ne rend pas proportionnellement ce qu'il fait pendant la journée ou, en d'autres termes, ce travail supplémentaire est payé à un prix beaucoup plus élevé, puisqu'on donne un quart du salaire pour un travail d'une heure et quart, ce qui n'est pas le quart de la journée ordinaire. Il est à remarquer qu'il y a dans ce cas un second repos. Le patron n'a pas intérêt à voir faire ces heures supplémentaires, mais il y est amené par les nombreux chômages, ce qui a pour résultat une réduction notable de la production.

372 4°. Il n'y a donc pas de surproduction, il y a compensation de la perte due au motif ci-dessus.

373 Les ouvriers chôment fréquemment, beaucoup trop souvent.

374 Le lundi on a rarement plus de la moitié de la production (57 p. c.).

375 Le mardi il y a encore un déchet assez important, la production est de 93 p. c.

Lorsque le samedi est un jour de paie, 376
il y a aussi un déchet.

Le chômage du lundi est une habitude, 377
de même que tous les lendemains de fête, telles que les lundis de Pâques et de Pentecôte, lendemain de l'Ascension, lendemain du Nouvel-An, de Saint-Léonard, de Sainte-Barbe, de Noël, etc. Tous ces jours sont, en réalité, des dimanches qui ont leurs lundis et leurs mardis.

Pourquoi chôment-ils? C'est plutôt aux 378
aux ouvriers que s'adresse cette question. Ils n'ont pas l'habitude de nous informer lorsqu'ils désirent chômer ni nous en donner les motifs lorsqu'ils reprennent leur travail.

On remarque toutefois qu'outre les jours 379
fériés légaux et ceux indiqués ci-dessus, il y a les fêtes paroissiales des communes, qui entraînent plusieurs jours consécutifs de chômage. Il y aussi les concours de pigeons voyageurs et de chants de coqs, les fêtes du carnaval et les absences à l'époque du tirage au sort.

Il résulte d'un travail qui a été fait à fin 380
juin 1906 parmi les mines affiliées au syndicat des charbonnages liégeois qu'on a constaté, parmi celles-ci, que les ouvriers chômeurs s'élèvent en juin 1906 à 14.2 % du nombre des ouvriers inscrits, déduction faite des blessés et malades.

En admettant une moyenne journée gé- 381
nérale de 5 francs (nous avons chez nous fr. 5.25 pour cette moyenne journée) pour tous les ouvriers occupés dans les travaux souterrains de ces mines, la perte est de 15,355 francs par jour, car il y a environ 21,582 ouvriers inscrits dans les mines susdites et 3,071 absences journalières.

En admettant 300 journées de travail, la perte annuelle en salaire due au chômage est de : 4,606,500 francs.

382 A remarquer qu'il ne s'agit que des mines affiliées au syndicat des charbonnages liégeois.

383 Les effets du chômage sont nombreux.

384 1° Il amène plus de difficultés dans la distribution du personnel. En ce qui concerne les abatteurs, ils ne se rendent pas toujours à la même taille ; ce qui peut être dangereux et ce qui est nuisible à l'effet utile ;

385 2° De même pour les traîneurs à la berlaine, qui connaissent les petites défectuosités que peut présenter une voie sur laquelle ils sont journellement occupés ;

386 3° L'entente dans les travaux est rompue par l'arrivée d'un nouvel ouvrier dans le groupe, d'où diminution de l'effet utile et diminution de la sécurité.

387 **12, 13, 14.** 1° Nous sommes adversaires de la limitation de la journée de travail des adultes, par conséquent nous ne désirons pas nous prononcer sur les questions d'exceptions et de dérogations ;

388 2° Etant adversaires du principe, nous ne voulons pas nous prononcer sur l'organisation ;

389 3° Nous avons le devoir d'éclairer le législateur sur les conséquences d'une pareille mesure, mais il ne faut pas nous demander de résoudre tel ou tel point particulier ;

390 4° Ce serait une façon indirecte de nous faire assumer une partie de la responsabilité dans l'organisation d'un principe faux auquel nous sommes hostiles.

391 **15, 16.** Le travail dans les mines, comme dans toute industrie, peut subir des retards dont la cause n'est imputable ni à l'ouvrier, ni au patron.

Ces retards sont accidentels. 392

17. C'est à l'Administration des Mines 393
qu'il appartient surtout de faire connaître la situation des charbonnages au point de vue de l'aérage et de l'humidité.

Pour ce qui nous concerne, la tempéra- 394
ture est normale, la viciation de l'air ne présente rien de particulier et la mine peut être considérée comme sèche. Cependant l'application du remblayage hydraulique dans certains chantiers de nos travaux pourrait avoir pour effet de rendre la mine humide.

18. Nos ouvriers ne pourraient pas 395
accomplir la même tâche dans un temps plus court, si j'en juge d'après l'expérience que j'ai faite et dont nous parlerons en réponse à la 22me question.

19. Une diminution de production pour- 396
rait certainement être compensée en partie par une diminution des chômages, mais il n'est pas moins vrai que le prix de revient en resterait augmenté.

Quant au travail intensif, il serait con- 397
traire à la sécurité des ouvriers et de la mine.

Pour la diminution du repos, il n'est 398
pas possible de les réduire.

L'amélioration des conditions hygié- 399
niques de la mine nous a toujours préoccupés et nous sommes prêts à examiner les modifications qu'il y aurait lieu d'apporter sur ce point. Nous pensons que ces modifications n'auront aucun effet sur le rendement des ouvriers et s'il y en a un, il sera inappréciable.

400 Les causes d'arrêt sont accidentelles et on ne peut les éviter. Elles sont inhérentes à l'industrie quelle qu'elle soit.

401 **20.** La question de savoir si l'on pourrait organiser plusieurs postes d'abatage par jour en résoud une autre, à savoir que le rendement de l'ouvrier diminuera si on diminue le nombre d'heures de travail, puisqu'on cherche par ce moyen à combler le déchet qui se produira fatalement dans la production.

402 En ce qui nous concerne, nous serions dans l'obligation de créer un plus grand nombre de chantiers en activité pour maintenir notre production, ce qui nous est impossible vu la petitesse de notre concession et la faible ouverture des couches.

403 D'un autre côté, où irions-nous chercher le personnel de jour qui fait défaut actuellement, et depuis des années déjà, et plus encore, le personnel de nuit, qu'on ne sait pas recruter?

404 **21.** La durée du travail des adultes ne doit pas être limitée par la loi. Ce serait porter atteinte à la liberté individuelle garantie par la Constitution belge.

405 On doit avoir le droit de choisir son travail et de travailler comme on veut.

406 L'État est incompétent pour rédiger et imposer des conventions types s'appliquant à des charbonnages dont les conditions économiques sont éminemment variables et à des ouvriers qui diffèrent au point de vue musculaire, au point de vue de l'âge et au point de vue des charges familiales.

407 Évidemment il faut, quand c'est possible, augmenter le bien-être de chaque individu.

408 Il ne faut pas que l'ouvrier soit astreint à un travail exagéré, et en répondant à la 9e question nous avons donné le temps du travail effectif, qui montre que dans les mines il n'en est pas ainsi.

L'avenir de la race n'est donc pas 409
menacé.

Au surplus, l'unification des heures de 410
travail est contraire à la nature même des choses. Il n'est pas logique d'imposer à un homme jeune, actif et robuste, la même somme de travail qu'à un homme d'un certain âge.

Il n'est pas juste d'imposer un maximum 411
d'heures de travail à l'ouvrier économe ainsi qu'à celui qui est chargé d'une nombreuse famille.

L'ouvrier doit pouvoir, quand il le dé- 41
sire, augmenter son bien-être, par un travail supplémentaire, lorsque celui-ci n'excède pas ses forces C'est à lui d'apprécier si on lèse sa liberté, si on l'empêche d'agir suivant ses besoins, ses nécessités, ses désirs.

Le patron n'a jamais pu et ne pourra 413
jamais forcer l'ouvrier à produire un travail au-dessus de ses forces.

Je suis donc résolument hostile à toute 414
limitation de la durée du travail par la loi.

22. Nous pensons que la mesure appli- 415
quée à toutes les catégories d'ouvriers aura pour conséquence une diminution des salaires.

Il convient, croyons-nous, d'indiquer la 416
situation de l'industrie houillère en Belgique, comparativement à celle de ses puissants voisins et concurrents.

C'est ce que nous allons exposer très 417
brièvement.

Examinons tout d'abord le marché com- 418
mercial.

Marché commercial.

419 La statistique nous fournit les observations suivantes :

420 1° La consommation de combustible à l'intérieur du pays croît d'une façon continue et plus rapidement que la production;

421 2° Les exportations restent stationnaires;

422 3° Les importations augmentent. Elles ont plus que doublé depuis dix ans.

423 Les faits témoignent de l'intensité de la concurrence étrangère, tant sur le marché intérieur que sur le marché extérieur, et il importe de remarquer qu'en aucun pays les exportations de combustibles n'ont une importance relative aussi élevée qu'en Belgique, car nous exportons 30 p. c. de notre production totale, tandis que ce rapport est de 26 p. c. en Angleterre et 16 p. c. en Allemagne.

424 Dans l'ordre d'importance, nos concurrents sur le marché intérieur sont l'Allemagne, la France, l'Angleterre.

425 Comparons les conditions des gisements houillers de ces pays avec les nôtres au point de vue de l'effet utile de l'ouvrier et du prix de revient.

Conditions de gisement.

426 Au point du vue des conditions naturelles de gisement et des difficultés d'exploitation, les bassins houillers belges sont de tous les moins favorisés; cela tient :

427 1° A la faible ouverture des couches exploitées ;

428 2° A leur allure irrégulière et à la fréquence des dérangements des sédiments houillers;

3° A l'abondance et à la violence des dégagements de grisou ; 429

4° A la grande profondeur des travaux. 430

Les deux premières circonstances entraînent comme conséquence une faible production par ouvrier abatteur et un rendement proportionnel plus faible encore par ouvrier du fond, en général; elles nécessitent une série de travaux improductifs : coupage de voies en vue de leur donner une hauteur suffisante pour la circulation; transport, extraction et mise au terril des pierres de remblayage en excès ; nombreux travaux préparatoires, tant en pierre qu'en veine, etc. 431

La présence de grisou agit dans le même sens, en obligeant à restreindre la production ou à la répartir sur un plus grand nombre de chantiers, à réduire et même à supprimer l'emploi des explosifs. 432

Enfin, les frais d'extraction augmentent avec la profondeur des travaux, tant sous le rapport de la consommation des moteurs que de l'usure des câbles et du matériel et de l'entretien des puits. 433

La grande profondeur crée des difficultés spéciales dans le cas, malheureusement le plus général dans notre pays, où les puits sont étroits et où l'on a à pourvoir, non seulement à l'extraction des charbons, mais à celle des matières stériles et à la translation du personnel. 434

Malgré ces difficultés, le rendement annuel de l'ouvrier mineur s'est maintenu et même légèrement accru dans la dernière période décennale, et si la situation actuelle marque une amélioration notable sur celle d'il y a vingt ans, les progrès réalisés dans ces dix dernières années ont été insignifiants. 435

436 L'effet utile de l'ouvrier semble avoir atteint actuellement un maximum.

437 Cet effet utile varie beaucoup, suivant les conditions du gisement. Il est :

Angleterre	360 tonnes.
Prusse	332 —
France (Pas-de-Calais . .	309 —
France (Nord)	294 —
Belgique	223 —

438 Notre faible rendement provient de la puissance réduite de nos couches de houilles. Cette puissance est :

Belgique	$0^m.65$
Westphalie	$1^m.00$
Pas-de-Calais. . . .	$1^m.07$
Haute-Silésie. . . .	$7^m.00$ à $8^m.00$

439 Il est d'autres points qu'il faut noter :

440 a) Les bassins belges sont dans un état d'infériorité vis-à-vis de leurs concurrents sous le rapport de l'outillage mécanique.

441 La Belgique produit 22 millions de tonnes avec 275 sièges d'extraction.

442 La Westphalie produit 60 millions de tonnes avec 250 sièges d'extraction.

443 Le Pas-de-Calais produit 14 millions de tonnes avec 84 sièges d'extraction.

444 Dans les bassins neufs et riches, il est possible d'installer d'emblée des puits de grand diamètre armés pour une forte production et de mettre à profit tous les perfectionnements acquis par l'expérience des pays voisins dans les méthodes d'exploitation et d'extraction.

445 Les couches puissantes et régulières permettent l'emploi des haveuses mécaniques, une production intense et, comme conséquence, un grand développement des traînages mécaniques, une diminution du prix de revient en général, portant notamment sur les frais de main d'œuvre. L'application de ces moyens à nos couches minces, irrégulières, avec des champs d'exploitation peu étendus est impossible.

Rappelons aussi que nos charbons sont 446
frappés d'un droit de fr. 1.43 à la tonne à l'entrée en France.

Des renseignements que nous venons de 447
donner, il est facile de déduire qu'une réduction de production dans notre pays deviendrait ruineuse, alors qu'une mesure analogue aurait un effet beaucoup moins sensible dans les pays voisins.

C'est en Belgique que l'écart moyen en- 448
tre le prix de vente et le prix moyen de la houille est le moins considérable, de telle sorte que si des mesures restrictives pesaient partout sur cet écart, c'est sur notre industrie houillère en tout premier lieu que se ferait sentir leur influence.

Si, actuellement, la Belgique parvient à 449
maintenir ses positions, c'est grâce au taux de salaire nominal plus bas que dans les pays voisins, grâce à la qualité de la main-d'œuvre, grâce à la qualité de certains produits particulièrement appréciés et grâce à nos efforts dans le domaine technique et commercial.

Conséquences de la diminution des heures de travail.

La question de la diminution de la jour- 450
née de travail n'est pas neuve et des expériences nombreuses ont été faites. Nous les rapportons ci-dessous :

En 1897, au cours d'une discussion à la 451
Chambre des communes, un membre, M. Bainbridge, qui occupe dans le Yorkshire plus de 15,000 mineurs, a déclaré qu'il avait voulu pratiquement apprécier les effets des prescriptions inscrites dans

le bill des huit heures et avait poursuivi l'essai dans trois de ses principales mines.

452 Les résultats de ce triple essai ont été : réduction de production de 25 à 32 %, d'où augmentation du prix de revient.

453 Un autre membre de la Chambre des Communes, M. Thomas, vint à son tour déclarer que, d'une expérience poursuivie pendant treize mois, il résulte que l'extraction par homme et par jour s'est trouvée réduite de 23 %, c'est-à-dire presque exactement proportionnellement à la différence entre la durée ancienne de la journée de travail et la journée de huit heures.

454 M. Bainbridge fit d'ailleurs observer que les houillères anglaises font chaque semaine cette expérience, puisque la journée de travail est réduite le samedi : on constate alors que la différence entre l'extraction des autres jours et celle du samedi est sensiblement proportionnelle à la différence entre le nombre d'heures de travail de la journée complète et celui de la journée réduite. Des expériences analogues ont été faites en France et ont donné les mêmes résultats.

455 La réduction consentie aux mines de Bruay, en novembre 1900, a entraîné une diminution de 7 à 8 % pour une diminution de temps de séjour de 5 à 6 %.

456 Aux mines d'Anzin, de 1897 au premier semestre 1901, la durée moyenne du fond a progressivement diminué de 10 heures 15 à 9 heures 15. Le rendement journalier de l'ouvrier du fond a baissé de 1.142 kilogrammes à 988 kilogrammes.

457 Aux mines de Rochebelle, l'expérience de la journée de huit heures a fait constater une réduction de rendement de 20 %.

A Blanzy, il en a été de même : la production du charbon et l'avancement des galeries ont subi une réduction plus que proportionnelle à la diminution de la durée du travail. 458

Dans la Loire, l'administration des mines faisait un constatation analogue en 1901. 459

En Autriche, où la loi du 27 juin 1901, entrée en vigueur le 1er juillet 1902, a introduit le poste de neuf heures dans les charbonnages autrichiens, la réduction de la journée de travail a eu pour conséquence une diminution de rendement. 460

D'après un mémoire du Comité des houillères d'Autriche publié à la fin de 1905, le recul, de 1904 par rapport à 1899, s'élève par poste de mineur effectué en travaux préparatoires à 339 kilogrammes ou 23.8 % et par poste de mineur effectué à l'abatage proprement dit, à 215 kilogrammes ou 5.4 %. 461

Il est à noter, cependant, qu'en Autriche la durée admise par le législateur s'écarte peu des usages établis dans la généralité des mines. 462

En Galicie, où, avant la nouvelle loi, on pratiquait de plus longues heures de travail, il y a eu une réduction générale de production de 12.2 % en 1903 et de 7.1 % en 1904. 463

Dans les exploitations de lignite de cette même province, cette réduction a atteint 29 % en 1903 et 13.2 % en 1904. 464

En France, la loi du 29 juin 1905 a fixé la durée du travail des ouvriers employés à l'abatage, mais de ceux-là seulement à neuf heures, cette durée devant être calculée depuis l'entrée dans le puits des 465 derniers ouvriers descendant jusqu'à l'arrivée au jour des premiers ouvriers remontant. Au bout de deux ans, la durée de la journée doit être réduite à huit heures et, au bout d'une nouvelle période de deux années à huit heures.

466 Cette loi n'ayant été mise en vigueur que six mois après sa promulgation, il est impossible d'en apprécier actuellement les conséquences, d'autant plus que, pour les deux premières années de son application, elle se borne à consacrer l'état des choses préexistant ; en effet, la durée du séjour dans les mines françaises ne dépassait pas en général neuf heures, y compris l'entrée et la sortie et le trajet intérieur.

467 Une loi récente vient de fixer à huit heures le travail de toutes les catégories d'ouvriers.

468 A Patience et Beaujonc, une diminution de la durée du travail des traîneurs à la berlaine a eu pour conséquence une augmentation de 14.3 °/o du prix de revient du transport à la tonne. — Il y a eu augmentation du nombre des traîneurs proportionnellement à la diminution de la durée du travail de ces ouvriers.

469 De tout cela il résulte qu'une diminution des heures de travail amènerait infailliblement une diminution de l'effet utile qui se traduirait par une augmentation du prix de revient ou une diminution de salaire.

470 La production annuelle serait ainsi diminuée.

471 Cette réduction serait très différente pour les divers charbonnages et pour les diverses régions, suivant le nombre d'ouvriers qu'elle atteindra.

472 Devant l'augmentation du prix de revient, pourra-t-on augmenter proportionnellement le prix de vente ?

Nous répondrons négativement, à cause la de concurrence étrangère qui se fait sentir si vivement dans notre pays. 473

Nous devons infailliblement succomber devant l'Angleterre et l'Allemagne, où le travail reste libre, et nos mines les moins favorisées sont destinées à disparaître. 474

Il ne s'agit pas, quand le prix de revient s'élève, de relever dans la même proportion le prix de vente. 475

Il ne dépend pas des industriels de vendre leurs produits aux prix qu'ils veulent, ni sur les marchés extérieurs, ni même sur le marché intérieur. C'est la concurrence qui règle le marché. Partant, il faudra maintenir le prix de revient, résultat qui ne pourra être atteint qu'en diminuant les salaires. 476

En ce qui concerne les dérogations qui pourraient être accordées à certaines mines nécessiteuses, nous estimons qu'il est dangereux de laisser au Gouvernement un pouvoir discrétionnaire aussi grand qui peut avoir pour conséquence de favoriser les uns au détriment des autres. 477

C'est la condamnation même du régime qu'on veut instaurer. 478

23. En ce qui nous concerne, la journée de travail a été réduite pour les traîneurs à la berlaine de une heure et quart environ. Cela est dû à notre propre iniative. 479

L'effet utile a été réduit, mais le salaire de la journée est resté le même et a subi les mêmes mouvements de hausse que partout ailleurs. C'est naturel, puisque la main d'œuvre fait défaut. 480

La demande est plus grande que l'offre, d'où augmentation de salaire. 481

482 26. Sous le bénéfice des réserves faites précédemment, il est certain que, si tous les charbonnages se ressemblaient, la même durée de travail pourrait être appliquée à tous.

483 Mais il n'y a rien qui ressemble aussi peu à un charbonnage qu'un autre charbonnage. Dans cette catégorie de choses, il n'y a pas de sosie !

484 Chacun de nous connaît les différences qu'il y a entre les mêmes couches de deux concessions voisines : dans l'une, une couche est exploitée avec un bon rendement; dans la concession voisine, le rendement est très peu rémunérateur et, de ce chef, la couche est peu ou point exploitable.

485 27. Les modes de rémunération à la tâche et à la journée sont employés.

486 En général, les haveurs, bosseyeurs, bacneurs, avalleurs sont payés à la tâche; les autres à la journée.

487 Il n'y a pas de primes.

488 Le salaire peut s'élever momentanément lorsque les conditions du gisement deviennent plus favorables.

Il y a parfois des amendes pour malfaçons. 489

Quant à celles infligées pour infraction à la sécurité, on ne doit pas oublier qu'elles servent à alimenter une caisse dont l'avoir doit être distribué en secours aux ouvriers nécessiteux. 490

28. Il y a rarement des sous-entreprises, si ce n'est pour les bacnures et le creusement des puits. 491

29. Le prix de revient augmentera. Il est peu probable qu'il en soit de même et dans la même proportion du prix de vente. Conséquence : le bénéfice à la tonne et le bénéfice total diminueront. 492

Reste à savoir de quoi le capital se contentera. 493

Il faut cependant qu'il soit rémunéré, puisque c'est un des facteurs de la production. 494

Demany Charles,

directeur gérant du charbonnage de la Grande Bacnure.

495 1. Je parle au nom du charbonnage de la Grande Bacnure.

496 Je m'en réfère à la déposition de M. Thiriart que vous venez d'entendre et dont je partage entièrement la manière de voir.

497 2. Mes ouvriers ne m'ont pas demandé une réduction de la journée de travail.

498 5, 6. Le poste de jour descend dans la mine à 5 heures 1/2 et en remonte à 15 h.; le poste de nuit descend à 18 heures et remonte à 3 heures.

7. Le trajet du puits aux chantiers varie de quinze à vingt minutes; il n'est pas fatigant. 499

8. Les ouvriers de chaque poste ont deux repos de quinze minutes chacun. 500

9. La durée du travail effectif est de sept à sept heures et demie. 501

Les manœuvres descendent dans la mine et en remontent en même temps que les ouvriers à veine ; cela est possible à cause de la grandeur des berlaines, de la facilité 502 des transports et aussi de l'évacuation facile des tailles où l'on reprend le matin le peu de charbon qui peut y être resté de la veille ou que l'on a déjà chargé la nuit dans les berlaines.

503 10. Les ouvriers ne font pas de quarts supplémentaires et ne demandent pas à en faire.

504 11. Pendant la période des bas salaires, il y a 5 p. c. de chômeurs en semaine et 10 p. c. le lundi; actuellement que les salaires sont élevés, les absences ont doublé. Le pourcentage des chômeurs est le même pour les haveurs et les manœuvres.

505 Les ouvriers du poste de nuit, dont beaucoup viennent du Limbourg, ne travaillent généralement pas le lundi.

506 Les chômages désorganisent le travail.

507 15. 16. Les retards que subissent parfois les ouvriers dans l'exécution du travail pour des causes indépendantes de leur volonté sont accidentels.

508 17. L'aérage de la mine est convenable; la température n'y dépasse pas 19 degrés; la mine est légèrement humide.

509 18. Les ouvriers pourraient accomplir la même tâche qu'actuellement avec une moindre durée de présence dans la mine s'ils se mettaient à la besogne dès qu'ils arrivent sur poste. Or, généralement, ils perdent du temps; ils sont sur poste vers 6 heures 1/2, mais ne commencent à travailler qu'à 6 heures 3/4 ou 7 heures. Les surveillants, à ce moment, ne sont pas encore descendus, parce qu'ils doivent « atteler » le personnel à la surface.

510 19. Il n'est pas possible de réduire les temps de repos.

20. On ne pourrait pas organiser plusieurs postes d'abatage par jour, à cause du remblayage, de la pénurie du personnel et de la gêne dans l'extraction qui s'ensuivrait. 511

22. Une diminution de la durée de travail aurait pour conséquence une diminution des rendements et de la production; dans une ère de prospérité, les salaires ne baisseraient pas. Mais il n'en serait pas de même dans une période de crise ou de prospérité moyenne. 512

23,24. Vers 1880, la journée de présence, qui était de douze heures, fut réduite à neuf heures et demie de commun accord entre patron et ouvriers. 513

Les lundis, les ouvriers descendent dans la mine à 6 1/2 h., au lieu de 5 1/2 h., et remontent une heure plus tard. J'ai adopté cette mesure en vue de réduire le nombre des chômeurs. 514

27 Les ouvriers à veine, bosseyeurs et bacneurs sont payés à la tâche, les autres à la journée. 515

Les traîneurs ont une journée de gratification quand ils font une quinzaine complète. 516

29. Actuellement le charbonnage de la Grande Bacnure, grâce aux conditions économiques de son exploitation et à la prospérité du marché charbonnier, pourrait supporter une réduction de la production et une augmentation du prix de revient. 517

Je ne crois pas qu'il serait possible, pour faciliter la besogne des bosseyeurs, de façonner les têtes de bois à la surface, parce qu'il faut mesurer sur place la longueur des bois; le dessous du bois doit être 518 arrondi, tandis que la tête doit être entaillée.

519 La préparation des bois par les bosseyeurs ne leur prend d'ailleurs qu'une infime partie de la durée de leur travail, attendu qu'ils ne placent qu'un cadre de boisage par jour.

Van Hoegarden Paul,

parlant au nom du Syndicat des Charbonnages Liégeois.

520 Je parle au nom du Syndicat des Charbonnages Liégeois.

521 La production de houille en Belgique est d'environ 20 millions de tonnes. Au cours de ces dernières années, elle a augmenté d'environ 500,000 tonnes, ce qui est insignifiant.

522 Au point de vue de l'influence de la limitation des heures de travail, si l'on descend à huit heures de travail, la production ne pourra se maintenir. Elle ne le pourrait qu'en demandant à l'ouvrier un travail excessif, car je crois que, pour le moment, les ouvriers travaillent autant qu'ils le peuvent raisonnablement. Un travail excessif compromettrait la santé et la sécurité des ouvriers.

523 Au point de vue commercial, la propreté des charbons souffrirait également d'un travail excessif. Or, l'on fait déjà au charbon belge non lavé un grief de sa malpropreté, tant chez nous qu'à l'étranger.

524 Si l'on travaillait plus rapidement, le produit serait, au point de vue commercial, de qualité inférieure.

525 Quand la main d'œuvre est rare comme elle l'est aujourd'hui, l'ouvrier est moins soigneux au point de vue de la propreté des charbons.

526 Je ne vois guère la possibilité de la création de nouveaux puits dans les bassins existants. Je vois plutôt des puits qui disparaîtront.

La Belgique peut suffire à sa consommation. 527

Il y a pourtant des échanges considérables. 528

Les charbonnages consomment eux-mêmes de 7 à 10 p. c. de leur production. 529

Les fournitures du Syndicat des Charbonnages Liégeois, qui, au point de vue de la production, englobe les trois quarts des charbonnages du bassin, se répartissent comme suit entre les diverses catégories de consommateurs : 530

Relevé, pour l'année 1905, de la clientèle syndicale. 531

	Tonnes	Proportion p. c.	
Chemins de fer, vicinaux, tramways. . .	535,570	12.88	
Charbons consommés aux fours à coke des affiliés	435,500	10.48	
Charbons divers consommés aux usines d'Ougrée et de Cockerill provenant de leurs mines .	186,000	4.48	24.36
Charbons livrés à la sidérurgie belge et étrangère	825,898	19.88	
Usines à zinc, cuivre et plomb.	429,711	10.34	
A reporter .	2,412,679	»	

Report. . .	2,412,679	»
Ateliers de construction	30,680	0.74
Verreries et cristalleries	74,596	1.80
Phosphates . . .	4,380	0.10
Carrières, briques et chaux	103,996	2.50
Minières	5,920	0.14
Sucreries, siroperies.	39,018	0.94
Brasseries, distilleries	6,200	0.15
Meunerie	7,900	0.19
Produits chimiques .	64,989	1.56
Produits réfractaires.	47,055	1.13
Navires, remorqueurs.	20,943	0.54
Papeteries, amidonneries	27,730	0.66
Fabrique de ciments .	1,950	0.05
Armes et tabacs . .	6,924	0.17
Électricité. . . .	13,405	0.32
Industries textiles .	167,742	4.03
Ardoisières . . .	2,350	0.05
Charbons domestiques (vente syndicale) . .	914.141	22.00
Divers.	202,364	4.87
	4,154,962	100.00
Consommation .	345,038	
	4,500,000	

532 La vente totale du syndicat est annuellement d'environ 4,500,000 tonnes.

533 Les charbons demi-gras de provenance belge sont les meilleurs qui existent. Les autres qualités de charbon, notamment les maigres, sont également très appréciés. Il n'y a que les charbons quart gras, que le bassin de Liége fournit en assez grande quantité, dont le placement est moins aisé; il est à craindre que, dans les périodes de crise, cette qualité de charbon soit difficilement vendable.

534 Le charbon gras, très estimé, s'épuise; il n'y en aura plus dans le bassin de Liége d'ici à douze ou quinze ans. Le gisement de ce bassin ne renferme par de charbon à gaz.

L'exportation de charbons belges s'élève à 6,500,000 tonnes. Elle s'est peu développée au cours de ces dix dernières années, alors que la consommation à l'étranger a augmenté d'une manière considérable. 535

Nous rencontrons partout une vive concurrence, nous la rencontrons même dans nos bassins. Les charbons anglais, allemands, français et hollandais pénètrent en Belgique. 536

En Angleterre, nous ne pouvons songer à importer nos produits. En France, la production ne suffit pas à la consommation, mais il y a, par contre, un droit d'entrée de fr. 1.43 à la tonne sur les charbons importés. 537

Si, dans une période moins prospère, le prix de revient devait augmenter, l'exportation deviendrait impossible, ce qui entraînerait l'arrêt de charbonnages qui ne seraient pas repris. 538

L'importation a beaucoup augmenté; en dix ans, elle a triplé et est actuellement de 6 millions de tonnes. 539

L'importation serait grandement favorisée par une augmentation du prix de revient dans notre pays, car les charbonnages allemands et anglais écoulent à bas prix leur excédent de production à l'étranger. La lutte deviendrait impossible. Certains voudraient pallier l'augmentation du prix de revient par l'établissement de droits d'entrée en Belgique. Je ne partage aucunement cette manière de voir. 540

Les producteurs belges n'ont pas d'organisation syndicale. Il n'existe un syndicat qu'à Liége : c'est un simple comptoir de vente. Ce syndicat n'est qu'un régulateur de la vente qui obvie aux hausses et aux baisses excessives du charbon. Nous 541

RÉPONSE POUR L'ARRONDISSEMENT DE LIÉGE AUX ARTICLES

Levées de 1902, 1903,

Statistique basée sur le nombre des inscrits que leur numéro de tirage

Années.	DÉSIGNATION.	Étudiants.		Industries alimentaires.		Ouvriers employés dans les mines.		Cultivateurs et ouvriers agricoles.		Industrie des transports.	
		Désignés.	Exemptés.	Désignés.	Exemptés.	Désignés.	Exemptés.	Désignés.	Exemptés.	Désignés.	Exemptés.
1902	Hommes examinés. . .	46	17	33	18	168	79	51	21	12	9
	Pourcentage des exemptés.	26.9		35.3		31.9		29.1		42.8	
1903	Hommes examinés. . .	42	13	29	14	196	86	47	35	13	11
	Pourcentage des exemptés.	23.6		32.6		30.5		42.6		45.8	
1904	Hommes examinés. . .	44	19	36	17	180	19	49	18	18	9
	Pourcentage des exemptés.	30.1		32.0		33.0		26.8		33.3	
1905	Hommes examinés. . .	32	7	33	16	123	77	47	20	20	6
	Pourcentage des exemptés.	17.9		32.6		38.5		29.8		23.0	
1906	Hommes examinés. . .	48	13	44	21	154	82	38	23	31	15
	Pourcentage des exemptés.	21.3		32.3		34.7		37.7		32.6	
		212	69	175	16	821	413	232	117	94	50
Totaux des cinq années . . .		281		261		1,234		349		144	
Pourcentage moyen des cinq années.		24.5		32.9		33.5		33.5		34.7	

NOTE. — Les désignés par défaut en vertu de l'article 41 sont renseignés comme désignés.

(1) Les articles 26 et 31 sont ainsi conçus :

Article 26 : Abstraction faite des maladies propres au mineur, le milieu « minier » vous paraît-il défavorable aux

Article 31 : L'adolescence est-elle troublée dans son développement par le travail de la mine ?

26 ET 31 DU PROGRAMME DES TRAVAUX DE LA COMMISSION

1904, 1905 et 1906

appelait au service et qui ont été examinés au point de vue physique

Ouvriers du bâtiment.		Ouvriers employés dans les usines y compris verriers).		Artisans (y compris gaziers, électriciens, caoutchoutiers, chapeliers, coiffeurs).		Employés y compris magasiniers.		Industries des carrières.		Divers et sans profession.		Industrie des armes.	
Désignés	Exemptés	Désignés	Exemptés	Désignés	Exemptés	Désignés	Exemptés	Désignés	Exemptés	Désignés	Exemptés	Désignés	Exemptés
67	35	167	112	124	55	48	46	15	16	41	24	46	31
34.3		40.1		30.7		48.9		51.6		36.9		40.2	
63	33	185	104	97	65	60	31	18	11	40	38	40	34
34.4		36.0		40.1		34.0		37 9		48.7		45.9	
65	34	163	106	91	55	65	34	16	13	28	27	33	36
34.3		39.4		37.6		34.3		44.8		49.1		52.2	
82	44	170	66	94	61	52	29	17	10	36	21	34	21
34.9		27.9		39.3		35.8		37.0		36.8		38.1	
82	53	165	91	98	76	48	40	18	7	36	18	44	27
39.2		35.5		43.6		45.4		28.0		33.3		38 1	
359	199	850	479	504	312	273	180	84	57	181	128	197	149
558		1,329		816		453		141		309		346	
35.6		36.0		38.2		39.7		40.4		41.4		43.1	

ouvriers et à leur descendance ?

évitons des transports inutiles et des intermédiaires onéreux. Nous allégeons la besogne des directeurs-gérants, ce qui leur permet de s'occuper davantage des questions techniques et sociales.

542 Le syndicat a rendu un grand service à la classe ouvrière ; lorsque le prix de vente s'avilit, l'industriel doit toucher aux salaires. Les salaires représentent environ les trois quarts du prix de revient. Depuis que le syndicat existe, il n'y a pas eu de ces graves avilissements de prix que l'on a connus auparavant. On a pu maintenir les prix de vente et, par suite, les salaires. Sans le syndicat, il y aurait eu, en 1893, une baisse de prix considérable. Les salaires sont plus élevés aujourd'hui qu'en 1900, bien que les prix de vente soient moins élevés.

543 Il n'y a pas, à proprement parler, d'entente entre le Syndicat des Charbonnages Liégeois et les syndicats étrangers, mais les relations sont amicales et l'on s'arrange facilement pour éviter l'avilissement des prix.

544 L'ouvrier mineur pourrait améliorer beaucoup la situation ; on pourrait souhaiter un peu plus de bonne volonté de sa part en ce qui concerne son assiduité au travail. Il serait désirable qu'il prévienne de son absence la veille; cela éviterait des pertes de temps pour l'organisation du travail avant la descente.

545 Pour me rendre compte de l'influence des conditions du travail sur l'adolescence du mineur et sur sa descendance, j'ai relevé les chiffres des exemptions au conseil de milice de l'arrondissement de Liége pendant la période quinquennale 1901-1906. L'examen des chiffres contenus dans le tableau de la page précédente amène à cette conclusion que la proportion des exemptions des ouvriers mineurs est égale à celle des ouvriers agricoles, inférieure à celle des ouvriers d'autres industries et n'est supérieure qu'à celle des étudiants et des jeunes gens occupés dans les industries alimentaires.

Je n'ai pas fait de recherches au même 546
point de vue dans les documents des sociétés de secours mutuels. Les chiffres que donneraient ces documents seraient trop faibles pour pouvoir en déduire les moyennes dignes de confiance ; ils s'appliquent d'ailleurs à des personnes d'âge différent, ce qui est de nature à fausser les résultats.

La commission administrative de la 547
Caisse de prévoyance des ouvriers mineurs s'est toujours montrée très large dans l'allocation de petites pensions pour invalidité à des ouvriers qui étaient alors occupés à un poste plus léger et moins rétribué. Nous sommes parvenus à établir que les tables de mortalité, dont on se sert aujourd'hui dans notre pays, donnent des coefficients trop élevés en ce qui concerne les ouvriers mineurs, mais il y aurait à examiner si, d'une manière générale la longévité, ne s'est pas accrue depuis l'établissement des tables de Quetelet.

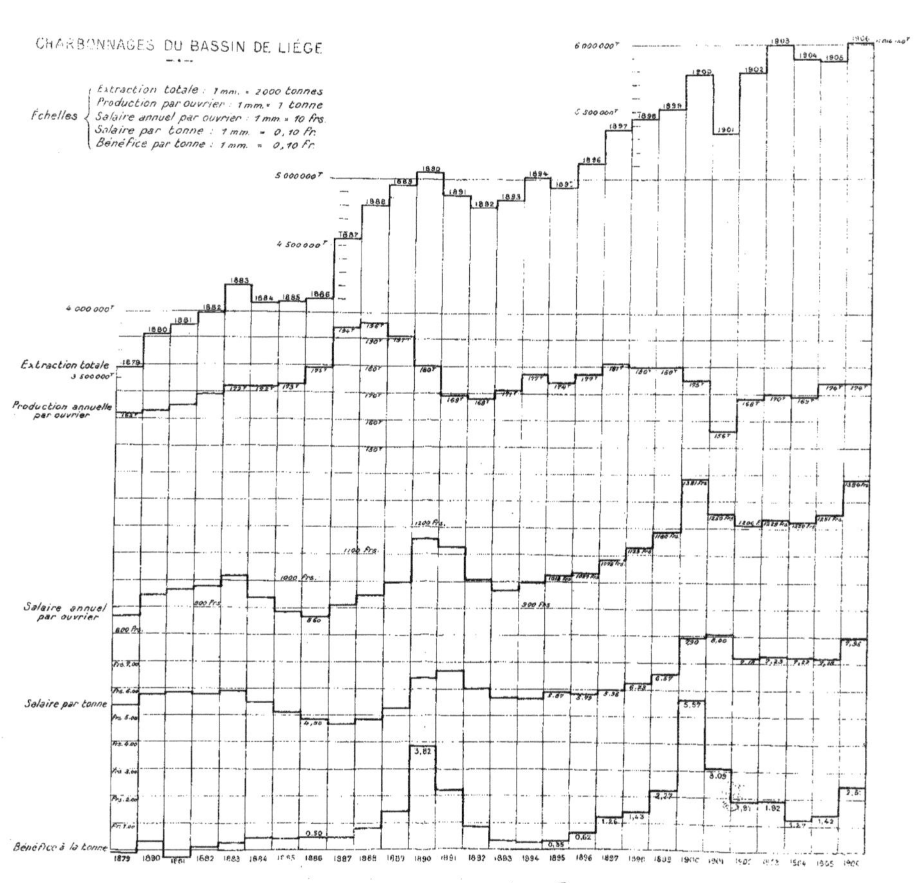

CHARBONNAGES DU BASSIN DE LIÉGE
Échelles
Extraction totale : 1 mm. = 2000 tonnes
Production par ouvrier : 1 mm. = 1 tonne
Salaire annuel par ouvrier : 1 mm. = 10 frs.
Salaire par tonne : 1 mm. = 0,10 Fr.
Bénéfice par tonne : 1 mm. = 0,10 Fr.
Extraction totale
Production annuelle par ouvrier
Salaire annuel par ouvrier
Salaire par tonne
Bénéfice à la tonne
4 000 000T
4 500 000T
5 000 000T
5 500 000T
6 000 000T
1879
1880
1881
1882
1883
1884
1885
1886
1887
1888
1889
1890
1891
1892
1893
1894
1895
1896
1897
1898
1899
1900
1901
1902
1903
1904
1905
1906

LIÉGE

TROISIÈME SÉANCE

17 juillet 1907

Sont présents :
M. le Sénateur Magis, président,

MM. Dallemagne,	MM. Van Marck,
Dejardin,	Dejace, secrétaire.
Kaes,	Delruelle, secrétaire-adjoint.

Ont été invités à siéger au bureau :
MM. l'inspecteur général des mines Libert, l'ingénieur en chef, directeur des mines Julin.

Ont recueilli les dépositions des témoins :
MM. les ingénieurs principaux des mines Daubresse et Firket.

DÉPOSITIONS DES OUVRIERS

Janssens Joseph,

âgé de 40 ans, domicilié à Herstal, ouvrier haveur au siège Bonne Espérance du charbonnage de Bonne Espérance et Batterie ; est ouvrier mineur depuis l'année 1889.

548 1. Je parle en mon nom personnel.

549 2. Je suis partisan d'une réduction de la journée de travail, à la condition que le salaire ne soit pas diminué.

550 3. Par durée de la journée du travail, il faut entendre le temps compris entre la descente et la remonte.

551 4. Ce serait la durée du séjour dans la mine qui devrait être diminuée.

Je ne puis me prononcer sur le point de savoir si la limitation devrait se faire en une fois ou par étapes. 552

5, 6. La descente se fait à 5 heures 1/2 et la remonte à 15 heures. 553

7. Il faut une demi-heure pour me rendre du puits à mon chantier et le même temps pour retourner à l'envoyage. Il y a des ouvriers dont le chantier n'est éloigné du puits que de vingt minutes. 554

555 Le trajet est fatigant, à cause des plans inclinés de 15 à 20 degrés que l'on doit monter.

556 **8**. Un repos d'une demi-heure nous est accordé pour manger.

557 **9**. Je travaille effectivement pendant huit heures.

558 **10**. Les ouvriers ne font pas d'heures supplémentaires.

559 **11**. Je ne chôme pas le lundi. Ce jour, il y a beaucoup d'absences volontaires dont il m'est impossible d'indiquer les motifs.

560 **12**. La limitation de la journée de travail devrait être générale.

561 **13**. Toutefois, une exception pourrait être faite pour le personnel de la surveillance.

562 **15**. Il se produit parfois des retards provenant d'un manque de berlaines, d'éboulements où d'une évacuation lente des chantiers.

563 **16**. Ces retards, toujours accidentels, se produisent rarement, et ne peuvent être imputés ni aux ouvriers ni à l'organisation du travail.

564 **17**. La température de la mine n'est pas trop élevée. Il fait bon air dans mon chantier où on ne constate jamais de grisou. La mine est généralement humide.

18. Je travaille actuellement aussi fort 565
que je puis le faire, et je ne pourrais donner la même production en un temps moindre.

19. Une réduction de la journée de tra- 566
vail déterminerait une diminution de la production. Les repos ne pourraient être abrégés et le travail ne pourrait être plus intense dans mon chantier.

20. Des essais de l'organisation de deux 567
postes d'abatage ont été faits et ont été abandonnés. Le bosseyement ne pouvait suivre, à cause de la faible ouverture des couches (40 à 60 cent.).

21. Je suis d'avis qu'une loi enchaine- 568
rait l'ouvrier; elle serait contraire à la liberté du travail.

23. Il n'y a pas eu de diminution dans 569
la durée de la journée depuis une dizaine d'années. Mes souvenirs ne remontent pas au delà.

27. Je suis payé au mètre carré déhouillé. 570
Aucune prime n'est accordée. Des amendes sont infligées pour malfaçon, mais jamais pour travail incomplet.

28. Il n'y a pas de sous-entreprises. Les 571
ouvriers se groupent pour exploiter une ou plusieurs tailles et le charbonnage paie à chacun le salaire qui lui revient.

Thomas Nicolas,

âgé de 47 ans, ouvrier bacneur au charbonnage de Bonne Espérance à Herstal.

572 **1**. Je parle en mon nom personnel.

573 **2**. Je suis satisfait de la durée de la journée du travail et je ne consentirais pas à ce qu'elle soit réduite, que pour autant que mon salaire reste le même.

3. Pour moi, la journée du travail est le 574

nombre d'heures de présence dans la mine.

575 4. Il conviendrait de limiter ce nombre d'heures de présence et non la durée du travail effectif.

576 5, 6. Je descends à 6 heures et je remonte entre 14 heures 15 et 14 heures 25.

577 7. Je travaille à deux minutes du puits. Toutefois certains ouvriers du même charbonnage doivent effectuer, pour se rendre à leur chantier, un parcours de vingt à trente minutes comprenant des plans inclinés. Ce parcours est assez fatigant.

578 8. La durée de mon repos dans la mine est d'une demi-heure.

579 9. Je travaille effectivement sept heures et demie.

580 10. Je travaille parfois douze heures par jour, ce qui correspond à une journée et demie. La durée des postes est de huit heures; mais deux ouvriers font chaque jour douze heures. Cela est complètement volontaire.

581 11. Je ne chôme jamais; souvent même je travaille le dimanche. Mais un certain nombre d'ouvriers chôment le lundi de leur plein gré et sans raison spéciale.

582 15. Je ne suis jamais retardé ou arrêté dans mon travail.

17. La température de la mine est bonne; cette mine est humide en certains points. 583

18. Je pourrais difficilement accomplir la même tâche qu'actuellement dans un temps plus court; je ne pourrais travailler avec plus d'ardeur. 584

19. Lorsque je reste à la besogne une journée et demie, soit douze heures, je prends deux repos d'une demi-heure; il n'est pas possible de diminuer la durée de ces repos. 585

20. Je n'ai jamais été ouvrier à veine. 586

21. Je ne suis pas partisan de la limitation par la loi de la durée de la journée; j'estime que l'ouvrier doit rester libre d'accepter ou de refuser les conditions qui lui sont offertes par les patrons. 587

23. Je ne me souviens pas qu'une réduction de la journée ait été réalisée pendant ces dernières années. 588

27. Les bacneurs sont ordinairement payés à l'entreprise (au mètre courant). Actuellement je m'occupe d'un travail spécial payé à la journée. 589

On n'inflige des amendes qu'en cas de malfaçon. 590

Dupont Louis,

âgé de 30 ans, domicilié à Ans, ouvrier à la pierre au siège de Saint-Nicolas du charbonnage de l'Espérance et Bonne Fortune.

591 1. Je parle au nom du syndicat le *Réveil des Mineurs Ansois*, dont font partie 85 p. c. des ouvriers mineurs syndiqués d'Ans.

592 2. Je demande que la journée de travail soit réduite ;

593 3, 4. c'est-à-dire la durée de présence dans la mine. La limitation pourrait se faire par étapes assez rapides, grâce aux progrès à réaliser.

594 5, 6. Je fais partie du poste de jour. J'arrive au puits à 5 heures du matin. Les ouvriers qui se présentent à 5 heures 20 minutes ne sont plus acceptés. La remonte commence à 16 heures, sauf pour les ouvriers qui travaillent dans des endroits où il y a de l'eau; ceux-là remontent à 2 heures.

595 7. Je travaille à proximité du puits; certains trajets durent 20 minutes et même une demi-heure.

596 Le trajet est toujours fatigant, à cause du mauvais entretien de certaines voies dont les dimensions sont trop faibles, de la présence de l'eau dans les galeries dont le sol est défoncé entre les traverses des rails. L'ouvrier doit transporter jusque 8 kilogrammes d'outils et doit monter des plans inclinés, pénibles à gravir. L'ouvrier arrive ainsi fatigué à son chantier.

597 Pour ce qui concerne les hiercheurs, le traînage des wagonnets est souvent pénible, par suite de voies mal établies, de défauts dans le boisage et des dimensions trop faibles des galeries.

598 Les outils des ouvriers pourraient être déposés dans des berlaines, mais il n'y a pas toujours de wagonnets vides disponibles. De plus, les hiercheurs ne descendent pas toujours en même temps que les haveurs et les ouvriers n'aiment pas, en général, confier leurs outils aux hiercheurs.

8. Je prends un repos d'une demi-heure 599
pour manger.

10. Le travail n'est pas prolongé cer- 600
tains jours, dans la mine où je suis occupé. Il n'en est pas ainsi ailleurs. Certains ouvriers m'ont déclaré qu'ils étaient obligés de faire des quarts supplémentaires pour la raison que les ouvriers âgés de plus de 40 ans ne sont plus acceptés, dans les charbonnages, comme haveurs. Ces ouvriers doivent donc consentir à prolonger leur travail de crainte de représailles.

Le fait ne s'est jamais produit au char- 601
bonnage d'Espérance et Bonne Fortune.

11. Je chôme une partie des lundis. Le 602
chômage du lundi nous est parfois indispensable, à cause de la fatigue produite par le travail de la semaine précédente, qui demande un repos prolongé.

L'ouvrier craint, en se rendant au char- 603
bonnage le lundi, qu'on ne lui donne un poste autre que celui qui lui est ordinairement attribué, ce qui diminue la sécurité du travail.

Les absences du lundi seraient moins 604
nombreuses si l'ouvrier était certain de travailler au même endroit que les autres jours.

12, 13. La journée de travail devrait 605
être limitée à 8 heures pour toutes les catégories d'ouvriers, y compris la durée du trajet et des repos. Des réserves pourraient être faites pour le personnel de la surveillance.

15. Les ouvriers à veine ne sont pas 606
toujours fournis de bois à volonté, et il arrive qu'ils doivent cesser de travailler, ne pouvant étançonner et devant arrêter

l'abatage pour ne pas encourir d'amende. Le cas se présente parfois au charbonnage de Bonne Espérance et Bonne Fortune.

607 Les bois pourraient être façonnés à la surface. Le haveur dépense au minimum une demi-heure de temps pour leur préparation. Le façonnage au fond est d'ailleurs dangereux dans certaines voies basses.

608 Il n'y a pas toujours moyen de descendre les étançons coupés à longueur, mais la tête de ces bois peut toujours être façonnée à la surface. Le travail au fond serait ainsi réduit et rendu moins dangereux. Il en résulterait une économie de temps.

609 Le service des lampes ne se fait pas toujours comme il devrait se faire. Le système à rallumeur ne fonctionne pas toujours bien. Cela provient d'un défaut d'entretien. Les porteurs de lampes ayant été supprimés, l'ouvrier, dont la lampe s'est éteinte et ne peut être rallumée, doit parfois rester inactif pendant un temps assez long. Le fait se produit de temps en temps au charbonnage d'Espérance et Bonne-Fortune.

610 La lampe dont nous nous servons est très chaude, ce qui constitue un inconvénient lorsqu'on doit la porter suspendue au cou.

611 17. La température, élevée en certains endroits, est bonne en d'autres. L'atmosphère de la mine est bonne, mais elle pourrait encore être améliorée si le courant d'air ne passait pas devant les écuries.

612 La mine est très humide.

18. Je pourrais faire le même travail en un temps plus réduit. Je travaille actuellement huit heures et demie et je ne saurais donner plus que je ne le fais. Mais je pourrais fournir plus de travail si les conditions étaient améliorées. Je ne subis jamais de retard volontaire. 613

La production actuelle pourrait être obtenue en un temps moindre. 614

21. Je suis partisan d'une limitation légale de la durée du travail pour tous les ouvriers du fond. 615

Une loi nous donnerait plus de garanties qu'une entente entre ouvriers et patrons. 616

De plus, les ouvriers qui prolongent leur travail épuisent prématurément leurs forces. 617

22. Nous sommes certains de donner la même production; notre salaire ne subirait donc aucune diminution. 618

23. Il y a longtemps que la durée de la journée est la même que maintenant. 619

25. Je suis payé à la journée. On ne donne pas de primes, on inflige des amendes pour malfaçon. Les surveillants, qui les appliquent, ne possèdent pas toujours les connaissances nécessaires à l'exercice de leurs fonctions. 620

Les surveillants n'ont pas toujours la compétence voulue pour aider les ouvriers de leurs conseils. Leur recrutement est difficile. Quant à moi, je n'ai jamais eu à me plaindre de la surveillance. 621

Creusy Jean,

âgé de 31 ans, domicilié à Saint-Nicolas, bacneur au siège Saint-Nicolas du charbonnage d'Espérance et Bonne Fortune.

622 1. Je parle en mon nom personnel.

623 2. Je demande que la journée soit réduite d'une heure, elle est actuellement de dix heures, y compris la descente et la remonte.

624 3. La durée de la journée est, à mon avis, le temps de présence au charbonnage.

625 4. Je désire que ce temps soit diminué d'une heure et que la journée se termine à 15 heures, au lieu de 16 heures.

626 5. Les ouvriers du poste de jour entrent au charbonnage entre 5 heures et 5 h. 20 du matin ; la descente dans la mine commence à 5 heures 1/4 et se termine vers 6 heures.

627 6. Les ouvriers bacneurs remontent à 16 heures.

628 7. Je peux me rendre en deux minutes des puits à mon chantier; les voies sont bonnes, spécialement les bacnures et les voies principales.

629 8. Le nombre des repos est de deux et leur durée totale de une heure; les ouvriers interrompent le travail vers 9 heures 1/2 et 13 heures 1/2, ou plus spécialement après le tir des mines, afin de permettre aux fumées de se dissiper.

630 9. La durée du travail effectif est de 9 heures par jour.

631 10. Ce travail n'est jamais prolongé. Les ouvriers, sur la demande qui leur en a été faite, ont refusé de faire des heures supplémentaires. La direction n'a pas insisté.

11. Je ne chôme jamais le lundi, mais 632
il manque beaucoup d'ouvriers au charbonnage de l'Espérance le lundi ; il en résulte une désorganisation du travail et une diminution de la sécurité. Il est notamment dangereux de faire travailler des ouvriers inexpérimentés dans des bouxthays, ou de leur confier les fonctions de frappeur dans le battage des mines.

12. La limitation de la durée du travail 633
peut être appliquée à tous les ouvriers du fond. Les ouvriers à veine du charbonnage de l'Espérance et de Bonne Fortune ne travaillant que huit heures, la mesure est cependant plus que nécessaire pour les ouvriers qui travaillent à la peine.

15. Je déclare que les lampes sont 634
bonnes; je suis parfois retardé dans mon travail par le manque de berlaines. En ce qui concerne les bosseyements, je critique le nombre trop restreint des boutefeux ; ceux-ci se font attendre assez longtemps, lorsqu'ils doivent tirer les mines en cinq ou six endroits différents.

17. Les conditions d'aérage ne sont 635
pas mauvaises ; la température est bonne ; l'air est pur et exempt de grisou ; la mine est un peu humide.

18. Les ouvriers ne pourraient pas ac- 636

complir leur tâche dans un temps plus court.

637 21. Je repousse toute intervention légale; je suis partisan de la liberté du travail et préfère qu'un accord s'établisse librement entre les patrons et les ouvriers.

638 22. Une augmentation du prix de l'entreprise serait nécessaire, en cas de diminution de la journée de travail, pour maintenir le salaire au taux actuel.

23. La journée de travail n'a pas été 639
diminuée au cours des années antérieures,

27. Le salaire est fixé d'après l'avance- 640
ment réalisé; toutefois le prix du mètre courant n'est pas invariable. Je voudrais qu'il fût fixé par un véritable contrat, d'une durée bien définie.

Busch Mathieu,

âgé de 27 ans, domicilié à Saint-Nicolas, ouvrier mineur au siège Espérance du charbonnage d'Espérance et Bonne Fortune.

641 1. Je parle en mon nom personnel.

642 2. Je demande la réduction de la journée de travail.

643 3. La durée de la journée de travail est le temps qui s'écoule entre l'arrivée à la houillère et la sortie.

644 4. C'est ce temps qu'il faudrait réduire.

645 5, 6. L'entrée à la houillère se fait à 5 heures 1/4. La descente commence à 5 heures 1/2, et la remonte s'effectue à 10 heures.

646 7. La durée du trajet est généralement de vingt minutes. Je travaille dans des voies intermédiaires.

647 Je dois monter des plans inclinés de 15 à 16 degrés de pente et d'une cinquantaine de mètres de longueur. Le trajet ne présente pas de difficultés spéciales.

648 8. La durée du repos est d'une demi-heure.

9. Je travaille effectivement pendant 649
neuf heures.

10. Je ne fais pas d'heures supplémen- 650
taires.

11. Je ne chôme pas le lundi. Il y en a 651
qui s'absentent ce jour-là, il en résulte une gêne dans l'organisation du travail.

Je commence généralement à travailler 652
dès mon arrivée au chantier, mais il arrive que nous attendions dix à quinze minutes, faute d'occupation.

13. La diminution des heures de travail 653
devrait être générale. Les ouvriers à veine ne travaillent que huit heures. Les autres ouvriers ne devraient pas travailler davantage.

15. Les lampes sont pourvus de rallu- 654
meur. Il arrive parfois que les capsules sont épuisées. Les berlaines sont fournies à temps. Les wagonnets déraillent parfois, ce qui produit des arrêts dans le traînage.

655 17. Il fait bon air dans la mine, qui est sèche en certains endroits et humide en d'autres.

656 21. Je suis partisan de la liberté du travail; que celui qui aime à faire des quarts supplémentaires en fasse.

23. La durée de la journée a plutôt 657
diminué qu'augmenté.

27. Je suis payé à la journée. 658

Remy Noël,

âgé de 27 ans, domicilié à Grâce Berleur ouvrier à veine au siège Bonne Fortune du charbonnage d'Espérance et Bonne Fortune.

659 1. Je parle au nom du syndicat de Grâce-Berleur dont font partie presque tous les ouvriers de mon charbonnage.

660 2. Je demande que la journée de travail soit réduite dans le plus bref délai possible.

661 3. La durée de la journée de travail est le temps qui s'écoule depuis l'entrée à la houillère jusqu'à la sortie.

662 4. C'est le nombre d'heures de présence à la mine qui devrait être limité. La limitation devrait se faire en une fois, ou, d'après la proposition Destrée, le système français.

663 5, 6. On entre au charbonnage à partir de 5 heures; la descente commence à 5 heures 1/4 et la remonte s'effectue de 15 à 16 heures. Ces renseignements s'appliquent au poste de jour.

664 7. Il faut de dix à trente minutes pour se rendre aux chantiers et en revenir.

665 Les voies sont difficiles; il y a beaucoup d'eau. Le trajet comporte des montages fatigants, où les ouvriers doivent ramper.

666 8. La durée du repos est d'une demi-heure.

9. Les ouvriers à veine travaillent pen- 667
dant huit heures effectives.

10. On fait des quarts et des demis 668
supplémentaires, de crainte d'être changé de taille et chargé d'un travail plus difficile. J'ai constaté la chose.

Les ouvriers ne tiennent pas à prolonger 669
leur travail. Ceux qui font des quarts supplémentaires chôment souvent le lundi.

11. Je chôme le lundi, comme mes ca- 670
marades, lorsque je suis trop fatigué par le travail de la semaine précédente.

Le dimanche, on prend quelque plaisir, 671
et le lundi il est difficile de se rendre de bonne heure à son travail. On devrait descendre une demi heure ou une heure plus tard le lundi.

Les chômages n'apportent aucune per- 672
turbation dans l'organisme du travail. Pourtant on est obligé, les lundis, d'occuper les ouvriers dans des postes autres que ceux où ils travaillent habituellement.

13. La limitation devrait être générale 673
pour tous les ouvriers du fond. Exception pourrait être faite pour les surveillants.

15. Les bois arrivent souvent en retard 674
et ne sont parfois pas en assez grand nom-

bre. Si la tête des bois et les « lamais » étaient façonnés à la surface, on pourrait gagner du temps.

675 Il est des galeries dont les dimensions sont insuffisantes et où le roulage se fait mal. Les voies pourraient être mieux entretenues.

676 On se sert de lampes à rallumeur. Les rubans ne sont pas remplacés à temps et il arrive parfois que l'ouvrier descend avec une lampe qui ne possède plus qu'une capsule. La lampe s'éteint parfois cinq ou six fois par jour. Chaque ruban contient quarante-deux capsules. Il y a quelquefois cinq ou six ratés successifs.

677 **16.** Les retards provenant de ces causes sont assez fréquents.

678 **17,** Il n'y a qu'un chantier sur cinq où il fait chaud. Ailleurs la température est bonne. La mine ne pourrait être plus humide qu'elle n'est. Dans certains couloirs, il y a tant d'eau que les hiercheurs, qui y circulent, sont autorisés à remonter plus tôt que les autres ouvriers ; auparavant, ils remontaient à 13 heures, actuellement on les retient jusque 14 heures.

679 **19.** Les repos ne pourraient être réduits.

680 Le chômage du lundi nous est parfois indispensable pour réparer nos forces épuisées par un travail excessif.

L'organisation du service des bois pourrait compenser une diminution des heures de travail. 681

20. Quelquefois on travaille en veine de jour et de nuit. Alors le poste d'abatage de nuit comprend des ouvriers à la pierre. Le bosseyement et les remblais sont alors négligés. 682

21. La limitation devrait être légale. 683

23. La journée n'a jamais été diminuée. Au contraire, les ouvriers remontent une heure plus tard qu'auparavant, et le moment de la descente n'a pas été changé. 684

26. La durée du travail devrait être la même pour tout le monde. 685

27. Je suis payé à la journée pour un nombre déterminé de berlaines de charbon. Souvent la tâche qui nous est imposée est trop forte et on ne peut produire la quantité demandée. 686

Des amendes sont infligées pour charbon sale. 687

Quand les hiercheurs travaillent une quinzaine complète, ils obtiennent une journée supplémentaire comme prime. 688

Van Steenhoven Ferdinand-Joseph,

âgé de 46 ans, domicilié à Saint-Nicolas, ouvrier à veine au siège de Bonne Fortune du charbonnage d'Espérance et Bonne Fortune.

689 **1.** Je parle au nom du personnel du siège de Bonne Fortune.

690 **2.** Je demande la réduction de la journée de travail.

3. Cette journée commence au moment de l'entrée au charbonnage et s'achève lorsque les ouvriers en sortent. 691

4. Il conviendrait de limiter la journée ainsi entendue. 692

693 **5**. Les ouvriers sont admis à la houillère entre 5 et 5 heures 1/2 du matin; ils commencent à descendre dans les travaux à 5 heures 1/4 et remontent à partir de 15 heures 1/4.

694 **7**. En ce qui me concerne, la durée du trajet est de douze à treize minutes; mais elle est beaucoup plus longue pour d'autres.

695 Depuis plusieurs années, les ouvriers de l'étage de 136 mètres, au nombre de 35 à 40, sont déposés par la cage à 195 mètres. Pour se rendre à leur poste, ils doivent se servir des échelles ou faire un détour de quarante-cinq minutes. Cette peine leur serait évitée si on plaçait pendant une heure, à 136 mètres, un accrocheur.

696 Le fait a été signalé, sans aucun succès, au chef-mineur, mais non au directeur des travaux.

697 D'autres ouvriers ont à gravir une hauteur de 150 mètres par des voies difficiles et mal entretenues, servant à la descente des charbons; pendant ce trajet, leurs tartines s'abîment. Ces tartines sont, d'ailleurs, souvent attaquées par les rats et je propose l'établissement, près des chantiers, de coffres spéciaux en tôle, destinés à les recevoir et à les préserver de la dent de ces rongeurs.

698 **8**. Il n'existe qu'un seul repos, d'une durée d'une demi-heure.

699 **9**. La durée du travail effectif est de huit heures.

700 **10**. Je ne fais jamais de quarts; mes chefs savent que je ne veux pas en faire. Mais d'autres acceptent de prolonger leur journée, en faisant des quarts et des demis. Certains ont été changés de chantier, parce qu'ils s'y refusaient; les ouvriers qui acceptent de prolonger leur travail cèdent à la contrainte.

Les quarts ont une durée de deux heures; je n'en ai jamais faits et j'ignore la tâche imposée. 701

11. Je chôme tous les lundis, parce que je souffre de rhumatismes et je crains d'être placé le lundi dans une taille humide. Le tiers du personnel chôme et cela occasionne du trouble dans l'organisation du travail. Les ouvriers qui ont fait des quarts chôment volontiers le lundi. 702

En supprimant les heures supplémentaires et retardant jusqu'à 7 heures le commencement de la journée du lundi, on réduirait l'importance de ces chômages; l'ouvrier et le patron y gagneraient. 703

Les ouvriers du poste de nuit s'absentent aussi le lundi; je reconnais que ces ouvriers ont cependant le temps de se reposer; mais je crois qu'ils chôment moins fréquemment que les ouvriers du poste de jour; du reste, je ne représente que ces derniers. 704

12. La limitation de la journée doit viser toutes les catégories d'ouvriers du fond, puisque tous ces ouvriers descendent dans la mine et en remontent aux mêmes heures. 705

Il ne peut suffire de limiter la journée des ouvriers à veine; quant aux traîneurs, on pourrait procéder par étapes, afin d'obtenir, en deux fois, une réduction d'une heure. 706

15. L'insuffisance des transports occasionne de fréquents retards. 707

Les lampes laissent aussi à désirer; elles sont mal soignées et on en rébute parfois de 80 à 100 le même jour. 708

709 Dans le plus grand nombre de chantiers, les ouvriers abatteurs attendent les bois trop longtemps. Les serveurs mettent de une heure à une heure et demie pour leur amener ces bois, en suivant des voies montantes, très longues et mal entretenues.

710 Les bois sont parfois amenés par les voies d'aérage. On devrait en déposer une douzaine dans chaque taille, avant l'arrivée des ouvriers à veine, afin de permettre à ceux-ci de remplacer immédiatement les bois cassés.

711 **16.** Ces causes de retards sont fréquentes et dues à une mauvaise organisation.

712 **17.** La température n'est élevée que dans le seul chantier de *Macy-Seine*, exploité entre 250 et 195 mètres, et aéré de façon insuffisante par un courant d'air venant de 345 mètres. La mine est humide; elle n'est pas grisouteuse.

713 **18.** On pourrait accomplir la même tâche en moins de temps si les bois ne manquaient pas, si le travail du poste de nuit était plus complet et si on ne devait pas compléter le boisage au front du bosseyement.

714 **19.** Je réclame l'amélioration des voies, surtout au point de vue de l'écoulement des eaux.

715 J'estime que, par une meilleure organisation du service des bois, on pourrait gagner tous les jours une heure.

716 **20.** L'organisation de deux postes d'abatage serait possible en ménageant entre ces postes un intervalle d'une heure, nécessaire pour assainir le chantier. Il ne faudrait pas cependant laisser en souffrance le coupage des voies et la confection des remblais.

Cette organisation ne serait pas possible 717
partout; elle serait applicable notamment lorsqu'on travaille par brèche montante, ce qui permet de ne faire le bosseyement que tous les deux jours.

C'est là un cas spécial qui se présente, 718
d'ailleurs, au siège Bonne Fortune.

21. Je réclame l'intervention de la loi, 719
parce que je crains qu'une entente entre les ouvriers et les patrons ne soit pas durable.

22. J'estime qu'une bonne organisation 720
du travail permettra de maintenir la production actuelle, malgré la réduction de la durée du travail et je pense que cette réduction n'entraînera pas une diminution du salaire.

23. La journée de travail n'a pas été 721
diminuée au cours des années écoulées; au contraire, la journée de certains ouvriers a été augmentée.

26. Depuis que je travaille dans les 722
mines, j'y ai toujours constaté les mêmes défauts d'organisation.

A titre d'exemple, je signale qu'au char- 723
bonnage du Bois d'Avroy les ouvriers à veine devaient, il y a quelques années, transporter eux-mêmes les bois jusqu'au chantier.

D'une façon générale et dans les condi- 724
tions actuelles, je trouve la durée du travail trop longue dans toutes les mines que je connais.

27. Je suis payé à la journée; toutefois, 725
je dois effectuer une tâche imposée. On applique des amendes lorsque cette tâche

n'a pas été achevée par la faute ou la mauvaise volonté de l'ouvrier.

726 Les amendes pour charbon sale sont rares.

Je ne crois pas qu'en hâtant le travail 727
on produise forcément du charbon moins propre.

Gaucet Jean-Joseph,

âgé de 30 ans, domicilié à Ans, ouvrier à veine au charbonnage d'Ans.

728 1. Je parle au nom du Syndicat le *Réveil Ansois*.

729 2. Je demande que la journée de travail soit réduite.

730 3. Je comprends dans cette journée tout le temps compris entre l'entrée à la houillère et le moment de la sortie de celle-ci.

731 4. Je voudrais voir limiter la journée ainsi entendue.

732 5. La descente commence à 5 h. 5 du matin ; les ouvriers sont admis entre 5 heures et 5 h. 30.

733 6. Les abatteurs remontent à partir de 15 heures, et les traîneurs à partir de 16 h. 1/4.

734 7. Les ouvriers doivent marcher de vingt à trente minutes pour se rendre à leur chantier ; le trajet que je fais exige trente minutes. Ce trajet est pénible, la voie n'est pas nivelée ; elle est couverte d'eau, en certains endroits ; elle comprend des plans inclinés très longs, dont la section est faible, et des cheminées de 150 mètres de longueur, qu'il faut parcourir à genoux. Les abatteurs portent leurs outils, du poids total de 6 à 8 kilos ; ils sont obligés, pour atteindre leur poste, de faire des détours et de suivre des voies très longues et mal entretenues.

Cette situation est générale au charbon- 735
nage d'Ans ; les voies y sont de la hauteur des berlaines et on doit rebrousser chemin lorsqu'on y rencontre un traîneur. Les chevaux ne circulent que dans les voies principales. Un plan incliné de 100 mètres de longueur aurait bien 50 p. c. de pente.

8. La durée du repos est d'une demi- 736
heure.

9. La durée du travail effectif est de 737
sept heures à sept heures et demie.

10. On ne prolonge jamais le travail à 738
mon charbonnage ; mais cela se fait ailleurs.

11. De même que mes compagnons, je 739
chôme parfois le lundi ; on ne peut travailler le lundi lorsqu'on a pris du plaisir le dimanche.

Le chômage du lundi apporte du trouble 740
dans l'organisation du travail ; beaucoup d'ouvriers s'abstiennent de travailler le lundi, parce qu'ils craignent d'être chargés d'une besogne à laquelle ils ne sont pas habitués.

12. La loi devrait s'appliquer à tous 741
les ouvriers du fond ; je ne fais des réserves que pour les surveillants, et je crois que l'on pourrait organiser le travail de façon à évacuer le charbon de suite après l'abatage.

742 **15.** Les causes de retard sont très fréquentes au charbonnage d'Ans.

743 En général, le personnel de nuit est insuffisant; les abatteurs perdent du temps, parce que leur chantier est mal préparé; des tôles restent à placer dans les cheminées, le front des bosseyements doit être mis en ordre, etc.

744 Souvent les bois manquent, ou bien arrivent tardivement; ils devraient être préparés à la surface.

745 Il n'y a pas de serveur pour le service des lampes; celles-ci sont des lampes Mueseler; leur extinction entraine des pertes de temps.

746 Les abatteurs ont à souffrir également du manque de berlaines, des éboulements qui surviennent sur les voies de transport et de l'insuffisance des moyens d'extraction.

747 Ces causes de retard ou d'arrêt de leur travail se présentent très fréquemment. Journellement, par suite du petit nombre des bouteurs, l'évacuation du charbon se fait mal et les ouvriers ne sont pas dégagés assez rapidement

748 **17.** L'air est bon dans plusieurs chantiers; mais il est vicié dans celui où je travaille. On y utilise la poudre pour l'abatage du charbon et les fumées obligent les ouvriers à suspendre leur travail. Ce chantier est très mal remblayé.

749 La mine est partiellement humide.

750 **18** Si les inconvénients qui viennent d'être signalés étaient supprimés, on pourrait réaliser la même production en moins de temps, par exemple en six heures et demie au lieu de sept heures et demie.

751 **20.** On ne pourrait pas organiser plusieurs postes d'abatage; cette organisation est impossible.

21. La loi seule donnera des garanties suffisantes; les patrons conservent trop d'influence sur leur personnel pour qu'une entente avec eux soit efficace. 752

22. Les salaires ne baisseront pas, puisque la production sera maintenue. 753

10. Certains patrons obligent leurs ouvriers à faire des heures supplémentaires et ils donnent à ceux qui s'y refusent une tâche plus difficile. Les abatteurs âgés de plus de 40 ans ne peuvent s'y soustraire, sous peine d'être employés comme boiseurs. 754

Dans certaines houillères, on n'accepte que les ouvriers qui s'engagent à faire des quarts. 755

Ces pratiques m'ont été renseignées par des membres du syndicat et elles n'existent pas au charbonnage d'Ans. 756

23. La journée de travail n'a pas été diminuée, depuis longtemps. 757

26. La même mesure doit être appliquée à tous les ouvriers du fond. 758

27. Je suis payé à la journée; le surveillant fixe le nombre de berlaines à produire et impose des amendes de 10, 30 ou 50 centimes lorsque cette tâche n'est pas achevée. Le nombre fixé n'est jamais dépassé et il n'y a pas de primes. 759

Conclusions.

Après avoir répondu aux différentes questions contenues dans le questionnaire de la commission, nous croyons de notre devoir d'indiquer les moyens les plus pratiques pour réduire la journée de travail 760 sans préjudice pour aucune des parties.

761 D'abord nous pensons que la direction devrait toujours, dans la nomination de ses subordonnés, s'inspirer de la valeur morale, de l'expérience et de l'intelligence de ceux qui sont appelés à la délicate mission de faire travailler l'ouvrier dans les meilleures conditions possibles, de ne pas le froisser dans son amour propre et surtout ne pas abuser de son autorité sur des ouvriers qui acceptent incessamment de faire une besogne au-dessus de leurs forces pendant quelques jours, mais qui après tombent d'épuisement et sont obligés de rester chez eux pour se reposer.

762 Il serait donc indispensable que les surveillants soignent, d'une façon sérieuse et régulière, les chemins conduisant aux chantiers, l'entretien des rails pour éviter des déraillements qui obstruent le chemin et empêchent, par ce fait, de débarrasser l'abatteur du charbon dont il est trop souvent encombré.

763 Si le remblayage était toujours fait régulièrement, la hauteur des voies se maintiendrait mieux et, par surcroît, une économie sensible de boisage serait la conséquence d'une bonne organisation du travail.

Le service serait fait plus rapidement et la réduction de la journée de travail pour d'autres catégories que les abatteurs pourrait être faite sans préjudice pour les patrons. 764

Nous insistons même sur ce point que les frais généraux diminueraient sensiblement, ainsi que le danger d'accidents, à raison des longues journées dans la mine. 765

Nous croyons que la réduction de la journée de travail dans les mines aurait un effet salutaire sur la santé des mineurs et sur l'éducation de leurs enfants. Quant à l'effet utile, nous persistons à soutenir que si le travail était bien organisé, les chemins propres et bien entretenus, le service de l'éclairage fait de telle sorte que les intéressés n'attendent pas, pendant de longues heures, des lampes qui parfois n'arrivent pas et qui sont la cause indirecte que l'ouvrier, malgré toute sa bonne volonté, ne parvient pas à accomplir la tâche qui lui a été dévolue; si tout cela était fait avec méthode, les patrons n'y perdraient pas, mais gagneraient certainement l'estime et la confiance des travailleurs de la mine. 766

LIÉGE

QUATRIÈME SÉANCE

29 juillet 1907

Sont présents :
M. le Sénateur Magis, président,

MM. Dallemagne,	MM. Van Marck,
Kaes,	Dejace, secrétaire.
Leduc,	Delmer, secrétaire adjoint.

Ont été invités à siéger au bureau :
MM. l'inspecteur général des mines Libert, l'ingénieur en chef, directeur des mines, Julin.
Ont recueilli les dépositions des témoins :
MM. les ingénieurs principaux des mines Daubresse, Delbrouck et Firket.

DÉPOSITIONS DES OUVRIERS

Radoux Hubert,

âgé de 40 ans, domicilié à Ans, ouvrier à veine au siège d'Espérance du charbonnage d'Espérance et Bonne Fortune.

767 **1, 4.** Je parle en mon nom personnel. Je demande la réduction de la journée de travail ; il m'est indifférent que l'on diminue la durée du travail effectif ou le temps de séjour dans la mine.

768 **5, 6.** La descente commence à 5 h. 1/2, la remonte des ouvriers à veine a lieu dès 14 heures.

769 **7.** Le trajet du puits au chantier n'est pas long, mais il est assez fatigant, parce que je dois gravir un plan incliné de 140 mètres de longueur, et dont la pente est assez raide.

8, 9. J'ai une demi-heure de repos pour manger : la durée de mon travail effectif est de six heures et demie. 770

10. Je ne prolonge pas la durée de mon travail. 771

On a demandé aux ouvriers de faire des 772

quarts supplémentaires ; ils ont refusé ; on n'a pas insisté.

773 11. Je ne chôme pas le lundi, mais il y a beaucoup de chômeurs, ce qui désorganise le travail et augmente les risques d'accident.

774 12. Je trouve que je ne travaille pas trop, mais les autres catégories d'ouvriers ne peuvent avoir fini leur tâche en même temps que les haveurs.

775 15. Les retards que nous pouvons éprouver dans l'exécution de notre travail proviennent de la veine elle-même, variable dans son épaisseur et sa dureté, et dans la qualité du terrain.

776 Le service des lampes et des bois est bien organisé.

777 17. Il fait sain dans les travaux. Il pleut dans quelques tailles. Il y a de l'eau dans les voies, mais il y a des rigoles pour assurer son écoulement.

778 18. Je ne pourrais faire la même besogne que maintenant en un temps plus court.

779 19. On ne pourrait réduire les repos, et je ne vois pas de moyen propre à compenser la diminution de production qui résulterait d'une réduction de la journée de travail.

780 21. Je ne suis pas partisan de la limitation légale de la durée du travail, parce qu'elle serait aussi préjudiciable aux ouvriers qu'aux patrons.

22. Je ne désire une réduction de ma 781
journée que pour autant que mon salaire ne soit pas diminué.

Depuis six mois, on a fait un deuxième 782
puits au charbonnage de l'Espérance. Ce puits nous permet, quand nous sommes mouillés, de remonter dès que nous avons fini notre tâche, sans qu'il soit nécessaire d'attendre qu'il y ait suffisamment d'ouvriers pour remplir une cage.

6. Pour les ouvriers à veine qui ne tra- 783
vaillent pas dans les tailles humides, la remonte ne commence qu'à 14 heures.

27. Je suis payé à la berlaine. On ac- 784
corde une journée de gratification aux hiercheurs et aux manœuvres, quand ils font une quinzaine complète de douze jours.

Il y a quelques années, quand les affaires 785
n'allaient pas, les patrons faisaient chômer les ouvriers le lundi et parfois même en semaine. Ces temps sont oubliés. On gagne de bonnes journées. L'ouvrier verrait son salaire diminuer si la journée de travail était réduite.

Nous voudrions bien avoir des surveil- 786
lants diplômés, plus instruits que ceux que nous avons actuellement.

En Allemagne cela existe, mais dans ce 787
pays, l'instruction est obligatoire. Chez nous, beaucoup d'ouvriers sont illettrés; s'ils étaient plus instruits, ils seraient mieux à même de discuter les conditions du travail avec les patrons et pourraient exécuter des travaux à l'entreprise.

Thomissen Jacques,

âgé de 27 ans, domicilié à Liége, bosseyeur et boiseur au siège Espérance du charbonnage d'Espérance et Bonne Fortune.

788 1. Je parle en mon nom personnel.

799 2. La journée de travail est trop longue ; j'en demande la réduction, sous la condition que le salaire reste le même.

790 3. J'entends par journée l'espace compris entre la descente dans la mine et la remonte.

791 4. C'est la journée ainsi entendue qu'il faudrait réduire.

792 5. Je descends à 17 heures 1/2 et je remonte à 4 heures 1/2.

793 7. Pour atteindre mon poste, j'ai à parcourir un trajet d'une durée de vingt-cinq minutes ; ce trajet est très facile, la voie à suivre est en bon état

794 8. Nous jouissons de deux repos d'une demi-heure chacun.

795 9. Je travaille effectivement pendant neuf heures à neuf heures et demie.

796 10. Quand il y a des réparations à faire, des bois à remplacer, ou bien encore quand le bosseyement est en retard, nous prolongeons la journée. Nous acceptons très volontiers de le faire. Nous remontons alors à 6 heures et nous touchons une augmentation de salaire d'un quart de journée pour une heure et demie de travail supplémentaire.

797 11. Je chôme rarement le lundi, mais il y a ce jour-là assez bien d'absents. Certains craignent de ne pas se trouver avec leurs compagnons habituels et d'être obligés de travailler soit avec des ouvriers qui ne sont pas au courant de la besogne, soit même avec des manœuvres qui remplacent les ouvriers absents. D'autre part, le nombre de manœuvres est souvent insuffisant le lundi, ce qui occasionne des retards.

12. Si on applique la diminution aux ouvriers à veine, on doit le faire pour tous. 798

15. Le service des bois et celui des lampes ne donnent lieu à aucune plainte. Nous ne sommes retardés ou arrêtés dans notre travail que par la mauvaise qualité du terrain ou par les difficultés naturellles à vaincre. 889

17. La ventilation est bonne, l'air n'est pas malsain. Il y a de l'eau dans les voies. Dans les tailles, le toit et le mur sont humides. 800

18. Je ne pourrais accomplir la même tâche qu'actuellement dans un temps plus court. 801

19. Je ne pense pas que l'on puisse gagner du temps ; les bosseyements seront en retard si on diminue le temps consacré au coupage des voies. 802

21. Il n'est pas besoin d'une loi pour réduire la durée de la journée, Cette question peut être débattue librement avec les patrons pour chaque catégorie d'ouvriers. 803

23. Depuis le placement d'une machine 804

d'extraction sur le puits d'air, les ouvriers de l'étage de 243 mètres remontent un quart d'heure plus tôt.

805 26. La durée de la journée, pour les ouvriers de ma catégorie, est actuellement plus longue que pour les autres. La réduction qui nous serait accordée pourrait donc être rendue générale.

806 Mais il subsistera des différences entre les journées des divers ouvriers du fond. Si on limitait ces journées de la même façon pour les abatteurs et les bosseyeurs, le coupage des voies ne suivrait plus et l'on serait obligé d'arrêter les tailles.

807 27. Je suis payé d'après l'avancement réalisé ; celui-ci doit être d'un mètre par jour pour que je gagne une bonne journée.

808 On inflige rarement des amendes, et celles-ci sont motivées par des infractions au règlement.

809 Les manœuvres reçoivent une prime d'une journée lorsqu'ils travaillent douze jours par quinzaine.

810 Il serait désirable que les surveillants fussent plus instruits et plus capables d'enseigner leur métier aux jeunes ouvriers.

811 Je ne me plains pas des surveillants actuels. Il en est cependant qui ne savent ni lire ni écrire et qui ne connaissent pas suffisamment les diverses besognes de l'ouvrier mineur.

Demaret Arnold,

âgé de 29 ans, domicilié à Grâce Berleur, camionneur, a abandonné le métier de mineur depuis 4 ans; travaillait autrefois aux charbonnages de Bonne Fortune et Patience et Beaujonc.

812 1. Je parle au nom des membres de la Société de secours mutuels *Les Bienvenus*, de Grâce Berleur, société reconnue à laquelle sont affiliés des ouvriers des charbonnages de l'Espérance et Bonne Fortune, de Patience et Beaujonc, du Corbeau et du Bonier.

813 2, 3. Je demande que la journée de travail de l'ouvrier mineur soit réduite. J'entends par journée de travail le temps compris entre l'arrivée et la sortie du charbonnage.

814 4. La limitation devrait se faire en une fois, ou, si l'on veut, par étapes, pour permettre aux patrons d'organiser mieux le travail, de façon que la production n'en souffre pas.

815 5, 6. La descente commence à 5 h 1/2, la remonte à 15 heures.

816 7. La durée du trajet du puits aux chantiers est variable; elle est comprise entre dix minutes et une demi-heure.

817 Les ouvriers se plaignent de la fatigue de ce trajet. Il faudrait que les galeries fussent plus hautes; il y a bien dans les montées un compartiment pour la circulation du personnel, mais il est mal entretenu.

818 8. Les ouvriers à veine ont une demi-

heure de repos ; j'ignore si les hiercheurs ont un ou deux repos.

819 9. La durée du travail effectif des hiercheurs est de neuf heures et demie ; celle des abatteurs de sept heures et demie.

820 10. On fait généralement partout des journées supplémentaires ; les ouvriers ne les font pas volontiers. Les patrons les menacent de les changer de taille ou même de les renvoyer s'ils ne consentent pas à en faire.

821 11. Assez bien d'ouvriers chôment le lundi, parce qu'ils sont épuisés du travail de la semaine : il en est aussi qui craignent qu'on ne les fasse changer de taille, ce qui augmente les risques d'accident.

822 12, 13. Je suis d'avis que la limitation uniforme de la journée de travail peut s'appliquer indistinctement à tout le personnel de la mine, à l'exception des surveillants.

823 15. Les ouvriers se plaignent des retards apportés dans leur travail par l'arrivée tardive des berlaines qui déraillent fréquemment par suite du manque d'entretien des voies.

824 Ils se plaignent également du service des bois, particulièrement au charbonnage de Bonne Fortune.

825 Le service des lampes laisse aussi à désirer parce qu'il arrive que les rallumeurs ne fonctionnent pas bien. Je pense que cela est fréquent. Personnellement, je ne me suis jamais servi de ces lampes.

826 Fréquemment, les tailles ne sont pas préparées lorsque les ouvriers à veine arrivent à la besogne ; au siège de Bonne Fortune, ce sont eux qui doivent enlever les pierres qui encombrent les tailles et placer les tôles de boutage.

16. Cette situation est due à un manque 827
de soin et à l'insuffisance du personnel de nuit.

17. Les ouvriers de notre société de 828
secours mutuel m'ont renseigné que dans le chantier de Macy-Veine, à la houillère de Bonne Forfune, il fait absolument trop chaud.

Les mines sont humides en différents 829
endroits.

18. On pourrait faire la même tâche 830
qu'actuellement en un temps plus court, parce qu'une meilleure organisation du travail ferait gagner du temps.

20. On ne pourrait pas organiser deux 831
postes d'abatage par jour, parce que le remblayage ne pourrait pas suivre l'avancement des fronts de taille.

21, 26. Il faut une loi limitant la jour- 832
née de travail : la même durée de travail peut-être appliquée à tous les charbonnages et à toutes les catégories d'ouvriers.

Je pense que malgré la loi, la production 833
ne diminuerait pas.

22. A ma connaissance, la journée de 834
travail n'a jamais été diminuée.

27. Les ouvriers à veine sont payés à la 835
journée et doivent faire une tâche déterminée. Les hiercheurs sont payés à la journée, mais ne peuvent sortir de la mine qu'après l'enlèvement de tout le charbon abattu.

836 Si les ouvriers à veine ne font pas la tâche imposée et que c'est de leur faute, ils sont mis à l'amende, mais c'est rare.

837 Les hiercheurs touchent une journée de gratification quand ils font une quinzaine complète de douze jours.

838 On devrait pouvoir organiser le transport des ouvriers dans les berlaines.

Roufosse Alphonse,

âgé de 35 ans, domicilié à Grâce Berleur, ouvrier bacneur au siège Bonne Fortune du charbonnage d'Espérance et Bonne Fortune.

839 1. Je représente un groupe de bacneurs, bosseyeurs et avaleurs du charbonnage de Bonne Fortune.

840 2. Je demande que la journée de travail soit réduite.

841 3. J'entends par journée le temps compris entre la descente dans la mine et la remonte.

842 4. C'est ce temps qu'il faudrait diminuer et ce, en une seule fois.

843 5, 6. La descente commence pour tous à 5 heures 1/2 et la remonte a lieu, également pour tous, à 15 heures.

844 7. Les voies sont très faciles et le trajet à faire n'est pas pénible; il faut, pour ce trajet, de 5 à 15 minutes.

845 Actuellement, j'ai à parcourir une voie principale, où circulent les chevaux; des ouvriers sont chargés de remplir les trous creusés par les pieds des chevaux dans le sol de la voie.

846 Parfois, je dois monter des plans inclinés et des cheminées; celles-ci comprennent un compartiment spécial pour le personnel, où la circulation est assez facile.

847 8. Nous prenons dans la mine un seul repos d'une demi-heure.

848 9. La durée de notre travail effectif est de sept heures et demie.

849 10. Le travail est souvent prolongé par des quarts ou des demis; la durée d'un quart de journée est de deux heures.

850 Certains ouvriers font volontiers des quarts; d'autres s'y refusent. Je n'ai jamais remarqué à leur égard d'acte de pression.

851 11. Je ne m'absente jamais le lundi. Les ouvriers qui chôment ce jour-là sont assez nombreux; mais il ne font pas partie de mon groupe. Ce sont de jeunes ouvriers et des traîneurs. Leur absence rend plus difficile l'organisation du travail et peut compromettre la sécurité; cependant, je n'ai jamais remarqué qu'un accident en soit résulté.

852 12. Je pense que la limitation ne pourrait être appliquée qu'aux ouvriers à veine et aux traîneurs-bacs; elle est impossible pour les autres ouvriers du fond.

853 15. Le service des transports ne m'occasionne aucun retard et les bois ne me manquent jamais. En ce qui concerne le rallumeur des lampes, il se produit parfois des ratés; mais cela est rare et nous avons, d'ailleurs, des lampes supplémentaires.

854 **17**. La mine est bien aérée; l'atmosphère n'est pas malsaine; il fait humide en certains endroits.

855 **18**. Je ne crois pas qu'il soit possible de faire la même besogne en moins de temps; on ne peut travailler plus activement qu'on ne le fait actuellement.

856 **19**. Nos repos ne sont pas trop longs et je ne connais aucun moyen pour gagner du temps.

857 **20**. On ne peut pas organiser deux postes d'abatage le même jour.

858 **21**. Que la limitation soit imposée par la loi ou bien établie par les patrons, cela m'est indifférent. Au surplus, elle n'est admissible que pour les ouvriers à veine et les traîneurs-bacs.

22. Il ne faudrait pas que cette limitation ait pour conséquence une réduction des salaires. 859

23. Il y a quatre ou cinq ans, la journée avait été réduite d'une demi-heure; la production ayant baissé, la mesure a été abandonnée après quinze jours, le salaire avait été maintenu. 860

27, 28. Je suis payé au mètre d'avancement; il n'y a pas de primes, si ce n'est pour les traîneurs. Il n'existe pas de sous-entreprises. 861

Gayet Jean,

âgé de 47 ans, domicilié à Glain, ouvrier à veine au siège Bonne Fortune du charbonnage d'Espérance et Bonne Fortune; travaille dans les mines depuis l'âge de 10 ans.

862 **1, 3**. Je parle en mon nom personnel. Je suis partisan d'une réduction de la journée de travail. Par journée de travail, j'entends le temps compris entre l'entrée et la sortie du charbonnage.

863 **5, 6**. Je descends dans la fosse à 5 h. 1/2, et j'en sors à 15 heures. Mais, le plus souvent je ne remonte qu'à 17 heures, parce que, généralement, je fais une demi-journée supplémentaire.

864 **7**. Le trajet du puits au chantier dure vingt à vingt-cinq minutes. Il est peu pénible.

865 **8**. Les ouvriers à veine ont une demi-heure de repos, mais moi j'en prends un deuxième, également d'une demi-heure, vers 14 heures.

10. Je fais des demi-journées supplémentaires parce que je le veux bien. D'autres ouvriers aiment également d'en faire et le demandent aux patrons. 866

On ne contraint personne. 867

12. On pourrait réduire la journée de travail des haveurs et des traîneurs pourvu que leurs salaires ne soient pas diminués. 868

15. La taille est généralement en ordre quand j'arrive à la besogne. 869

Parfois, il faut remplacer un bois. 870
Nous n'éprouvons pas de retard par suite d'un défaut d'organisation.

871 Les services des bois et des transports fonctionnent convenablement.

872 Je travaille dans *dure veine*. Il arrive parfois que le fonctionnement du rallumeur d'une lampe laisse à désirer, mais les hiercheurs ont des lampes vacantes.

873 17. La température de la mine n'est pas élevée ; il fait sain dans les chantiers ; les voies sont humides, mais les tailles sont sèches.

874 18. Il me serait impossible d'accomplir la même tâche qu'actuellement en un temps plus court,

875 19. Je ne vois pas de moyen pour compenser la diminution de la production qui résulterait d'une réduction de la journée de travail.

20. Il serait très difficile d'organiser 876
deux postes d'abatage par jour.

21. Je ne suis pas partisan de la limita- 877
tion légale ; je demande qu'on laisse la liberté à celui qui veut travailler.

23. A ma connaissance, depuis que je 878
suis au charbonnage de Bonne Fortune, la journée de travail n'a pas été réduite.

27. Je suis payé à la berlaine, mais je 879
dois faire une production déterminée. On n'inflige pas d'amendes pour travail incomplet ; on n'accorde pas de primes aux ouvriers à veine, mais les hiercheurs touchent une journée de gratification quand ils font une quinzaine complète de douze jours.

Kousen Désiré-Joseph,

âgé de 49 ans, domicilié à Saint-Nicolas-lez-Liége, ouvrier à veine au siège Saint-Nicolas du charbonnage d'Espérance et Bonne Fortune ; travaille dans les mines depuis l'âge de 12 ans.

880 1. Je parle au nom d'un groupe d'ouvriers du siège de Saint-Nicolas.

881 2. Je demande que la durée de la journée soit réduite.

882 3. Les ouvriers sont soumis à l'autorité patronale dès leur arrivée à la houillère. C'est pourquoi je considère comme durée de la journée le temps compris entre cette arrivée et la sortie de la mine.

883 4. La limitation doit se faire en une fois et le plus vite possible, afin que je puisse encore en profiter avant de mourir.

884 5. La descente dans la mine commence à 5 heures 5 minutes ou 5 heures 10 minutes.

6. Les ouvriers remontent à 15 heures ; 885
mais ils doivent souvent attendre, parce qu'on fait monter leurs outils avant eux.

7. Le trajet à parcourir pour atteindre 886
les chantiers est en moyenne de vingt minutes ; ce trajet est très pénible ; il comprend notamment un bouxhtay de 22 mètres.

Il est dangereux de circuler dans ce 887
bouxhtay, en portant des outils ; la chute d'un outil pourrait occasionner de graves accidents. On supprimerait cette cause de

danger en plaçant les outils dans une berlaine vide.

888 8. Nous prenons un seul repos, d'une durée d'une demi-heure.

889 9. Nous travaillons effectivement de 6 heures 1/2 à 2 heures.

890 10. Actuellement, on ne prolonge jamais le travail après la fin de la journée ; précédemment, on faisait des quarts. Personnellement, je ne demande pas à en faire ; je suis assez fatigué lorsque j'ai terminé ma tâche.

891 On obligeait jadis les ouvriers de plus de 40 ans à prolonger leur travail d'un quart, sous peine de renvoi. Ces ouvriers ne peuvent plus trouver de la besogne, dans certains charbonnages, où l'on refuse systématiquement d'engager des hommes ayant plus de 40 ans.

892 11. Je ne chôme pas le lundi. Beaucoup de jeunes ouvriers s'absentent le lundi, parce qu'ils craignent d'être changés de poste ou d'être obligés de traîner. Quant aux abatteurs, il leur importe peu de travailler dans un chantier plutôt que dans un autre.

893 12. Je demande que la limitation de la durée du travail soit appliquée à tous les ouvriers du fond, à l'exception des surveillants. Ceux-ci, d'ailleurs, ne travaillent pas et il y en a qui mériteraient de rester dans la mine dix-huit heures au lieu de douze. Ces surveillants devraient toujours être capables de faire eux-mêmes la tâche qu'ils imposent aux ouvriers, sans en connaître les difficultés.

894 15. Je n'ai pas à me plaindre du service des transports ; souvent nous n'arrivons pas à fournir assez de charbon pour alimenter régulièrement ce service.

Quant aux bois, ils ne nous font jamais défaut ; mais on devrait les façonner à la surface, ainsi que cela se fait au siège Braconier du charbonnage du Horloz. 895

Je ne suis pas partisan du nouveau système de lampes ; les anciennes valaient mieux ; elles étaient moins nuisibles à la vue. Souvent il manque soit de la benzine, soit des capsules et deux ouvriers doivent se servir de la même lampe, ce qui est dangereux. Les traîneurs seuls possèdent des lampes de rechange et ils ne peuvent les céder aux abatteurs. 896

L'extinction des lampes est une cause de retard assez fréquente, qui se fait sentir en moyenne une ou deux fois par semaine. Récemment deux ouvriers se sont trouvés sans lumière. 897

17. L'aérage est assez bon. Il serait meilleur encore si on entretenait mieux les voies. Les rigoles sont souvent obstruées ; les eaux s'accumulent et donnent de l'odeur ; les lampes sont trop chaudes et échauffent l'air. Celui-ci est cependant respirable. 898

Dans trois ou quatre tailles sur sept, il tombe de l'eau par les cassures du toit. 899

18. Il serait très difficile de terminer en huit heures ce que l'on fait actuellement en neuf heures, mais on pourrait gagner vingt-cinq minutes si les bois étaient préparés à la surface. 900

20. On ne peut remplir en huit heures les vides produits en seize heures. L'organisation de deux postes d'abatage aggraverait la situation actuelle. 901

21. La limitation doit être imposée par 902

la loi à tous les charbonnages et pour tous les ouvriers du fond. Si elle résultait d'une entente avec les patrons, elle n'aurait pas d'effets durables. C'est ainsi qu'un essai, fait dernièrement, a été abandonné après deux ou trois jours ; pendant cet essai, la production avait été maintenu dans quelques tailles; dans d'autres, elle avait baissé.

903 **22.** Si la loi avait pour conséquence une diminution de la production, j'estime que les patrons pourraient sans inconvénient réduire les dividendes.

904 **27.** Je suis payé à la journée ; la tâche à remplir est fixée par le chef mineur et on inflige des amendes aux ouvriers qui n'ont pas achevé cette tâche, alors même qu'ils auraient travaillé jusqu'à 3 heures. Ces amendes sont appliquées avec trop de sévérité ; elles sont fixées d'après le nombre de berlaines produites.

Des primes sont accordées aux traîneurs 905
lorsqu'ils font douze jours par quinzaine, Je ne connais pas de sous-entreprise.

En terminant, j'exprime le vœu de voir 906
le gouvernement reconnaître la caisse des vieux mineurs et je souhaite que la loi règle la question des pensions de retraite.

Rigaux Joseph,

âgé de 28 ans, domicilié à Liége, ouvrier à veine au siège Saint-Nicolas du charbonnage d'Espérance et Bonne Fortune; travaille dans les mines depuis l'âge de 11 ans 1/2.

907 **1.** Je parle au nom de l'*Association des travailleurs réunis.*

908 **2.** Nous demandons la réduction de la journée de travail.

909 **3.** La durée de la journée de travail est le temps compris entre l'arrivée au charbonnage et le départ. Dès notre entrée à la houillère, nous sommes à la disposition du patron.

910 **4.** C'est cette durée que nous désirons voir réduire en une fois.

911 **5, 6.** La descente commence à 5 h. 10 ; la remonte des abatteurs s'effectue de 15 h. à 15 h. 35 ou 15 h. 40.

912 **7.** Il me faut de dix à quinze minutes pour aller du puits à mon chantier.

913 Certains trajets sont plus longs, et j'estime qu'il faut en moyenne vingt-cinq à trente minutes pour se rendre à son poste. Le trajet n'est pas difficile, mais il laisse à désirer au point de vue de l'hygiène. Il y a de l'eau dans les voies, les rigoles ne sont pas suffisantes, et on a les pieds mouillés quand on arrive au chantier.

8. Le repos est de une demi-heure. 914

9. Le travail effectif commence à 6 h. 1/2 915
et se termine à 14 h. 1/2. En déduisant la demi-heure de repos, on arrive à une durée de sept heures et demie.

10. Le travail n'est plus prolongé. Il y 916
a quelques mois, les ouvriers faisaient des suppléments. Cet usage a été abandonné, les ouvriers n'en étant pas partisans.

J'ai travaillé supplémentairement parce 917
que j'étais forcé de le faire, et je craignais

les représailles. Je connais des faits à l'appui de mon affirmation.

918 Il y avait des ouvriers qui, à cause de la fatigue, refusaient de prolonger leur travail.

919 11. Je chôme rarement le lundi. Le nombre d'absences est variable ce jour-là. Des jeunes ouvriers préfèrent rester chez eux que de travailler à un autre poste que celui où ils sont ordinairement occupés. Nous éprouvons de la gêne par suite de ces absences, étant forcés de faire une besogne autre que la nôtre.

920 12. La limitation de la durée du travail doit s'appliquer à tout le personnel, à l'exception des surveillants qui, eux, ne travaillent pas.

921 15. De fréquents retards se produisent.

922 Le bosseyement est souvent incomplet et les tailles sont mal préparées. C'est la faute du bosseyeur, qui a peut-être été chargé d'une besogne trop lourde. Il faudrait réduire la tâche de ces ouvriers.

923 Fréquemment les bois font défaut. Certains jours nous en avons en abondance, d'autres fois nous devons en attendre.

924 Nous avons des lampes à benzine. Nous n'en sommes pas satisfaits. Il arrive qu'à cause de la qualité de l'essence ou des capsules du rallumeur nous sommes privés de lumière. Les lampes s'échauffent fortement. Nous nous sommes déjà plaints, mais comme la réclamation n'était pas générale, elle est restée sans suite.

925 Dans mon chantier les lampes de rechange font parfois défaut, et nous sommes souvent sans lumière.

926 17. La température est convenable dans certains endroits ; ailleurs, elle est fort élevée. L'air fait parfois défaut au vif-thier, à cause de l'insuffisance des remblais.

En général l'atmosphère n'est pas malsaine, mais il y a des tailles où l'air est mauvais. 927

Il pleut dans beaucoup de tailles. On est trop sévère à l'égard des ouvriers qui y travaillent. On en exige l'accomplissement de leur tâche sous peine d'amende, alors qu'on devrait leur permettre de remonter plus tôt, quand bien même leur besogne ne serait pas entièrement terminée. 928

18. On pourrait accomplir la même tâche qu'actuellement en un temps plus court. 929

19. Les bois pourraient être façonnés au jour. Il en résulterait une économie de trente à trente-trois minutes, et l'ouvrier abatteur gagnerait du temps si sa taille était bien préparée. 930

20. Il n'y a pas moyen d'organiser deux postes d'abatage. 931

21. La limitation devrait être légale. La loi devrait être respectée par tout le monde. Dans l'intérêt moral et physique des ouvriers, la durée de la journée de travail devrait être limitée à huit heures. 932

22. La production resterait la même ; les salaires ne diminueraient pas. 933

23. La journée de travail est restée la même au cours de ces dernières années. 934

26. Des améliorations permettraient d'appliquer la limitation à tout le monde et dans tous les charbonnages. 935

27. Nous avons un salaire déterminé pour une tâche fixée. Quand la besogne n'est pas accomplie, il arrive que le salaire 936

est réduit au prorata de ce qui reste à faire. Seuls les hiercheurs obtiennent des primes.

28. Il y a des travaux qui s'exécutent à 937
l'entreprise, mais rarement.

Flesch Joseph,

âgé de 26 ans, domicilié à Ougrée, ouvrier à veine au siège du Grand Bac du charbonnage du Bois d'Avroy.

938 1. Je parle au nom des ouvriers occupés au charbonnage du Bois d'Avroy et faisant partie du syndicat mutuelliste d'Ougrée.

939 2. Nous demandons tous que la journée de travail soit réduite.

940 3. Par durée de travail, j'entends le temps compris entre l'arrivée aux charbonnages et la sortie. En effet, dès mon entrée, je suis à la disposition du patron, qui use de ma personne pour m'envoyer faire telle ou telle besogne. Il en est de même de mes camarades. La descente commence à 6 heures, et, aussitôt dans le fond, nous avons à parcourir un trajet très pénible pour nous rendre la taille. En effet, nous sommes chargés à d'outils et les voies sont mal entretenues.

941 4. Si on limitait la durée de la journée de travail, on devrait diminuer le nombre d'heures de présence dans le fond, et par conséquent, le travail effectif. Cette limitation pourrait se faire en une fois. Cependant, considérant que certains charbonnages sont dans un état de malpropreté épouvantable, et que pour mettre les chantiers dans de bonnes conditions (hauteur et largeur des voies) il faudra un temps plus ou moins long, nous serions disposés à voir régler cette limitation par étapes. Seulement, ces étapes ou ces réductions de travail devraient se faire dans un délai d'un an au maximum.

5. Nous descendons à partir de 6 heu- 942
res et le service se fait par deux puits. La descente est terminée vers 6 1/2 heures.

6. La remonte se fait également par 943
ces deux puits et commence à 15 heures. Ce sont principalement les abatteurs qui montent de 15 à 15 heures 1/4. Alors, la remonte continue à un seul puits, au fur et à mesure qu'il y a un contingent d'ouvriers suffisant. Une partie des manœuvres montent de 15 heures 20 à 16 heures. Les boiseurs, bosseyeurs montent à 16 heures, ainsi que ceux qui ont fait de quarts. Cependant, ces derniers sont assez rares à notre siège. La remonte se termine vers 17 heures 1/2 pour les accrocheurs et conducteurs de chevaux.

7. Pour nous rendre du puits à notre 944
chantier, il nous faut un temps plus ou moins long, c'est-à-dire que celui-ci varie selon les chantiers. Dans tous les cas, on peut affirmer que cela demande de vingt à trente-cinq minutes de marche. Le même laps de temps est par conséquent nécessaire pour en revenir. Ajoutons à cela qu'en été le mineur ne peut quitter directement

le puits pour se rendre à son poste. Pendant cette période, quand le mineur descend il fait grand jour. Les yeux ne s'habituent pas directement à l'obscurité profonde dans laquelle il est plongé, il doit donc rester quelques minutes auprès du puits avant de distinguer d'une façon normale les obstacles qu'il pourrait rencontrer.

945 A notre charbonnage, le trajet est toujours pénible :

946 1° Parce que les voies ne sont pas bien nivellées ;

947 2° Le peu de hauteur et de largeur des voies est cause que des trous profonds sont creusés entre les billes, pour que les chevaux puissent passer. Quand le chantier est exempt d'eau, des amas de poussières s'accumulent dans ces trous. Les ouvriers doivent donc chercher à marcher sur les billes, pour éviter le plus possible de répandre cette poussière dans le courant d'air. Si, au contraire, le chantier a des infiltrations d'eau, ces trous se remplissent d'un liquide boueux et c'est alors très souvent un supplice pour les ouvriers qui doivent faire des trajets qui durent vingt à vingt-cinq minutes. Ils doivent alors imiter Blondin en marchant sur les rails, courbés et chargés d'outils. Malheur alors à celui qui glisserait du pied, car, même trempé jusqu'à la peau, il devra faire sa journée, au risque d'attraper une maladie. Je tiens cependant à faire remarquer que sur ce point les patrons sont seuls en cause, car si les voies étaient un peu plus hautes et plus larges, point ne serait besoin de creuser ou de laisser persister des trous entre les billes et on pourrait alors creuser des rigoles profondes et larges pour l'écoulement des eaux. Le milieu des rails serait remblayé avec de fines pierres, ce qui permettrait à l'ouvrier d'arriver à son poste bien dispos.

Une autre remarque, sur laquelle je tiens 948
à attirer votre attention et celle de l'assemblée, c'est que, s'il est difficile pour l'ouvrier d'arriver à son poste, il en est certainement de même pour les surveillants et inspecteurs de mines, qui, en face des mille précautions qu'ils doivent prendre pour préserver leur personne, oublient ou ont des difficultés pour constater si aucun danger ne plane sur leur tête. Ces dangers consistent à savoir si les chapeaux reposant sur les montants ne sont pas cassés, voire même les montants, et si le garnissage de la voie composé de rondins (wattes) derrière lesquelles sont placées des fascines (veloutes), n'est pas altéré par l'air vicié et humide ou écrasé et cassé par la poussée des parois.

Je m'arrête un instant sur ce point pour 949
émettre le vœu de voir les membres de la Société protectrice des animaux descendre de temps à autre dans la mine. Alors ils constateraient, malheureusement trop souvent, les supplices atroces que doivent endurer les chevaux.

8. La durée de nos repas dans la mine 950
est d'une demi-heure pour les abatteurs et quarante-cinq minutes, en deux fois, pour les autres catégories d'ouvriers.

Les accrocheurs n'ont pas de repos ; ils 951
mangent quand ils en ont le temps.

9. Les abatteurs travaillent effective- 952
ment sept heures par jour.

10 Certains jours, on exige des ouvriers 953
qu'ils restent pour achever certaines be-

sognes à la veine pour déblayer la taille, ou pour tous autres travaux que le patron trouve nécessaires. Les moyens employés pour déterminer certains ouvriers à consentir sont :

954 1° L'ouvrier abatteur, s'il n'accepte pas, devient hiercheur ou conducteur de chevaux, besogne à laquelle, la plupart du temps, il s'épuise pour un salaire moindre, par le fait qu'il n'y est pas habitué;

955 2° Un moyen plus énergique employé pour certains camarades est celui-ci : ou bien accepter la proposition du patron ou bien recevoir le préavis de six jours. On ne s'occupe pas de savoir si vous n'avez pas 40 ans, âge maudit au delà duquel presque aucun charbonnage ne veut réoccuper des ouvriers.

956 Je connais personnellement des exemples de renvois d'ouvriers âgés qui refusaient de faire des quarts.

957 Quant à moi, je n'en fais pas.

958 D'autre part, le travail est quelquefois prolongé du consentement de l'ouvrier.

959 11. Nous ne chômons que lorsque nous le voulons, exceptés certains jours de fêtes locales.

960 Cependant, le lundi, le personnel n'est jamais aussi important que les autres jours et j'attribue cela à ce que la plupart des ouvriers ne sentent pas leurs forces convenablement réparées. Par suite du chômage, certaines tailles doivent être abandonnées ce jour-là et la production n'est, par conséquent, pas aussi importante.

961 12. Une limitation doit être appliquée à tout le personnel de la mine, et il suffit de la bonne volonté des patrons pour arriver à ce résultat.

13. Aucune exception ne devrait exister. 962
Cependant les surveillants qui monteraient avec les ouvriers devraient, après avoir été dîner, revenir au siège, car il est de toute nécessité qu'ils fassent rapport à ceux du poste suivant des travaux à exécuter pendant ce poste.

14. Les dérogations qui devraient être 963
prévues par la loi sont :

1° Les cas de dangers immédiats pour 964
lesquels l'ouvrier devrait rester à son poste ;

2° Un éboulement ensevelissant des ca- 965
marades ;

3° Enfin, à mon avis, à la reprise du 966
travail après une longue grève, Exemple : le charbonnage du Hasard, où beaucoup de travaux sont à exécuter pour la reprise complète de tout le personnel. Certaines dérogations seraient rarement appliquées si les travaux étaient bien exécutés et bien entretenus.

15. Il n'est pas de jour où nous n'éprou- 967
vons pas des retards indépendants de notre volonté. En effet :

1° Parfois un ouvrier, arrivant par l'aé- 968
rage, trouve le bosseyement éboulé au *vif thier* et doit par conséquent retourner sur ses pas pour revenir par l'étage inférieur. Le trajet aller et retour, dans ces conditions, demande une heure trois quarts à un jeune ouvrier ;

2° Les fausses voies ou voies intermé- 969
diaires servant au transport du charbon des différentes tailles sont très souvent de dimensions si restreintes, que le hiercheur doit faire appel à la bonne volonté des ouvriers de la taille pour que ceux-ci viennent

hâcher dans les montants et faire hâtivement la réparation nécessaire.

970 3° Par suite du transport du charbon : en effet, le chargement est souvent rendu très difficile par les dimensions restreintes de la voie ; le vide restant entre le boisage et le dessus de la berlaine est parfois de quinze à vingt centimètres seulement. Cela empêche l'évacuation rapide du charbon.

971 4° Les trémies n'étant pas perfectionnées exigent une attention continuelle et des réparations, par suite du choc des houilles.

972 5° Le service des lampes est très mal organisé, en effet, alors que dans quelques charbonnages il existe des gamins désignés pour se rendre aux tailles, y chercher les lampes éteintes, afin de les faire rallumer au puits d'extraction, à notre charbonnage il n'y a pas de rallumeur, et c'est à peine si l'on peut donner le nombre de lampes vacantes nécessaires. Il est donc arrivé à plusieurs reprises qu'un ouvrier dont la lampe était éteinte devait se rendre d'un chantier à l'autre, et se disputer parfois pour avoir la lampe indispensable pour faire sa journée ;

973 6° Dans nos charbonnages, l'ouvrier abatteur doit se servir lui-même, c'est-à-dire monter dans la taille avec des rondins, fascines, bois, bêles, etc.

974 7° Dans les plateures, il arrive que les tailles ne sont pas boisées ou que les tôles servant à l'évacuation des charbons ne sont pas placées ou ne le sont pas convenablement;

975 8° Enfin, par suite du manque de remblais, il ne se passe pas de semaine sans que de fortes pressions arrivent dans l'une ou l'autre taille, et alors on occupe tout le personnel de la taille pour fournir les marchandises nécessaires pour étançonner la taille, et ainsi prévenir le danger. Dans tous les cas, les retards dans nos travaux sont si fréquents et si divergents, qu'il me faudrait trop de temps pour vous les énumérer. Je me permettrai donc de déclarer que les principaux retards sont dus au défaut de remblayage.

Comme je viens de le dire, les arrêts et retards sont fréquents, et la grosse part a pour cause des vices d'organisation. 976

17. La température de la mine est élevée, dans presque toutes les voies intermédiaires, servant au transport du charbon et dans les plans inclinés. 977

1° D'abord parce que l'air doit avoir comme direction le vif-thier de toutes les tailles et que le peu d'air attribué à ces diverses voies se perd en raison du remblai qui n'est pas bien fait ou qui n'existe pas ; 978

2° Les retours d'air sont mal entretenus, à tel point qu'il n'est pas rare de voir sur le même aérage trois ou quatre éboulements qui ne laissent qu'un espace trop restreint pour laisser passer l'air vicié. Il serait impossible à n'importe qui de constater sur un aérage un espace long de vingt mètres seulement, sans y remarquer montants et chapeaux cassés ou garnissage en forme bombée menaçant à tout instant de s'ébouler. 979

Pour aller à certaines tailles par l'aérage, on doit ramper, tellement il fait petit, et ce sur des longueurs qui vont jusqu'à cent mètres au moins. L'air y est vicié, surtout pour les tailles supérieures. En effet, celui-ci en passant dans les tailles inférieures se charge en partie d'anhydride 980 carbonique, produit par la respiration des hommes et des animaux, par la combustion des lampes, par la déflagration de la poudre, par la pourriture des bois, etc. Il existe certains chantiers ou 40 à 45 hommes sont occupés dans une même couche. La mine est aussi humide; il existe des voies, où à cause de la petitesse des rigoles, d'ailleurs mal entretenues, les ouvriers doivent marcher dans l'eau.

981 18. Nous pourrions accomplir la même tâche qu'actuellement dans un temps plus court, si nous n'étions pas retardés par toute cette série d'inconvénients que je viens de citer, c'est-à-dire si les tailles et les voies étaient en bon état, si nous avions suffisamment de manœuvres pour l'évacuation du charbon et le service des marchandises.

982 19. La diminution de la production pourrait éventuellement être compensée.

983 Le travail de l'ouvrier est cependant actuellement poussé à son extrême limite, mais on pourrait améliorer les conditions hygiéniques de la mine et supprimer les causes de retards citées plus haut.

984 20. On ne pourrait organiser plusieurs postes d'abatage par jour; il est de toute nécessité, afin de laisser assainir les tailles, que celles-ci restent pendant une bonne partie de la journée dans le calme le plus absolu.

985 21. La limitation doit être faite par une loi, pour que son application devienne générale et qu'elle soit rigoureusement observée. Cette loi empêchera de donner des primes à ceux qui voudraient faire de la surproduction.

22. Aussitôt que les inconvénients cités plus haut auront disparu, je puis garantir une production égale, et par conséquent notre salaire, qui, en réalité, est dérisoire, ne sera pas diminué. 986

23. Dans certains charbonnages, la journée de travail a été augmentée : ceci est l'œuvre du patron. 987

26. La même durée de travail peut être appliquée à tous les sièges des charbonnages. 988

27. Je suis payé à la tâche, d'autres le sont à la journée. 989

Il n'y a pas de primes, le salaire reste le même ou à peu près, et on inflige des amendes pour travail incomplet. 990

28. Je ne connais pas de sous-entreprise. 991

Conclusions.

1° Quant aux causes du retard, tout boiseur ou bosseyeur devrait être accompagné d'un manœuvre qui porterait ses outils et le dispenserait d'abandonner son travail, lorsqu'il a besoin de marchandises; 992

2° Tandis qu'à Ougrée, on descend tous les jours de 80 à 90 berlaines de pierres, ailleurs on en remonte à la surface et on en forme d'énormes terrils. Cela prouve bien qu'on remblaie mal les chantiers. Si les remblais étaient mieux soignés, on éviterait des pertes d'air, des éboulements et des dépenses de bois; 993

3° On devrait laisser, tout au moins dans les dressants, du charbon dans les cheminées à la fin de la journée. Cela permettrait aux traineurs de remonter avec 994 les abatteurs et cela donnerait de l'occupation le matin, dès l'heure de la descente, aux accrocheurs et conducteurs de chevaux.

995 Actuellement, ceux-ci doivent attendre jusqu'à 7 heures et même 8 heures avant de conduire au puits la première rame de berlaines;

996 4° Pourquoi les patrons ne pourraient-ils pas maintenir le salaire, en admettant même qu'il se produise une réduction de la production, puisqu'ils trouvent leur avantage en payant une demi-journée pour deux heures et demie de travail et un quart de journée pour une heure à une heure et demie.

997 Cette manière de faire pourrait toutefois n'être qu'un appât, et, si on laissait faire, les ouvriers arriveraient à travailler beaucoup plus pour le même prix.

998 Jadis, en effet, la journée se terminait dans beaucoup de charbonnages entre 12 et 13 heures; cela est devenu très rare aujourd'hui;

999 5° Bien que le salaire soit fixé d'après la surface déhouillée, il varie, en réalité, très peu. Si le gain dépasse la moyenne admise, il n'est pas payé à l'ouvrier; par contre, celui-ci touche sa journée complète, alors qu'il n'a pas accompli sa tâche.

Le mesurage ne sert donc à rien; d'ailleurs, l'ouvrier n'en connaît pas le résultat et il reçoit le même salaire moyen, quelle que soit la besogne faite. 1000

On n'applique les amendes pour travail incomplet que lorsqu'il y a négligence. 1001

Au sujet des amendes, je signalerai qu'un ancien directeur des travaux a puni un ouvrier abatteur parce qu'il faisait usage d'une « haveresse », alors qu'il aurait dû, d'après le directeur, se servir de la rivelaine. Un ingénieur ou un directeur quelconque, qui n'a jamais pratiqué l'abatage, est cependant incapable de juger le travail d'un ouvrier à veine; 1002

6° En conclusion, je pense que les charbonnages sont en général mal tenus. Si les délégués ouvriers à l'inspection des mines étaient nommés par les ouvriers, ils découvriraient plus souvent les vides laissés dans les tailles et l'insuffisance des remblais. D'autre part, on supprimerait les conflits entre patrons et ouvriers en rendant les syndicats obligatoires. 1003

Enfin je réclame, dans l'intérêt de la sécurité, la fermeture des cheminées à charbon, au moyen de grilles; cela empêcherait la chute des ouvriers dans ces cheminées. 1004

Raymackers Lucien-Antoine,

âgé de 29 ans, domicilié à Ougrée, ouvrier mineur au siège Perron du charbonnage de Bois d'Avroy; est ouvrier mineur depuis l'âge de 14 ans.

1005 1. Je parle au nom des ouvriers syndiqués du siège Perron.

1006 2. Nous réclamons une réduction de la durée de la journée de travail.

3. Cette durée est le temps de présence au charbonnage. 1007

4. C'est ce temps qu'il faudrait limiter. La mesure pourrait être prise d'un coup. 1008

S'il n'y avait pas possibilité de procéder de cette manière, je me rallierais au projet *Destrée*.

1009 5, 6. Je descends à 6 heures du matin et je remonte à 16 heures. Dernièrement j'ai été frappé d'une amende de 1/5 de mon salaire pour être remonté à 15 heures 1/2 avec les derniers ouvriers abatteurs, comme j'étais en droit de le faire ce jour-là. Je n'ai pas réclamé, parce qu'il est inutile de protester.

1010 7. Le trajet du puits au chantier dure quinze à vingt minutes. Il est difficile et fatigant. Les voies sont trop basses; les rigoles sont mal entretenues et il y a de l'eau sur le sol et de la boue.

1011 8. Le repos est d'une demi-heure. S'il survient un éboulement, ou dans des cas spéciaux, sa durée est diminuée.

1012 9. Le travail effectif dure huit heures.

1013 10. La journée n'est prolongée que dans des cas spéciaux; on obtient alors un salaire supplémentaire.

1014 Quand l'ouvrier abatteur fait un quart supplémentaire, il obtient une journée en rapport avec le travail fait en plus, mais les hiercheurs ne reçoivent rien pour le supplément de production qu'ils ont dû enlever.

1015 11. Je chôme parfois le lundi et même quelquefois un autre jour, à cause de la fatigue, et parce que je serais occupé à une besogne qui ne me permettrait pas de gagner ma journée.

1016 12. La limitation devrait s'appliquer à tout le personnel.

1017 15. On subit quelquefois des retards. Le service des lampes est bien fait à la descente. Il n'y a pas toujours de lampe vacante. Quelquefois on peut, en cas d'extinction, s'en procurer une à un hiercheur, mais pas toujours. Il devrait y avoir des serveurs de lampes.

Habituellement il y a du bois dans les 1018
voies de roulage et les voies d'aérage. Il n'en existe pas dans les voies intermédiaires, et comme je n'ai pas de serveur, je dois aller en chercher moi-même, ce qui me retarde beaucoup dans mon travail.

Les voies ne sont jamais nivelées. J'es- 1019
time que, si elles l'étaient, la besogne des hiercheurs serait beaucoup facilitée.

16. Les retards ne sont pas fréquents si 1020
on fait exception de la question des bois.

17. Il fait chaud en certains endroits, 1021
dans les retours d'air, et surtout dans les tailles où les remblais font défaut. Il m'est arrivé de travailler dans le grisou et d'être obligé d'accomplir ma besogne.

Certaines tailles sont humides. 1022

18. Il me serait difficile de faire la même 1023
besogne en un temps plus court, à moins d'une organisation autre.

20. Il n'est pas possible d'organiser 1024
deux postes d'abatage.

21. La limitation devrait être légale, 1025
nous aurions ainsi des garanties.

22. Les patrons pourraient maintenir 1026
nos salaires alors même que la production diminuerait.

23. La durée du travail n'a pas été mo- 1027
difiée.

1028 27. Je suis payé à la journée. Les abatteurs sont payés à la tâche. Néanmoins leur salaire varie peu. Il n'y a pas de primes et les amendes ne sont pas trop fréquentes.

28. Il n'y a pas de sous-entreprises. 1029

Jans Jules,

âgé de 27 ans, ouvrier mineur au charbonnage de Bonne Espérance à Herstal.

1030 1. Je dépose au nom du syndicat l'*Union des Mineurs* de Liége et des environs.

1031 2. Je demande que la journée de travail soit réduite au maximum de huit heures.

1032 3. J'entends par la durée de la journée du travail, le nombre d'heures de présence dans la mine.

1033 4. Si on limitait la durée du travail, il conviendrait de le faire en une fois; au besoin, j'admettrais cependant une période de tâtonnement.

1034 5. Je descends dans la mine à 5 h. 1/2; seulement, je dois me présenter à la houillère à 5 heures 1/4 pour me procurer une lampe et recevoir mon poste, ensuite pour me faire marquer, prendre possession de mes outils et aiguiser ma hache, afin d'être en état de façonner mes bois convenablement.

1035 6. Je remonte de 3 heures à 3 heures 20.

1036 7. Il me faut vingt-cinq minutes pour me rendre du puits à mon chantier, par le plus court des parcours, et trente-cinq minutes pour en revenir. Je vous ferai remarquer que nous restons plus longtemps pour revenir, parce que nous devons remonter des plans inclinés, représentant environ 50 mètres de verticale ; cette ascension est particulièrement exténuante après le travail ; et je vous ferai remarquer qu'il y a de l'eau à certaines places.

8. Nous n'avons qu'un repos de trente 1037
minutes; seulement nous sommes obligés de réduire ce repos à vingt-cinq minutes environ, afin d'éviter les amendes infligées lorsque ce repos est pris avant l'heure ou prolongé après l'heure; on est excessivement sévère sur ce point et une erreur de quelques minutes entraîne une amende du cinquième du salaire journalier.

9. Nous travaillons sept heures et demie 1038
à huit heures effectivement.

10. Le travail n'est prolongé que pour 1039
réparer un éboulement qui viendrait à se produire sur la fin de la journée.

Des quarts, on n'en fait pas à l'abatage; 1040
on ne nous le demande pas et nous savons tous qu'il nous est quasi impossible d'en faire, car l'effet utile s'en ressentirait beaucoup, surtout lorsqu'on travaille à l'entreprise; car je tiens à dire que la force que nous avons à déployer journellement à notre dur travail est épuisée avant d'avoir travaillé sept heures et demie effectivement; les deux dernières heures deviennent pénibles et l'effet utile diminue considérablement aussi; je suppose que notre patron sait le comprendre, car il ne demande ni n'oblige personne à faire des quarts supplémentaires.

1041 Je dois aussi appeler votre attention sur le fait que la plus grande fréquence des accidents de travail correspondant aux heures où l'ouvrier est le plus fatigué. Or, si nous travaillons après la durée accoutumée, n'en résultera-t-il pas des accidents dont nous subirons nous-mêmes les conséquences?

1042 **11**. Je chôme de temps en temps un jour, afin de me reposer d'une fatigue excessive et puis pour vivre dans un bain de lumière, celle-ci étant indispensable à la vie humaine. De même qu'une plante qui serait mise dans une cave privée des rayons solaires deviendrait malade, de même la trop grande privation de lumière nuit considérablement à notre santé, cela nous rend malade; voilà la grande cause des chômages.

1043 L'influence du chômage du lundi sur l'organisation n'a pas les conséquences qu'on lui prête. Quand il y a assez bien d'absents, on attaque les chantiers les plus productifs, ce qui a pour effet de maintenir le prix de revient à son taux normal. Seulement si l'heure d'arrivée à la mine était retardée de deux heures, particulièrement le lundi cette mesure aurait pour effet de diminuer le chômage, parce que l'ouvrier pourrait se reposer après s'être récréé. De même une réduction des heures de travail aurait pour conséquence de tenir l'ouvrier dans de meilleures dispositions, ce qui lui permettrait de parer à la fatigue qui l'oblige à se confiner chez lui pour se reposer. Je tiens aussi à vous dire que l'effet du chômage du lundi n'exerce qu'une influence insignifiante sur l'organisation du travail, car le patron sait très bien placer chacun au poste qu'il est apte à remplir.

12, 13. Une limitation de la journée du 1044
travail devrait être appliquée à toutes les catégories d'ouvriers en général.

14. Je ne connais aucune exception à 1045
faire.

15. Nous sommes retardés dans notre 1046
travail assez souvent par suite :

1° D'interruptions dans le transport; par 1047
l'évacuation trop lente du charbon dans le chantier, nous devons par là faire subir des manipulations inutiles au charbon, de sorte que nous perdons notre temps;

2° Il n'y a plus de serveurs de lampes, de 1848
sorte que quand notre lampe est éteinte, il est bien difficile de s'en procurer une autre;

3° Nous devons aussi quitter notre tra- 1049
vail de temps à autre, afin d'aider les manœuvres à remettre sur les rails les wagonnets déraillés et même nous allons jusqu'à pousser les wagonnets dans les plans inclinés, afin de les faire descendre; cette opération dangereuse en elle-même, nous met dans de mauvaises situations.

Il n'y a pas de lampes supplémentaires; 1050
cependant nous manquons rarement de lumière.

Nous avons des bois en quantité suffi- 1051
sante.

16. Ces arrêts sont assez fréquents et 1052
dus à des vices d'organisation, par exemple au mauvais état des voies de chemin de fer et à l'irrégularité de la pente et de la direction de ces voies, dont l'entretien laisse beaucoup à désirer.

17. La température de la mine est assez 1053
élevée dans certains chantiers, bien qu'elle soit supportable. Où je travaille, l'air est

assez vicié par suite du dégagement de grison qui s'échappe pendant l'abatage. La mine est humide et il y a aussi assez bien d'eau dans les voies de transports.

1054 18, 19. On pourrait accomplir la même tâche qu'actuellement dans un temps plus court, avec une meilleure organisation réalisée par les patrons, notamment par une pose plus soignée des voies de chemin de fer, par une meilleure disposition des chantiers d'abatage, par un service des lampes mieux organisé, par une évacuation plus rationnelle et plus rapide des charbons abattus et par une meilleure préparation des chantiers. Tout cela permettrait de réduire d'une façon notable la durée du travail et de faire la même tâche qu'actuellement dans un temps plus court.

1055 Une amélioration des conditions hygiéniques de la mine, notamment de la ventilation, rendrait également possible un travail plus intensif.

1056 20. Plusieurs postes d'abatage ne sont pas possibles, parce que les avancements journaliers sont trop grands ; mais la réduction de la journée du travail pour toutes les catégories d'ouvriers permettrait d'organiser convenablement un poste de réparation, ce qui aurait pour effet de maintenir dans de bonnes conditions les voies de transports et de communication.

1057 Ce poste pourrait être organisé à 14 heures; pendant ce poste, on pourrait également préparer et faire sauter les mines pour le creusement des galeries, alors qu'il y aurait peu d'ouvriers occupés dans les travaux.

1058 21. Il est nécessaire que la durée du travail soit limitée par une loi, afin de lui donner une sanction durable, de manière que les patrons ne puissent prolonger cette durée à la suite d'un excès du nombre d'ouvriers ou d'une crise quelconque; de plus, l'intervention de la loi est nécessaire, afin de supprimer les abus et la diversité des journées imposées par les différents charbonnages, sous prétexte de concurrence,

22. Je ne crois pas que les salaires baisseront. Du reste, la question des salaires est à débattre entre patrons et ouvriers et le résultat dépendra toujours de l'offre et de la demande. 1059

23, 24. La journée de travail n'a pas été diminuée, que je sache, au cours des années écoulées ; seulement, à la suite d'une grève, quelques charbonnages des environs ont diminué d'un heure la journée de travail; le système des huit heures a été même adopté à Belle Vue et Bien Venue. 1060

25. L'effet utile et le salaire n'ont pas été diminués dans les charbonnages précités, à la suite de la diminution de la durée du travail ; toutefois, la production peut avoir quelque peu diminué, mais cela n'est pas imputable à cette réduction de la durée du travail Cela est plutôt dû à quelques dérangements ou à des appauvrissements des couches, ce qui peut se produire constamment d'un moment à l'autre. 1061

26. La même durée peut être appliquée à tous les charbonnages d'une même région, ainsi qu'à toutes les catégories d'ouvriers du fond. 1062

27. Les abatteurs sont payés à l'entreprise. 1063

Seulement les prix sont tels qu'il est impossible de dépasser un maximum de 1064 salaire quotidien qui est imposé aux surveillants. Aucune relation n'existe entre le salaire avec le prix de vente des charbons.

1065 Des amendes sont imposées et laissées à l'appréciation du surveillant, contre lequel on n'a presque aucun recours. Ces amendes sont infligées arbitrairement et pour des futilités.

1066 Les causes des amendes sont : absence imprévue et non justifiée ; travail incomplet, bien que la faute ne soit pas toujours imputable à l'ouvrier ;

Oubli involontaire n'amenant même aucun désagrément à l'organisation ; faute très légère, telle que celle d'avoir dépassé de deux ou trois minutes l'heure des repas, telle aussi que celle d'avoir oublié de se faire marquer, faute d'ailleurs préjudiciable à l'ouvrier, puisqu'il risque de perdre sa journée et d'autant plus qu'un autre contrôle, tel que celui des lampes, permet de justifier sa présence. 1067

28. Il n'y a pas de sous-entreprises. 1068

Hoeybergh Charles,

âgé de 27 ans, domicilié à Herstal, bosseyeur au siège Bonne Espérance du charbonnage d'Espérance et Violette; travaille depuis l'âge de 13 ans dans les charbonnages.

1069 1. Je parle au nom de la société de secours mutuels de l'*Union Sainte-Barbe*, à Herstal.

1070 2. Je demande la réduction de la journée de travail à la condition que le taux des salaires soit maintenus.

1071 3. Par durée de la journée de travail, j'entends la durée du travail effectif.

1072 4. La limitation de la durée du travail effectif devrait se faire par étapes.

1073 5, 6. Je descends à 18 heures 1/2 du soir et remonte 5 heures 1/2.

1074 7. La durée du trajet du puits à mon chantier est d'une demi-heure.

1075 Le trajet est difficile en certains endroits, notamment dans des plans inclinés, mais le chemin n'en comporte pas beaucoup.

8. Je prends deux repos, un d'une demi-heure, l'autre d'un quart d'heure; donc en tout trois quarts d'heure. 1076

9. Le travail effectif dure 9 heures 1/4. 1077

10. On prolonge rarement le travail. Quand cela arrive, l'ouvrier qui fournit un travail supplémentaire de son plein gré en est récompensé. 1078

11. Je ne chôme pas le lundi. Il y a des ouvriers qui chôment ce jour et même d'autres jours. Cela oblige d'occuper des ouvriers dans d'autres chantiers que les leurs, ce qui rend le travail plus fatigant. 1079

12. Je ne puis dire si la limitation de la journée de travail devrait être appliquée seulement aux ouvriers à veine. 1080

13, 14. La limitation ne pourrait être générale. Les surveillants ne peuvent re- 1081 monter qu'après le départ du personnel et les hiercheurs doivent enlever le charbon abattu par les derniers ouvriers à veine.

1082 15. Il arrive parfois que le charbon n'est pas complètement enlevé quand nous arrivons aux chantiers. Nous devons les faire disparaître nous-mêmes; un supplément de salaire nous est accordé pour cette besogne.

1083 Le service des lampes est bien organisé. La lampe Marsaut dont nous nous servons est bonne. On a essayé les lampes Wolf pour les boutefeux et les surveillants; ces lampes ont été abandonnées, à cause des inconvénients qu'elles présentaient.

1084 Il y a des bois d'avance partout.

1085 17. La température et l'air sont bons. On constate de l'humidité dans deux des sept couches qu'on exploite.

1086 18. On ne pourrait exécuter la même besogne en un temps moindre.

19. Une réduction de la durée du travail ne pourrait être compensée d'aucune manière. 1087

20. Je ne puis me prononcer sur la question de deux postes d'abatage. 1088

21. Je ne voudrais pas d'une limitation qui ne me permettrait pas de conserver ma liberté de travailler. 1089

23. Les heures de descente et de remonte ont changé, mais la durée de la journée est restée la même. 1090

26. Il serait difficile d'appliquer la même durée de travail à tous les charbonnages. 1091

27. Je suis payé à la tâche. D'autres ouvriers sont payés à la journée. Des amendes sont infligées pour absence non motivée. On ne donne pas de prime. 1092

28. Il n'y a pas de sous-entreprises. 1093

DÉPOSITIONS DES PATRONS

Souheur Florent,

directeur gérant des charbonnages de Bonne Fin.

1094 1. Je parle en mon nom personnel.

1095 2. Les ouvriers des charbonnages de Bonne Fin ont non seulement demandé une réduction de la journée de travail, mais ils l'ont appliquée de leur propre autorité, au commencement de mai dernier, en se faisant remonter au jour à partir de 14 heures au lieu de 15, et, pour le poste de nuit, à 2 heures au lieu de 4.

4. Je ne suis pas partisan de la limitation de la journée de travail. Je préférerais cependant que l'on limitât la durée du travail effectif plutôt que la durée du séjour dans la mine, si la limitation de la journée 1096

de travail devait être fixée par la loi.

1097 5, 6. Pour le poste de jour, la descente a lieu de 5 1/2 à 6 heures 3/4 à Sainte-Marguerite et à l'Aumônier, et de 5 1/2 à 6 heures 1/4 au Bâneux.

1098 La remonte commence à 15 heures et dure jusque 16 et parfois 16 heures 1/2.

1099 Pour le poste de nuit, la descente s'effectue de 17 3/4 à 18 heures 1/4 et la remonte de 4 à 4 heures 1/2.

1100 7. Pour se rendre du puits aux chantiers, il faut de dix à quarante minutes. La distance est de 300 à 2,100 mètres. Le trajet n'est pas fatigant pour qui y est habitué. Les montées ont de 100 à 150 mètres de longueur.

1101 9. La durée de travail effectif est à peu près la même pour tous les ouvriers; elle est de sept à huit heures.

1102 10. La journée de travail n'est prolongée qu'accidentellement pour réparations. A Bonne Fin, on n'a que très rarement fait des « quarts » supplémentaires. Les ouvriers ne demandent pas à en faire ni nous non plus.

1103 On pourrait certainement, petit à petit, par l'amélioration de l'outillage, effectuer l'extraction plus rapidement que maintenant, si cela était nécessaire.

1104 11. Le chômage est de 40 p. c. le lundi qui suit la paie, de 20 p. c. les autres lundis. Les ouvriers ne donnent pas les motifs de leur absence. Le chômage est dangereux pour la sécurité de l'ouvrier et désastreux pour la production.

1105 12. La limitation de la journée de travail des ouvriers à veine entraînerait celle des autres ouvriers.

13. Il est bon que les surveillants sortent les derniers de la mine. Il faudrait également des dérogations pour les ouvriers qui enlèvent le charbon et pour ceux du poste de nuit qui sont plus rares. 1106

15. Les retards apportés à l'exécution du travail ne sont et ne doivent être qu'accidentels. Il est de l'intérêt du patron comme de l'ouvrier qu'ils soient aussi peu fréquents que possible. 1107

Le service des bois est convenable ou doit l'être. 1108

La maison Beer a imaginé, il y a une quinzaine d'années, une machine pour le façonnage des bois à la surface. Cette machine, à ma connaissance, n'a eu aucun succès. L'ouvrier plaçant de six à huit bois par jour, l'économie de temps serait de six à huit minutes. C'est la première fois que les ouvriers parlent de cette amélioration, sinon j'aurais examiné si elle était réalisable. 1109

Les ouvriers ne m'ont jamais signalé de causes de retards dans leur travail, et cependant ils viennent me causer fréquemment. 1110

17. La température dans les chantiers est généralement comprise entre 14 et 18 degrés. L'élévation de la température est combattue par une abondante ventilation. 1111

Nous épuisons huit fois autant d'eau que nous extrayons de charbon. Il y a forcément, dans certaines tailles, de l'humidité, mais les ouvriers qui y travaillent remontent plus tôt. Les galeries sont pourvues de rigoles pour l'écoulement des eaux. Il peut arriver qu'il se produise dans ces galeries des bas-fonds, où se forment parfois des flaques d'eau, mais, en général, on ar- 1112 rive aux chantiers sans avoir les pieds mouillés.

1113 19. Pour compenser la diminution de la production qui résulterait de la réduction de la journée de travail, il y aurait peut-être moyen de gagner un peu de temps sur la descente, la mise en train et la remonte; mais on ne peut diminuer la durée des repos qui sont consacrés aux repas. La diminution des chômages pourrait également, dans une très faible mesure, coopérer au même résultat.

1114 J'estime qu'une entente entre patrons et ouvriers pourrait amener une réduction du temps de séjour dans la mine sans que la durée du travail effectif fût réduite. Le nombre de puits d'extraction à chacun de nos sièges a, en effet, été augmenté. On pourrait descendre le personnel plus rapidement. Si on ne l'a pas fait jusqu'à présent, c'est que le besoin ne s'en faisait pas sentir. Il y aura également lieu de s'arranger pour que les ouvriers des différentes catégories n'arrivent pas à la même heure à la mine. La solution serait facilitée par la réduction des chômages.

1115 20. Il ne serait pas possible à Bonne Fin d'organiser deux postes d'abatage.

1116 21. Je ne suis pas partisan de la limitation légale. C'est une atteinte à la liberté de l'ouvrier. Bientôt celui-ci ne demandera plus ce qui lui est interdit, mais ce qui lui est encore permis. Il serait injuste d'appliquer la même règle à toutes les mines dont les conditions d'exploitation sont si différentes. On ne peut demander à l'homme vieux, affaibli, la même somme de travail qu'à l'homme jeune, vigoureux, robuste. Les forces ainsi que les besoins de l'un ne sont pas ceux de l'autre. Il serait imprudent de faire chez nous ce que nos concurrents étrangers, qui rencontrent moins d'obstacles que nous, n'ont pas fait. Enfin je crois qu'on arriverait au résultat poursuivi par une entente entre ouvriers et patrons.

23, 24. Une entente de ce genre a abouti chez nous à une réduction du temps de présence pour le poste de nuit; les ouvriers de ce poste remonte à 16 heures au lieu de 17 heures depuis quatorze ou quinze ans. Ce résultat a été obtenu par un accord entre les ouvriers et la direction, et par l'amélioration de l'outillage. 1117

25. L'effet utile a été réduit quand les ouvriers se sont fait remonter une heure plus tôt; il a baissé de 13 p. c. Cette diminution correspondait à peu près à celle de la durée du travail effectif. 1118

27. Il y a des primes d'assiduité pour les traîneurs. 1119

Le salaire n'est pas progressif. 1120

Les amendes sont très rares et ne sont infligées que pour manquement à la discipline : elles ne dépassent pas un franc par et par siège. 1121

Pendant une période prospère, le charbonnage pourrait donner le même salaire avec un temps de travail limité. 1122

29. Depuis cinquante ans, à Bonne Fin, on a traversé vingt exercices sans donner de dividende; une année, on a fait un appel de fonds et, vingt-huit années, on a donné un dividende. On a traversé une période ininterrompue de onze années sans faire de bénéfices. Si une crise semblable se présentait de nouveau, je ne puis affirmer que ma société pourrait supporter les effets d'une loi limitant la durée du travail. 1123

Habets Paul,

directeur gérant du charbonnage d'Espérance et Bonne Fortune.

1124 *Réponses au questionnaire et à quelques observations présentées par les ouvriers ci-après :*

DUPONT LOUIS, *bosseyeur (Syndicat des ouvriers mineurs d'Ans), siège Saint-Nicolas;*

NOËL REMY, *abatteur (syndicat des ouvriers de Grâce-Berleur), siège Bonne Fortune;*

VAN STEENHOVEN, *abatteur (au nom du personnel), siège Bonne Fortune;*

BUSCHMAN MATHIEU, *traîneur, siège Espérance;*

KRUSY, *bacneur, siège Espérance;*

RADOUX, *abatteur, siège Espérance;*

THONISSEN, *bosseyeur, siège Espérance;*

CAYET, *abatteur, siège Bonne Fortune;*

COUSEN, *abatteur, siège Saint-Nicolas*

1125 **1.** Je parle en mon nom personnel et comme directeur gérant du charbonnage d'Espérance et de Bonne Fortune.

1126 **2.** Les ouvriers des sièges Saint-Nicolas et Bonne Fortune demandent que la journée de travail soit réduite; ceux du siège de de l'Espérance ne le demandent pas.

1127 Nombre d'ouvriers du siège Bonne Fortune, tout en demandant la réduction de la journée, entendent conserver pour eux la liberté de faire, si bon leur semble, plus d'une journée par jour.

1128 **3.** Les ouvriers entendent généralement, par durée de la journée de travail, le temps qui s'écoule entre le moment de leur descente dans la mine et celui de leur remonte.

1129 C'est d'ailleurs là une question de définition sur laquelle il suffit de s'entendre.

4. Au point de vue du contrôle, dans le cas d'une limitation légale, on devrait, selon moi, adopter la définition française, c'est-à-dire limiter le temps qui s'écoule entre la descente du dernier ouvrier d'un poste à la remonte du premier ouvrier de ce même poste. 1130

21. Je ne suis pas d'avis que la loi intervienne, ni en une fois, ni par étapes. Tous les perfectionnements apportés par les ingénieurs dans l'organisation des travaux dans nos mines ont conduit à permettre à l'ouvrier de produire plus dans un temps réduit, et il n'y a pas de doute que dans l'avenir les résultats de nouveaux progrès ne donnent lieu à de nouvelles réductions de la durée du travail. Toute intervention légale serait néfaste, car, à moins de consacrer purement et simplement un état de 1131 choses établi, auquel cas cette intervention serait inutile, une intervention légale ne pourrait procéder que par modifications brusques dans une matière où, pour éviter tout mécompte, il est désirable que toutes les conditions du travail s'accordent avec les circonstances de temps dans lesquelles les progrès de l'art des mines se réalisent et les circonstances locales et propres souvent à chaque mine, qui en permettent la réalisation.

1132 Vous verrez que, dans nos trois sièges, les conditions de travail ne sont pas identiques; les gisements exploités par chacun présentent des différences qui ne permettent pas une organisation unique.

1133 5. Les heures auxquelles les ouvriers de nos différents sièges descendent sont :

	Ouvriers abatteurs.	Traineurs.	Poste de nuit.
Siège Espérance . . .	5 h. 15 à 6 h.	5 h. 30 à 6 h. 30	17 h. 15 à 18 h. 15
Siège Saint-Nicolas . .	5 h. 05 à 6 h. 15	5 h. 05 à 6 h. 15	17 h. 05 à 18 h. 05
Siège Bonne Fortune . .	5 h. 15 à 5 h. 45	5 h. 45 à 6 h. 15	17 h. 30 à 18 h.

1134 6. Les heures auxquelles ils remontent sont :

Siège Espérance . . .	14 h. et 15 h.	15 h. et 16 h. 30	4 h. 30
Siège Saint-Nicolas. . .	15 h.	16 h. 15	4 h.
Siège Bonne Fortune . .	15 h. à 15 h 15	15 h. et 15 h. 30	4 h. 15 et 4 h. 30

1135 7. Les heures nécessaires pour se rendre aux chantiers et en revenir sont :

Siège Espérance . . .	10 à 30 minutes au maximum.
Siège Saint-Nicolas . .	10 à 30 minutes au maximum.
Siège Bonne Fortune . .	10 à 30 minutes au maximum.

1136 Les parcours ne sont ni fatigants ni pénibles pour les gens de métier, ils suivent la voie de transport.

1137 *Louis Dupont* a prétendu le contraire en ce qui concerne notre siège Saint-Nicolas dont les voies seraient, selon lui, souvent difficiles et mal entretenues. L'absence d'observations à cet égard, tant de la part des ingénieurs des mines que des délégués ouvriers, font justice de ces allégations.

1138 Le même attribue à la présence de plans inclinés et au port des outils des difficultés de circulation. Il prétend que moyennant *une organisation*, qu'il ne définit pas, on pourrait décharger l'ouvrier de ses outils en les transportant dans les berlaines. Or, ce transport serait précisément impossible dans les plans inclinés où la circulation des wagonnets est opérée par la gravité, la force motrice étant absente au début de la journée pour remonter la charge des outils. Ces plans inclinés, sauf ceux qui font communiquer deux couches (Maret à Charnapré 25), ont l'inclinaison très faible de la couche 7° à 12° et ne sont, par suite, pas d'une circulation pénible.

1139 *Noël Remy* a prétendu qu'à notre siège Bonne Fortune les plans inclinés sont assez droits; ils ont l'inclinaison des couches de 15° à 20°. En raison de la petitesse des couches et de leur pente, l'exploitation à ce siège s'effectue souvent par tailles montantes avec voies à chenaux que l'on bosseye à 1 mètre de hauteur. Les ouvriers doivent remonter ces voies, qui ont au maximum 70 mètres de longueur. Le restant du parcours se fait par les galeries de roulage où circulent généralement des chevaux.

1140 *Van Steenhoven* a critiqué cette circonstance que les ouvriers qui travaillent à l'étage de 146 mètres étaient descendus à celui de 195 mètres. Ces ouvriers sont au nombre de douze. Ils ont à parcourir 1,200 mètres de galeries où le transport est effectué par de gros chevaux; 900 mètres d'un plan incliné ayant $1^{m}.80$ de hauteur et 2 mètres de largeur; 80 mètres de voie montante ayant $1^{m},60$ de haut et $1^{m}.80$ de large : tout ce parcours s'effectue à sec et dans l'air frais venant du puits.

1141 En descendant les ouvriers à 136 mètres, ils auraient à parcourir 1,000 mètres de voie d'aérage dans l'air revenant des chantiers. Il est tout à fait inexact que le maître-ouvrier ait été d'accord pour descendre les ouvriers à 136 mètres s'ils fournissaient une berlaine en plus.

1142 Le trajet qu'on leur fait suivre est le meilleur, le plus facile et celui où ils sont dans les meilleures conditions atmosphériques.

1143 **8.** La durée du repos des ouvriers dans la mine est de trois quarts d'heure à Saint Nicolas et à Bonne Fortune, et d'une demi-heure à l'Espérance, où la durée du travail est plus courte.

1144 Pour les ouvriers travaillant à marché, les repos sont laissés à leur gré; les ouvriers traîneurs se reposent fréquemment lorsqu'ils attendent au puits l'arrivée de la cage et des berlaines vides. Les autres ouvriers, qui travaillent au delà de quinze heures dans le poste du jour, et ceux du poste de nuit prennent un deuxième repos d'une demi-heure (pendant la remonte des abatteurs).

Le personnel protégé a une heure et demie de repos par poste. Les ouvriers abatteurs prennent souvent un repos avant de commencer leur travail et ne prennent la haveresse qu'à 6 1/2 ou 7 heures. 1145

9. Nombre d'heures de travail effectif : 1146

	Abatteurs.	Traîneurs.	Boiseurs, bosseyeurs-remblayeurs.
Espérance . .	7 h.	8 à 9 h.	8 à 8 h. 1/2
Saint-Nicolais .	8 —	9 h.	9 h.
Bonne Fortune .	8 —	9 —	10 —

10. Dans certaines couches d'abatage facile et où le bosseyement peut avancer vite, nous avons laissé nos ouvriers des sièges Saint-Nicolas et Bonne Fortune faire des quarts de journée ou des demi-journées supplémentaires. 1147

Jusqu'au 1er mai dernier, nombre de nos ouvriers s'assuraient ainsi un supplément de salaire dépassant la valeur du travail produit. 1148

Le quart de journée correspondait à une heure et la demi-journée à deux heures. Pour la demi-journée, la production n'atteignait que le tiers des quantités abattues dans la journée. 1149

Au 1er mai, par suite de pression extérieure, nos ouvriers ont simultanément refusé de faire ces suppléments. Il est à remarquer que parmi les ouvriers faisant des suppléments se rencontraient rarement des chômeurs du lundi et que, au point de vue du prix de revient, ces suppléments sont plutôt onéreux. Jamais nous n'avons obligé, soit directement, soit indirectement, nos ouvriers à travailler plus d'une journée : la preuve en est qu'à Saint-Nicolas on ne travaille toujours plus par journée et quart. 1150

1151 Au siège Bonne Fortune, 150 ouvriers refont des quarts supplémentaires.

1152 *Noël Remy* et *Van Steenhoven* ont prétendu que nous obligions les ouvriers à faire des quarts en déplaçant ceux qui s'y refusent.

1153 Il ne faut pas perdre de vue que le travail prolongé n'est possible que dans certaines tailles. Nous sommes donc bien obligés de mettre dans ces tailles les ouvriers disposés à faire des suppléments et d'en exclure ceux qui s'y refusent, sans qu'il y ait là de moyen de coercition de notre part.

1154 **11.** Les ouvriers chôment plus le lundi que les autres jours. Cela désorganise le travail et fait perdre du temps à l'attelage avant la descente.

1155 20 p. c. du personnel *inscrit* manque chaque jour et 40 p. c. le lundi. Le personnel présent le lundi est généralement de 30 p. c. inférieur à celui des quatre derniers jours de la semaine.

1156 **12.** Une limitation de la journée de travail ne pourrait être appliquée uniquement aux ouvriers à veine, parce que les autres ouvriers revendiqueraient certainement des avantages égaux.

1157 **13.** Si la limitation de la durée du travail était générale, il faudrait nécessairement en excepter les surveillants et les accrocheurs.

1158 **14.** De très nombreuses dérogations à la limitation de la durée du travail devraient être prévues, en raison des cas de force majeure. Pour assurer le travail d'abatage, travail vital de la mine, tous les autres travaux doivent marcher de pair.

Des arrêts accidentels ou retards multiples peuvent prolonger la durée du travail qui doit nécessairement être achevé. 1159

Les ouvriers reprochent aux patrons, comme défaut d'organisation, l'inachèvement ou l'inexécution de travaux, alors que très souvent cet état de choses résulte de circonstances accidentelles ou d'absences d'ouvriers. 1160

15. Les arrêts et retards dans le travail des ouvriers ne sont pas fréquents, sauf les cas accidentels et tout exceptionnels. 1161

Les causes des retards ou arrêts :

Le façonnage des bois à la surface exige des régularités de gisement qui ne sont pas les nôtres. Des machines ont été imaginées pour façonner ces bois à la surface, notamment par M. *Sottiaux*, directeur de Strépy-Bracquegnies, mais je pense que l'on a dû abandonner ce façonnage préalable. La selle du bois doit être appropriée au bois à soutenir; il faudrait donc mettre à la disposition des ouvriers des séries de bois, et il est à prévoir que fréquemment le bois à employer fera défaut, car le service des bois serait notablement compliqué du fait de la diversité plus grande. Le façonnage de la selle prend peu de temps et, fait à la surface, il ne dispenserait pas l'ouvrier abatteur de la préparation du bois pour le mettre à longueur. 1162

Notre gisement est trop irrégulier avec couches en étreintes, fréquentes failles à faible rejet qui occasionnent des variations dans la hauteur des chantiers ; de là une difficulté spéciale à l'emploi de bois préparés à l'avance. Une telle préparation, si elle était possible, serait tout à l'avantage du patron, car elle donnerait du temps à 1163 l'ouvrier abatteur, qui est payé à salaire élevé pour produire davantage.

1164 Il me paraît nécessaire d'attirer l'attention de la commission sur l'exagération flagrante des dires de *Van Steenhoven* lorsqu'il prétend que pour monter une charge de bois dans une montée de 70 mètres de longueur, il faut une heure et demie au serveur de bois; la vitesse de ce dernier ne dépasserait pas $0^{m}.80$ par minute.

1165 *Les lampes*. Nous n'employons que les lampes les plus perfectionnées.

1166 Les ouvriers se plaignent en général des lampes mises à leur disposition et ont même regretté les anciennes lampes Mueseler, moins sûres et éclairant deux fois moins que les lampes actuellement en usage dans nos travaux.

1167 Dès que le règlement de police des mines nous a autorisé à faire usage des lampes Wolf à benzine et à alimentation inférieure, notre société n'a pas hésité à faire une dépense de plus de trente mille francs pour mettre entre les mains de ses ouvriers un moyen d'éclairage donnant une lumière deux fois plus vive que les lampes précédemment employées et qui, par la possibilité du rallumage intérieur, permet à l'ouvrier de rallumer sa lampe éteinte alors que précédemment il devait attendre qu'on lui apporte une lampe de rechange.

1168 Les bandes parafinées ont leur extrémité rougie, et cette portion de bande porte cinq pois au phosphore. On remplace toute bande dont la partie rouge est visible, de sorte que chaque ouvrier en descendant est certain de disposer de cinq rallumages possibles, s'il opère avec habileté.

1169 Les nouvelles lampes s'éteignent d'ailleurs plus difficilement que les anciennes, et, lorsqu'elles sont maniées avec quelque précaution, elles ne donnent lieu à aucune extinction.

16. Les arrêts ou retards que doivent subir les ouvriers sont exceptionnels. 1170

17. La température de la mine est de 15 à 18 degrés (uniforme toute l'année), 20 degrés maximum observés tout localement. 1171

18. Les ouvriers ne pourraient pas accomplir la même tâche en un temps plus court. Lors d'un essai au siège Saint-Nicolas, nous avons dû intervenir pour empêcher les ouvriers de nuire à leur santé. 1172

19. Si la réduction de la journée de travail avait pour conséquence une diminution de la production, cette diminution ne pourrait pas être compensée. 1173

20. On ne pourrait pas organiser plusieurs postes d'abatage par jour. 1174

21. La durée du travail ne doit pas être limitée par la loi. Une réduction légale exigerait de nombreuses dérogations qui, devenant la règle, supprimeraient l'effet de la loi. Ce serait une loi de façade, inobservée, inutile. 1175

Elle serait nuisible à l'ouvrier parce que ce serait une atteinte à sa liberté; ce que je ne voudrais pas pour moi-même, je ne puis le vouloir pour l'ouvrier. 1176

22. Il ne me paraît pas douteux qu'une diminution légale de la durée du travail aurait pour conséquence un abaissement des salaires. 1177

23. La durée de la journée de travail a été diminuée au cours des années anté- 1178

rieures, en raison des perfectionnements d'organisation introduits par les ingénieurs. Cette diminution s'est introduite insensiblement.

1179 **25**. La durée du travail effectif a été inchangée.

1180 **26**. La même durée de travail ne peut pas être appliquée à tous les sièges d'un même charbonnage, à tous les charbonnages d'une même région et à toutes les catégories d'ouvriers.

1181 **27**. Les ouvriers sont payés à la tâche et à la journée, suivant le travail.

1182 Il y a des primes d'assiduité.

1183 **28**. Il n'y a pas de sous-entreprises.

1184 **29**. En supposant que la durée du travail soit diminuée et que les salaires soient maintenus, les exploitants ne pourraient pas supporter les conséquences d'une diminution de la production, car il faut prévoir le retour de périodes de crise.

1185 Je dois me déclarer tout à fait d'accord avec plusieurs des déposants ouvriers qui ont attiré l'attention de la commission sur l'insuffisance de certains surveillants et l'absence d'éducation technique de la plupart de ces derniers.

Il serait très désirable que nos surveillants aient reçu une éducation technique dans les écoles de mineurs ou les écoles industrielles. Mais les ouvriers négligent trop l'instruction primaire de leurs enfants, instruction qui est indispensable pour aborder toute éducation technique. 1186

Notre Société paie l'inscription aux cours à ceux de ses ouvriers qui suivent l'école des mineurs de la Société Cockerill. 1187

Sur 1,700 ouvriers occupés dans nos travaux souterrains, un seul profite de cet avantage. 1188

Le manque d'instruction de notre personnel n'est pas notre fait et nous ne pouvons que déplorer l'apathie que les ouvriers mineurs mettent à s'instruire et qu'il nous soit impossible de trouver dans notre personnel ouvrier des hommes qui joignent à de l'habileté professionnelle, indispensable pour remplir les fonctions de surveillant, une instruction technique suffisante. 1189

Radelet Georges,

directeur des travaux du siège Bonne Fortune du charbonnage de l'Espérance et Bonne Fortune.

1190 Je me rallie entièrement à ce que M. Paul Habets vient de vous dire.

Poncelet Joseph,

directeur des travaux du siège Piron du charbonnage de la Haye.

1191 Je me rallie à la déposition faite antérieurement par M. Nagant et je me bornerai à quelques considérations.

7. La question 7 demande si le trajet du puits aux chantiers est fatigant et pénible. 1192

Il n'existe aucune difficulté en dehors 1193

des conditions habituelles et inhérentes à toute exploitation minière. Le trajet comporte 1° des voies de niveau dans lesquelles circulent des chevaux, et qui sont par conséquent à grande section; 2° des plans inclinés d'une longueur de 15 à 30 mètres et de 15 à 25 degrés d'inclinaison; 3° des grâles à faible inclinaison, 8 à 15 degrés environ; 4° des balances automatiques munies d'échelles inclinées avec des paliers tous les 4 ou 5 mètres; 5° enfin des voies intermédiaires de section moindre, mais où circulent des berlaines et présentant la plus faible longueur possible.

1194 Il est à noter que presque toutes les galeries sont creusées à grande section: les montants des cadres de boisage ont généralement 7 pieds et quelquefois 8 pieds de hauteur, et les chapeaux ont au moins 6 pieds de longueur. La hauteur donnée à ces voies est donc, au maximum, 6 pieds au-dessus du rail vignole.

1195 La mine n'est pas humide en général. Je parle naturellement des tailles. Mais il y a des venues d'eau assez considérables dans une ou deux voies de niveau et dans quelques balances. Nous entretenons, autant que possible, des rigoles sur le côté des voies.

1196 Dans ces galeries, l'air étant humide, les bois se consomment très rapidement, surtout les wattes et les veloutes, et doivent être renouvelés fréquemment. Il suffit que quelques-unes de ces wattes cèdent et tombent dans la rigole pour obstruer celle-ci et faire monter le niveau de l'eau.

1197 De plus, la présence de cette eau fait travailler les terrains; ceux-ci se soulèvent et occasionnent des dénivellations. Or, comme dans les voies principales la circulation des wagonnets est continue, le jour et la nuit, une réparation importante ne peut s'y faire que le dimanche.

La section des voies établies avec $1^m.80$ de hauteur, au minimum, ne se maintient que pendant quelques semaines. La voie s'affaisse par suite de la pression des terrains, les montants se brisent et des ouvriers boiseurs suivent les premiers pour rétablir la voie à sa hauteur primitive. Ces travaux de coupage et de recarrage grèvent considérablement le prix de revient. Nos travaux des deux sièges ont actuellement 46,000 mètres de voies à entretenir. Une partie de ces voies se trouve dans des chantiers où on exploite des massifs abandonnés par les anciens, remplis de bains qui exigent des sondages exécutés avec beaucoup de soin par des ouvriers expérimentés. Il en résulte que les terrains encaissants sont très mauvais. D'autre part le gisement, en profondeur, 500, 600 et 700 mètres, présente des parties très dérangées où les pressions des terrains sont très fortes. 1198

Ce grand développement des voies est inhérent à la nature même du gisement: 1° petite concession, environ 250 hectares, exploitée par deux sièges; 2° couches à faible rendement; 3° couches très sales; 4° anciens travaux à la partie supérieure jusque 370 mètres, et couches dérangées en profondeur qui nous obligent à tenir un grand nombre de chantiers en réserve représentant au siège Piron 30 à 40 p. c. de la production. Pour produire une extraction brute de 390 tonnes, il existe 22 chantiers comptant 63 tailles. 1199

Le coupage et le recarrage des voies absorbe environ le tiers de notre personnel. 1200

Les galeries sont entretenues aussi bien que possible si on tient compte des éléments exposés. Il est impossible de conserver les voies d'une façon irréprochable.

1201 Au siège Piron, il y a 1,500 mètres et au siège Saint-Gilles 2,200 mètres de puits qui doivent être entretenus pour assurer une production constante et la sécurité du personnel. Cet entretien se fait la nuit et le dimanche, ce qui fait qu'il est parfois difficile d'assurer le service des bois.

1202 Concernant la sécurité et l'hygiène, toutes les améliorations possibles ont été apportées. Aux deux sièges, de puissants ventilateurs ont été installés. Au siège Piron, on dispose de 56 litres utiles d'air par homme et par tonne de charbon extraite. Les lampes Mueseler ont été remplacées par des lampes à benzine éclairant mieux et moins fumeuses. Des plans inclinés automoteurs et des balances ont été substitués aux montées. Les grâles sont actuellement desservies par des cabestans à air comprimé au lieu de l'être par des hommes ou des chevaux. Une puissante machine d'épuisement a été placée pour exhaurer les eaux aussi complètement que possible.

1203 **II.** *Chômages volontaires du lundi.* Au siège Piron, pendant les mois de mai et de juin derniers, le pourcentage des chômages volontaires est resté le même, bien qu'en juin il y ait eut de nombreuses journées supplémentaires, alors qu'en mai ces journées supplémentaires avaient cessé. Les absences du lundi doivent donc être attribuées à toute autre cause qu'aux journées supplémentaires, notamment aux salaires élevés.

1204 **10.** *Travail supplémentaire.* Les ouvriers ont toute liberté de prolonger leur travail, personne n'est forcé à le faire.

Beaucoup d'ouvriers, bons pères de famille, demandent à faire des suppléments, 1205
mais ne peuvent en faire parce qu'ils sont occupés dans des tailles où la veine est petite et dure et qu'ils sont trop fatigués pour pouvoir prolonger leur travail. Ils demandent à être placés dans des tailles plus faciles, ce qui permettrait de travailler parfois après la fin de la journée ordinaire; ils pourraient alors gagner un supplément de salaire dont ils ont besoin. Pour leur donner satisfaction, on les change avec d'autres ouvriers, occupés dans des tailles plus faciles, qui ne tiennent pas à faire des journées supplémentaires.

15. Est-il possible de fournir aux ou- 1206
vriers des bois façonnés ?

Les bois de taille sont découpés à la sur- 1207
face à peu près à la longueur qui correspond à la puissance de la couche pour chacune des tailles. Mais le gisement est tellement dérangé que la puissance de la couche peut varier plusieurs fois dans la même taille. Il est absolument inévitable que l'abatteur prenne lui-même la mesure des bois dont il a besoin.

Les bois des voies sont envoyés dans la 1208
mine avec des longueurs très approximativement exactes. Mais il est toutefois impossible de connaître bien exactement la dimension nécessaire, la longueur pouvant varier dans une même voie.

Dans les couches en plateure, où le cha- 1209
peau d'un cadre se place suivant l'inclinaison de la couche, la tête des montants doit être façonnée de façon à présenter une selle épousant parfaitement la forme du chapeau. Il y a donc lieu de tenir compte

de l'inclinaison de la couche, qui peut varier sans cesse.

1210 La préparation d'un bois de voie avec sa selle est la spécialité d'un bon boiseur qu'il serait difficile, sinon impossible, de remplacer par un autre ouvrier, quelles que soient ses capacités pour le travail des bois.

Gouverneur Sylvain,

administrateur gérant des charbonnages d'Ans et de Rocour.

1211 1. Je parle en mon nom personnel.

1212 2. Nos ouvriers ne nous ont pas demandé une réduction de la journée de travail. Je considère d'ailleurs qu'ils seraient les premiers lésés. Certains ouvriers sont physiquement capables de faire plus d'heures de travail que les autres. Ceux-là sont d'ailleurs souvent enclins à un genre de vie et à des divertissements plus coûteux, leur constitution plus robuste leur permettant aussi des heures de distraction supplémentaires. Il en est de même des ouvriers très capables qui peuvent accomplir leur tâche avec moins de peine et en moins de temps que les ouvriers moins capables, et qui, s'ils le veulent, peuvent augmenter leur revenu en travaillant une ou deux heures de plus.

1213 Il me paraît que ce serait attenter à la liberté que de soumettre des sujets si différents à une même règle.

1214 3. Par journée de travail, j'entends le temps de présence dans la mine.

1215 4. Je ne suis pas partisan de la limitation de la journée. Comment voulez-vous d'ailleurs que des ouvriers, qui travaillent à deux ou trois kilomètres du puits, soient prêts à remonter avec ceux qui sont près d'un chargeage?

5, 6. La descente des ouvriers commence 1216
vers 5 heures 1/4 du matin pour se terminer vers 15 heures 1/2.

La remonte se fait à 15 heures pour les 1217
ouvriers à veine et, immédiatement après l'évacuation des charbons extraits, soit vers 16 heures 1/2, pour les hiercheurs et les autres catégories d'ouvriers.

Les ouvriers du poste de nuit descendent 1218
à 17 heures 1/2 et remontent à 4 heures.

7. Pour aller du puits aux chantiers, il 1219
faut vingt à trente minutes, suivant l'éloignement des chantiers. Le trajet est facile, les voies sont entretenues normalement et, dans la plupart des galeries, on peut marcher sans se courber.

Nos chevaux, qui ont $1^m.60$ de taille, 1220
plus l'épaisseur du collier, circulent constamment dans ces voies.

8. Les abatteurs prennent une demi- 1221
heure de repos. Les hiercheurs ont une heure de repos; ils font deux repas.

9. Les ouvriers à veine travaillent effec- 1222
tivement environ 7 heures 1/4 ; les autres font une heure de plus.

10. Le travail n'est jamais prolongé 1223
que pour les catégories autres que les abatteurs. Nous n'exerçons pas de pression

pour obtenir du travail supplémentaire. Beaucoup d'ouvriers demandent à faire des « quarts ».

1224 **11.** Les ouvriers chôment beaucoup les lundis et lendemains de fêtes.

1225 La proportion de chômeurs est de 37 p. c. pour le personnel de jour et de 36 p. c. pour le personnel de nuit.

1226 Les concours de pigeons, les fêtes et jeux divers sont les principales causes des chômages.

1227 Les chômages rendent l'attelage difficile, ils entraînent une grande désorganisation du travail, des accidents fréquents dus à l'inexpérience des ouvriers placés à l'improviste à des postes qu'ils ne connaissent pas bien.

1228 D'autre part, la production est considérablement réduite les jours de chômage.

1229 Nous avons établi la perte en salaires que constituent pour nos ouvriers les chômages des lundis. Elle se chiffre pour le premier semestre de l'année en cours par 103,000 francs, soit 206,000 francs annuellement.

1230 **12.** Si la journée de travail des ouvriers à veine était limitée, elle entraînerait infailliblement l'augmentation du prix de revient.

1231 **13.** La limitation générale est moins admissible que la limitation partielle, car il est évident qu'on ne peut finir complètement le boutage, le chargement et le transport en même temps que l'abatage. Il faudrait aussi des dérogations pour les surveillants et les accrocheurs.

1232 **15.** Le travail ne subit de retards qu'accidentellement.

L'entretien des voies et chantiers est fait par le poste de nuit, et nous avons intérêt à tenir les chantiers prêts pour l'équipe de jour qui doit produire. 1233

Le service des transports se fait régulièrement. 1234

Nous employons depuis toujours la lampe Mueseler et de l'huile épurée de toute première qualité, nos ouvriers ayant marqué plutôt de l'antipathie pour les lampes à benzine dont nous avons voulu introduire l'emploi. 1235

Le service des bois se fait régulièrement et nous faisons boiser très soigneusement. 1236

17. La mine est bien aérée ; la température y est de 15 degrés à 17 degrés 1/2 maximum. 1237

Notre mine est une des moins humides du bassin ; il arrive qu'un chantier donne un peu d'eau ; dans ce cas, nous faisons le nécessaire pour en préserver notre personnel. 1238

Au cours de la séance du 17 courant, un de nos ouvriers a critiqué ici assez vivement nos travaux, non seulement au point de vue de l'organisation, mais surtout de l'état des dits travaux. Je crois devoir protester contre ces allégations inexactes dont je ne fais d'ailleurs aucun grief à l'auteur. 1239

Sans vouloir aucunement critiquer ce qui se passe ailleurs, je pense bien que les conditions de sécurité, de salubrité et de bonne organisation de notre mine ne sont certes pas inférieures à celles de la plupart des mines du bassin. 1240

D'autre part, si les travaux méritaient d'être incriminés comme on l'a fait, l'Administration des mines ne me laisserait certainement pas travailler dans des conditions qui seraient en contravention avec les règlements. 1241

1242 Je crois inutile d'insister sur ce point, attendu que les mêmes incriminations non fondées ont été également formulées contre d'autres exploitants.

1243 **18**. J'estime que l'ouvrier ne pourrait donner en moins de temps la somme de travail qu'il donne actuellement.

1244 **19**. La durée des repos ne peut être diminuée, l'ouvrier n'a pas trop de temps pour prendre ses repas.

1245 La diminution des chômages serait désirable pour le patron comme pour l'ouvrier. Toutefois la limitation n'y obviera pas et ne supprimera pas les principales causes de chômage, qui sont les pigeons, fêtes et jeux.

1246 Un travail plus intense serait nuisible à la santé de l'ouvrier, qui devrait se surmener pour produire le même travail en moins de temps. Il n'est pas à conseiller.

1247 Comme je l'ai dit, les conditions hygiéniques de la mine sont excellentes et ne peuvent être améliorées.

1248 Quand il se produit des arrêts, ils sont accidentels et on ne peut les prévenir ni les éviter. Si des améliorations dans ce sens étaient possibles, nous les ferions volontiers; notre intérêt est lié à celui des ouvriers. Mais il n'y a pas d'illusion à se faire, les exploitations souterraines réservent toujours des imprévus et des surprises qui amènent des retards et jamais de l'avance.

1249 **20**. Il serait impossible d'organiser plusieurs postes d'abatage.

1250 **21**. La loi ne doit pas intervenir dans la limitation de la durée de la journée de travail. Comme la loi ne peut forcer l'ouvrier à travailler, elle ne peut l'en empêcher. Les conditions du travail sont des conventions privées entre patrons et ouvriers, et le jour où on légiférera en sens contraire, on fera du tort à l'ouvrier et on tuera l'industrie.

Si pour augmenter leurs revenus et 1251
parer aux besoins des leurs, des ouvriers consentent à augmenter le nombre d'heures de travail, il serait contraire à toute aspiration généreuse de les en empêcher.

Dans les périodes de forte demande, si 1252
le patron peut laisser à son personnel la faculté de faire des suppléments, il y gagne et l'ouvrier aussi.

Chacun y trouve donc son compte. Pas 1253
plus qu'on ne peut limiter uniformément l'appétit et les besoins de tous les hommes, on ne peut non plus empêcher de travailler ceux qui veulent le faire, autant qu'ils le veulent et qu'ils le peuvent.

22. Si on limite la journée de l'ouvrier, 1254
il produira moins et son salaire diminuera, c'est inévitable.

Si avec l'augmentation du prix de re- 1255
vient qu'amènerait la limitation, nous pourrions hausser les prix de vente, nous pourrions supporter l'augmentation du prix de revient en la faisant subir aux consommateurs Mais le jour où nous arrivons à des prix qui permettent à la concurrence étrangère d'arriver sur nos marchés avec des charbons étrangers qu'on produit à meilleur compte dans les gisements plus riches que les nôtres, ce jour-là arrive la baisse, la crise et les deux ou trois jours de chômage par semaine, qui en sont la conséquence et qu'on semble avoir trop oublié.

Alors l'ouvrier, qui, grâce à des heures 1256
supplémentaires en des temps de prospé-

rité, n'aura pu s'amasser un pécule et se mettre à l'abri, subira la misère que la loi lui aura défendu de combattre.

1257 23, 24. La journée de travail a été diminuée d'une heure aux charbonnages d'Ans, en 1893. C'est de mon plein gré que je l'ai diminuée.

1258 25. Il en est résulté une diminution de l'effet utile, mais des améliorations faites à cette époque dans les travaux ont compensé la perte, et les salaires n'ont pas été diminués.

1259 26. Il est impossible d'appliquer la même durée de travail à tous les sièges d'un même charbonnage, ni à tous les charbonnages d'une même région, ni à toutes les catégories d'ouvriers.

27. Les ouvriers à veine sont payés à 1260
la tâche, les hiercheurs à la journée, les bosseyeurs et bacneurs au mètre d'avancement.

Nous ne donnons pas de primes. 1261

Pour le travail incomplet, la journée 1262
est réduite en proportion du travail non exécuté.

28. Il n'y a pas de sous-entreprises. 1263

29. L'effet d'une limitation serait que 1264
seuls les charbonnages très riches pourront subsister ; les autres seront amenés à cesser leur exploitation.

LIÉGE

CINQUIÈME SÉANCE

12 août 1907

Sont présents :
M. le Sénateur A. Magis, président,

MM. Dallemagne,
Kaes,
Leduc,

MM. Van Marck,
Dejace, secrétaire.
Delmer, secrétaire-adjoint.

Ont été invités à siéger au bureau :
MM. l'inspecteur général des mines Libert, l'ingénieur en chef, directeur des mines Julin.

Ont recueilli les dépositions des témoins :
MM. les ingénieurs principaux des mines Raven et Renier.

DÉPOSITIONS DES OUVRIERS

Francotte Jean,

âgé de 32 ans, domicilié à Montégnée, ouvrier-boiseur au charbonnage d'Ans, travaille depuis l'âge de 12 ans dans les mines.

1265 1. Je parle au nom du syndicat l'*Union des mineurs de Montegnée.*

1266 2. Je demande la réduction des heures de travail.

1267 3. La journée sera comptée de l'entrée à la sortie du charbonnage.

1268 4. La réduction devrait se faire en une fois; mais je suis d'avis qu'il y a des charbonnages où cela serait difficile.

Il faudrait donner aux patrons le temps de transformer l'organisation. 1269

5, 6. On descend vers 5 heures, 5 h. 10, pour remonter à 15 heures. 1270

Le poste de nuit descend à 17 heures et remonte à 4 heures. 1271

7. A l'étage de 170 mètres, les ouvriers doivent remonter à 90 mètres par deux plans inclinés et un montagè; les voies 1272

sont larges et faciles, sauf dans les montées.

1273 A l'étage de 225 mètres, il faut vingt à vingt-cinq minutes pour se rendre aux tailles. La voie principale est mal entretenue. Il faut ensuite remonter une balance, puis des chaffours souvent mal entretenus. Les ouvriers sont assez fatigués en arrivant aux tailles.

1274 8. On a une demi-heure pour le repas. Contrairement à ce qu'a déclaré M. *Gouverneur*, les gens occupés aux transports n'ont qu'une demi-heure de repos, et non pas une heure.

1275 9. Les ouvriers à veine travaillent de 7 à 14 heures 1/2 : soit 7 heures 1/2 de présence et 7 heures de travail effectif. Les ouvriers des transports commencent à 7 heures et terminent à 16 heures : en défalquant la demi-heure de repos, de 9 à 9 heures 1/2, cela fait 8 heures 1/2 de travail effectif.

1276 10. On ne fait pas de surproduction, hormis pour les travaux à la pierre. On est libre pour le reste de faire des quarts ou des demis supplémentaires.

1277 12. On peut accorder la journée de huit heures à toutes les catégories d'ouvriers. Il y a trois ans que je travaille à ce charbonnage. Au début, les hiercheurs ne terminaient la journée qu'à 16 heures. Une augmentation du matériel roulant a permis de faire remonter les hiercheurs en même temps que les ouvriers à veine, soit donc à 14 heures 1/2. Une meilleure organisation des transports conduirait encore à une réduction.

1278 Faute de charbon prêt à charger, les hiercheurs perdent encore actuellement une heure au début du poste. Au cours de la journée, il se produit quelques arrêts, causes de retard.

M. *P. Habets* a affirmé qu'on ne pouvait accorder la journée de huit heures à toutes les catégories d'ouvriers. Or, durant la semaine qui a suivi l'enquête, il a chaque jour fait laisser dans les tailles à la fin du poste du charbon abattu. Les hiercheurs ont pu, grâce à cette mesure, terminer leur tâche plus tôt et sont remontés à 14 heures. Aux sièges Saint-Nicolas et Bonne Fortune, les hiercheurs remontent avec les abatteurs. La même situation existerait toujours si l'on adoptait la mesure que je signale. 1279

14. Il devrait évidemment y avoir possibilité de déroger à la règle, en cas de force majeure, en cas d'éboulement par exemple. Les heures supplémentaires seraient toujours payées avec une majoration de 50 p.c. 1280

13. Les surveillants devraient être soumis à la règle générale. Descendus les derniers, ils remonteraient les derniers. 1281

Quant aux accrocheurs, ils travaillent par groupes de deux : l'un des deux descendrait le premier et remonterait aussi le premier. 1282

15, 16. En ce qui concerne le retard dans les travaux, je vous dirai que les boiseurs sont rarement retardés dans leur besogne; mais, avant l'enquête, les abatteurs subissaient des retards, par suite du manque de bois, du non-achèvement des travaux de remblayage, du manque de protection aux bosseyements, de la mauvaise disposition des chenaux. Le manque de remblayage ou le mauvais remblayage 1283 permettant aux terrains d'exercer plus énergiquement leur pression sur le boisage, il fallait reboiser avant de commencer l'abatage. Depuis l'ouverture de l'enquête, on a réorganisé le travail de manière à supprimer ces inconvénients.

1284 Nous nous servons de lampes alimentées à l'huile grasse. Il n'existe pas de service régulier de rallumage. Les ouvriers perdent de ce fait un temps appréciable, voire parfois deux heures.

1285 Le service des bois est satisfaisant. Les bois arrivent en quantités suffisantes.

1286 17. La température est agréable. L'air est toujours vicié dans les charbonnages par les poussières de charbon, les fumées produites par le tir des mines, etc. La houillère n'est pas grisouteuse. Il tombe de l'eau dans quelques tailles. Les flaques d'eau sont rares sur les voies.

1287 18. On pourrait faire la besogne actuelle en moins de temps, car l'organisation est défectueuse. L'ouvrier est parfois obligé de changer les bacs. Il doit tirer le charbon et le havage. Si ce soin était laissé à un gamin, on pourrait produire en huit heures la quantité qui réclame actuellement neuf heures de travail.

1288 D'ailleurs, dès 13 heures, l'ouvrier est fatigué. Il doit se ménager dès le début de la journée pour pouvoir poursuivre son travail jusque 14 heures.

1289 19. A mon avis, on ne peut gagner du temps qu'en supprimant les causes de retard.

1290 11. Je chôme tous les lundis. Il y a ce jour-là un chômage assez conséquent. Mais si j'avais la journée de huit heures, je ne chômerais plus.

Mon corps est actuellement trop fatigué, et, après journée faite, je m'endors sur mon journal. 1291

Je chôme le lundi pour étudier; mais si j'avais la journée de huit heures, je pourrais étudier après journée. Il faut laisser la mine se reposer pendant huit heures et n'y travailler que seize heures par jour. 1292

20. On a signalé le manque de personnel au poste de nuit. 1293

A raison de deux postes de huit heures, le second poste pourrait travailler de 14 à 22 heures. Dans ces conditions, le recrutement du second poste serait facile. 1294

La nuit n'est pas faite pour travailler. Actuellement l'ouvrier du poste de nuit ne peut se reposer. Son salaire est d'ailleurs inférieur à celui de l'ouvrier de jour, bien que la journée de travail soit d'une heure plus longue. 1295

Cette situation existe dans tous les charbonnages. 1296

21. Je suis partisan de l'intervention légale, parce que je n'ai pas confiance dans les patrons. A la première crise, les patrons retireraient ce qu'ils ont accordé à leurs ouvriers. 1297

Les patrons ne veulent pas de l'intervention légale, parce que ce serait, disent-ils, la ruine de l'industrie. Ils avaient fait état de cet argument lors de l'examen de la loi du 13 décembre 1889 sur le travail des femmes et des enfants. Or, c'est le contraire qui s'est produit. 1298

Avant cette loi du 13 décembre 1889, les ouvriers attachés aux transports remontaient à 18 heures; ils remontent aujourd'hui 1299 à 17 heures, parce que, de par la loi, les gamins doivent remonter à 16 heures.

1300 Nous ne voulons d'ailleurs pas entrer en rapport avec les patrons, parce qu'aujourd'hui même, alors qu'ils gagnent beaucoup d'argent, ils manquent d'humanité.

1301 **22.** L'introduction de la journée de huit heures n'entraînerait pas une baisse des salaires, puisque la production serait la même.

1302 Les patrons ne pourraient d'ailleurs nous faire subir tout le dommage qui en résulterait éventuellement, car ils gagnent assez d'argent actuellement.

1303 **23, 25.** La journée de travail n'a pas été modifiée depuis mon entrée au charbonnage.

1304 **26.** On peut appliquer la même durée de travail à toutes les catégories d'ouvriers et dans tous les charbonnages.

1305 L'ouvrier ne doit pas se ressentir de la richesse ou de la pauvreté du gisement. Car ce serait la ruine de l'industrie. Les charbonnages riches qui auraient la journée de huit heures accapareraient les ouvriers.

1306 On pourrait d'ailleurs, comme cela se pratique pour les diverses lignes des chemins de fer de l'État, combler les pertes des uns par les bénéfices des autres. On y arriverait en établissant une sorte de coopérative entre les divers charbonnages.

1307 Voici, d'ailleurs, quelques chiffres statistiques relatifs aux divers charbonnages du bassin de Liége. Ils donnent les résultats moyens pour l'ensemble du bassin.

1308

	Bénéfice à la tonne en francs.	Production par ouvrier en tonnes.
1876	+ 0.30	131
1877	— 0.36	142
1878	— 0.55	155
1879	— 0.10	162
1880	+ 0.37	169
1881	— 0.22	165
1882	+ 0.14	169
1883	+ 0.29	173
1884	+ 0.48	172
1885	+ 0.44	173
Moyenne	+ 0.079	moyenne 161.1
1886	+ 0.43	179
1887	+ 0.47	194
1888	+ 0.80	196
1889	+ 1.46	191
1890	+ 3.83	180
1891	+ 2.21	169
1892	+ 0.87	168
1893	+ 0.37	171
1894	+ 0.33	177
1895	+ 0.35	177
Moyenne	1.112	moyenne 180 2
1896	+ 0.62	181
1897	+ 1.26	186
1898	+ 1.43	187
1899	+ 2.27	190
1900	+ 5.57	188
1901	+ 3.09	169
1902	+ 1.91	181
1903	+ 1.92	183
1904	+ 1.27	181
1905	+ 1.42	181
Moyenne	2.076	moyenne 182.7

1309 D'où bénéfice par ouvrier :

Fr. 126.27 p[r] la période de 1876 à 1885.
2,003.82 — 1886 à 1895.
3,792.85 — 1896 à 1905.

1310 La production par heure de travail a augmenté, malgré la réduction de la journée imposée par la loi de 1889.

1311 **27.** Je suis payé à la journée. Les abatteurs sont payés à la production. Les amendes sont rares.

28. Il n'y a pas de primes, ni de sous-entreprises. 1312

Au début de l'enquête, M. le Président a déclaré que les témoins ne seraient pas inquiétés. 1313

Il n'en a pas été ainsi dans certains charbonnages. Au charbonnage du Corbeau, au Berleur, on a remis le livret à l'ouvrier Moray. 1314

Je suis partisan des conseils d'arbitrage. Ce n'est que pour la journée de huit heures que je ne veux pas voir régler la question par entente. 1315

De Baal Joseph,

âgé de 27 ans, domicilié à Liége, houilleur, est occupé aux charbonnages de Bonne Espérance, Batterie et Violette, siége Bonne Espérance à Herstal depuis un an. Il travaille dans les charbonnages depuis l'âge de 12 ans.

1316 **1.** Je parle au nom du syndicat l'*Union des mineurs du bassin de Liége*, section l'Espérance de nuit, à Herstal.

1317 **2, 4.** Je demande que la durée de la journée de travail soit réduite le plus tôt possible, et par journée du travail j'entends la présence dans la mine depuis l'entrée jusque la sortie.

1318 Le nombre d'heures de présence dans la mine, descente et remonte comprises, devrait être réduit à huit.

1319 La réduction pourrait se faire à raison d'une heure par six mois pour le poste de nuit.

1320 **5, 6.** Je descends à 6 heures 1/2 et je remonte à 17 heures 1/2. La descente du poste de jour se fait en même temps que la remonte du poste de nuit. Comme chaque cage contient vingt-cinq ouvriers, il y a en ce moment cinquante personnes suspendues aux câbles. Non seulement c'est là un danger très grand, mais cette pratique a pour résultat de faire durer plus longtemps et la descente du personnel de jour et la remonte du personnel de nuit. Il y a donc une perte de temps. 1321

7. Le temps nécessaire pour se rendre du puits aux divers chantiers varie d'une demi-heure à une heure. Le trajet — aller et retour — est donc en moyenne d'une heure et demie. 1322

Les trajets sont pénibles et fatigants pour les motifs suivants : 1323

Les galeries principales dans lesquelles le transport se fait par chevaux sont très hautes et larges. Malheureusement les chevaux creusent des trous entre les traverses qui soutiennent la voie ferrée ; ces trous 1324 se remplissent d'eau, et cette eau ne s'écoule pas, les rigoles établies le long des galeries étant trop étroites et trop peu profondes. Les ouvriers doivent donc sauter de traverse en traverse ou bien marcher sur les rails en se soutenant aux parois de crainte d'avoir les chaussures pleines d'eau et de devoir rester les pieds mouillés pendant onze ou douze heures.

1324 Les galeries, dans lesquelles ce sont des ouvriers qui assurent le transport des produits, sont basses et étroites. Certaines n'ont pas plus de 0m95 de hauteur; la largeur est parfois si faible que les berlaines frottent contre les parois ou contre les bois de soutènement. Si, en se rendant à leur travail, les ouvriers rencontrent une berlaine dans une voie de cette dimension, ils éprouvent de sérieuses difficultés pour continuer leur chemin ; pour avoir passage, ils sont parfois obligés de pousser la berlaine jusqu'à un plan incliné en face duquel la largeur de la voie est toujours plus considérable.

325 Dans ces galeries, il n'y a pas de rigole pour l'évacuation des eaux; celles-ci restent stagnantes; le sol est couvert de boue. C'est là un état de choses pénible pour les traîneurs, qui doivent travailler dix à onze heures dans de telles voies, et pour les ouvriers qui doivent les parcourir en se rendant à leur travail, alors qu'ils ont déjà en mains des outils pesant plusieurs kilogs.

1326 Dans les plans inclinés, dont la hauteur est ordinairement faible, de l'eau coule torrentiellement, la pente étant en moyenne de 30 p. c.

1327 Les montées, garnies de tôles, n'ont parfois pas plus de 0m.40 à 0m.50 de hauteur. On doit les gravir à genoux, ou bien en rampant, ou enfin « comme on peut ».

8. Généralement les ouvriers se reposent deux fois par jour. Le premier repos est d'une demi-heure. Pendant le second repos, les ouvriers mangent. Il paraît que ce second repos n'est pas toléré par le maître-ouvrier, lequel punit d'une amende les ouvriers pris sur le fait. 1328

9. La durée du travail effectif est de neuf heures en moyenne. 1329

10. Le travail est prolongé certains jours, parfois d'une heure; d'autres fois, davantage encore. Le travail est prolongé soit parce que les ouvriers doivent attendre le boutefeu, soit parce que, les bois faisant défaut, les ouvriers doivent attendre qu'on en apporte. 1330

Une autre cause de la prolongation du travail est la défectuosité du service des lampes. Il n'y a pas de serveurs-lampes dans le fond; il n'y a pas assez de lampes vacantes. Si une lampe vient à s'éteindre, on ne peut donc pas facilement s'en procurer une autre allumée. 1331

Parfois aussi la mine n'agit pas comme on l'avait prévu, ou bien elle enlève trop peu de pierres, ou bien elle en enlève trop. Il existe enfin bien d'autres circonstances que l'on ne peut prévoir qui prolongent la durée du travail. 1332

Notre profession est une vraie lutte, dans les ténèbres, contre la nature, pour arracher de ses entrailles le pain de la grande industrie et du monde entier. 1333

11. Les ouvriers chôment fréquemment le lundi et même d'autres jours pour réparer leurs forces, car ils sont souvent fatigués par suite du travail qu'ils ont dû four- 1334 nir, des efforts qu'ils ont dû faire pour satisfaire les patrons.

1335 Les ouvriers chôment également parce qu'ils craignent d'être victimes d'un accident en allant remplacer des manquants, parce qu'ils craignent aussi de ne pouvoir produire autant que ces derniers, n'étant pas habitués à leur travail.

1336 Parfois quand un ouvrier a travaillé le lundi dans un chantier, à la place d'un manquant, il est si fatigué qu'il ne peut venir à la besogne le mardi. C'est pour ces motifs qu'il y a des absents tous les jours.

1337 12. La limitation de la journée de travail doit être appliquée à toutes les catégories d'ouvriers qui descendent dans la mine.

1338 13. Les surveillants sont des ouvriers comme les autres et, en conséquence, ils doivent profiter également d'un peu de soleil.

1339 14. On pourrait prolonger la durée de la journée de travail dans certaines circonstances, par exemple, en cas d'accident, d'éboulement. Toutefois la loi devrait prévoir que, dans ces circonstances, le temps supplémentaire pendant lequel il serait permis d'occuper les ouvriers ne dépasserait pas deux heures. Le patron pourrait, pendant ces deux heures, recruter une nouvelle équipe d'ouvriers.

1340 Les heures supplémentaires devraient être payées avec 50 p. c. de majoration sur le salaire ordinaire.

1341 15. Les ouvriers sont très souvent retardés dans leur travail pour les raisons données plus haut.

1342 En ce qui concerne les bosseyeurs, ceux-ci trouvent fréquemment, en arrivant au travail, la voie qu'ils doivent bosseyer encombrée de charbon ; ils sont donc obligés de charger ce charbon dans des wagonnets avant de commencer leur besogne.

17. Les retards, qui se produisent pour ainsi dire journellement, sont dus à des vices d'organisation. 1343

17. La température de la mine est assez satisfaisante. 1344

L'air est vicié, d'abord, pendant le poste de nuit par les gaz et fumées résultant de l'explosion des mines, ensuite par les gaz grisouteux et autres que dégagent les roches détachées ; par la transpiration continuelle des ouvriers, par les poussières soulevées par les courants d'air circulant dans la mine à grande vitesse, aspirés qu'ils sont par un puissant ventilateur. 1345

Dans certains chantiers il fait très sec, dans d'autres, plus ou moins humide. 1346

Je pense que pour les ouvriers mouillés parce qu'ils travaillent dans des endroits humides, la durée de la journée de travail devrait encore être inférieure à huit heures. Les ouvriers qui font de trop longues journées dans des endroits humides finissent par être atteints de rhumatisme, de goutte ou d'autres infirmités ; ils vieillissent avant l'âge. 1347

18, 19. La durée de la journée de travail étant réduite à huit heures, et l'organisation du travail ayant été améliorée suivant les indications données plus haut, au bout de peu de temps on verra la production de l'ouvrier augmenter. Cette augmentation de la production de l'ouvrier se manifestera dès que ses forces auront été rétablies ; il est bien entendu 1348 que la meilleure organisation du travail y sera pour quelque chose.

1349 Il est certain que si l'on améliore les conditions de travail dans la mine, l'ouvrier se montrera reconnaissant et manifestera son sentiment. Pas un patron ne peut mettre en doute la bonne volonté de l'ouvrier au cours de son travail.

1350 20. Plusieurs postes d'abatage ne sont pas possibles, les travaux de remblayage et de réparations suivent déjà difficilement. On pourrait organiser un poste d'ouvriers qui, de 2 à 10 heures, répareraient les voies, creuseraient les mines. Les ouvriers qui, alors, descendraient à 10 heures du soir, pourraient immédiatement commencer leur travail.

1351 21. La durée du travail doit être limitée par une loi. Il est, en effet, logique qu'une loi intervienne pour protéger les citoyens d'un pays qui se sacrifient pour l'exploitation de la houille, indispensable à tous. De plus, les ententes entre patrons et ouvriers pour la réglementation du travail pourraient encore amener des conflits regrettables, l'une des deux parties en cause pouvant ne pas tenir ses engagements. Si une loi existait limitant la durée du travail, on ne verrait plus éclater de grève pour réclamer l'établissement de cette réforme.

1352 22. Une diminution légale de la durée du travail n'aura certainement pas pour conséquence un abaissement du salaire, puisque la production restera la même.

1353 Il n'existe pas en Belgique une loi assurant à l'ouvrier le pain quotidien. Je réclame une loi établissant pour l'ouvrier cette réforme tant attendue : « un maximum d'heures de travail et un minimum de salaire ». De cette façon, on serait toujours sûr de son salaire.

23. La durée de la journée de travail n'a jamais été diminuée au siège de Bonne Espérance; je sais cela par ouï-dire. 1354

26. La même durée de travail doit être appliquée à tous les ouvriers houilleurs de la Belgique. 1355

27, 28. Les ouvriers bosseyeurs et bacneurs sont payés au mètre courant d'avancement; les manœuvres sont payés à la journée. 1356

Les marchés se font par quinzaines; mais souvent un marché conclu ne dure pas toute la quinzaine. C'est le cas, par exemple, lorsque les ouvriers font plus d'avancement et de production que la direction ne l'avait prévu au commencement de la quinzaine. Le patron change alors le prix unitaire même au milieu de la quinzaine, et cette diminution est applicable au travail exécuté pendant le restant de la quinzaine courante. Ce cas est d'ailleurs prévu dans un règlement affiché dans l'aise. Ce règlement prévient qu'une diminution du salaire payé à l'unité de travail effectué peut être faite au cours d'une quinzaine. 1357

Si, au contraire, les ouvriers ne parviennent pas à effectuer assez de travail pour gagner un salaire convenable, ils doivent aller trouver le chef mineur pour faire leur réclamation. Celui-ci, suivant son humeur du moment, accepte ou non la réclamation. C'est ainsi que parfois certains ouvriers ne parviennent à gagner que 2 ou 3 francs par jour et ne sont pas augmentés. Cela s'est encore produit la semaine dernière. 1358

1359 Au charbonnage de Bonne Espérance, il n'y a ni prime ni sous-entreprise.

1360 On y inflige des amendes pour travail incomplet, absence sans préavis, pour toutes espèces de futilités.

1361 Il existe dans l'aise un règlement qui dit que tout ouvrier qui s'absente sans préavis sera puni d'une amende correspondant au cinquième de son salaire journalier.

1362 Les ouvriers avaient voulu prévenir le charbonnage qu'ils ne travailleraient pas le 1er mai. Ce préavis ne fut pas accepté, et pour la semaine correspondante le montant des amendes s'est élevé à 1,200 ou 1,300 francs.

1363 Chaque quinzaine, il y a de 300 à 500 francs d'amende; pour la quinzaine dernière, les amendes infligées représentent une somme de 529 francs.

1364 Je tiens à faire constater qu'au charbonnage de Bonne Espérance, en cas de maladie, les ouvriers n'ont droit aux secours médicaux et pharmaceutiques ou à toute autre indemnité que s'ils sont attachés au dit charbonnage depuis deux ans au moins.

Loxhay Jean-Joseph,

âgé de 39 ans, domicilié à Liége, ouvrier à veine au siège Violette du charbonnage Bonne Espérance et Batterie; travaille dans les mines depuis l'âge de 12 ans.

1365 1. Je parle au nom du syndicat des mineurs de Jupille et du syndicat l'*Union des mineurs du bassin de Liége.*

1366 2. Je demande la réduction de la journée de travail,

1367 3, 4. qui est comprise, d'après moi, entre le moment de l'entrée et celui de la sortie du charbonnage.

1368 5, 6. Je descends à 6 heures et je remonte à 15 heures.

1369 7. Il faut vingt-cinq à trente minutes du puits au poste de travail.

1370 Les voies sont difficiles, basses et couvertes d'eau.

Depuis l'ouverture de l'enquête, on y a toutefois remédié.

1371 8, 9. Je me repose une demi-heure pour le repas. Je travaille donc effectivement sept heures et demie.

1372 10. Je ne fais ni quart, ni demi supplémentaire. On n'en fait d'ailleurs pas.

1373 11. Je chôme le lundi. On chôme beaucoup les lundis.

1374 Cela désorganise certes la besogne, mais pas énormément.

1375 12. Il faudrait limiter la journée de travail pour tout le personnel. Cela serait préférable.

1376 15, 16. Il arrive rarement que le chantier soit mal préparé et que nous subissions des retards de ce chef.

1377 Le service des lampes est mal organisé. Ainsi, il est arrivé que dans une taille où travaillaient quatre abatteurs, l'un d'eux ayant éteint sa lampe vers 9 heures, est resté sans lumière jusqu'à la fin du poste. Ce sont ses compagnons qui ont dû l'éclairer. Les hiercheurs ont des lampes de réserve, mais ils les conservent.

1378 Le service des bois est bien fait.

1379 Les transports ne sont pas assez rapides et assez réguliers. Les voies ne sont pas faciles.

1380 17. La température de la mine est bonne dans un quartier et chaude dans un autre. L'air y est vicié par les bois qu'on ne renouvelle pas assez souvent.

1381 Il n'y a pas de grisou. La mine est humide dans les tailles et dans les voies. Les rigoles sont bien aménagées.

1382 18, 19. On pourrait certes accomplir la tâche actuelle en moins de temps, en organisant mieux le travail, par exemple, en soignant davantage le service des lampes et celui des transports, qui journellement pèchent de-ci de-là.

20. On ne pourrait organiser plusieurs postes d'abatage. 1383

21. Oui, c'est la loi qui doit limiter la journée de travail. Si le patron l'accordait librement, il pourrait la retirer à l'occasion. 1384

22. Les salaires ne subiraient pas de baisse, parce que la production resterait la même, grâce à une meilleure organisation. 1385

23, 25. On a diminué les heures de travail au charbonnage de Belle Vue, il y a de cela trois ans. Salaires et production sont restés les mêmes. 1386

Actuellement on n'y travaille que durant huit heures de présence, non compris le séjour au lavoir. 1387

Verulst Gustave,

âgé de 21 ans, domicilié à Liège, bosseyeur et hiercheur au charbonnage de Batterie, travaille dans les mines depuis l'âge de 13 ans.

1388 1. Je parle au nom des hiercheurs du charbonnage de Batterie et au nom du syndicat l'*Union des mineurs du bassin de Liège*.

1389 2. Je demande que le nombre d'heures de présence à la houillère soit diminué.

1390 3. C'est ce nombre d'heures de présence qui constitue, d'après moi, la journée de travail.

1391 4. J'aimerais à voir la réduction de la journée se faire comme l'indique le projet de loi Destrée, ou mieux en dix-huit mois.

5, 6. Je descends à 18 heures 1/2 pour remonter à 6 heures. 1392

7. Il me faut vingt minutes pour me rendre à mon poste. Je dois descendre une vallée longue de 200 mètres. 1393

Pour revenir au puits, il faut vingt-cinq minutes, et le trajet est fatigant. 1394

8, 9. Je me repose une demi-heure pour manger; c'est le seul repos que je prends. Je travaille donc onze heures effectivement. 1395

10. Tout le poste de nuit a le même 1396

repos, comme d'ailleurs le même nombre d'heures de présence. Il y a des ouvriers qui font des quarts supplémentaires sur demande du patron. Ils descendent une heure plus tôt.

1397 11. Je chôme le lundi. Je suis jeune et je n'aime pas de dormir le dimanche. C'est pourquoi je ne puis pas travailler le lundi. Ceux qui ne chôment pas le lundi ont les transports les plus courts.

1398 12, 13. Je demande la diminution de la journée de travail pour tout le monde.

1399 14. Il y aurait évidemment lieu d'accorder des dérogations, par exemple, pour le cas où il faudrait prévenir des accidents ou renforcer le boisage.

1400 15, 16. Nous sommes actuellement retardés dans notre travail. Le roulage se fait mal ; les berlaines frottent en passant contre les bois de soutènement, les voies sont mal posées; et je ne puis travailler activement durant toute la durée du poste.

1401 Depuis l'ouverture de l'enquête, il y a amélioration; toutefois le nettoyage des taques laisse à désirer.

1402 Le service de la lampisterie est bien fait. Cependant il faudrait de l'huile de meilleure qualité pour les lampes Marsaut.

1403 Chaque jour nous avons des retards, par suite du manque de lampes. Il n'y a que quatre lampes de rechange pour 50 ouvriers environ. Le serveur doit, en outre, faire le transport des bois.

1404 17. La mine est fraîche dans les travers-bancs. Dans les chantiers, on pourrait mieux remblayer et mieux disposer les postes. Les écuries vicient la mine. Le courant d'air y passe avant d'aller aux chantiers. On n'évacue pas spécialement les excréments de chevaux.

Il y a de l'eau et de la boue dans les 1405
voies. Il faudrait créer des rigoles, et placer des tôles là où des terrains donnent de l'eau.

18, 19. Je pense qu'avec la journée de 1406
huit heures, on pourrait accomplir la même besogne. Car on serait mieux reposé, et le travail pourrait se faire plus intense.

On pourrait gagner du temps si les voies 1407
étaient plus hautes, si le graissage des wagonnets était plus soigné.

21. C'est la loi qui, à mon avis, doit limi- 1408
ter le nombre d'heures de travail. La règle sera ainsi mieux respectée.

22. Ne travaillant que huit heures, 1409
l'ouvrier travaillerait plus dur. Il ferait donc la même tâche qu'actuellement. Il n'y aurait donc pas diminution de salaire.

23, 25. La journée du poste de nuit n'a 1410
jamais, à ma connaissance, été réduite.

26. A m'en rapporter à mon expérience 1411
personnelle, la réduction des heures de travail pourrait s'appliquer à tous les charbonnages.

27. Je suis payé à la journée. Les bos- 1412
seyeurs le sont à la tâche.

Les amendes sont aussi nombreuses 1413
qu'au charbonnage de l'Espérance. Nombre d'amendes ont été infligées à l'occasion du 1er mai, de même que pour le tirage au sort.

Le poste de jour descend au trait ser- 1414
vant à la remonte du poste de nuit.

Je désirerais que les surveillants soient 1415
plus instruits et mieux éduqués. Ils sont souvent de mauvaise humeur.

Roussiaux Emile,

âgé de 36 ans, domicilié à Angleur, houilleur, attaché au Charbonnage du Bois d'Avroy, siège de Val Benoit, en qualité d'abatteur depuis sept ans, travaille dans les charbonnages depuis 1890.

1416 1. Je parle au nom du syndicat l'*Union des mineurs du bassin de Liége*, section de Val-Benoit.

1417 2, 4. Je demande la réduction de la journée de travail, et, par journée de travail j'entends la présence au charbonnage, de depuis l'entrée jusqu'à la sortie.

1418 La limitation de la durée du travail devrait se faire en une fois pour certaines catégories d'ouvriers : abatteurs, boiseurs, bosseyeurs.

1419 5, 6. Je descends à 6 heures du matin et je remonte à 15 heures. J'ai une demi-heure de repos.

1420 7. Le temps qu'il faut pour se rendre du puits aux divers chantiers est très variable. A moi, dix minutes sont nécessaires ; le trajet que je fait est fatigant, parce qu'il comporte des plans inclinés à monter et parce que les voies sont de faible hauteur.

1421 10. Les ouvriers répareurs uniquement, et cela même rarement, font des quarts supplémentaires ; ils les font de leur plein gré.

1422 9. Je travaille effectivement pendant sept heures par jour.

1423 11. Je chôme le lundi quand je suis trop fatigué ; cela est rare.

1424 Le lundi, il y a toujours un assez grand nombre d'absents ; il en résulte une certaine désorganisation du travail.

12 La limitation de la journée de travail doit être appliquée à toutes les catégories d'ouvriers, même aux surveillants. 1425

14. Il est évident qu'en certaines circonstances, par exemple en cas d'accident, on pourrait travailler un nombre d'heures plus considérable que celui prévu. 1426

15. Je suis parfois retardé dans mon travail parce que, lorsque j'arrive le matin, je ne trouve pas mon chantier préparé. Cela se produit principalement après les chômages, ou bien lorsqu'il y a de nombreux absents au poste de nuit. 1427

Le transport du charbon n'est pas toujours bien organisé ; il se fait parfois d'une manière peu régulière, faute d'ouvriers manœuvres. 1428

Avec plus de manœuvres on gagnerait certainement du temps. 1429

C'est ainsi que dans certaines couches les ouvriers abatteurs doivent aller chercher eux-mêmes les bois qui leur sont nécessaires. Il en résulte du retard dans l'abatage, retard qui serait supprimé s'il y avait des manœuvres pour apporter les bois. 1430

Je ne manque jamais de bois. 1431

Le service des lampes est assez bien fait le matin, mais il n'en est pas de même dans le courant de la journée. Il en ré- 1432 sulte des arrêts assez fréquents. Ainsi, si dans le courant de la journée, la lampe d'un ouvrier vient à s'éteindre, cet ouvrier doit demander la lampe d'un hiercheur, et ce dernier ne veut pas toujours la lui donner.

1433 Il faudrait un gamin pour porter au puits les lampes éteintes et rapporter au chantier les lampes rallumées.

1434 **17.** La température de la mine est bonne.

1435 L'air est parfois vicié; cela est rare toutefois.

1436 La mine est sèche. A l'étage de 390 mètres seulement existe une voie humide; elle ne présente pas de rigole et, entre les rails, de nombreux trous ont été creusés par les sabots de chevaux.

1437 Des voies de l'espèce devraient être pavées et pourvues de rigoles; le transport se ferait dans de meilleures conditions.

1438 **18.** J'estime que dans certaines couches il serait possible de gagner du temps, faire donc le même production avec un nombre moindre d'heures de travail. Mais cela n'est pas le cas pour le chantier où je suis occupé en ce moment; je donne tout ce qu'il faut.

1439 **20.** Je pense qu'il ne serait pas possible d'organiser deux postes d'abatage; ce serait nuisible.

1440 La durée du travail doit être limitée par la loi. Je n'ai pas confiance dans le patron qui, pour certaines catégories d'ouvriers, a déjà augmenté la durée de la journée de travail.

26. La réduction de la journée de travail doit être appliquée à toutes les catégories d'ouvriers, à tous les charbonnages. 1441

22. Cette mesure n'aurait point pour pour conséquence un abaissement du salaire des ouvriers, puisque, avec une bonne organisation du travail, la production resterait la même. 1442

Je crois, en tous cas, que la production de mon charbonnage ne diminuerait pas. 1443

23. A mon charbonnage, la nouvelle direction a, il y a quelque temps, augmenté d'une heure la durée de la journée de travail des boiseurs et des bosseyeurs. 1444

27. Je suis payé à la tâche, suivant le travail que j'ai effectué. Toutefois, s'il arrive que je ne peux produire suffisamment, le patron me « fait ma journée », c'est-à-dire ne tient pas compte du travail effectué; il m'alloue le salaire journalier moyen. 1445

En quelque sorte je suis donc payé à la journée. 1446

Au siège de Val Benoit, il n'y a pas de primes; on inflige rarement des amendes. 1447

Je pense que les ouvriers du poste de nuit devraient être payés à la remonte. Ils ne seraient pas ainsi obligés de venir toucher leur salaire dans le courant de la journée. Ils pourraient donc mieux se reposer et s'absenteraient moins. 1448

Van Belle Louis,

âgé de 31 ans, domicilié à Tilleur, houilleur, est attaché au Charbonnage de Bonne Fin, siège de Sainte-Marguerite, en qualité de bacneur depuis neuf ans; travaille dans les mines de houille depuis l'âge de 12 ans.

1449 **1.** Je parle au nom du syndicat l'*Union des mineurs du bassin de Liége.*

1450 **2.** Je demande la réduction de la durée de la journée de travail, dans le plus bref délai possible.

1451 **3.** Pour moi, la journée de travail est le temps de présence au charbonnage, de l'entrée à la sortie.

1452 **4.** La limitation de la durée du travail devrait se faire en une fois pour toutes les catégories d'ouvriers, à l'exception des hiercheurs et manœuvres. Pour ces derniers, la limitation se ferait en trois fois, par étapes de six mois.

1453 **5, 6.** Je descends à 5 heures 1/2 et remonte à 16 heures. Les ouvriers abatteurs remontent à 15 heures.

1454 **7.** Le temps nécessaire pour se rendre du puits aux divers chantiers est très variable. Il me faut vingt minutes pour atteindre l'endroit où je suis occupé en ce moment.

1455 Le trajet est difficile; les voies sont pleines d'eau ; elles sont trop basses. Il en est de même des montées, que les ouvriers doivent presque toujours gravir à genoux.

1456 Il y a quelques jours, au cours d'une visite de travaux, le directeur est venu non loin de l'endroit où je travaille, mais il ne s'est toutefois pas rendu auprès de moi, probablement parce qu'il y avait une échelle à monter.

8. Les ouvriers à veine ont une demi-heure de repos par jour; quant à moi, je me repose une demi-heure à 9 heures et dix minutes à midi. 1457

9. La durée du travail effectif est variable; pour moi, elle est parfois de neuf heures ; actuellement, huit heures et demie. 1458

10. Seuls les boiseurs du poste de nuit font des quarts supplémentaires. 1459

11. Je chôme fréquemment le lundi pour étudier, pour m'instruire. 1460

Ce jour-là, d'ailleurs, les absents sont assez nombreux. 1461

12, 13. La limitation de la journée de travail devrait être appliquée à toutes les catégories d'ouvriers, sans exception. 1462

14. Il est évident qu'en certaines circonstances, par exemple en cas d'accident, on pourrait prolonger la durée de la journée de travail, mais avec 50 p. c. de majoration sur les salaires pour les heures supplémentaires. 1463

15. L'ouvrier abatteur est souvent retardé dans sa besogne, parce que le matin le bosseyement des voies n'est pas complètement terminé, ce qui est dû au nombre trop restreint d'ouvriers composant le personnel de nuit. 1464

Il serait pourtant facile de se procurer des ouvriers de nuit; il suffirait de mieux les payer. 1465

1466 Les boiseurs, ceux de nuit surtout, manquent souvent de bois; ils devraient être aidés par de jeunes manœuvres qui iraient chercher, qui transporteraient les bois nécessaires.

1467 Le transport du charbon laisse à désirer; il se fait peu régulièrement, peu rapidement, parce que les voies sont mal entretenues.

1468 Actuellement, dans les travaux souterrains, on se sert de lampes Mueseler; celles-ci ne valent rien, s'éteignent trop facilement; on devrait les remplacer par des lampes Marsaut.

1469 J'estime que le service des lampes est mal organisé; celles-ci ne sont pas bien entretenues, parce que le personnel occupé dans la lampisterie est insuffisant.

1470 Les lampes vacantes sont confiées aux hiercheurs. Ceux-ci ne s'en dessaisissent pas facilement parce que, comme ils circulent continuellement dans les voies et que leurs propres lampes s'éteignent souvent, ils craignent de devoir rester dans l'obscurité. Il en résulte qu'un ouvrier dont la lampe s'est éteinte ne s'en procure pas aisément une autre allumée.

1471 17. La température est généralement bonne; à l'étage de 400 mètres toutefois, il fait très chaud; les ouvriers sont en transpiration quand ils arrivent aux chantiers.

1472 On devrait creuser les voies à plus grande section.

1473 L'atmosphère de la mine est toujours malsaine.

1474 Il fait généralement sec dans les tailles.

1475 19. On gagnerait du temps en remédiant à l'organisation actuelle du travail; on devrait améliorer le service des lampes; fournir aux ouvriers des bois tout façonnés, entretenir les voies convenablement, faire effectuer le bosseyement des voies plus régulièrement.

18. En améliorant l'organisation du travail, la production resterait la même, si on diminuait la durée de la présence dans la mine. 1476

21. C'est par une loi que la durée du travail doit être limitée, car si une loi n'intervenait pas, les patrons retireraient bien vite la diminution qu'ils auraient pu consentir; ils s'empresseraient de rétablir ce qui existait. 1477

23. La réduction de la durée de la journée de travail n'aurait pas pour conséquence un abaissement du salaire de l'ouvrier, puisque la production ne s'en ressentirait pas. 1478

23. Depuis que je suis attaché au charbonnage de Bonne Fin, la durée de la journée de travail des abatteurs n'a pas été diminuée; on a réduit quelque peu la durée du travail des boiseurs et des hiercheurs. 1479

26. La même durée du travail peut être appliquée à tous les ouvriers. 1480

27. Je suis payé à la journée ou à marché. 1481

A mon charbonnage, on n'inflige que rarement des amendes. 1482

On alloue des primes de 3 francs aux hiercheurs et de fr. 2.40 aux boiseurs lorsqu'ils ont travaillé douze jours pendant la quinzaine. 1483

28. Il n'y a pas de sous-entreprises. 1484

Je proteste contre la déposition de M. Van 1485

Hoegarden. Celui-ci a déclaré que la diminution de la durée de la journée de travail serait préjudiciable à la santé des ouvriers.

1486 Je prétends qu'au contraire, avec une journée réduite, l'ouvrier pourrait mieux se reposer et par conséquent mieux travailler.

1487 Si la loi n'intervient pas, les ouvriers des deux sièges — Tilleur et Saint-Nicolas — du charbonnage du Horloz n'obtiendront jamais une réduction de la durée de la journée de travail.

1488 Les ouvriers du charbonnage du Horloz occupent des maisons de la société qu'ils louent à un prix peu élevé; seulement, avant d'entrer dans ces maisons, ils doivent signer l'engagement écrit de se soumettre au régime que les patrons pourraient leur imposer ou bien d'être congédiés dans les deux jours.

De plus, les ouvriers pères de famille doivent faire travailler leurs enfants au charbonnage du Horloz; ceux qui ne se soumettent pas à cette règle doivent, ou bien quitter la maison de la société qu'ils occupent, ou bien consentir à une augmentation de loyer. 1489

Aux ouvriers qui n'occupent pas des maisons du charbonnage, on distribue les travaux les plus difficiles. 1490

Si la loi n'intervient pas, les ouvriers devront recommencer ce qu'ils ont fait en 1893. 1491

Biever Nicolas,

âgé de 38 ans, domicilié à Saint-Nicolas, ouvrier à veine au siège Sainte-Marguerite du charbonnage de Bonne Fin, travaille dans les mine depuis l'âge de 12 ans.

1492 1. Je parle au nom du syndicat l'*Union des mineurs du bassin de Liége.*

1493 2. Je demande la réduction de la journée de travail,

1494 3. qui, d'après moi, est comprise entre l'entrée et la sortie de la houillère.

1495 4. Il y a des catégories d'ouvriers pour lesquelles la réforme peut être faite en une fois : c'est le cas pour les haveurs, les bacneurs et les bosseyeurs. Pour les hiercheurs et les forts manœuvres, la réforme devrait être faite en trois étapes.

1496 5, 6. Je descends actuellement à 5 h. 1/2 pour remonter à 15 heures. C'est la journée d'abatteur. Les bacneurs, les boiseurs et les bosseyeurs remontent à 16 heures. Les hiercheurs et les manœuvres à 17 h. 1/2; les hiercheurs peuvent toutefois remonter plus tôt, si leur tâche est terminée. Les ouvriers qui ont le travail le plus dur ont donc la plus longue journée.

7. Les voies sont de trop petite section. En cas de déraillement, on ne peut contourner le wagonnet. 1497

Il faut vingt à trente minutes pour se rendre du puits aux chantiers. 1498

8. Nous avons tous une demi-heure de repos, de 9 à 9 heures 1/2. Dans les autres charbonnages, les hiercheurs mangent quand ils le peuvent. 1499

1500 9. Nous, haveurs, travaillons effectivement sept heures vingt minutes.

1501 10. Nous ne fournissons pas de travail supplémentaire.

1502 Les ouvriers de nuit en font pour les réparations, sur demande du patron.

1503 11. Je ne chôme pas souvent le lundi, ni les autres jours. Il y a beaucoup de chômeurs le lundi, car le métier de houilleur est un dur métier.

1504 Le houilleur, le dimanche, est heureux d'être au jour. Il rentre tard et ne peut dormir que quatre ou cinq heures au lieu de sept ou huit heures. Il est incapable de faire sa journée le lundi, parce qu'il est trop fatigué.

1505 Le chômage désorganise le travail. On le supprimerait en réduisant la journée et encore en descendant le lundi deux heures plus tard, pour remonter aussi ce jour-là deux heures plus tard.

1506 12. La limitation de la journée de travail devrait être générale.

1507 13, 14. Il n'y aurait d'exception que pour le cas d'éboulement.

1508 15, 16. Actuellement, nous perdons du temps parce que, quand nous arrivons, le chantier n'est pas convenablement préparé. Le bosseyeur, qui reprend le travail à l'entreprise à tant le mètre courant, doit faire lui-même tous les travaux accessoires : remblayage et transport des bois. Le bosseyeur devrait avoir des manœuvres qui transporteraient les pierres. Il devrait en être de même pour les haveurs en ce qui concerne le boutage. Les bosseyements sont parfois en retard de 7 ou 8 mètres et c'est dans ces conditions que le haveur doit faire lui-même son boutage.

Dans les tailles chassantes, il arrive qu'il 1509
y a sept ou huit hèves de vides; mais il y a des tailles qui, par contre, sont bien remblayées.

Le service des bois est bien organisé, 1510
sauf pour les boiseurs. Ceux-ci, gens d'âge pour la plupart, doivent descendre des voies peu hautes et inclinées pour aller chercher leurs bois. On devrait leur donner des manœuvres.

On se sert de lampes Mueseler et de 1511
lampes Marsaut. Ces dernières sont à l'essai.

17. L'aérage est bon. Le vent est froid, 1512
mais humide.

Il fait chaud à 400 mètres. Les voies 1513
sont étroites. Dans une voie il y a du grisou et de l'anhydride carbonique (pouteure). Les lampes s'éteignent au toit et au mur.

Les voies sont parfois couvertes d'eau. 1514
Toute la mine est humide.

18. On pourrait faire en moins de temps 1515
le même ouvrage qu'actuellement.

19. Il faudrait élargir les voies, et soi- 1516
gner le raillage : les hiercheurs pourraient ainsi travailler plus facilement. Il devrait y avoir au-dessus des plans inclinés des évitements où l'on placerait des chariots de réserve qui feraient volant. Un arrêt accidentel dans les transports ne se répercuterait pas comme actuellement ou serait beaucoup atténué. Aujourd'hui la solidarité entre les divers transports est beaucoup trop grande.

20. On ne pourrait, à mon avis, faire 1517
plusieurs postes d'abatage.

1518 21. C'est la loi qui doit limiter la journée de travail.

1519 C'est pour nous le seul moyen d'être efficacement protégés.

1520 22. Il n'y aurait pas de diminution de salaires, car les bénéfices des exploitants sont connus.

1521 Il y a fr. 7,788.70 de différence entre les salaires et la valeur produite journellement.

1522 On pourrait donc maintenir le prix de notre journée.

1523 Il serait d'ailleurs désirable d'avoir une échelle de salaires.

23, 25. Depuis mon entrée au charbonnage, la durée de la journée de travail a plutôt été augmentée que diminuée. 1524

26. A mon avis, la même durée de travail peut être appliquée à tous les charbonnages. 1525

27. Je suis payé à la journée. 1526

Il n'y a pas de primes. 1527

Les amendes sont rarement appliquées. 1528

28. Il n'y a pas de sous-entreprises. 1529

Lacroix Félix-Ferdinand,

âgé de 49 ans, domicilié à Liége, ouvrier à veine au charbonnage de Bonne Fin, siège Sainte-Marguerite, depuis 16 ans, travaille dans les charbonnages depuis l'âge de 12 ans.

1530 1. Je parle au nom du syndicat l'*Union des mineurs du bassin de Liége*, section de Sainte-Marguerite.

1531 2. Je demande la réduction de la journée de travail, et par journée de travail j'entends la présence au charbonnage, depuis l'entrée jusqu'à la sortie.

1532 4. J'estime que la durée du travail pourrait se faire en une fois pour les abatteurs, bosseyeurs, boiseurs, bacneurs et petits manœuvres. Pour les autres catégories d'ouvriers, la réduction de la journée devrait se faire en trois fois, par étapes de six mois, afin de permettre la transformation de l'organisation du travail.

1533 5, 6. Je descends à 5 heures 1/2 du matin; la remonte des ouvriers se fait entre 15 et 18 heures.

7. Le temps nécessaire pour se rendre du puits aux divers chantiers est très variable : de cinq à trente minutes. A moi, il faut un quart d'heure pour parvenir à l'endroit où je suis occupé. Le trajet que j'ai à faire n'est pas fatigant; il n'en est toutefois pas de même pour tous les ouvriers. 1534

8, 9. Par jour, je travaille effectivement 7 heures à 7 heures 20; je me repose pendant une demi-heure. 1535

10. A mon charbonnage, seuls les ouvriers réparateurs du poste de nuit font des quarts supplémentaires. 1536

11. Je chôme de temps à autre, moins 1537

souvent le lundi que les autres jours de la semaine, quand la fatigue m'en fait éprouver le besoin.

1538 Le lundi, le nombre de chômeurs est assez considérable, cela provient de ce que les ouvriers dorment moins la nuit du dimanche à lundi que les autres nuits.

1539 **12, 13.** La limitation de la journée de travail doit être appliquée à tous les ouvriers, sans exception aucune.

1540 **14.** Dans certaines circonstances, en cas d'accident par exemple, on pourrait évidemment prolonger la durée de la journée de travail.

1541 **15.** J'ai déjà maintes fois éprouvé du retard dans mon travail, parce que le bosseyement des voies n'était pas terminé le matin, les pierres n'en étaient pas enlevées. Le travail d'abatage ne pouvait alors commencer directement.

1542 Le service des bois, de même que les transports, ne laissent pas à désirer.

1543 Les lampes actuellement en usage (lampes Mueseler) ne valent rien. On a essayé des lampes d'un autre système (lampes Marsaut) qui sont meilleures.

1544 Le service des lampes est bien fait; il y a des serveurs.

1545 **17.** A l'endroit où je travaille, la température est élevée; il n'y a pas de gaz délétères.

1546 Il faut remarquer cependant que l'atmosphère des mines est toujours viciée. La preuve en est que les exemptions militaires sont plus nombreuses chez les mineurs que chez les ouvriers des autres professions.

1547 Les voies du siège Sainte-Marguerite sont assez humides : autrefois il en était de même pour de nombreuses tailles.

18. J'estime que la réduction de la journée de travail n'aurait pas pour conséquence une diminution de la production, si le travail était bien organisé. 1548

19. Dans toutes les tailles il devrait y avoir des « hiercheurs au bac » pour évacuer le charbon abattu. Actuellement dans les tailles où travaillent cinq ou six ouvriers abatteurs, deux ou trois de ceux-ci sont toujours occupés à l'évacuation du charbon; l'abatage s'en ressent. 1549

20. Deux postes d'abatage sont impossibles; mais on pourrait organiser une équipe de préparation. 1550

21. C'est par une loi que la durée du travail doit être limitée. 1551

On a fait des lois pour protéger les animaux et il est bien temps de faire une loi empêchant les patrons d'exploiter les ouvriers. 1552

Quand un ouvrier ne peut faire le travail qu'on exige de lui, il est congédié. 1553

23-25. Il y a treize ou quatorze ans, on a réduit d'une demi-heure la durée de la journée de travail; la production est restée la même. 1554

Depuis lors, on a encore diminué la durée du travail des hiercheurs. Ceux-ci ne sont plus obligés, avant de remonter, d'évacuer tout le charbon abattu; ils remontent au plus tard à 17 heures 1/2. 1555

26. La journée de travail doit comporter le même nombre d'heures pour tous les ouvriers et pour tous les charbonnages. 1556

22. La réduction de la journée de travail n'aurait certainement pas pour conséquence une diminution de la production si 1557 tous les services étaient bien organisés; par conséquent aussi les salaires resteraient les mêmes.

1558 **27, 28.** Les ouvriers abatteurs reçoivent tous à peu près le même salaire journalier. Ils sont bien payés d'après le travail effectué, mais si, en tenant compte du prix convenu pour une unité de travail, certains ouvriers n'arrivent pas à gagner suffisamment, on les augmente de manière qu'ils aient sensiblement le même salaire journalier que les ouvriers abatteurs des autres chantiers. Les abatteurs sont donc, en quelque sorte, payés à la journée.

1559 Il n'y a pas de sous-entreprise; on n'inflige que rarement des amendes.

1560 Les hiercheurs à la berlaine touchent une prime de 3 francs lorsqu'ils ont travaillé douze jours pendant la quinzaine.

Beaucoup d'ouvriers, qui ont déposé en leur nom personnel, ont été instigués par leur patron. Lundi dernier; dans la matinée, un ouvrier est venu faire une déposition absolument semblable à celle qu'a faite son ingénieur le même jour dans l'après-dîner. 1561

Il ne viendra aucun ouvrier du charbonnage de Bonne Fin instigué par ses chefs, car il est certain que le directeur de cette société, M. *Souheur*, ne permettrait pas à ses ingénieurs de payer des ouvriers pour qu'ils viennent déposer contre leurs compagnons de travail. Il ne voudrait pas avoir cette mauvaise action sur la conscience. 1562

Schmitz Joseph,

âgé de 29, domicilié à Saint-Nicolas, ouvrier bacneur au charbonnage de l'Espérance et Bonne-Fortune, siège de Montégnée, travaille dans les charbonnages depuis l'âge de 12 ans.

1563 **1.** Je parle au nom du *Syndicat des mineurs solidaires de Saint-Nicolas*.

1564 **2, 3.** Je demande la diminution de la durée de la journée de travail, et par journée de travail j'entends la présence au charbonnage, depuis l'entrée jusqu'à la sortie.

1565 **4.** Cette diminution pourrait se faire en une fois.

1566 **5, 6.** Je descends dans la mine à 5 h. 5 du matin; je remonte à 16 heures de l'après-dîner. Les ouvriers à veine remontent ordinairement à 14 heures; quand leur tâche n'est pas terminée, ils ne remontent qu'à 15 heures. Dans ce dernier cas, les hiercheurs remontent à 17 heures.

7. Actuellement il me faut cinq minutes pour me rendre du puits à l'endroit où je suis occupé. Auparavant j'avais un trajet de vingt minutes à faire; je devais gravir deux plans inclinés, l'un de 120 mètres et l'autre de 90 mètres de longueur, et au-dessus de ceux-ci parcourir une voie de niveau de 200 mètres de longueur. A cette époque, tant que le transport, l'évacuation des charbons n'avait pas pris fin, je ne pouvais revenir au puits par les plans inclinés; je devais emprunter un montage très humide et de faible section. 1567

1568 En général, le parcours du puits aux chantiers est difficile.

1569 8, 9. La durée du travail effectif de ce témoin est de neuf heures et demie; le repos est d'une demi-heure.

1570 10. De leur plein gré, 25 p c des ouvriers du poste de nuit font des quarts supplémentaires ; les autres ouvriers en font peu.

1571 11. Travaillant une semaine de jour et une de nuit, je chôme souvent le lundi pour me distraire; c'est pour ainsi dire une nécessité. Je voudrais voir organiser trois postes pour les travaux préparatoires.

1572 Il y a 10 à 12 p. c. des chômeurs le lundi.

1573 12, 13. J'estime que l'on pourrait réduire la durée de la journée de travail de toutes les catégories d'ouvriers.

1574 A mon charbonnage, à la suite d'un accident, on a une fois organisé le travail de telle sorte que les hiercheurs ont fait la tâche d'un jour et demi en un jour.

1575 L'expérience a ainsi prouvé, dans ce cas particulier, qu'il était possible de réduire la durée de la journée de tous les ouvriers.

1576 14. J'estime que dans certains cas, lors d'accidents par exemple, les ouvriers pourraient faire des heures de travail supplémentaires, mais avec 50 p. c. de salaire en plus.

1577 15. Le chantier où je travaille est toujours prêt quand j'y arrive.

1578 Les retards que j'éprouve proviennent parfois des transports; les pierres ne sont pas toujours assez rapidement évacuées.

1579 On doit aussi quelquefois attendre le boutefeu.

Au charbonnage où je suis occupé, pour l'éclairage des travaux souterrains on se sert de lampes à benzine. 1580

Il n'y a pas de lampiste la nuit. Il en résulte que généralement le matin 14 à 15 p. c. des lampes, mal préparées, sont remises à la lampisterie. 1581

Il n'y a pas assez de lampes vacantes; on n'en compte que sept pour soixante-dix à soixante-quinze personnes. 1582

17. La température de la mine est bonne; mais partout l'air est vicié, soit par suite de la disposition des écuries — et c'est le cas particulièrement pour l'écurie de l'étage de 304 mètres — soit par la graisse que l'on applique sur le guidonnage et qui est de mauvaise qualité. 1583

Là où je travaille, il fait assez humide. 1584

Dans une séance précédente, un témoin est venu déclarer que généralement les rigoles étaient bien entretenues; depuis lors j'ai eu l'occasion de faire constater le contraire par un surveillant. 1585

18. Avec une meilleure organisation des divers services, on pourrait gagner un peu temps. 1586

19. Ainsi il arrive que lorsqu'un travail est en cours d'exécution, un surveillant vienne faire recommencer tout ce qui a été fait. 1587

On pourrait gagner du temps en améliorant le service de préparation des outils, lequel laisse à désirer. 1588

20. J'estime qu'il serait difficile d'organiser deux postes d'abatage; on pourrait créer un poste de préparation. 1589

21. La durée du travail doit être limitée par la loi. Je n'ai pas confiance dans les 1590

patrons, qui agissent, font des règlements sans s'occuper des ouvriers.

1591 26. Je pense que la même durée de travail peut être appliquée à tout le monde.

1592 27. 28. Je suis payé au mètre courant de travail effectué.

1593 A mon charbonnage, on inflige rarement des amendes; il n'y a ni primes ni sous-entreprises.

1594 Je voudrais qu'avant de mettre des règlements en vigueur, le patron consultât les ouvriers. On devrait payer les ouvriers de nuit le samedi soir, au lieu du dimanche matin.

Je me plains de ce que les ouvriers sont souvent mouillés pendant la descente, de ce qu'ils doivent alors se rendre tout mouillés à leur travail et rester mouillés toute la journée. 1595

Certains directeurs sont venus prétendre que jamais la journée de huit heures ne leur avait été demandée par les ouvriers. A ce sujet, il faut remarquer que si les ouvriers n'ont pas réclamé directement à leurs patrons la diminution du nombre d'heures de travail, c'est uniquement par crainte de représailles. 1596

DÉPOSITIONS DES PATRONS.

Gevers Émile,

directeur des travaux du siège de l'Espérance du charbonnage de l'Espérance et Bonne Fortune.

1597 1. Je parle au nom des charbonnages de l'Espérance et de Bonne Fortune.

1598 Je désire relever quelques allégations produites ici par divers témoins.

1599 Ce matin, M. *Francotte* a dit que M. *P. Habets*, après avoir déclaré à la présente enquête que la journée de huit heures était irréalisable pour les hiercheurs, s'est néanmoins mis en devoir de réaliser dans ses travaux cette journée de huit heures pour les traîneurs. C'est inexact. La tendance à réduire la journée des traîneurs s'est dessinée spécialement au siège de l'Espérance, à Montegnée, mais non pas depuis l'ouverture de l'enquête. Le fait remonte à l'époque du nouvel-an et résulte de la mise en service d'une nouvelle machine d'extraction. Grâce à cette nouvelle installation, la production journalière peut être extraite en un temps plus court. Tout le monde en profite. Les traîneurs ont bénéficié de plus d'une heure.

Depuis lors, il n'y a pas eu de modifications essentielles dans le service des traîneurs. Nous n'en cherchons pas moins et bien naturellement à réaliser de petits perfectionnements locaux. 1600

M. *J. Francotte* a dit que nous avions récemment introduit le système de laisser du charbon au pied des tailles pour ali- 1601 menter les transports le lendemain matin dès l'arrivée du poste.

1602 Ce système existe chez nous depuis de longues années, là où il est possible, c'est-à-dire dans les tailles montantes qui n'envoient pas de pierres à la surface.

1603 M. *Francotte* a dit aussi que si l'on faisait descendre le poste de nuit l'après-midi, plutôt que le soir, ce personnel serait plus facile à recruter. Je crois me souvenir que l'essai a été fait, il y a quatre ou cinq ans, au charbonnage du Hazard, et qu'il n'a pas réussi.

1604 J'en arrive à quelques faits signalés ce matin même par M. *Joseph Schmitz*.

1605 M. *Schmitz* a dit que les traîneurs remontent à 17 heures. C'est inexact. Les traîneurs remontent un tiers à 14 heures, moitié à 15 heures et un sixième à 16 heures. Je cite ces chiffres de mémoire parce que le temps me manque pour les vérifier.

1606 M. *Schmitz* a dit que la descente commence à 5 h. 5 Les barrières de la paire sont ouvertes jusque 5 h. 20, et je ne parviens guère à faire commencer la descente avant ce moment-là.

1607 M. *Schmitz* estime à 10 12 p. c. le nombre des chômeurs du lundi En réalité, il y en a 30-35 p. c. Aujourd'hui, il n'y en a que 22 p. c., parce que lundi dernier et jeudi prochain il y a chômage régulier.

1608 M. *Schmitz* demande que l'on organise les travaux préparatoires en trois postes. C'est parfait, mais cela entraîne une majoration de 20 p. c. sur le prix du marché. Je ne prends donc cette mesure que pour les travaux urgents. J'ai actuellement quatre ou cinq travaux préparatoires qui sont dans ce cas.

1609 Je proposerai demain à l'équipe *Schmitz* de travailler à trois postes de huit heures sans majoration du prix du mètre courant. Si elle accepte, j'en serai enchanté.

M. *Schmitz* relate qu'il y quelques 1610
jours, au lendemain d'un ancrage de cage, une équipe de traîneurs a fourni un travail très considérable en huit heures pour regagner la prime d'assiduité perdue la veille. Nous avions, en effet, pris des mesures extraordinaires pour permettre cet exploit auquel nous étions intéressés au premier chef. Nous avons notamment suspendu le transport des pierres.

Pour ce qui est de la lampisterie, nous 1611
avons la nuit un lampiste et quatre femmes. Il y a 20 p. c. de lampes vacantes. Sur un total de 460 lampes, plus 80 vacantes, soit 540, il remonte journellement une douzaine qui sont éteintes.

Tout cela est vrai depuis des mois et non 1612
pas depuis l'ouverture de l'enquête minière.

M. *Schmitz* a rapporté que j'avais ré- 1613
voqué le surveillant de son chantier la semaine dernière. C'est parce que ce surveillant n'avait pas les qualités nécessaires pour l'accomplissement de sa mission. Il a été remplacé par un autre, plus instruit et dont les ouvriers ne devraient que se féliciter.

Voici une constatation faite il y a une 1614
quinzaine de jours par le jeune ingénieur dont a parlé M. *Schmitz*.

Vers 9 heures 1/2 du matin, le travail 1615
de l'équipe *Schmitz* n'était pas encore commencé, parce que M. *Schmitz* s'était aperçu un peu tard qu'il n'y avait pas d'outils au chantier. M. *Schmitz* revenait d'avoir été chercher les outils nécessaires. J'ai rendu le surveillant responsable de ce désordre.

1616 M. *Schmitz* voudrait un surveillant exclusivement attaché à son équipe, qui comprend quatre hommes. Je trouve cela exagéré.

1617 M. *Schmitz* se plaint de ce qu'il n'y a pas de maréchal aux outils la nuit.

1618 Nous préférons beaucoup faire faire ce travail pendant le jour et nous avons soin, à cet effet, d'avoir un nombre suffisant d'outils de réserve. Il est vrai qu'il y a quelque trois mois nous nous sommes trouvés un peu à court de barres à mine et qu'à ce moment nous avons été obligés de faire affûter les outils la nuit. C'était là, à mon avis, une situation défectueuse qui n'a heureusement duré que trois semaines.

1619 M. *Schmitz* ignore, déclare-t-il, si l'on a diminué la journée de travail à l'Espérance, à Montegnée. Or, il travaille chez nous depuis neuf mois. Je lui rappellerai donc que comme je l'ai déjà dit, les traîneurs en général ont vu au nouvel an dernier réduire leur journée de présence de plus d'une heure.

1620 M. *Schmitz* a demandé à être payé le samedi plutôt que le dimanche matin. Pareille mesure présente le grave inconvénient de provoquer le chômage le samedi soir. Ce chômage se cumule avec celui du lundi. L'entretien de la mine serait négligé pendant trois nuits : ce serait désastreux.

1621 M. *Schmitz* se plaint de ce qu'il pleut dans le puits d'extraction. Ce puits est boisé et vieux d'une centaine d'années. Nous travaillons depuis cinq ans à murailler en béton le second puits, celui d'aérage. Après cela, ce sera le tour du grand puits. Il faut bien procéder par étapes.

1622 M. *Schmitz* trouve que le mode de fermeture de nos cages fait perdre du temps. Il a raison. Aussi avons-nous depuis plus de deux mois arrêté, d'accord avec l'administration des mines, un nouveau modèle de barrières.

1623 On a parlé ce matin des règlements d'atelier qui seraient affichés parfois dans une position ou ils seraient peu lisibles.

1624 J'ai constaté au cours d'une carrière de plus de douze ans que l'Administration des mines était très sévère sur ce point.

1625 Je voudrais ajouter un mot aux considérations développées par M. *Banneux* à Seraing (1), c'est que quand accidentellement nous offrons à un ouvrier mineur, qui gagne par exemple 5 francs pour travailler de 6 à 14 heures, de travailler au même salaire un même nombre d'heures comme terrassier à la surface, il refuse ou ne l'accepte que contre-cœur.

1626 Enfin je voudrais vous présenter quelques remarques au sujet de l'organisation du travail dans les mines.

1627 Plusieurs témoins sont venus déclarer qu'il existe un gaspillage de temps.

1628 Admettons que cela soit vrai et voyons comment nous pourrions remédier à ce mal.

1629 Je n'envisage que le cas des charbonnages d'Espérance et Bonne Fortune, car j'ignore dans quelle mesure mon raisonnement serait applicable ailleurs.

1630 Nos mineurs ne peuvent perdre du temps que de deux manières :

1631 *a*) A l'attaque, suivant l'expression familière, c'est-à-dire entre 5 heures 1/4 et 7 heures du matin, car à partir de 7 heures je sais par expérience personnelle que les mineurs travaillent activement; c'est

(1) Voir plus loin, dans le groupe de Seraing.

d'ailleurs à ce moment que les surveillants arrivent aux chantiers;

1631 *b)* Les mineurs peuvent encore perdre du temps par suite de ce que le coupage des voies ou le remblayage sont mal exécutés.

1632 Toutes les autres causes de retard signalées ici ne peuvent être qu'accidentelles et je ne veux pas les envisager ici, même hypothétiquement

1633 Pour parer aux pertes de temps supposées entre 5 heures 1/4 et 7 heures, il y a deux remèdes :

1634 1) Commencer la descente des ouvriers déjà présents avant que les barrières ne se ferment (5 h. 20).

1635 2) Faire descendre les surveillants les premiers pour accélérer la mise en train du travail dans le fond.

1636 L'application de ces remèdes présente deux grosses difficultés : d'une part, vu l'absentéisme, les surveillants doivent, avant la descente des ouvriers, contrôler leur présence, distribuer les postes, et puis faire rapport sur la distribution du personnel dans leurs chantiers. Ce rapport de l'attelage se fait durant la descente.

1637 D'autre part, les ouvriers prennent la cage le plus tard possible et ne veulent pas descendre tant que les barrières de la paire étant ouvertes, des camarades se promènent encore dans la rue.

1638 Le problème se déplace donc et devient : Intéresser l'ouvrier à la suppression de l'absentéisme.

1639 La question de l'absentéisme est facile à résoudre. Il suffirait que l'ouvrier s'engageât par contrat à payer une demi-journée d'amende pour toute absence non justifiée. Cet accord est parfaitement efficace en Allemagne, où, en outre, le chômeur du lundi est congédié à la troisième récidive. En Belgique, le législateur a défendu à l'ouvrier de faire pareil contrat avec le patron; d'après la loi sur les règlements d'atelier, l'amende maxima est d'un cinquième du salaire.

Nous offrons, il est vrai, à l'ouvrier une 1640
demi-journée de salaire en plus, à titre gracieux, pour son travail du lundi, mais cela ne sert à rien. L'engagement est unilatéral.

Il faut, en outre, intéresser l'ouvrier à 1641
se rendre rapidement à sa besogne. On peut y arriver en généralisant le travail à marché. Si l'exploitation d'une taille devient une entreprise générale, la préparation insuffisante du chantier disparaît, et avec elle la seconde cause de retard que je vous ai signalée.

Toute la question revient donc à géné- 1642
raliser les entreprises.

Or ici, nous nous heurtons lamentable- 1643
ment au manque d'instruction de nos ouvriers; ils sont incapables de prendre des engagements sérieux, précis et complexes; nous nous heurtons encore au manque de connaissances des surveillants, gens trop peu instruits pour pouvoir appliquer judicieusement un cahier des charges.

Aujourd'hui, au puits de l'Espérance, à 1644
Montegnée, nous comptons 280 mineurs illettrés sur un total de 727, soit 38 p. c.

Il en résulte que les marchés sont illu- 1645
soires ou unilatéraux, car quand l'entreprise ne s'annonce pas trop lucrative, l'entrepreneur ne se donne plus aucune peine, sachant qu'il touchera néanmoins un salaire d'environ 5 francs (maximum d'usage).

1646 Un autre ennemi de l'ordre dans nos équipes est le débauchage trop fréquent. En Allemagne, l'ouvrier ne peut quitter qu'à fin de mois, après quinze jours de préavis. La distribution du travail s'y fait une fois par mois.

1647 Je conclus donc que la voie pour améliorer nos mines se trouve toute tracée dans l'histoire de nos voisins.

1648 Le mineur allemand a eu d'abord pendant de longues années l'instruction obligatoire; puis l'instruction primaire abondante facilitant l'accès à l'instruction professionnelle, les surveillants de la mine ont eu leur diplôme technique obligatoire. Enfin, en 1905, la journée de huit heures s'est établie dans les mines par accord entre patrons et ouvriers, huit heures de travail effectif bien entendu et avec faculté pour l'ouvrier de faire des heures supplémentaires.

Nous pourrons parcourir les mêmes 1649
étapes en Belgique et les parcourir assez vite, mais non pas arriver à un aussi beau résultat que les Allemands, parce que nos vieux bassins houillers sont trop pauvres en charbon.

Mais le législateur devrait d'abord ren- 1650
dre à l'ouvrier belge la faculté de faire acte d'entrepreneur en prenant des engagements pécuniaires réciproques avec son patron.

Bogaert Hilaire,

directeur gérant du charbonnage du Bois-d'Avroy. Ce témoin a déjà déposé.

(Voir page 21.)

1651 I. Je parle au nom de la Société anonyme du charbonnage de Bois d'Avroy.

1652 Depuis ma première déposition, les travaux de deux de nos sièges ont été critiqués avec une certaine virulence par trois témoins.

1653 J'ai demandé la parole pour dire ce que je pense de ces attaques. Notre organisation a été vivement critiquée également; je tiens à vous dire ce qu'elle vaut.

1654 Enfin les témoins ont produit certains desiderata généraux; je désirerais m'expliquer sur ces points.

1655 Je n'ai pas pu assister aux dépositions de deux des témoins, mais, si j'en crois les comptes rendus des journaux, ces deux témoins sont venus affirmer qu'au Grand Bac et au Perron tout était à critiquer. Rien n'y serait en règle : ni entretien, ni voies de transport, ni aérage, ni remblayage, ni organisation. Les lois les plus simples y seraient violées constamment; les ouvriers y seraient des esclaves et les chevaux des animaux martyrs !

L'exagération de telles critiques est ma- 1656
nifeste et facilite ma tâche considérablement. Personne ne croira à la vérité d'un tel tableau. Il est inadmissible qu'une telle incurie ait pu passer inaperçue et ne fût pas soupçonnée ni du Corps des mines, ni de notre personnel technique, ni de nous-mêmes. Une telle situation est d'une impossibilité absolue dans un pays où, comme le nôtre, la surveillance de l'Administration

des mines est consciencieuse, minutieuse et constante. J'espère pouvoir remettre les choses au point. L'un des trois témoins a quitté nos travaux depuis mars 1897. Cela me permet de classer sa déposition sans m'y arrêter davantage.

1657 Un second témoin ne travaille au Perron que depuis le 16 avril 1907 ; il a donc parlé de travaux qu'il ne peut connaître et qu'il ne connaît pas effectivement. Je ne m'arrêterai pas non plus à sa déposition.

1658 Quant au troisième témoin, il travaille dans un de nos sièges depuis un an et demi environ.

1659 Avant cela, il avait travaillé douze ans environ au charbonnage d'Ougrée. Il a déclaré que le charbonnage d'Ougrée est un charbonnage modèle. J'en suis enchanté pour le directeur de ce charbonnage, mais je ne m'explique pas très bien pourquoi le témoin en question a quitté un charbonnage aussi parfait pour entrer dans un charbonnage aussi néfaste que le Grand Bac. Cela est d'autant plus étonnant que le témoin, avant de travailler à Ougrée, était occupé aux travaux du Grand Bac. Laissez-moi croire que le témoin, malgré ce qu'il dit, en est simplement revenu à d'anciennes amours. D'ailleurs, ce témoin a parlé de chantiers du Grand Bac qu'il ne connaît pas.

1660 Vous devez vous dire, M. le Président, d'après le tableau qui en a été fait par les témoins en question, que nos sièges, si mal organisés, si complètement désorganisés même, doivent faire une véritable hécatombe d'ouvriers. Avec le danger inhérent à toutes les mines belges, avec les difficultés qui sont spéciales aux mines du sud du bassin liégeois, avec le désordre qui, paraît-il, est de règle dans nos travaux et est à la base de notre organisation, nous devons occuper une place sinistre dans les statistiques des accidents. Or, au Perron, si l'on excepte deux ouvriers tués en 1905, le tableau de nos accidents mortels est absolument vierge les huit années de la période décennale considérée.

Quant au Grand Bac, il y a un ouvrier 1661
tué en 1897, deux tués en 1899. Il n'y a plus eu un seul ouvrier tué depuis huit ans. C'est avec un sentiment de joie profonde que je vous communique ces résultats favorables.

Aux exagérations des témoins, j'oppose 1662
ces faits précis, ce que les Anglais appellent des « arguments têtus ». Voilà, je l'espère, ce qui fera bonne justice des déclarations des témoins en question, et de leurs attaques injustifiées contre la surveillance de l'Administration des mines et contre notre propre surveillance. Les résultats que je vous communique disent assez ce qu'elles valent.

Les témoins en question ont fait appel 1663
à des constatations personnelles de M. l'inspecteur général des mines, ici présent, et à celle d'un délégué de la Société protectrice des animaux.

Je ne voudrais mettre personne dans la 1664
situation délicate de juge d'un différend qui pourrait s'élever avec nos ouvriers; mais je tiens à dire ici que nos mines sont toujours ouvertes à tout fonctionnaire de l'Administration des mines et particulièrement à M. l'inspecteur général, puisque l'on a bien voulu rendre hommage à sa compétence et à son impartialité.

Si la Société protectrice des animaux 1665

veut aussi nous envoyer un délégué compétent, nous le recevrons avec plaisir. Nous ne craignons pas le contrôle et acceptons volontiers les critiques; ce sont là des services que l'on nous rend.

1666 Nos mines sont-elles parfaites? Non. Je l'ai déclaré déjà dans ma première déposition. Si les témoins s'étaient tenus dans un exposé sincère de la situation existante, s'ils s'étaient bornés à la description des inconvénients accidentels et inévitables du monde de la mine, nous aurions déclaré nous-mêmes que la peinture était fidèle et qu'il n'y avait rien à dire à cet exposé. Au lieu de cela, on est tombé dans une critique exagérée, non justifiée, contre laquelle j'ai tenu à protester.

1667 Nos mines ne sont donc pas parfaites. C'est entendu. Tous les témoins l'ont déclaré, y compris les directeurs de charbonnage.

1668 Mais en quoi pourrait-on les améliorer? La question est là et c'est, en somme, le but de votre enquête. Aucun ouvrier, ni personne n'a pu le dire avec précision et certitude, et pour cause. Les progrès ne s'improvisent pas!

1669 Tant que, dans une industrie comme la nôtre, souterraine, c'est-à-dire loin d'un contrôle facile, immédiat et d'ensemble, on emploiera des hommes, des chevaux, des engins mécaniques, la perfection ne sera pas possible.

1670 Que faudrait-il pour une organisation parfaite? Un chef idéal, ne se trompant jamais, donnant des ordres irréprochables; un demi-dieu! cela suffirait-il? Il faudrait, en outre, qu'il exécutât lui-même ses ordres!

1671 Je veux bien que la grande industrie est loin de cette organisation idéale, mais la nationalisation des mines, la reprise des charbonnages par l'État nous en éloigneraient encore davantage. Ceci, en réponse de certains témoins que vous avez entendus.

On peut dire, en tout cas, dès maintenant, que dans l'état de nos mines, bien 1672
des accrocs proviennent déjà d'une intensité trop grande du transport dans les voies et d'une vitesse trop grande des cages dans les puits Nous pêchons par une intensité trop grande des trafics et nous sommes arrivés dans le voisinage de la saturation. Pour employer une expression qui a été produite à la Commission d'enquête anglaise sur le travail dans les mines, nous dirons aussi que le goulot de la bouteille donne presque son maximum.

Il ressort aussi de votre enquête que bien 1673
des inconvénients signalés résultent du peu d'assiduité des ouvriers au travail.

En un mot, le point noir de nos mines, 1674
c'est déjà le nombre réduit des heures totales et partielles de travail et des heures totales et partielles de présence, et ce n'est pas en diminuant ces facteurs qu'on améliorera la situation, loin de là.

Dans un voyage d'étude fait en groupe 1675
en Angleterre, dans les mines du sud du pays de Galles, il y a quelques années, nous avons pu constater que, pour gagner du temps, on y transportait, dans certaines mines, le personnel dans les puits, avec la même vitesse que le charbon. Ce n'est pas sans émoi que nous avons été transportés ainsi avec des vitesses voisines de 15 mètres de moyenne par seconde, pour des profondeurs de 500 mètres seulement.

Inutile de dire que ce procédé est incom- 1676

mode, malsain et dangereux. Si je rappelle ce souvenir, c'est que l'un des témoins a réclamé, il y a quelques mois, contre la soi-disant grande vitesse de translation du personnel au Grand-Bac, où cependant, l'on n'atteint pas 5 mètres de vitesse moyenne par seconde, pour 510 mètres de profondeur. Que serait-ce le jour où nous devrions rogner tous les temps improductifs ? Il faudrait descendre les gens à grande vitesse dans la mine et, pour gagner du temps, les ouvriers devraient faire un temps de galop, du puits jusqu'au chantier. Le tableau sera pittoresque et changera nos habitudes. Mais si, d'une façon générale, la précipitation est contraire au bon ordre, dans la mine elle est fatale à la sécurité ; je ne saurais trop le répéter dans une question où la sécurité doit primer toutes les autres.

1677 Les deux témoins dont j'examine les dépositions ont, comme les autres syndiqués, demandé le façonnage des bois à la surface, car tous les ouvriers syndiqués ont trouvé dans cette mesure un remède à tous les maux de la mine.

1678 Je suis opposé à une telle mesure et je tiens à dire pourquoi, espérant qu'ainsi nos ouvriers connaîtront notre avis sur la question.

1679 L'ouvrier qui place un boisage doit en avoir l'entière responsabilité et ne pas pouvoir, en cas d'accident, rejeter la faute sur qui que ce soit. Le boisage est d'ailleurs une opération délicate qui doit être faite avec soin et avec lenteur. Les bois doivent s'ajuster les uns avec les autres, et, dans les dressants à mauvais terrains, de telles opérations doivent être faites sur place même. Ce serait courir au-devant d'accidents graves que d'opérer autrement. Quel serait d'ailleurs le temps gagné ? Dans un dressant simple, à bons terrains, dix minutes environ alors que le restant des opérations relatives au boisage proprement dit du gradin prend cinquante minutes. Dans des cas de gradins très difficiles et dangereux, vingt minutes environ, alors que le restant des opérations relatives au boiseur prend une heure trois quarts, quelquefois plus. On reconnaîtra que le gain de temps serait minuscule pour une éventualité aussi grave. D'ailleurs, il n'y a aucun préjudice pour l'ouvrier, car il est payé pour le temps pendant lequel il boise. L'ouvrier liégeois a une grande spécialité : c'est un boiseur hors ligne. Qu'il garde précieusement cette qualité et qu'il ne pense pas qu'une machine puisse jamais le remplacer à cette égard. Un bon boiseur n'est pas un mécanisme, c'est un être intelligent qui sait ce qu'il fait.

Les deux témoins en question ont naturellement aussi parlé de la question des absences. 1680

Ces absences volontaires, c'est la plaie de nos mines et c'est presque un holà mis dorénavant à tout progrès sérieux. 1681

On nous a dit souvent : « Retardez l'heure de la descente le lundi, vous aurez plus de présents », les deux témoins en question sont venus le déclarer. 1682

Descendre une heure plus tard, c'est remonter une heure plus tard, c'est obliger les ouvriers réguliers à pâtir de cette situation, c'est obliger tout le personnel de la surveillance du fond, de la surveillance de la surface et le personnel de la surface à rester une heure de plus au travail le lundi. 1883

Je ne veux pas me prêter à une telle injustice ni à une telle fantaisie. 1684

1685 Une autre plaie, un autre fléau contre lesquels le témoin précédent, mon ami M. *Gevers*, vient d'attirer votre attention, c'est la facilité avec laquelle les ouvriers changent de charbonnage. Ainsi, pour l'année 1905, pour un nombre moyen de 1,141 ouvriers inscrits pour le fond, nous avons constaté 1,024 sorties de livrets et 981 entrées.

1686 Pour l'année 1906, pour un total de 1,076 inscrits, nous avons constaté 1,075 sorties de livrets et 1,010 entrées. En un mot, le personnel entier du fond se renouvelle complètement, virtuellement une fois par an.

1687 Il est inutile d'insister sur la désorganisation que de tels changements de personnel apportent dans le travail et quelles difficultés les surveillants du fond éprouvent à employer et à conduire des ouvriers qu'ils ne connaissent pas et dont ils ignorent les aptitudes.

1688 Cela m'amène tout naturellement à parler de la question des surveillants du fond. Bien des témoins se sont plaints de ces surveillants. Beaucoup d'ouvriers et même certains patrons ont demandé comme surveillants, des élèves diplômés de nos écoles de mineurs. Laissez-moi croire et dire que là ne serait pas la solution. J'ai vu nos surveillants à l'action, pendant de nombreuses années de contact, dans les travaux souterrains, et j'ai vu, d'autre part, nos élèves diplômés à l'œuvre aussi au moment de l'examen, car j'ai été souvent membre des jurys d'examen. J'ai constaté qu'il manque à nos surveillants, si décriés, bien peu de chose; ils devraient oublier qu'ils ne sont que d'anciens ouvriers; ils devraient avoir un peu moins de routine, un peu plus de raisonnement de leurs pratiques professionnelles et moins de fougue dans l'accomplissement de leur mission.

Quant aux diplômés, en général, ce sont de bons jeunes gens, intelligents et remuants, mais qui perdent vite la modestie, un grand bien cependant, et veulent de suite en remontrer aux vieux praticiens de la mine; les connaissances qu'ils ont acquises à l'école ne leur donnent cependant aucunement la pratique du métier, ni la connaissance de la législation minière. Pour donner la pratique des travaux du fond, il n'y a rien de tel que la mine et le travail du fond lui-même. Le diplôme, que si peu d'ouvriers cherchent à conquérir et qui tourne si souvent la tête à ceux qui l'ont acquis, ne donnerait pas à de jeunes gaillards de 20 ans la pratique complète de tous les travaux de la mine, l'autorité voulue sur les vieux praticiens ni une connaissance approfondie des règlements miniers et des lois sociales. Pour faire de bons porions, il n'y a aujourd'hui, dans notre bassin, qu'un moyen pratique encore : prendre des ouvriers d'âge mûr, d'une habileté reconnue, leur expliquer patiemment la raison d'être de leurs pratiques professionnelles, leur faire connaître les lois ouvrières et les règlements miniers. Le procédé est lent, mais est incomparablement supérieur à celui des jeunes diplômés, non praticiens, mais remplis d'ambition, malgré le faible bagage de leurs connaissances scientifiques. 1689

On a demandé ici des surveillants d'un ordre technique plus élevé. Il n'y a pas de technique dans nos mines, pour les surveillants du moins. Il n'y a que de la pratique et elle ne peut s'acquérir que l'outil à 1690 la main et non pas sur les bancs des écoles, fussent-elles même brillamment conduites, comme celles que l'on a visées ici.

1691 Si j'en parle si longuement, c'est pour répondre à un grief des témoins et parce que, à première vue, il peut paraître séduisant d'avoir comme surveillants des gens d'un ordre intellectuel plus élevé. Dans nos mines, il n'y a que des pratiquss de détails pour ainsi dire, et ce sont des praticiens seulement qui nous sont nécessaires comme porions et surveillants.

1692 Voulant effacer une impression mauvaise qui pourrait rester dans votre esprit, je tiens à affirmer ici la valeur générale de nos surveillants et surtout leur désir de bien faire, et je ne m'explique pas facilement ce tolle général contre d'anciens ouvriers qui se sont élevés un peu au-dessus de leur condition. Les surveillants semblent mal jugés par les ouvriers et je le regrette, car ils valent plus et mieux que la réputation qu'on a voulu leur faire ici.

1693 Si vous voulez m'accorder quelques instants encore, je voudrais redire que les intérêts des ouvriers et ceux des patrons sont communs dans la question. Ils ne sont ni hostiles, ni même opposés. Que désirons-nous pour notre part? Pouvoir donner de hauts salaires qui récompensent les bons ouvriers de leurs peines; obtenir de hauts rendements de la mine, pour lutter facilement contre l'étranger sans sacrifice décourageant; avoir la plus haute valeur des produits de la mine, pour assurer de longues périodes de prospérité et éviter les périodes de crise, s'il se peut; assurer une sécurité maximum à nos mines, car la vie de nos ouvriers nous est précieuse.

1694 Une loi qui ne laisserait plus le temps voulu pour l'exécution soignée des différentes phases du travail toucherait fatalement à l'un de ces éléments, et les ouvriers intelligents devraient se liguer avec nous pour écarter définitivement ce cauchemar, ce mauvais rêve. Je comprends très bien que chacun aspire vers le bien-être; la civilisation ne serait qu'un mot, vain et creux, si elle ne poussait irrésistiblement toutes les classes de la société vers ce bien-être tant recherché, mais ce n'est pas par la loi du moindre effort, ainsi qu'on l'a écrit et que le pensent bien des ouvriers, que l'on attiendra ce but; car la paresse et la mollesse doivent nécessairement conduire un peuple comme le nôtre à sa perte certaine.

Il est un but plus noble vers lequel nous 1695
devons tendre; nous devons être guidés par la loi de l'effort le plus fructueux. Les efforts, dans l'avenir, doivent être de plus en plus fructueux, c'est-à-dire doivent produire de plus en plus; ainsi le nécessaire sera assuré à la vie de chacun et de chaque jour; le superflu aidera à donner l'agréable et à assurer le pain et le repos pour les vieux jours.

Une fois de plus j'arrive à vanter la 1696
puissance de l'épargne et de la prévoyance, ces deux vertus bourgeoises.

Les patrons du groupe de Liége se sont 1697
presque tous présentés devant vous. Ils ont donc tenu à vous donner leur opinion complète sur tous les points de la question. Ils ont tenu à montrer qu'il n'y a pas plus de mystère dans leur pensée à cet égard qu'il n'y a de mystère dans leurs mines.

Ils espèrent que leurs ouvriers réfléchi- 1698
ront à tout ce qui s'est dit ici et que, dans l'esprit de ceux de ces ouvriers qui ont de l'intelligence et du bon sens et n'empruntent

pas sans examen les opinions des autres, s'incrustera de plus en plus la conviction qu'une loi limitant brutalement le travail d'hommes adultes et intelligents est une loi inutile, car le progrès incessant mais lent, donc durable et sûr, nous entraîne avec lui, et nuisible, car le travailleur en sera la première victime.

1690 Une chose a dû vous frapper également, Monsieur le Président, c'est la valeur intellectuelle et physique des témoins ouvriers qui se sont présentés devant vous. Vous avez vu là des gens sachant raisonner, s'expliquer, se défendre et même attaquer, et non pas des êtres hirsutes dont le cerveau et les membres ont été abîmés par le travail. Vous avez vu devant vous des hommes dignes de la liberté et qui ne méritent pas la honte d'une tutelle légale. Leur attitude ici est peut-être le plus grand argument donné contre la limitation légale et brutale des heures de travail, et tout cela est logique, car si vous êtes ici pour demander à des ouvriers de la mine ce qu'ils pensent des rouages les plus compliqués de l'organisation minière et ce qu'ils pensent du problème économique le plus grave qui se soit dressé à notre horizon industriel, ce n'est pas sans doute pour les traiter après cela comme des incapables, des déments, des enfants, à qui il faille imposer une tutelle légale.

Je vous ai tenu longtemps, Monsieur le Président, et ce à deux reprises, ce qui constitue une récidive grave, mais j'estime que je n'aurais pas perdu mon temps si j'avais fait ne fût-ce même qu'un seul adepte dans cette salle ou ailleurs, parmi nos ouvriers. 1700

Avant de finir, je tiens à relever une erreur produite par l'un des témoins qui m'ont précédé. On a déclaré que les progrès constatés dans la lutte contre l'ankylostomasie étaient dus à l'intervention officielle. Il n'en est rien ; ces progrès sont dus à l'action privée aidée par la bonne volonté des ouvriers. 1701

Je connais l'intervention de la province et je la remercie de ce qu'elle veut bien faire ; ce que je veux faire remarquer, c'est qu'il n'existe ni loi ni règlement sur la matière. 1702

DEPOSITIONS DES OUVRIERS.

Lambrichts Antoine,

docteur en médecine à Liége, médecin du « Syndicat des Mineurs liégeois », auquel il est attaché depuis sa fondation qui remonte à sept ans.

1703 Je me bornerai simplement à répondre à la question 17 du questionnaire.

1704 Je parle de science personnelle ; je suis descendu maintes fois dans la mine pour me rendre compte des conditions de travail.

Le travail du mineur est très pénible, 1705

très fatigant, très exténuant; il se fait dans des conditions anormales, anti humaines.

1706 Pour se rendre à son chantier, l'ouvrier se fatigue; il doit parcourir des voies trop basses, trop étroites, trop rocailleuses, trop humides.

1707 Pour travailler, l'ouvrier doit parfois se coucher dans des conditions contraires au libre exercice de ses articulations; cela est très pénible.

1708 L'ouvrier se surmène, se fatigue, s'épuise très rapidement.

1709 Les conditions extérieures au travail, les conditions atmosphériques surtout, sont encore très mauvaises et cela malgré les perfectionnements apportés.

1710 L'atmosphère chargée de poussières charbonneuses, est pour ainsi dire irrespirable. Malgré la ventilation, l'air est vicié par toutes espèces de miasmes.

1711 Dans de nombreux charbonnages, il fait très humide; beaucoup d'ouvriers doivent travailler plusieurs heures dans l'eau.

1712 La température est souvent excessive; j'ai déjà constaté plus de 30° C.

1713 Cependant si en certains endroits il fait trop chaud, en d'autres endroits il fait trop froid; on est même souvent obligé de régler les courants d'air au moyen de portes.

1714 Un ouvrier mouillé doit parfois se tenir dans un courant d'air froid; cela est très dangereux.

1715 L'absence de lumière solaire est aussi extrêmement nuisible. La lumière solaire est en effet nécessaire à la conservation de la santé. Or, si un ouvrier descend à 6 heures du matin et remonte à 17 heures, on peut dire que d'octobre en avril il ne verra pas de lumière solaire, car pendant cette période de l'année le soleil se lève à 6 heures du matin et se couche avant 17 heures.

Dans de telles conditions, une plante même mourrait. 1716

Le travail du mineur sera toujours malsain; car il ne sera jamais possible d'améliorer toutes les conditions du travail qui sont nuisibles à la santé de l'ouvrier. 1717

Comme médecin, j'ai surveillé de nombreux ouvriers mineurs; j'ai constaté que tous sont anémiés. 1718

Cet état d'anémie de l'ouvrier mineur, s'il se remarque rien qu'en dévisageant celui-ci, est déterminé d'une manière plus certaine par l'analyse du sang; le nombre de globules rouges est beaucoup moindre que chez l'homme normal. 1719

Toutes les fonctions du mineur se font plus difficilement. Les blessures, par exemple, guérissent plus lentement parce que le sang est moins riche. 1720

Les voies respiratoires du houilleur, principalement de l'abatteur, sont remplies de poussières de charbon. 1721

A l'autopsie, on constate l'état d'anthracose, c'est-à-dire, le dépôt de poussières dans les poumons. 1722

La présence de ces poussières amène des maladies des voies respiratoires. 1723

L'oxygénation du sang ne se fait plus convenablement et cela augmente l'état anémique de l'ouvrier. 1724

L'échange des gaz ne se fait plus par les parois pulmonaires, lesquelles sont altérées par les poussières de charbon. 1725

L'emphysème pulmonaire en est le résultat. 1726

Les mineurs deviennent asthmatiques. 1727

L'anémie et l'anthracose peuvent égale- 1728

ment déterminer des affections cardiaques.

1729 D'autres maladies, moins généralisées, existent encore chez les ouvriers mineurs, tels sont l'ankylostomasie et le nystagmus.

1730 L'ankylostomasie tend à disparaître et cette disparition, due à des interventions officielles, prouve que celles-ci peuvent produire d'heureux résultats.

1731 Si, en ce qui concerne cette maladie, on avait laissé faire les patrons et les ouvriers, on ne serait arrivé à rien.

1732 Quant au *nystagmus*, affection due à l'absence de lumière, il est plus rare.

1733 Les statistiques démographiques sont incomplètes en Belgique. Aussi quand on vient dire que dans la partie industrielle du pays la mortalité n'est pas plus élevée que dans la partie agricole, cela ne prouve rien, parce que ce renseignement est puisé dans des statistiques mal faites. Ces dernières devraient être établies par profession.

1734 La longevité de l'ouvrier mineur est moins grande que celle des ouvriers des autres professions.

1735 Tout ouvrier mineur, s'il n'est pas un jour ou l'autre victime d'un accident, finit par gagner une des affections inhérentes à son métier.

1736 La descendance du mineur se ressent de l'état de celui-ci.

1737 La dégénérescence de la race est indiscutable dans les familles où l'on est mineur de père en fils. Mais comme il y a toujours un mélange de races, ou plutôt de professions, l'effet direct de cette dégénérescence ne se constate pas.

1738 Les exemptions militaires des mineurs sont plus considérables que dans les autres professions. Il n'y a pas de statistique à ce sujet. Il serait d'ailleurs indispensable de remonter aux origines, père et mère, de chaque exempté.

Il faut remarquer que les sociétés de secours mutuels refusent d'accepter des ouvriers mineurs ; celles qui en acceptent ou bien doivent augmenter leurs cotisations, ou bien finissent par disparaître. 1739

La dégénérescence du mineur ainsi que la diminution prématurée de sa capacité de travail, ont été constatées par les patrons, attendu que ceux-ci ne veulent plus engager d'ouviers âgés de plus de 40 ans. 1740

Conclusions :

1° Il faut améliorer les conditions de travail de l'ouvrier mineur. Dans notre pays devrait exister un charbonnage où seraient essayés tous les perfectionnements actuels et possibles. 1741

Ce charbonnage, qui servirait de modèle aux autres, serait la propriété de l'Etat, serait dirigé par lui. 1742

2° Il faut diminuer la durée du séjour de l'ouvrier mineur dans la mine. Et, pour que le travail du mineur soit supportable, pour que les effets nuisibles de ce travail soient plus ou moins abolis, il faut que la durée du séjour dans la mine soit même notablement inférieure à huit heures. 1743

Si l'on établissait la journée de huit heures, l'ankylostomasie pourrait disparaître entièrement, car il serait alors possible d'habituer l'ouvrier à s'abstenir de déposer ses déjections au fond de la mine. 1744

Pour ce qui est du *nystagmus*, plus on diminuera le nombre d'heures de séjour dans la mine, plus les ravages de cette maladie seront amoindris. 1745

Julsonet Louis,

âgé de 35 ans, domicilié à Seraing, ouvrier à veine au siège du Grand Bac du charbonnage du Bois d'Avroy; travaille dans les mines depuis l'âge de 17 ans.

1746 1. Je parle au nom du syndicat les *Mineurs d'Ougrée.*

1747 2. Je demande la réduction de la journée de travail,

1748 3, 4. qui doit être comprise entre l'entrée et la sortie du charbonnage. Si on adoptait l'entrée et la sortie du puits, on s'écraserait pour entrer dans la cage. J'aime mieux travailler que d'être écrasé.

1749 4. Je demande que la réforme se fasse en une ou plusieurs étapes, mais en tous cas dans le plus bref délai possible.

1750 5, 6. Je travaille actuellement de 6 heures à 15 heures,

1751 8, 9. avec une demi-heure de repos. Mon travail effectif est donc de six heures et demie à sept heures.

1752 7. Le trajet est facile dans la maîtresse bacnure. Au delà, les voies sont étroites. Sur le niveau, il faut baisser la tête et le sol est mal nivelé. Nombre d'étançonnages sont cassés.

1753 Au delà du second évitement (large), il y a des pressions de terrains telles qu'un cheval s'est fait éborgner. Vient ensuite un plan incliné.

1754 Dans la fausse voie, il n'y a que 95 centimètres de hauteur ; le soutènement laisse à désirer sur les voies qu'on appelle la cinquième et la troisième. Il y a beaucoup d'eau sur le sol. Le transport dans les fausses voies se fait par berlaines.

10. Quelques ouvriers font des heures 1755
supplémentaires. Les timides n'osent pas refuser. Pour ma part, je n'en fais jamais.

11. Je ne chôme pas le lundi ; mais 1756
nombre de mes camarades le font.

Les lundis, on extrait proportionnelle- 1757
ment plus de charbon, parce qu'on n'active que les bonnes tailles. La désorganisation n'est pas énorme.

12. Je demande la journée de huit heu- 1758
res obligatoire pour tout le monde,

14. avec l'école obligatoire pour les 1759
jeunes ouvriers.

15. Actuellement, il y a de nombreuses 1760
causes de retard. Les chantiers ne sont jamais prêts. Ainsi aujourd'hui même nous n'avons pu commencer l'abatage qu'à 8 heures, plus souvent encore nous ne commençons qu'à 8 heures 1/2-9 heures.

Le boisage n'est pas fait jusqu'au vif 1761
thier. Les bosseyements sont en retard. Faute de surveillance, il se produit beaucoup d'éboulements. La surveillance d'ailleurs veut surtout du charbon. Un ouvrier pressé d'en fournir a provoqué samedi un éboulement, parce qu'il s'était avancé trop loin sans boiser.

Dans *Grande Veine*, on fait boiser sur 1762
le faux mur avec trois bois par bèle de 3 mètres.

Les ouvriers trop serrés se gênent mu- 1763
tuellement.

1764 Aujourd'hui, quand je suis remonté, il y avait encore un arrêt dans le transport, par suite du manque de wagonnets.

1765 Les transports sont d'ailleurs difficiles. On devrait amener les bois par le haut du chantier.

1766 Les bois ne manquent pas. Quand il n'y a pas de bois de six pieds, on découpe ceux de dix pieds.

1767 Les lampes Marsaut chauffent fortement. Ce sont de vrais tisons. Les lampes à rallumeur seraient préférables. Il n'y a toutefois pas de retard de ce chef. Les hiercheurs ont des lampes de rechange.

1768 **17**. Il y a des tailles où il fait chaud. Le vent ne peut arriver au vif thier. Il manque des remblais. On remonte à la surface les bosseyements de pied. On fait de temps en temps une haie et on jette des pierres et du charbon par derrière.

1769 Dans la seconde des six tailles, il y avait du grisou ; il était balayé par le courant d'air, mais il y avait du grisou. La taille avançait dans une couche en grandeur. Il y a de l'eau sur les voies, mais non dans les tailles.

1770 **18**. On ne pourrait faire en moins de temps la tâche actuelle.

1771 **19**. Il faudrait plus de bouteurs.

1772 On ne pourrait gagner de temps que dans le boutage et dans le transport.

1773 **20**. A mon avis, on ne peut pas faire deux postes d'abatage.

1774 **21**. C'est la loi qui devrait limiter la journée de travail.

1775 Je ne puis pas me fier au patron et j'ai pour cela de bonnes raisons.

1776 Au charbonnage du Horloz, on a augmenté la journée d'une heure en promettant la haute paie du quart. Puis on a reporté l'heure de la remonte de 14 à 15 h. tout en supprimant le quart.

A la houillère Colard, on a mis à l'amende des ouvriers qui étaient remontés à 16 heures au lieu de remonter à 17 heures, alors que l'heure de la remonte était fixée à 16 heures. 1777

Aux charbonnages de Marihaye, le règlement d'ordre intérieur fixait qu'il fallait vider les tailles ; nous ne l'avions pas fait ; nous avons été mis à l'amende malgré la promesse du directeur. 1778

Je ne puis donc me fier aux patrons. 1779

22. Si l'on réduit la journée, on ne peut pas, pour cette raison, réduire le salaire. Les bénéfices sont énormes. 1780

On a fait 245,091,863 francs de bénéfices en plus de 1895 à 1902 que de 1880 à 1887. 1781

On paie d'ailleurs un supplément pour les heures supplémentaires. 1782

26. On pourrait appliquer la même mesure à tous les charbonnages. 1783

27. Je travaille à marché. Quand on n'arrive pas à se gagner un salaire convenable, la Direction vous donne la journée « à maître ». Le système à la tâche me paraît moins recommandable. 1784

27. Il n'y a pas de primes. On applique parfois des amendes, par exemple, pour s'être servi d'une haveresse au lieu d'une rivelaine. Je sais cependant quel outil je dois employer suivant l'allure de la veine. Le patron, qui ne fait que passer, ne saurait me le dire. 1785

28. Il n'y a pas de sous-entreprises. 1786

1787 M. *Bogaert* a dit que dans une enquête en Angleterre, il avait vu descendre les gens comme du charbon. J'ai vu au charbonnage faire un trait pour 510 mètres en septante secondes.

1788 Le camarade *Fesch* n'a pas critiqué les surveillants, comme l'a dit M. *Bogaert*.

1789 Je demande l'établissement d'un lavoir avec douches. Actuellement hommes et gamins se lavent ensemble. Cela me paraît inadmissible. Je dois donc aller me laver dans une maison voisine. Cela me coûte 1 fr. 50 par quinzaine.

Quant aux pensions, je demande qu'on 1790
nous les donne à partir de 35 ou 40 ans, puisque les patrons nous jugent incapables de travailler à partir de cet âge-là.

Francotte Jean,

Ce témoin a déjà été entendu. (Voir page 94.)

1791 Je désire répondre quelques mots à M. Gevers.

1792 M. *Gevers* a dit que j'avais affirmé que M. *Habets* avait inauguré une nouvelle organisation du travail pour les traîneurs. Il est exact qu'au siège de l'Espérance il y ait eu une amélioration des transports depuis le placement de la nouvelle machine d'extraction. Mais au siège de l'Espérance, dans le chantier de *Charnapré*, on a dit aux ouvriers de laisser deux berlaines de charbon dans chaque taille, et on a constaté que les traîneurs pouvaient alors remonter à 14 heures.

1793 J'ai proposé la création de deux équipes de huit heures, et non pas de trois équipes, comme l'essai en a été fait au charbonnage du Hazard.

M. *Gevers* a dit que l'on pourrait gagner 1794
du temps en distribuant le travail avant 5 heures 20. Actuellement c'est à partir de 5 heures 10 jusque 6 heures que l'on répartit la besogne.

M. *Gevers* a proposé le système des con- 1795
trats de longue durée, mais il reconnaît ne pouvoir conclure semblables contrats avec les ouvriers, parce que ceux-ci manquent de connaissances suffisantes. Je suggère à M. *Gevers* de s'adresser au syndicat, qui lui fournirait des ouvriers aptes à discuter les contrats de façon générale.

En terminant, je réclamerai enfin l'in- 1796
stitution d'un conseil d'arbitrage et de conciliation.

COMMISSION D'ENQUÊTE

SUR LA

Durée du travail dans les mines de houille

ENQUÊTE ORALE

DÉPOSITIONS DES TÉMOINS

SECTION DE LIÉGE

GROUPE DE SERAING

BRUXELLES
GOEMAERE, IMPRIMEUR DU ROI, ÉDITEUR
21, *rue de la Limite.*

1907

GROUPE DE SERAING

Les charbonnages suivants faisaient partie du groupe de Seraing :

Arbre Saint-Michel ;
Bonnier ;
Cockerill ;
Concorde ;
Corbeau au Berleur ;
Gosson Lagasse ;
Horloz ;
Kessales ;
Marihaye ;
Nord de Flémalle ;
Nouvelle Montagne ;
Ougrée ;
Six Bonniers.

Quelques charbonnages du bassin de Namur, occupant au total environ 400 ouvriers, furent rattachés au groupe de Seraing.

Aucun témoin n'a parlé de ces charbonnages qui sont :

Basse Marlagne ;
Est d'Andenne ;
Gives ;
Groynne ;
Halbosart ;
Hautebise ;
Le Château ;
Malonne ;
Stud Rouvroy.

La commission a siégé quatre jours à Seraing.

SERAING

PREMIÈRE SÉANCE

22 juillet 1907

Sont présents :
M. le Sénateur MAGIS, président,

MM. DALLEMAGNE,	MM. VAN MARCK,
KAES,	DEJACE, secrétaire,
LEDUC,	DELMER, secrétaire adjoint

Ont été invités à siéger au bureau :
MM. l'inspecteur général des mines LIBERT, l'ingénieur en chef, directeur des mines, LECHAT.
Ont recueilli les dépositions des témoins :
MM. les ingénieurs principaux des mines DELBROUCK et FIRKET.

DÉPOSITIONS DES OUVRIERS

Rousel Jean,

âgé de 20 ans, domicilié à Grâce-Berleur, traineur aux bacs, depuis trois mois, au charbonnage du Bonnier à Grâce-Berleur; Rousel a travaivaillé précédemment aux charbonnages de l'Espérance et Bonne-Fortune et de Patience-Beaujonc.

1797 1. Je parle au nom du syndicat des ouvriers du Bonnier.

1798 2. Nous avons décidé, en assemblée générale, de demander une réduction de la journée de travail.

1799 3. J'entends par journée de travail le temps compris entre l'entrée au charbonnage et la sortie.

5, 6. La descente dans la mine commence à 5 heures 1/2 ; les ouvriers à veine remontent à 14 heures 3/4 et les traîneurs à 16 heures. 1800

7. Il faut dix à vingt minutes pour aller du puits au chantier. Le trajet est souvent fatigant; les galeries sont étroites et peu élevées ; il y a de l'eau dans les voies et des trous creusés par les pas des chevaux; 1801

les ouvriers à veine sont chargés d'outils. On pourrait remédier à cette situation par un meilleur entretien des galeries et le creusement de rigoles pour l'écoulement des eaux. Il y a des passages peu élevés qu'il faudrait maintenir à une hauteur de 1 mètre à 1m.20.

1802 8. Nous avons deux repos de trente et de vingt minutes, consacrés aux repas; l'ouvrier à veine n'en prend qu'un.

1803 9. Je me mets à la besogne à 7 heures et je cesse à 15 heures 1/2; mon travail effectif, repos déduits, est donc de sept heures quarante minutes.

1804 10. Il est rare, si ce n'est en cas d'accident, que la journée de travail soit prolongée; l'ouvrier le fait alors volontairement.

1805 Le patron et le maître ouvrier menacent les ouvriers abatteurs, qui ne veulent pas faire de quarts supplémentaires, de les changer de taille. Les ouvriers n'aiment pas de faire des quarts, mais cèdent par peur, craignant d'être placés dans des tailles moins rémunératrices. La prolongation de la journée de travail des ouvriers à veine n'entraîne pas celle des hiercheurs et des traîneurs-bacs; ils remontent quand même à 16 heures.

1806 Vous me demandez ce que je fais de 5 heures 1/2 à 7 heures. Comme je vous l'ai dit, la descente commence à 5 heures 1/2. Je suis au bas du puits vers 6 heures ou 6 heures 1/4 et je suis à la besogne une dizaine de minutes après.

1807 11. Les chômeurs sont nombreux le lundi, mais j'ignore dans quelle proportion. Au charbonnage de Bonne Fortune, où je travaillais la nuit, on chômait moins le lundi.

Le chômage du lundi désorganise le travail; une partie du personnel doit changer de poste, ce qui prédispose les ouvriers à ne pas travailler, d'autant plus que ces changements de poste compromettent la sécurité. Parmi les ouvriers qui chôment le lundi, il y en a beaucoup qui sont épuisés du travail de la semaine. 1808

12-13. A mon avis, si le service des transports était bien organisé, la même durée de travail pourrait être appliquée à tout le personnel de la mine et je ne vois pas d'exception à prévoir pour ce personnel. 1809

15. Les retards apportés à l'exécution du travail de l'ouvrier, pour des causes indépendantes de sa volonté, sont fréquents. C'est souvent le service des lampes et l'arrivée des berlaines vides qui laissent à désirer. Cela occasionne des pertes de temps. Parfois on attend les berlaines vides au puits; les voies ferrées ne sont pas toujours en bon état. 1810

L'ouvrier à veine attend souvent des bois au commencement de la journée; il y a bien des magasins de bois dans la mine, mais ils sont souvent trop éloignés de l'ouvrier. 1811

Je me plains de l'insuffisance des lampes de rechange pour les ouvriers à veine; personnellement, j'ai deux lampes à ma disposition. 1812

16. Les arrêts provoqués par le retard dans le service des bois sont presque journaliers dans la taille où je travaille. 1813

17. La mine du Bonnier n'est pas suffi- 1814

samment ventilée; elle n'est pas grisouteuse, mais il y fait trop chaud et elle est humide; il y a des voies où il y a de l'eau sur 150 à 200 mètres de longueur.

1815 19. Si la journées de travail était réduite on pourrait, pour obvier à une réduction de la production, supprimer le deuxième repos des hiercheurs, qui se prend vers 14 heures.

1816 En général, l'ouvrier à veine au Bonnier fait cinq quarts, ce qui fait que le hiercheur ne peut remonter avant 16 heures.

1817 21. Je suis partisan de l'intervention légale pour fixer la limitation de la durée de travail; de cette manière, s'il y a du charbon non enlevé à la fin de la journée, on ne pourra pas nous obliger à rester dans la mine jusqu'à ce que son enlèvement soit achevé.

22. Avec une meilleure organisation du 1818
travail, je ne pense pas qu'au charbonnage du Bonnier la production et les salaires se ressentiront d'une diminution de la journée de travail.

23. Il y a deux ans, la journée de tra- 1819
vail a été prolongée d'une heure pour les ouvriers à veine; depuis cette date, ils arrivent une demi-heure plus tôt à la mine et en sortent une demi-heure plus tard.

27. Je travaille à la journée avec une 1820
tâche imposée. On inflige rarement des amendes pour travail incomplet.

Il n'y a pas de primes à l'assiduité. 1821

Massart Jean-Baptiste,

âgé de 43 ans, domicilié à Grâce-Berleur, boiseur et bosseyeur au charbonnage du Bonnier, depuis deux ans, exerce la profession de mineur depuis 1876.

1822 1. Je parle au nom du syndicat des ouvriers mineurs de Grâce-Berleur.

1823 2, 4. Je demande que la journée de travail soit réduite, j'entends par là la durée de présence à la mine.

1824 5, 6. Je descends dans la mine à 5 h. 1/2 et j'en sors à 14 heures 3/4.

1825 7. Il me faut vingt minutes pour aller du puits à mon poste dans le chantier de Béguine, à 194 mètres au fond du sousbure. Le trajet est fatigant, surtout au fond du sous-bure, où il y a de l'eau sur la voie. Je travaille principalement dans les galeries de retour d'air, ce qui explique la longueur du trajet. Je suis généralement sur poste, ce poste n'est pas fixe, vers 6 1/2 ou 6 heures 3/4. Je travaille jusque 14 heures 1/4.

8, 9. J'ai un repos d'une demi-heure. 1826
Mon travail effectif est d'environ sept heures et quart.

10. Je ne travaille pas au delà de la 1827
journée normale. Auparavant je faisais des quarts supplémentaires. On ne m'y obligeait pas, mais je le faisais quand il y avait nécessité de remplacer des bois. Quand je faisais un quart, je sortais de la mine à 16 heures et je touchais un supplément égal au quart du salaire normal.

1828 **11.** Ce sont principalement les ouvriers à veine et les traîneurs qui chôment le lundi. Personnellement, je chôme parfois, mais pas toujours le lundi. Le chômage du lundi trouble l'organisation du travail. On doit changer les anciens de poste et les jeunes haveurs doivent faire le traînage. Il m'arrive de travailler à la veine le lundi. La désorganisation apportée dans le travail par les chômages est dangereuse, mais les accidents ne sont pas fréquents. Les ouvriers qui s'absentent ne préviennent pas.

1829 **12, 13.** Il faudrait réduire pour tout le personnel la durée de la journée de travail; les conditions d'hygiène sont les mêmes pour tous les ouvriers. A la surface, il n'y a guère de perte de temps avant la descente. Il n'est pas nécessaire de prévoir des exceptions à la limitation uniforme de la journée de travail.

1830 **15.** Nous éprouvons parfois des retards dans notre travail par suite du service des bois, qui n'est pas bien organisé, les bois n'arrivant que le matin aux chantiers. On fait descendre la nuit les longs bois dans la mine; on devrait les transporter sur poste pendant la nuit. J'ai déjà présenté des observations à ce sujet aux surveillants.

1831 Ce que je viens de dire au sujet du service des bois s'applique à tous les charbonnages où j'ai travaillé.

1832 Je n'ai qu'une lampe, mais je travaille avec un manœuvre qui en a deux.

1833 **17.** La mine est fort humide. La température y est assez élevée et la ventilation insuffisante.

18. Je pourrais certainement faire la même besogne en moins de temps si j'avais les marchandises à pied d'œuvre. 1834

19. On ne peut diminuer la durée des repos, mais on pourrait réduire les pertes de temps. 1835

On pourrait organiser un poste spécial l'après-midi pour les travaux de réparation. 1836

21. Je suis partisan de la promulgation d'une loi pour fixer la durée du travail dans la mine, car sans une loi il arriverait que les ouvriers ne seraient admis dans les charbonnages que s'ils s'engageaient à faire des quarts de journée supplémentaires. 1837

22. Le salaire ne diminuerait pas, puisqu'une meilleure oganisation permettrait de produire autant. 1838

23. La même durée de travail peut, à mon avis, être appliquée à toutes les mines, quelles que soient les conditions économiques de leur gisement. 1839

27. Je suis payé à la journée. Les amendes sont très rares. On n'accorde pas de primes. 1840

Je reconnais que la direction actuelle du charbonnage du Bonnier a cherché à améliorer les conditions d'exploitation et l'état des galeries. 1841

Lakaye Edmond,

âgé de 28 ans, domicilié à Grâce-Berleur, ouvrier à veine, depuis un ans, au charbonnage du Bonnier, travaille dans les mines du groupe de Seraing depuis l'âge de 14 ans.

1842 1. Je suis délégué par le syndicat de Grâce Berleur.

1843 2. La journée de travail est trop longue; je demande qu'elle soit diminuée.

1844 3. J'entends par journée le nombre d'heures de présence au charbonnage.

1845 4. Il y a lieu de limiter la journée ainsi définie.

1846 5. Les ouvriers doivent se trouver à la houillère avant 5 heures 1/2, heure à laquelle la descente commence.

1847 6. Ils remontent à 14 heures 3/4.

1848 7. Pour atteindre mon chantier, j'ai à parcourir un trajet assez difficile, d'une durée de vingt-cinq minutes.

1849 Je suis une voie de roulage de 500 mètres de longueur, où circulent des chevaux; la hauteur de cette voie est suffisante, mais il existe des trous remplis d'eau entre les rails et il n'y a pas de rigole.

1850 Je descends ensuite un bouxhtay et je dois encore parcourir une bacnure de 150 mètres de longueur, dont le sol est couvert d'eau.

1851 Etant jeune ouvrier, je dois fréquemment remplacer les traîneurs et conduire les berlaines dans des voies très basses, très étroites, où il coule de l'eau.

1852 8. Nous nous reposons une demi-heure.

9. La durée du travail effectif est de sept heures cinquante minutes. 1853

10. On fait souvent des quarts supplémentaires, mais on ne les fait pas volontiers. Ceux qui agissent ainsi se fatiguent outre mesure et ne pensent pas à l'avenir. 1854

Un referendum a d'ailleurs donné 595 voix pour la suppression des heures supplémentaires et 10 voix contre cette suppression. 1855

Actuellement, 80 p. c. des ouvriers font des quarts ; ceux qui s'y refusent sont menacés par les surveillants d'être changés de taille. 1856

Je ne sais si ces menaces sont faites par ordre de la direction ou si elles sont dues à l'initiative des surveillants Elles n'ont jamais été suivies d'effet; mais les ouvriers pensent que, s'ils refusaient de faire des quarts, d'autres accepteraient et prendraient leur place dans leur chantier. 1857

11. Je ne travaille le lundi que de temps en temps. Il manque, ce jour-là, 35 à 40 p. c. du personnel, et cela désorganise le travail. 1858

On se repose, le lundi, des fatigues excessives de la semaine; les chômeurs seraient moins nombreux si le commencement de la journée était retardé jusqu'à 7 heures. Au surplus, si je travaillais le lundi, je devrais traîner, par suite de mon âge, et je préfère ne pas le faire. Enfin, le 1859 le changement de personnel peut occasionner des accidents.

1860 15. Le poste de nuit étant insuffisant, les ouvriers à veine doivent parfois travailler une heure, et même une heure et demie, pour achever la préparation du chantier avant de commencer l'abatage.

1861 Pendant leur travail, ils sont retardés par le manque de bois ou par leur arrivée tardive. Ces bois sont descendus dans la mine le matin, après les ouvriers.

1862 Les lampes s'éteignent souvent; les manœuvres et les traîneurs ont des lampes supplémentaires. Les ouvriers à veine n'en ont pas; le premier qui se trouve sans lumière prend la seconde lampe du manœuvre.

1863 17. Il fait assez chaud dans la mine; cependant la température est supportable. Je travaille dans la couche Veinette; l'air y est un peu vicié par les émanations des eaux qui s'écoulent des vieux travaux, par l'odeur des chevaux et par la présence des ouvriers. La mine est assez humide.

1864 18. Je pourrais faire la même besogne en moins de temps, si l'organisation des transports et le service des bois étaient améliorés, si les voies étaient mieux entretenues et si la circulation y était plus facile.

19. Dans ces conditions, je pense que l'on pourrait gagner une grosse demi-heure. 1865

20. L'organisation de deux postes d'abatage le même jour est impossible, spécialement dans la taille où je travaille, parce qu'il existe un hayement à enlever, après l'arrachage de la veine. 1866

21. La limitation doit être imposée par une loi interdisant à tout le monde de faire des quarts supplémentaires. J'admettrais cependant qu'un supplément de production, dont l'importance serait fixée par la loi, soit toléré dans certaines circonstances, par exemple en cas de manque de charbon, sous la condition que les ouvriers reçoivent pour ce travail extraordinaire un salaire augmenté de 50 p. c. 1867

22. La production restera sensiblement la même; le salaire ne sera donc pas diminué. 1868

23. La journée des ouvriers à veine a été augmentée d'une heure. 1869

27. Je suis payé au mètre carré; la tâche n'est pas fixée et il n'existe ni amende ni prime. 1870

A ce sujet, je suis très satisfait des usages établis par la direction actuelle et j'ajouterai que cette direction a décidé le placement d'un nouveau ventilateur. 1871

Moray François,

âgé de 27 ans, domicilié à Grâce-Berleur, ouvrier à la pierre, au charbonnage du Corbeau; Moray descend dans les mines depuis l'âge de 12 ans et a été successivement ouvier à la veine et hayeur dans des charbonnages du Bassin de Seraing.

1872 1. Je réponds au nom du syndicat de Grâce Berleur.

2. Je demande la réduction de la journée de travail. 1873

1874 3. J'entends par journée le nombre d'heures de présence au charbonnage. Ce nombre est actuellement d'environ douze heures.

1875 4. Il conviendrait de limiter la journée ainsi entendue,

1876 5, 6. Je descends dans la mine à 17 heures 1/2 et remonte à 5 heures du matin.

1877 7. Le chantier est à une demi-heure du puits; je dois parcourir un chemin difficile et fatigant, comprenant un plan incliné et une cheminée très basse, où il tombe de l'eau.

1878 8. On nous accorde deux repos, d'une demi-heure à trois quarts d'heure chacun.

1879 9. Je travaille effectivement pendant huit heures.

1880 10. Actuellement, je fais tous les jours un quart supplémentaire, c'est-à-dire que je remonte à 6 heures au lieu de 5 heures; je touche pour cela un quart de journée. Je n'ose refuser, parce que je crains d'être changé de taille.

1881 11. Précédemment, je ne chômais pas le lundi. Mais je compte bien le faire à l'avenir. Récemment, j'ai été chargé un lundi d'une besogne à laquelle je ne suis pas habitué et je me suis blessé au doigt.

1882 Beaucoup d'ouvriers s'absentent le lundi parce qu'ils craignent d'être changés de de poste, ce qui les expose à des accidents. Il y a autant de chômeurs du poste de nuit que du poste de jour.

1883 Si tout le monde travaillait le lundi, on pourrait supprimer les quarts supplémentaires. Au surplus, s'ils ne faisaient plus de quarts, tous les ouvriers travailleraient le lundi.

12. Si l'organisation était meilleure, on 1884
pourrait réduire la journée de tous les ouvriers du fond.

13. Il n'est pas nécessaire de prévoir 1885
des exceptions. Quant aux accrocheurs et surveillants, je ne puis répondre.

15. Tous les jours, nous perdons du 1886
temps parce que les bois manquent ou se font attendre. Les ouvriers du poste de jour laissent souvent du charbon dans les tailles, surtout en face des voies à bosseyer.

Le service des lampes est fait la nuit, 1887
par les serveurs de bois; les manœuvres emportent deux lampes. Les ouvriers éteignent souvent leurs lampes dans le grisou et doivent attendre longtemps dans l'obscurité.

17. Il fait très chaud, surtout dans les 1888
tailles; certains chantiers sont mal aérés, spécialement celui de Macy Veine, où je travaille. On y rencontre du grisou dans les tailles lorsqu'elles sont mal remblayées. Ces tailles sont sèches et poussiéreuses. Il existe de l'eau dans les galeries, au voisinage du puits.

18. On pourrait certainement faire le 1889
même travail en moins de temps.

19. Il suffirait d'avoir toujours du ma- 1890
tériel, par exemple, des bois ou des mannes, et de supprimer un des repos.

20. L'organisation de deux postes d'aba- 1891
tage n'est pas possible; le toit est trop mauvais et il y aurait trop de vide dans les tailles.

21. Je demande la limitation par la loi 1892

de la durée du travail de tous les ouvriers du fond. Il ne faut pas que les patrons puissent augmenter cette durée à leur guise. Personnellement je ne désire pas faire des quarts supplémentaires, « ce sont des clous de cercueil » et je ne veux empêcher les autres d'en faire.

1893 22. Je ne crains pas un abaissement du salaire, puisque la production ne sera pas diminuée.

23 La durée de la journée n'a subi aucun changement depuis huit ans. 1894

27. Je travaille à la journée ; je suis parfois payé à la tâche. Lorsque celle-ci n'est pas achevée, on ne nous inflige pas d'amende, mais on prolonge la journée et on fait le quart. 1895

Si tous les ouvriers refusaient de faire des heures supplémentaires, la taille ne serait pas en ordre au début du poste d'abatage. 1896

Aubeye Philippe,

âgé de 25 ans, domicilié à Grâce-Berleur, ouvrier à veine, au siège n° 1, du charbonnage du Gosson-Lagasse.

1897 1. Je parle au nom du syndicat des ouvriers de mineurs Grâce Berleur.

1898 2, 4. Je suis partisan de la réduction de la journée de travail. J'entends par là la durée de la présence au charbonnage.

1899 5, 6. La descente dans la mine commence à 5 heures 1/2 et la remonte à 14 heures.

1900 7. Il faut de quinze à vingt minutes pour aller du puits au chantier ; le trajet est pénible. Je travaille dans le chantier de Dure Veine à l'étage de 390 mètres ; il y a trois ou quatre plans inclinés à monter, des voies sont fort basses.

1901 8. Nous avons une demi-heure de repos.

1902 9. Nous travaillons de 7 heures à 13 heures et demie. Repos déduit, notre travail effectif est de six heures.

1903 10. Il y a des ouvriers qui font des quarts de journée supplémentaires. En fait qui veut, il n'y a aucune contrainte.

11. Il y a beaucoup de chômeurs le lundi, parce que le travail de la semaine est trop pénible et aussi parce que l'on n'aime pas à faire la besogne des absents à laquelle on n'est pas habitué. La proportion des chômeurs du lundi est d'environ 25 à 30 p. c. 1904

12, 13. La même durée de travail devrait être imposée à tout le personnel, sans exception ni pour les surveillants ni pour les accrocheurs ; ceux-ci sont d'ailleurs à deux. 1905

15. Les voies sont mauvaises, étroites, de trop faible hauteur ; les rails sont défectueux. Je fais de temps à autre la besogne de hiercheur, parce que je suis un jeune ouvrier à veine. Les bois n'arrivent pas à temps dans les tailles, bien qu'il soit facile de les amener en temps utile. Nous avons 1906

des lampes à benzine; ce service ne laisse pas à désirer.

1907 17. Il fait très chaud dans la mine; nous devons défaire notre sarrau pour travailler et nous sommes tout en nage. La mine n'est pas grisouteuse, mais l'air est chaud et lourd; les chantiers ne sont pas humides.

1908 18. On pourrait fournir la même production qu'aujourd'hui, en moins de temps, si le service des bois ne laissait pas à désirer.

1909 19. On ne peut réduire les repos, mais on travaillerait plus facilement si l'air était plus frais.

1910 20. Il ne serait pas possible d'organiser par jour deux postes d'abatage dans mon chantier, parce qu'il y a un hayement qui doit se faire la nuit.

21. C'est une loi qui devrait fixer la 1911
durée maxima de la journée de travail; j'ai plus de confiance dans une loi que dans les patrons. Je serais cependant d'avis que les ouvriers devraient pouvoir faire, d'accord avec les patrons, des quarts supplémentaires, pour un salaire de 50 p. c. plus élevé que le salaire normal.

22. Si le travail était réduit d'une demi- 1912
heure, la production n'en souffrirait pas avec une meilleure organisation du travail.

23. A ma connaissance, la journée du 1913
travail n'a pas été réduite au cours des années écoulées; je suis occupé au Gosson depuis deux ans.

27, 28. Nous sommes payés à la ber- 1914
laine produite sans qu'il y ait de minimum imposé. Les amendes sont rares. On n'accorde pas de primes.

Peterman Gustave,

âgé de 31 ans, domicilié à Montégnée, occupé depuis quatre ans, en qualité de réparateur de puits, au siège n° 2 du charbonnage de Gosson-Lagasse, travaille dans les mines depuis l'âge de 14 ans.

1915 1. Je parle en mon nom personnel.

1916 2. Je demande la diminution de la journée de travail, sous la condition que le salaire reste le même.

1917 3. J'entends par journée, le temps de présence au charbonnage.

1918 4. C'est ce temps qu'il conviendrait de diminuer, mais je ne sais si cela pourrait se faire en une fois.

1919 5. J'arrive à la houillère à 17 heures 1/2 et je descends dans la mine à 18 heures.

6. Je remonte vers 4 heures du matin, 1920
mais je dois attendre l'arrivée des ouvriers de jour avant de quitter le charbonnage.

7. Je travaille soit dans le puits lui- 1921
même, soit dans des bouxhtayx, qui sont à un quart d'heure du puits.

8. Mes repos ne sont pas limités; leur 1922
durée varie d'un quart d'heure à une heure; je les prends à la surface.

1923 10. Je ne fais jamais d'heures supplémentaires. Mon genre de travail ne le permet d'ailleurs pas.

1924 17. Pendant ce travail, je me trouve en général dans les puits servant à l'entrée ou à la sortie de l'air.

Il n'y fait pas malsain. 1925

21. Je préfère la liberté du travail à une 1926
loi limitant la durée de la journée. Celui qui a besoin de gagner sa vie doit pouvoir travailler autant qu'il le désire.

27. Je suis payé à la journée. 1927

Marquet Victor,

âgé de 58 ans, domicilié à Ougrée, ouvrier boisseur depuis vingt et un ans au siège de Tilleur, du charbonnage du Horloz, à Tilleur, exerce le métier de depuis l'âge de 20 ans

1928 1. Je parle en mon nom personnel.

1929 2. Je suis partisan de la journée de huit heures; je ne réclame pas la réduction de ma journée actuelle.

1930 3. Par journée, j'entends la durée du travail effectif.

1931 5, 6. La descente a lieu entre 6 heures et 6 h. 30 et je remonte à 14 h. 1/2 ; d'autres restent dans la mine jusqu'à 15 h.

1932 7. J'ai actuellement à parcourir une voie qui n'est pas mauvaise; le trajet nécessite un quart d'heure.

1933 8. Vers 10 heures, je prends un repos d'une demi-heure.

1934 10. Je travaille parfois jusqu'à 16 heures, après un second repos de vingt minutes pris à 14 h. 1/2. Je touche dans ce cas un quart de journée; on ne m'oblige jamais à le faire.

1934 11. Les absents sont très nombreux le lundi, ce qui oblige à confier certaines besognes à des ouvriers qui n'y sont pas

habitués. Cela présente quelque danger ; 1935
toutefois, cela n'a pas encore produit d'accidents, à ma connaissance. Personnellement, je ne chôme pas le lundi.

15. Les bois sont descendus et transportés la nuit; ce service est bien organisé. Il en est de même de celui des lampes ; celles-ci manquent parfois de capsule ; mais c'est plutôt rare. 1936

17. La mine est sèche. La température est parfois un peu élevée. 1937

Je travaille dans une voie d'aérage à 150 mètres ; l'air est quelque peu vicié ; mais la ventilation est suffisante. 1938

18. Je ne pourrais accomplir ma tâche actuelle dans un temps plus court. 1939

21. Je ne suis pas partisan de la limitation par la loi de la durée de la journée; chacun doit conserver la liberté de travailler à sa guise. 1940

22. Je ne crois pas qu'il convienne d'organiser un poste spécial pour les réparations. 1941

1942 23. La journée a été allongée d'une heure en 1893-94; précédemment, tous les ouvriers faisaient cinq quarts. L'heure de la remonte n'a donc pas été modifiée.

27. Je suis payé à la journée. On inflige parfois des amendes, spécialement pour des fautes compromettant la sécurité. 1943

Boeyckens Isidore,

âgé de 34 ans, domicilié à Ougrée, ouvrier à veine et boiseur depuis cinq ans, au charbonnage des Six Bonniers, exerce la profession de mineur depuis l'âge de 12 ans.

1944 1-4. Je parle au nom du syndicat des mineurs d'Ougrée. Je demande la réduction de la journée de travail parce qu'elle est trop longue, j'entends par là le temps de présence au charbonnage.

1945 5-8. La descente commence à 6 heures; les ouvriers à veine des dressants, du moins ceux qui ont fini leur tâche, remontent à 12 heures 1/2; ces ouvriers ne prennent pas de repos. Les autres ouvriers à veine remontent de 13 heures 1/2 à 15 heures. Les manœuvres ne remontent qu'à 17 heures, sauf ceux qui ont fini plus tôt. Les accrocheurs sortent de la mine à 17 heures.

1946 Il me faut dix minutes pour me rendre du puits à mon chantier; mais, pour d'autres chantiers plus éloignés, il faut jusqu'à vingt-cinq minutes. Certains trajets sont pénibles parce qu'il y a des plans inclinés à monter et des voies étroites à parcourir. On pourrait agrandir certaines galeries.

1947 Il arrive que des bèles de voies se brisent et gênent le passage; au lieu de soutenir ces bois rompus, il faudrait plutôt les remplacer.

1948 Les manœuvres ont deux repos, dont la durée totale est d'une heure. Les ouvriers à veine des plateures prennent un repos d'une demi-heure.

10. On fait parfois une ou deux heures de travail supplémentaire en cas de nécessité; ces travaux supplémentaires sont payés à l'heure. Les ouvriers les font volontairement. 1949

12, 13. Pour les ouvriers à veine, une journée de travail de sept heures serait suffisante; mais il faudrait également réduire la journée des autres ouvriers. Je suis partisan d'une durée de travail uniforme de huit heures. 1950

15, 16. L'ouvrier subit très souvent du retard dans l'exécution de sa besogne, par suite de la mauvaise organisation du service des transports et des bois et du manque de préparation des tailles pour le matin. Les longs bois sont placés au puits et ne sont pas amenés à la taille; il n'y a que les bois de taille, les wâtes et les veloutés qui sont à la taille le matin. 1951

Les lampes sont sales et mal entretenues; leur extinction et leur rallumage nous occasionnent des retards. 1952

17. La mine est sèche, mais la ventilation y est insuffisante et il y fait très 1953

chaud; l'air est vicié par les émanations des écuries qui se trouvent sur les voies d'entrée. Avec une meilleure organisation je pourrais faire le même travail en un temps plus court. Les tailles en plateures ont de 70 à 80 mètres; elles sont trop longues. Elles ne devraient avoir que 30 mètres et être reliées par des plans inclinés, ce qui aurait pour conséquence de faciliter l'évacuation du charbon. Je réclame aussi une amélioration des galeries et des voies ferrées.

1954 **20.** Il ne serait pas possible d'organiser par jour deux postes d'abatage dans le même chantier, parce qu'il faut plusieurs heures pour l'assainir à la fin du premier poste.

1955 **21.** Il faut une loi pour règlementer la durée du travail, parce qu'on ne peut se fier à la bonne volonté du patron, surtout en temps de crise.

1956 **22.** Comme la production restera la même, le salaire ne diminuera pas, et si elle diminuait même un peu, les bénéfices sont assez gros pour qu'on nous en abandonne un peu; les charbonnages n'ont qu'à faire comme nous, ils n'ont qu'à s'associer les bons et les mauvais.

27. Comme boiseur, je suis payé à la journée; les abatteurs sont payés par mètre carré. 1957

On inflige des amendes aux ouvriers qui sortent trop tôt de la mine, ne fût-ce que de cinq minutes, mais s'ils remontent trop tard, on ne leur compte pas une heure de travail supplémentaire; les amendes sont cependant rares. 1958

Les ouvriers du charbonnage des Six Bonniers se plaignent tous du lavoir, qui est insuffisant et laisse à désirer au point de vue de la propreté; ils réclament aussi le creusement d'un nouveau puits de sauvetage, le puits actuellement en service exigeant, pour s'y rendre, un trajet de deux heures. 1959

Graindorge Auguste,

âgé de 40 ans, domicilié à Seraing, boute feu au siège Vieille Marihaye, après avoir été occupé pendant six ans à la surface, Graindorge est devenu ouvrier mineur depuis l'année 1890.

1961 **1.** Je parle en mon nom personnel.

1962 **2.** Je suis partisan d'une diminution de la journée, pour autant que le salaire ne soit pas réduit.

1963 **3.** C'est la durée du travail effectif qui constitue la journée.

1964 **4.** Eventuellement, il conviendrait de diminuer la durée de ce travail effectif; je ne puis dire si cela doit se faire en une fois ou par étapes.

6. Mes heures de travail ne sont pas fixées; je remonte lorsqu'il n'y a plus de mines à tirer. 1965

7. Je circule dans les voies principales de roulage; la circulation y est facile. 1966

8. Je prends deux repas, chacun d'une durée d'une demi-heure. 1967

1968 11. Je ne chôme jamais; il y a beaucoup d'absents le lundi, mais cela n'a pas d'influence sur mon travail.

1969 17. Les voies sont sèches, la température est bonne et l'aérage est actif.

1970 21. La durée du travail ne doit pas être limitée par la loi; je préfère conserver la liberté de travailler comme je l'entends.

27. Je suis payé à la journée, je ne subis 1971
jamais d'amendes : celles-ci sont infligées rarement, spécialement pour les fautes qui compromettent la sécurité.

Point Henry,

âgé de 36 ans, domicilié à Seraing, boiseur au siège Vieille Marihaye, du charbonnage de Marihaye, est occupé dans les mines du bassin depuis quinze ans.

1972 1. Je parle en mon nom personnel.

1973 2. Je demande la diminution de la journée de travail, s'il ne doit pas en résulter une baisse du salaire. Dans ce dernier cas, je préférerais qu'on ne changeât rien.

1974 3. J'entends par journée, la durée du travail effectif.

1975 4. C'est cette durée qu'il y aurait lieu éventuellement de diminuer.

1976 5. Je descends à 7 heures et je remonte à 14 heures.

1977 7. Pour atteindre l'endroit où je travaille, j'ai à parcourir une voie assez facile; la durée du trajet est d'environ une demi-heure.

1978 8. Je prends dans la mine un repos d'une demi-heure.

1979 9. La durée de mon travail effectif est de cinq heures et demie.

1980 10. Je fais de mon plein gré des quarts et des demi-journées supplémentaires; je l'ai d'ailleurs demandé. La durée d'un quart est d'une heure et demie.

11. Je ne chôme jamais le lundi. Il y a 1981
ce jour-là beaucoup d'absents, ce qui désorganise le travail.

12. Il serait très difficile de limiter la 1982
journée de tous les ouvriers du fond; ils appartiennent à trop de catégories différentes.

15. Les lampes fonctionnent bien. Mon 1983
travail n'est jamais retardé par suite du manque de bois.

17. L'air est bon et non vicié. Il y a un 1984
peu d'eau dans la galerie où je travaille.

18. Il me serait impossible de faire 1985
dans un temps plus court ma tâche actuelle.

19. On ne pourrait ni travailler plus 1986
rapidement, ni réduire la durée du repos.

21. Non, la durée du travail ne doit 1987
pas être limitée par une loi; l'ouvrier doit

rester libre de travailler autant qu'il le désire.

1988 23. Au cours des dernières années, la journée de travail n'a pas été diminuée.

27. Je suis payé à la journée. Les 1989
amendes sont rarement appliquées; il en existe pour travail incomplet et pour fautes ou négligences compromettant la sécurité.

Mousset Hyacinthe,

âgé de 49 ans, domicilié à Seraing, boiseur au siège Fanny, du charbonnage de Marihaye, travaille depuis l'âge de 13 ans dans les mines.

1990 1. Je parle en mon nom personnel.

1991 2. Je suis partisan de la réduction de la journée, pourvu que le salaire ne change pas, sinon je préfère le maintien de la situation actuelle.

1992 3. Par journée de travail, j'entends la durée du travail effectif sur poste.

1993 5-10. Je descends dans la mine à 7 heures et j'en remonte à 14 heures 1/2. Le trajet du puits au chantier n'est pas fatigant et demande de cinq à vingt minutes.
1994 J'ai une demi-heure de repos pour manger ma tartine. Parfois je prolonge volontairement ma journée, en cas de nécessité pour travaux de réparation urgents.

1995 11. Je chôme quelquefois le lundi, quand j'ai mis mes pigeons et qu'ils ne sont pas rentrés. Il y a beaucoup d'absents le lundi; ces chômages désorganisent le travail et causent beaucoup d'ennuis aux surveillants pour l'attelage du personnel; il n'en résulte cependant pas d'accidents.

12, 13. La limitation uniforme de la 1996
journée de travail n'est pas possible; il faudrait prévoir des exceptions pour les surveillants et les traineurs.

15. Le service des lampes et des bois 1997
est convenablement organisé; les causes de retard dans notre travail sont rares.

17. La mine est sèche; la ventilation 1998
est bonne et il fait sain dans les travaux.

18. Je ne pourrais pas, en un temps ré- 1999
duit, accomplir autant de besogne qu'aujourd'hui, car je travaille déjà autant qu'il est possible de le faire.

23. Il y a dix ans, on a réduit d'une 2000
demi-heure la journée de travail des traîneurs, qui, depuis, dételènt à 15 heures 1/2 au lieu de 16 heures.

27. Je suis payé à la journée; on inflige 2001
rarement des amendes. Il n'y a pas de primes, du moins en ce qui me concerne.

Damas Remy,

âgé de 30 ans, domicilié à Mons-Crotteux, ouvrier abatteur au siège Bon-Buveur, du charbonnage des Kessales, depuis quatorze mois; à travaille antérieurement dans plusieurs charbonnages du Bassin, notamment à Gosson-Lagasse.

2002 1. Je suis délégué par le syndicat de l'*Union des mineurs de Mons-Crotteux.*

2003 2. Je demande que la journée de travail soit réduite ;

2004 3, 4. J'entends par là le nombre d'heures de présence à la houillère. C'est cette durée que nous voudrions voir limiter, parce que la base de notre demande est le temps compris entre l'entrée et la sortie du charbonnage. Ce n'est pas la durée du travail effectif qu'il faudrait limiter, parce que lorsque nous sommes dans la mine, nous ne demandons qu'à travailler. Je voudrais voir faire la limitation en une seule fois.

2005 5. Au Charbonnage de la Concorde, les abatteurs descendent à 5 h. 1/2, les autres catégories à 6 heures, excepté les accrocheurs, qui descendent également à 5 h. 1/2. A l'Arbre-Saint-Michel, les abatteurs descendent à 6 heures, de même que toutes les autres catégories, excepté des gamins âgés de moins de 16 ans, qui descendent à 7 heures.

2006 6. A la Concorde, les abatteurs remontent à 13 heures 1/2, les manœuvres et les ouvriers à la pierre à 16 heures, les hiercheurs à 17 heures et les accocheurs à 18 heures. Les ouvriers de nuit remontent à 4 heures, excepté les accrocheurs, qui remontent à 6 heures.

2007 A l'Arbre Saint-Michel, les abatteurs remontent à 14 heures, les ouvriers à la pierre à 16 heures, les gamins et les hiercheurs à 17 heures et les accrocheurs à 18 heures. Le poste de nuit remonte à 4 heures.

7. A la Concorde, il faut un quart d'heure à une demi-heure pour aller du puits au chantier; à l'Arbre Saint-Michel, il faut un quart d'heure. Ces trajets sont fatigants et pénibles. A cause du manque de rigoles, les eaux coulent entre les rails; l'ouvrier doit sauter d'une paroi de la galerie à l'autre pour ne pas se mouiller les pieds. L'étroitesse et le manque de hauteur des voies, le paquet d'outils que l'on doit porter font que l'on est souvent tout mouillé quand on arrive sur poste ; ajoutez à cela que bien souvent on doit monter des chaffours, des passements où il fait humide, où l'eau coule et où parfois la poussière vous suffoque. 2008

8. La durée des repos dans la mine n'est que d'une demi-heure pour les repas. Les abatteurs font un repas, les autres catégories deux repas, sauf les accrocheurs et les conducteurs de chevaux, qui, eux, ne mangent que lorsqu'ils ont un arrêt. 2009

9. A la Concorde, les abatteurs travaillent effectivement, repos et trajets déduits, six heures trois quarts à sept heures, les ouvriers à la pierre huit heures trois quarts à neuf heures, les hiercheurs de neuf heures trois quarts à dix heures, les accrocheurs et les conducteurs de chevaux de onze à 2010

douze heures, les ouvriers du poste de nuit de huit heures trois quarts à neuf heures.

2011 A l'Arbre Saint-Michel, les abatteurs travaillent effectivement sept heures, les ouvriers à la peirre sept heures et demie, les gamins et les hiercheurs neuf heures et demie, les conducteurs de chevaux et les accrocheurs de onze à douze heures, les ouvriers du poste de nuit huit heures et demie.

2012 10. Le travail est parfois prolongé à la Concorde ; il ne l'est pas à l'Arbre Saint-Michel. A la Concorde, il est prolongé de trois à cinq heures, environ trois et quatre fois par semaine, en vue d'obtenir une surproduction.

2013 Les moyens employés par les patrons pour déterminer les ouvriers à accomplir ces travaux supplémentaires sont les suivants : « Vous ferez le quart, la demi, la double journée, tout ce que nous vous demanderons, sinon demain vous irez dans une taille où on ne gagne pas sa journée, ou nous vous jetterons dans les vieux hommes pour boiser, ou vous ferez vos six jours et vous irez voir ailleurs si vous serez mieux qu'ici. »

2014 Voilà le langage tenu par les patrons et souvent c'est aux vieux, qui savent qu'ils ne pourraient pas aller autre part, c'est-à-dire à ceux qui ont atteint l'âge de 40 ans.

2015 11. Personnellement, je ne chôme pas, mais il y a assez bien de chômeurs le lundi et voici pourquoi : l'ouvrier est trop surmené ; quand il a eu un jour de repos et qu'il veut reprendre le travail le lundi, il se sent plus brisé que quand il a travaillé, et puis il y a une quantité d'ouvriers qui aimeraient de travailler le lundi et qui n'y vont pas, de crainte d'aller faire une besogne à laquelle ils ne sont pas habitués.

Il arrive que quand on a chômé le lundi, les ouvrages sont bouleversés ; on rencontre des éboulements sur les voies, ce qui fait perdre un certain temps à l'ouvrier avant de commencer sa journée. 2016

12, 14. La limitation de la journée de travail ne devrait pas être appliquée exclusivement aux ouvriers à veine parce que, dans une quantité de charbonnages, ceux-ci ont les huit heures, et que c'est pour les autres catégories d'ouvriers que nous demandons cette réforme. Je crois qu'il ne doit pas y avoir d'exception ; si la réforme est adoptée, nous voudrions qu'elle fût générale. Il n'y a pas lieu de prévoir des dérogations, sauf en cas d'accident ou d'éboulement au moment où l'on cesse le travail. 2017

15. Nous sommes très souvent retardés ou arrêtés dans notre travail, l'abatteur en premier lieu parce que, quand il arrive à son poste, il trouve son « pairai » plein de pierres, de bois cassés près des remblais, bois qu'il faut qu'il remplace ; il trouve du grisou dans les pairais et dans certaines tailles l'ouvrier abatteur doit placer les tôles pour laisser passer le charbon, ou il faut reboiser le bosseyement. Vous voyez le temps que cela prend avant de commencer à abattre du charbon. Pendant ce temps-là, le hiercheur qui doit transporter le charbon attend l'accrocheur au puits ; c'est ainsi que le transport en général en souffre. 2018

On est également retardé parce que les galeries sont trop longues et mal entretenues, trop basses et trop étroites ; les ber- 2019 laines prennent dans les bois ; le manque de rigoles est cause que les eaux amènent toutes sortes de crasses sur les rails. Ajoutez à cela les éboulements qui se produisent bien souvent parmi les voies, le manque de berlaines pour transporter le charbon au fur et à mesure de l'abatage, les plans inclinés qui ne sont pas toujours dans les conditions requises. Tout cela donne des retards auxquels avec un peu de bonne volonté on pourrait remédier.

2020 A la Concorde, les lampes sont fort mauvaises et le service mal organisé ; c'est ainsi que des ouvriers restent une heure et plus encore sans lumière, ce qui les expose à une foule d'accidents ; car, s'il venait à se produire un éboulement, l'ouvrier serait bloqué et ne pourrait bouger. De plus, le temps qu'il perd à attendre sa lampe est cause que bien souvent il faut qu'il se dépêche pour pouvoir terminer son travail, et cela l'expose encore une fois à des accidents.

2021 A l'Arbre-Saint-Michel, les lampes sont suffisantes ; ce sont des lampes à rallumeurs, qui sont plus convenables que les autres.

2022 En ce qui concerne la question des bois, il arrive souvent que l'ouvrier doit prendre ses bois lui-même ; il se traine sur les genoux ou sur le ventre ; ajoutez à cela que les bois ne sont pas toujours en quantité suffisante. Si l'ouvrier ne doit pas se servir lui-même, c'est encore la même affaire ; les gamins préposés à cette besogne doivent parfois aller à plusieurs tailles où les « passements » ne sont pas dans les conditions requises ; il en résulte que l'ouvrier doit attendre et sur ce temps-là le toit est descendu. Je vous dirai encore une fois que j'ai constaté plusieurs accidents dus à cette cause.

J'arrive aux causes de retard indépendantes de notre volonté. 2023

Bien souvent, il y a du grisou à votre poste quand vous arrivez, par suite d'une insuffisance des remblais et des pertes d'air qui se produisent en arrière ; l'insuffisance des remblais est également cause qu'il se produit des craquements dans la taille et que l'ouvrier doit se sauver. Voilà encore, pour l'ouvrier, une masse de temps perdu ! 2024

16. Les causes de retard ou d'arrêt sont presque journalières ; quand ce n'est pas dans un chantier, c'est dans l'autre ; elles sont dues aux vices d'organisation que je vous ai signalés. 2025

17. Dans plusieurs tailles du charbonnage de la Concorde, il fait fort chaud, puisque je vous ai signalé tout à l'heure qu'il s'y trouvait du grisou. L'air n'est pas sain, principalement sur les longues voies de retour d'air. La mine est de plus très humide. 2026

A l'Arbre Saint-Michel, l'air est bon ; la preuve en est que l'on y mine pour abattre le charbon, mais la mine est également humide. 2027

18 Je pourrais accomplir la même tâche qu'actuellement en un temps moindre, pourvu que l'on prépare les travaux dans les conditions que je vous ai signalées. 2028

19. Si la réduction de la journée de travail avait pour conséquence une diminution de la production, je ne pense pas que cette diminution pourrait être compensée par une réduction du temps de repas, car 2029

ceux-ci ne sont consacrés qu'aux repos et bien souvent on ne prend pas encore le temps qu'on nous donne. Mais par suite d'une bonne préparation des travaux, l'ouvrier ne serait plus autant surmené et je suis certain que le nombre de chômeurs diminuerait.

2030 Quant à fournir un travail plus intense, je ne pense pas que se soit possible, car l'ouvrier qui a travaillé pendant 6 heures et demie à sept heures dans des couches d'une ouverture de $0^{m}.40$ à 0^{m} 50 comme celles dans lesquelles nous travaillons, je dis qu'il est content quand c'est fini. Mais on pourrait améliorer les conditions hygiéniques de la mine pour compenser une diminution de production, parce que, si la mine était plus saine, mieux aérée, l'ouvrier aurait plus de force et de vivacité et ne se heurterait plus à une foule de maladies que nous avons trop souvent à regretter. Il en serait de même de la suppression des causes de retard que l'on réaliserait par les améliorations qu'on pourrait apporter à certains travaux, comme je vous l'ai expliqué tantôt.

2031 **20.** En ce qui concerne l'organisation de plusieurs postes d'abatage par jour, je crois, quant à moi, que si l'on doit faire trois postes comme certains le prétendent, un seul poste d'abatage serait nécessaire; les autres seraient consacrés aux travaux de réparation, aux bosseyements, au recarrage des galeries, aux remblayages, etc.

2032 **21.** J'estime qu'une loi est nécessaire pour limiter la durée du travail, car je crois que si on laissait ce pouvoir-là aux patrons, ce serait une vraie parade; ils le violeraient quand ils le voudraient.

22. Je ne pense pas qu'une diminution 2033
légale de la durée du travail aurait pour conséquence une baisse de mon salaire, parce que, les travaux transformés, la production deviendrait la même, les frais généraux diminueraient; c'est pour cela que je crois qu'on ne peut pas rogner les salaires. D'ailleurs, si la production diminuait, on ne peut en faire supporter les conséquences exclusivement à l'ouvrier.

23. Je n'ai pas souvenance que la jour- 2034
née de travail ait été diminuée; bien au contraire, on fait aujourd'hui de la surproduction et il en résulte que les petits manœuvres sont tenus dans la mine jusqu'à la dernière minute. L'ouvrier se contente de sa journée, tandis que les patrons profitent d'un grand nombre d'heures qu'ils ne paient pas.

26. La même durée de travail peut être 2035
appliquée à tous les charbonnages et à toutes les catégories d'ouvriers, car puisque c'est partout le même mode de travail, une mesure générale s'impose.

27. La majeure partie des ouvriers tra- 2036
vaillent à marché. Les patrons allouent des primes aux surveillants et à certains ouvriers pour des travaux urgents. Le salaire est un peu plus élevé parce que la production est plus grande. Les amendes pour travail incomplet pleuvent dru partout.

Il y a des sous-entreprises, mais au 2037
point de vue des salaires, c'est une véritable exploitation. On remet les travaux à certains ouvriers qui souvent ont la liberté d'embaucher leurs hommes ; ils leur payent un salaire à leurs manières, et eux seuls profitent du bénéfice du travail de tous.

Comme conclusion, voici pourquoi notre 2038

syndicat voudrait voir la durée de la journée de travail réduite à huit heures.

2039 1° Tout d'abord, cette diminution, pour pouvoir être accomplie, devrait être précédée d'une transformation sérieuse de la plupart des travaux, ce qui aurait pour résultat d'amener l'ouvrier à produire autant malgré la diminution de la durée du travail, et éviterait en même temps une foule d'accidents et épargnerait bien souvent la vie à de malheureux houilleurs;

2040 2° Ensuite, la mine étant entretenue dans des conditions hygiéniques convenables, le service des bois bien organisé, des rigoles établies dans les voies pour que l'ouvrier ne doive plus passer dans l'eau et aller ainsi toute la journée sur son poste avec les pieds mouillés, des bacs placés à chaque taille pour permettre à l'ouvrier d'y faire ses besoins, bacs pourvus d'un couvercle à refermer pour qu'aucune odeur malsaine ne se répande sur les travaux et qui soient remontés à la surface et nettoyés tous les jours; des lavoirs établis à la surface où l'ouvrier pourrait entrer ou sortir du puits et qu'il fût ainsi exempt de longs trajets pour s'en retourner, plaqué de boue et de transpiration. Les ouvriers ne seraient plus ainsi exposés à une foule de maladies, telles que bronchite, rhumatisme, maladie des ouïes, tuberculose, ankylostomasie, etc.

De cette manière, nous ne verrions plus, comme aujourd'hui, des hommes vieux avant l'âge, incapables d'accomplir un travail quelconque et devenant ainsi à charge de l'État, à charge des charbonnages, à charge des bureaux de bienfaisance, à charge de leur pauvre famille; 2041

3° Nous voudrions également voir le matériel en quantité suffisante au fond de la mine, les bois par exemple, bois qui seraient façonnés à la surface avant d'être descendus. 2042

Que l'on fasse descendre les outils dans une berlaine, de sorte que l'ouvrier n'ait plus à entrer dans la cage avec des outils, risquant à tout moment de se blesser ou de blesser un camarade. 2043

Je termine les conclusions de mon rapport en émettant, au nom du syndicat « l'Union des mineurs de Mons-Crotteux », le vœu de voir les chambres voter, à bref délai, la proposition de M. *Destrée* déposée au Parlement. Nous sommes ainsi convaincus que la paix régnera entre le capital et le travail, entre le patron et l'ouvrier. 2044

Maes Léon,

âgé de 24 ans, domicilié à Mons-Crotteux, hiercheur depuis deux ans, au charbonnage de l'Arbre Saint-Michel, descend dans la mine depuis l'âge de 13 ans.

2045 **1.** Je parle au nom des traîneurs du charbonnage de l'Arbre Saint-Michel.

2046 **2, 4.** Je suis partisan de la réducton de la journée de travail, c'est-à-dire du nombre d'heures de présence à la houillère.

5, 6. La descente dans la mine commence à 6 heures; je remonte vers 15, 16 ou 17 heures, lorsque j'ai fini ma besogne. 2047

2048 7. Il me faut dix minutes pour aller du puits à mon poste; mais pour d'autres ouvriers, ce trajet est de vingt minutes. Ces parcours sont désagréables, parce qu'il n'y a pas de rigole dans les voies pour l'écoulement des eaux.

2049 8, 9. Nous avons deux repos, d'une demi-heure chacun, à 9 heures et à 13 h. 3/4. La durée de mon travail effectif est de neuf heures quarante.

2050 10. On fait rarement des quarts supplémentaires; les ouvriers les font de leur plein gré.

2051 11. Je chôme rarement le lundi; mais il y a assez bien de chômeurs ce jour-là; ces chômages désorganisent le travail et ne permettent pas d'atteler tous les chantiers.

2052 12, 13. Je demande une limitation uniforme de la journée de travail pour tous les ouvriers de la mine, sans exception, mais avec tolérance de prolonger la journée, en cas de force majeure, avec une majoration de salaire de 50 p. c.

2053 15. Le service des lampes est convenable; l'entretien des voies laisse à désirer; les berlaines « prennent » au toit et aux parois, même dans les plans inclinés; il n'y a pas de rigole pour l'écoulement des eaux dans les galeries; les voies ferrées sont mal entretenues.

16. Toutes ces défectuosités nous occasionnent fréquemment du retard dans notre travail. 2054

17. La houillère de l'Arbre-Saint-Michel est de création récente; elle est peu profonde; l'air y est froid et sain. 2055

19. Si la journée de travail était réduite, il ne s'ensuivrait pas une diminution de la production, à condition qu'il ne nous manque pas de berlaines, ce qui est fréquent. Quand tout marche bien, notre journée est finie à 15 heures, parfois même à 14 heures. Avec la journée de travail réduite, on pourrait supprimer un des deux repos, ce qui réduirait encore la durée de présence dans la mine. 2056

21. Je suis d'avis que la durée du travail doit être limitée par une loi. Les patrons ne respectent pas les conventions. Je suis partisan de la journée de huit heures pour tout le monde et je crois que c'est possible. 2057

22. Le salaire ne diminuera pas parce que, avec une meilleure organisation, je suis certain que la production sera maintenue. 2058

27. Je suis payé à la journée. On n'accorde pas de primes; les amendes sont rares. 2059

Cayet Alfred,

âgé de 19 ans, domicilié à Grâce-Berleur, occupé depuis l'âge de 12 ans comme hiercheur et conducteur de chevaux au siège des Grands Makets du charbonnage de la Concorde.

2060 1. Je parle au nom de l'Association des houilleurs du siège du Vieux Maket.

2061 2, 4. Je demande une réduction de la journée de travail, c'est-à-dire du temps de présence au charbonnage.

2062 5, 6. La descente dans la mine commence à 5 heures 1/2 ; les traîneurs descendent après les ouvriers à veine et remontent à 16 heures 1/2 ou 17 heures.

2063 7. En sortant de la cage, je suis à mon poste, puisque je suis conducteur de chevaux près du puits, mais d'autres traîneurs ont un trajet d'une demi-heure, trajet pénible, parce que les galeries sont trop basses, trop étroites et couvertes d'eau.

2064 8. Les hiercheurs ont deux repos de quinze minutes chacun ; les conducteurs de chevaux se reposent quand ils en ont le temps. Le chef mineur m'a déjà dit de manger ma tartine dans une berlaine pennant le retour de la rame des vides, mais je ne l'ai pas fait.

2065 9. Je commence à travailler vers 6 heures 1/2, 6 heures 3/4 ou 7 heures et je cesse à 16 heures 1/2.

2066 10. On fait des quarts de journée supplémentaires de bon ou de mauvais gré ; on m'a donné un poste dur et mal payé parce que j'ai refusé d'en faire.

2067 11. Je chôme rarement le lundi ; les chômeurs sont cependant nombreux, ce qui amène une certaine désorganisation du travail.

12, 13. Je demande une égale limitation de la journée de travail pour tous les ouvriers du fond et je pense que c'est possible. 2068

15. Nous éprouvons fréquemment des retards dans notre travail à cause du mauvais entretien des voies ferrées et des variations de pente dans les voies dites de niveau ; les berlaines heurtent les boisages des galeries. Les conducteurs de chevaux n'ont plus de porteur de feu. Je demande leur remplacement ; on les a supprimés sans doute parce que les patrons trouvaient déjà notre besogne trop aisée. Il nous faut à tout bout de champ employer des « serrats » pour enrayer les roues des berlaines. Le matin, il nous manque des berlaines vides de réserve. 2069

17. Il fait fort chaud dans la mine ; elle est humide et l'air y est malsain. 2070

18. Si le travail était bien organisé, on pourrait faire le même nombre de berlaines en remontant à 14 heures. 2071

21. J'estime qu'il faut une loi pour limiter la journée de travail, parce qu'une convention avec les patrons serait bientôt foulée aux pieds. 2072

27. Je suis payé à la journée. On nous 2073

inflige des amendes lorsque nous laissons des berlaines pleines, au vif-thier, à la fin de la journée, même quand ce n'est pas de notre faute.

Dussart Jean,

âgé de 34 ans, domicilié à Mons-Crotteux, ouvrier à veine au charbonnage du Nord de Flémalle, a travaillé précédemment au siège Champ d'oiseaux du charbonnage de la Concorde.

2074 1. Je parle au nom des ouvriers du siège Champ d'oiseaux des charbonnages de la Concorde, et toutes mes réponses se rapporteront à ce siège.

2075 2. Je demande que la journée de travail soit réduite.

2076 3. J'entends par durée de cette journée, le temps de présence à la houillère.

2077 4. Ce temps de présence devrait être diminué en une fois.

2078 5, 6. Les ouvriers descendent à 5 heures et demie et remontent à 13 heures 1/2.

2079 7. Il faut en moyenne une demi-heure pour se rendre aux chantiers. Le trajet est fatigant et pénible, parce que les galeries sont trop basses et que la marche y est difficile. Au Champ d'oiseaux, ces galeries contiennent beaucoup d'eau.

2080 8. On accorde aux ouvriers un repos de vingt à vingt-cinq minutes.

2081 9. La durée du travail effectif est de six heures à six heures et demie.

2082 10. Ce travail est souvent prolongé. Les ouvriers qui refusent de faire des heures supplémentaires sont punis ou changés de chantier. Personnellement, j'ai dû reprendre mon livret, parce que je ne voulais pas en faire

11. Je chômais souvent le lundi, lorsque je travaillais au Champ d'oiseaux. Les ouvriers ont grand besoin de deux jours de repos ; ils se ressentent encore le lundi du travail de la semaine précédente. 2083

Le chômage du lundi est une cause de désorganisation et même de danger ; certains ouvriers s'absentent parce qu'ils craignent d'être changés de chantier. 2084

12. La limitation devrait être appliquée à tous les ouvriers du fond, sans aucune exception ; à mon avis, la même durée peut être imposée pour tous. 2085

15. Le travail est retardé très souvent par le manque de bois ou de tôles. Les tailles sont mal remblayées, les remblais se trouvent à cinq hèves du front. 2086

Le poste de nuit est responsable de cette mauvaise situation. 2087

Les lampes sont du système Mueseler et s'éteignent facilement ; le nombre des lampes de rechange est insuffisant. 2088

16. Toutes ces causes de retard se produisent journellement. 2089

17. Il fait assez chaud, ou même trop chaud. Cela est dû à la longueur des voies 2090

et aux pertes d'air occasionnées par le remblayage incomplet des chantiers.

2091 L'air est vicié par l'odeur des écuries; certaines tailles sont grisouteuses; j'ai dû abandonner le travail parce que ma lampe s'éteignait dans le grisou. J'ai signalé ce fait au surveillant, qui ne s'en est pas préoccupé.

2092 18. Si tout était en ordre et si les causes de retard que je viens de signaler, étaient supprimées, on pourrait faire la même tâche en moins de temps.

2093 19. Le repos des ouvriers à veine ne peut être réduit et leur travail ne peut être rendu plus intense, mais il serait possible d'améliorer l'organisation et l'hygiène de la mine.

2094 22. L'organisation de plusieurs postes d'abatage par jour est impossible.

2095 21. Je réclame le vote d'une loi interdisant de travailler au delà d'un certain nombre d'heures. Cette loi ne devrait permettre aucune exception, en dehors des cas de force majeure, pour lesquels le salaire serait doublé obligatoirement.

22. Je suis certain que par la diminution légale de la durée du travail la production ne baissera pas; le salaire restera donc le même. 2096

23. La journée n'a été ni prolongée, ni diminuée au cours des dernières années écoulées. 2097

27. Les ouvriers à veine sont payés à la tâche; celle-ci comprend un certain nombre de mètres carrés. Lorsque cette tâche n'est pas achevée, par suite de retards indépendants de la volonté de l'ouvrier, celui-ci est frappé d'une amende; c'est-à-dire que son salaire est réduit, d'après l'importance de la partie de la tâche qui n'a pas été faite. 2098

SERAING

DEUXIÈME SÉANCE

23 juillet 1907

Sont présents :
M. le Sénateur MAGIS, président,

MM. DALLEMAGNE,	MM. VAN MARCK,
KAES,	DEJACE, secrétaire,
LEDUC,	DELMER, secrétaire adjoint.

Ont été invités à siéger au bureau :
MM. l'inspecteur général des mines LIBERT, l'ingénieur en chef, directeur des mines, LECHAT.
Ont recueilli les dépositions des témoins :
MM. les ingénieurs principaux des mines DELBROUCK et FIRKET.

DÉPOSITIONS DES PATRONS

Construm Armand,

Directeur gérant du charbonnage du Corbeau.

2099 1. Je parle en mon nom personnel.

2100 2. Les ouvriers ne m'ont pas demandé une réduction de la journée de travail, mais il y a eu un referendum à Grâce Berleur et le vote presque unanime des ouvriers a été en faveur de la journée de huit heures.

2101 3. Par journée de travail, j'entends le nombre d'heures de présence au charbonnage.

2102 4. Je ne crois pas devoir vous dire si, à mon avis, il conviendrait de limiter le
nombre d'heures de présence au charbon- 2103
nage plutôt que la durée du travail effectif, étant opposé à la limitation légale de la journée de travail.

5, 6. Le personnel du poste de jour commence à descendre dans la mine à 5 heures 30 ; les lampes sont distribuées jusque 5 heures 3/4. La descente est finie à 6 heures 40. Le commencement de la remonte des haveurs a lieu à 14 heures 30 ; les autres ouvriers remontent de 14 h. 2104

45 à 17 heures. Pour le poste de nuit, la descente commence à 17 heures 30; les lampes sont distribuées jusque 17 heures 45; la descente est terminée à 18 heures 15.

2105 La remonte des ouvriers protégés par la loi du 13 décembre 1889 a lieu à 4 heures du matin; les autres ouvriers remontent à 5 heures. La remonte est terminée à 5 heures 20, sauf pour les ouvriers qui font un travail supplémentaire et qui ne sortent de la mine qu'à 6 heures 1/2.

2106 7. Il faut à nos ouvriers de huit à trente minutes pour se rendre à leur poste. Si l'on en excepte un chantier, les trajets ne sont ni pénibles ni fatigants. Ce chantier exceptionnel auquel je fais allusion, comprend 520 mètres de voie de roulage où l'on marche debout, 50 mètres de plan incliné dont la pente est de 19 degrés, où l'on marche également debout, 30 mètres de puits intérieur pourvu d'échelles inclinées et 100 mètres de trémie à deux compartiments où l'on marche sur les genoux. Il tombe de l'eau dans le puits intérieur, mais on n'est pas mouillé dans le compartiment aux échelles.

2107 Les ouvriers ne font pas le trajet du puits à leur chantier au pas de course; ils marchent très modérément. Le poids d'une haveresse est de 1 kilogramme 1/2. Chaque ouvrier haveur en porte deux ou trois. Tous les autres outils, rivelaines, pics, mâts, etc., restent dans la mine et ne sont remontés que lorsqu'ils sont détériorés, c'est-à-dire à assez longs intervalles.

2108 Une remarque : Que le trajet soit long ou court, les ouvriers ne commencent à travailler qu'à 7 heures.

8, 9. La durée du travail effectif des ouvriers à veine est de six heures et demie (de 7 heures à 14 heures, dont il faut déduire une demi-heure de repos pour manger). Les autres ouvriers travaillent effectivement de six heures et demie à huit heures et demie; dans ces temps sont compris les arrêts occasionnés pour une cause quelconque pour les hiercheurs, boiseurs, etc. Même remarque pour les ouvriers du poste de nuit dont la durée du travail effectif, calculé de la même façon, est de huit heures et demie. 2109

10. Le travail est parfois prolongé pour les boiseurs et leurs manœuvres occupés à des réparations urgentes, et pour les ouvriers à veine pour renforcer les boisages dans les tailles en vue de prévenir des éboulements. On n'exerce aucune contrainte sur les ouvriers pour les obliger à faire ces travaux supplémentaires. On le leur demande tout simplement; les travaux supplémentaires sont payés à un taux plus élevé. 2110

Il m'est arrivé que des ouvriers se sont fait recommander auprès de moi par le chef-mineur pour que je leur fasse faire des quarts de journée supplémentaires; il est même arrivé que des ouvriers ont tiré au sort pour savoir qui aurait la chance de faire des suppléments. 2111

12. Beaucoup d'ouvriers chôment le lundi et le lendemain des jours de fête. Voici un relevé pour le mois de juin et la première quinzaine de juillet, en comparant les nombres d'ouvriers absents à ceux du personnel présent les quatre derniers jours de chaque semaine : 2112

		Proportion d'ouvriers absents.	
		Poste de jour.	Poste de nuit.
2113	Semaine du 3 au 8 juin	43 p. c.	36 p. c.
	— 10 au 15 —	28 —	14 —
	— 17 au 22 —	48 —	41 —
	— 24 au 30 —	40 —	39 —
	— 1 au 6 juillet	46 —	16 —
	— 8 au 13 —	56 —	54 —

2114 On a dit que les ouvriers qui chômaient le lundi étaient ceux qui faisaient des quarts supplémentaires.

2115 Pour voir ce qui en était, j'ai fait faire un relevé pour la seconde quinzaine de juin et la première quinzaine de juillet et j'ai obtenu les résultats suivants :

Chômeurs du lundi :

		Poste de jour.	Poste de nuit.
2116	Ouvriers chômeurs ne faisant pas de quarts	40 p. c.	31 p. c.
	Ouvriers chômeurs faisant des quarts	16 p. c.	17 p. c.

Présents du lundi :

		Poste de jour.	Poste de nuit.
2117	Ouvriers présents ne faisant pas de quarts	30 p. c.	26 p. c.
	Ouvriers présents faisant des quarts	14 p. c.	26 p. c.
	Totaux. . .	100 p. c.	100 p. c.

2118 Ce qui prouve que ce n'est pas aux quarts supplémentaires qu'il faut attribuer le chômage du lundi.

2119 La raison du chômage ne nous a jamais été donnée par les ouvriers.

2120 Ces absences désorganisent le service; des ouvriers à veine doivent faire la besogne de traîneur-bacs ou de hiercheur; des boiseurs doivent travailler à la veine, etc. Des ouvriers non habitués, mécontents de ces changements, refusent parfois de descendre et retournent chez eux, ce qui amène des conflits. La sécurité de la mine en souffre également.

12. La limitation de la durée du travail ne doit pas plus s'appliquer aux ouvriers à veine qu'à ceux des autres catégories. 2121

15, 16. Les causes de retard apportées au travail de l'ouvrier sont accidentelles et on apporte le plus grand soin à les supprimer. Un hayeur s'est plaint devant vous du service des bois. Il commence sa besogne par le hayage et n'a pas besoin de bois à ce moment. 2122

En général, on descend les longs bois dans la mine la nuit, pour les besoins prévus du poste de jour, et on les transporte à proximité des tailles, au pied des plans inclinés, par exemple Les petits bois, wâdes et veloutes, sont descendus le matin. 2123

Les ouvriers ont des lampes de réserve à leur disposition. Dans un chantier dont on a parlé hier, il y avait dix lampes en réserve pour vingt ouvriers. Au charbonnage du Corbeau, on fait usage de lampes Marsaut à double toile, qui ont, sur les lampes Mueseler, l'avantage de ne pas s'éteindre aussi facilement. 2124

17. La mine est sèche, l'air n'y est pas vicié et la température n'y dépasse pas 22 degrés. 2125

18, 19. A un point de vue général, nos ouvriers ne pourraient accomplir la même besogne qu'actuellement en un temps plus court. Une réduction de la journée de travail aurait pour conséquence une diminution de la production et une augmentation du prix de revient ; une réduction des chômages pourrait seule compenser partiellement la diminution de la production. 2126

2127 **20.** Il est matériellement impossible au charbonnage du Corbeau d'organiser par jour plusieurs postes d'abatage, parce que la concession est trop petite pour permettre d'avoir un nombre de chantiers suffisants.

2128 On ne pourrait non plus y organiser trois équipes par jour pour l'abatage, les travaux de réparation et les bosseyements, parce que nous n'avons qu'un puits d'extraction. Or, déjà l'on se plaint du service des bois. Nous ne pourrions pas, par ce seul puits, organiser le service des bois pour les trois postes.

2129 **21.** J'estime que la loi n'a pas à limiter la durée de travail. Chacun doit conserver son entière liberté et le droit d'augmenter son gain s'il le désire. Au point de vue de la sécurité, il serait très dangereux d'interdire légalement à un patron de pouvoir employer un ouvrier après un certain nombre d'heures déterminé. Cela ne vaudrait pas mieux pour l'ouvrier, qu'un beau matin on ne pourrait occuper parce que la veille on n'a pas su achever son boisage, ce qui a amené l'éboulement du chantier.

2130 **23.** D'après des renseignements qui m'ont été donnés par des ouvriers, la journée de travail a été réduite d'une demi-heure au charbonnage du Corbeau, en 1894 ou 1895. Je n'ai pas d'autres renseignements à ce sujet.

2131 **26.** La même durée de travail ne peut être appliquée à tous les charbonnages ni à tous leurs ouvriers. Rien qu'au charbonnage du Corbeau, les conditions d'exploitation varient d'un chantier à l'autre. La concession est traversée par quatre failles inverses pied sud; une faille pied nord recoupe ces dernières, ce qui donne lieu à des rejets, à des plis, à des plateures et dressants successifs dans une même taille. Ces accidents de terrain nécessitent l'exécution de travaux à la pierre coûteux, tels que puits intérieurs et plans inclinés. De plus, on est obligé d'établir, ce qui est très coûteux, des trémies, par suite de la rapidité avec laquelle des crochons montants se présentent devant nous. Des chantiers se trouvent près du puits, d'autres en sont éloignés. Aussi est-il aisé de comprendre l'impossibilité absolue de limiter uniformément la durée du travail rien que dans notre charbonnage.

27, 28. Les ouvriers sont payés à la tâche ou à la journée. On n'inflige pas d'amendes pour travail incomplet; on paie le travail effectué. On n'accorde pas de primes. Il n'y a pas de sous-entreprises. 2132

29. Une diminution de la production et l'augmentation du prix de revient serait chose très grave pour notre charbonnage qui, avec une concession dérangée et de très faibles ressources, pourrait fort bien succomber dans la lutte, non pas lorsque la situation du marché deviendra mauvaise, mais bien avant. 2133

Un ouvrier s'est plaint de ce qu'il n'y avait pas de remblai dans un chantier et que le grisou y provoquait l'extinction des lampes. 2134

Depuis décembre 1902, nous n'avons pas eu d'observations du délégué ouvrier à l'inspection des mines relativement à ce chantier. La densité du minage, au charbonnage du Corbeau, est de 10. 2135

Piette Joseph,

Directeur des travaux du charbonnage d'Ougrée.

2136 1. Je parle au nom du charbonnage d'Ougrée.

2137 2. Mes ouvriers ne m'ont rien demandé, mais je sais qu'une partie du personnel désire conserver la liberté de travailler comme elle l'entend.

2138 5, 6. Le personnel du poste de jour descend de 6 heures à 6 heures 55 Les ouvriers à veine descendent entre 6 heures 10 et 6 heures 45, ils remontent à 15 heures lorsqu'ils travaillent à la journée et de 14 à 15 heures 1/2 lorsqu'ils sont à la tâche. La durée de leur présence dans la mine est de neuf heures en moyenne pour les deux catégories et le travail effectif est de sept heures.

2139 Les autres ouvriers du poste de jour descendent entre 6 heures 5 et 6 heures 55 et remontent entre 15 heures 3/4 et 16 heures 3/4. La majeure partie du personnel étant remontée entre 16 et 16 heures 1/4, la durée de présence dans la mine est de dix heures et quart et le travail effectif est de huit heures et quart. Les accrocheurs descendent les premiers à 6 heures et remontent les derniers entre 17 et 17 heures 3/4. Les conducteurs de chevaux et leurs aides descendent également à 6 heures 2 et remontent de 16 heures 1/4 à 17 heures 1/4.

2140 La descente du personnel de nuit s'effectue entre 18 heures et 18 heures 40 et la remonte de 4 à 5 heures 1/4. Une bonne partie du personnel étant remontée à 4 heures 1/2, la durée de présence dans la mine est de dix heures et demie en moyenne et le travail effectif de huit heures et demie. Les accrocheurs descendent les premiers à 18 heures 2 et remontent de 5 heures 1/4 à 5 heures 3/4; les conducteurs et leurs aides descendent à la même heure et remontent de 4 heures 1/4 à 5 heures 1/2.

7. La facilité de circulation que présentent les voies permet aux ouvriers de se rendre du puits aux chantiers en vingt à trente minutes, malgré la grande distance qu'ils ont à parcourir. 2141

8. L'ouvrier prend ordinairement deux repos pendant son séjour dans la mine (environ trois quarts à une heure de repos au total). 2142

10. Le système de quarts et de demi-journées supplémentaires n'a jamais existé au charbonnage d'Ougrée: l'ouvrier travaille parfois une demi ou une heure en plus, exceptionnellement deux heures dans des cas accidentels et il reçoit alors un supplément de salaire. 2143

11. Depuis un an, les chômages deviennent plus fréquents les lundis et les lendemains des jours de fête; actuellement ils sont de 16 à 17 p. c. Ces chômages, qui ont augmenté depuis que j'ai cessé d'infliger des amendes, produisent une certaine désorganisation dans le service. 2144

Pour les travaux d'entretien que l'on exécute le dimanche, le recrutement du personnel est plus difficile qu'auparavant. 2145

2146 15. Les ouvriers ne sont jamais retardés dans leur travail par le service des bois; tous les chantiers en sont pourvus tant par l'aérage que par le roulage. Le service des transports fonctionne régulièrement. Le service du rallumage des lampes est fait par des gamins; à la distribution, nous remettons 40 p. c. de lampes vacantes.

2147 Je sais que les ouvriers travaillent un peu plus chez nous que dans certains autres charbonnages, mais les conditions de travail sont excellentes, et ce qui le prouve, c'est que notre personnel se déplace très peu.

2148 La réglementation de la durée du travail serait extrêmement dangereuse au point de vue de la sécurité du personnel et nuirait à la bonne organisation de la mine d'Ougrée pour les raisons suivantes :

2149 Les grandes difficultés d'exploitation que présente notre gisement par suite des nombreuses étreintes et des renflements de veine que nous rencontrons généralement nous obligent à répartir notre personnel abatteur comme suit :

2150 53 p. c. à la tâche dans les travaux plus ou moins réguliers.

2151 47 p. c. à la journée dans les travaux excessivement dérangés.

2152 Ces renflements, qui atteignent surtout des épaiseurs considérables dans les queuvées de selle, 6, 8 et 10 mètres, y compris les intercalations schisteuses, nécessitent l'emploi du personnel le plus expérimenté de la mine, qui est payé à salaire fixe d'après le mérite individuel de chacun.

2153 Dans ces travaux, l'ouverture de la couche est prise par tranches successives, qui varient avec l'inclinaison des terrains, la nature du charbon et la composition de la couche. Fréquemment l'ouvrier haveur doit interrompre son travail pour boiser pendant une heure et demie ou trois heures par jour, soit au commencement soit à la fin de la journée, ou bien au cours de son travail. Les circonstances particulières de l'exploitation exigent plusieurs jours pour l'avancement d'une hève et l'arrêt provisoire de certains gradins. L'abandon d'aucune trace de veine n'est permis, sinon il pourrait en résulter des échauffements et des incendies. Dans ces conditions, l'abatage ne peut se faire avec précipitation si l'on veut éviter les accidents. Une réduction de la durée de travail serait désastreuse au point de vue du rendement dans une mine où les salaires entre pour 80 p. c. dans le prix de revient. La réduction porterait exclusivement sur l'abatage proprement dit, qui comprend moins des cinq septièmes des sept heures de travail effectif des ouvriers à veine

Malgré tous les soins apportés dans la préparation de ces chantiers, nous ne parvenons pas à les préparer régulièrement pendant la nuit. La sécurité du personnel dépend non seulement du boisage, mais aussi de la confection des remblais. Ceux-ci doivent être bien serrés et construits avec des matériaux durs particulièrement choisis et appropriés à l'exploitation. 2154

Régulièrement, nous redescendons, chaque jour, de la surface, 80 à 100 berlaines de remblais, d'une contenance de 8 hectolitres chacune; nos pierres du fond ne suffisent pas. En général, le volume des remblais équivaut aux 3/5 de la production totale du charbonnage. Cette descente de remblais dans la mine absorbe un cer- 2155 tain temps de l'extraction et exige une organisation spéciale comme transport, un matériel important et le maintien du personnel au service du puits jusqu'à une heure assez avancée.

2156 17. Le travail des ouvriers s'exécute dans des conditions hygiéniques très favorables. La mine est sèche, l'aérage est bon et la température dans les travaux ne dépasse pas 19 degrés 1/2. Toutes les voies, tant celles de roulage que d'aérage, sont bien entretenues et propres. Leur hauteur minima est de 1m60, mais généralement elles ont une section de 2 mètres sur 2 mètres. Elles sont pourvues de rigoles quand il y a un peu d'eau.

2157 18, 19. A mon avis, notre organisation actuelle n'est plus susceptible d'améliorations pouvant compenser une partie de la diminution de la production qui résulterait de la réduction de la durée du travail et j'estime que la réglementation pourrait bien nous amener des difficultés insurmontables dont je ne voudrais pas assumer la responsabilité. Comme les ouvriers ne pourraient exécuter le même travail en un temps plus court, la diminution de production qui s'ensuivrait pourrait bien les exposer à une diminution de salaire dont une partie du personnel n'est pas partisan.

2158 20. En ce qui concerne l'organisation de deux postes d'abatage, elle est irréalisable; nos exploitations nécessitent déjà l'entretien de nombreuses voies sur 30 kilomètres de longueur ainsi qu'un grand nombre de tailles en réserve. Cet entretien exerce une influence assez sensible sur le prix de revient d'une production qui n'est pas élevée.

21. La réglementation légale de la durée du travail est également impossible. Quoi qu'on dise, la durée du travail des chargeurs aux tailles, traîneurs et bouteurs doit dépasser celle des haveurs de une heure un quart au minimum en ce qui concerne le charbonnage d'Ougrée. Quelle que soit l'organisation, les services ne pourraient pas être assurés dans d'autres conditions. 2159

La liberté du travail devrait être laissée à chacun, afin qu'il puisse se créer les ressources nécessaires à son bien-être et à l'amélioration du sort des membres de sa famille. Il n'y a pas lieu d'empêcher les honnêtes travailleurs de se faire une situation. 2160

27. Au charbonnage d'Ougrée, on n'accorde pas de primes aux ouvriers. On inflige parfois des amendes, rarement pour travail incomplet, presque toujours pour des fautes compromettant la sécurité, point sur lequel je suis très difficile. 2161

J'estime qu'il serait également impossible d'organiser, au charbonnage d'Ougrée, trois postes journaliers consacrés à l'abatage, aux travaux de réparation et aux bosseyements. 2162

Eloy Louis,

Directeur des charbonnages de Marihaye de la Société d'Ougrée-Marihaye.

2163 1. Je parle au nom du charbonnage de Marihaye.

2164 2-4. Jusqu'à présent, les ouvriers ne nous ont pas demandé une réduction de la journée de travail. Comme les charbonnages diffèrent entre eux, pour ne pas en placer certains dans un état d'infériorité, il faudrait entendre par journée de travail le temps consacré au travail productif. Mais, à mon avis et d'une manière absolue, il n'y a pas lieu de limiter la journée de travail.

2165 L'homme doit pouvoir disposer librement de son travail, c'est son bien le plus précieux, et il doit le conserver complet, sans restriction ni diminution.

2166 Les améliorations que la liberté a, jusqu'à présent, apportées dans le travail, nous sont un sûr garant des améliorations futures.

2167 Diminuer le travail par une loi, c'est procéder par à-coups, c'est se lancer dans l'inconnu.

2168 Par la liberté, nous voyons chaque jour améliorer l'aérage de nos mines, leur épuisement et leur éclairage. Les instruments de transport progressent continuellement, et c'est l'ouvrier qui, le tout premier, en profite. Ne travaille-t-il pas actuellement plus commodément, plus sûrement et moins longtemps que jadis?

Prescrire une limite à la durée du travail, c'est négliger volontairement les différences essentielles qui existent entre les hommes. Soyez jeune ou vieux, fort ou faible, habile ou maladroit, courageux au au travail ou non, vous travaillerez un même nombre d'heures. Voter une telle loi pour un parlement, ce serait agir comme le le médecin qui prescrirait à tous ses malades un remède unique, quels que fussent leur tempérament et leur maladie. 2169

Promulguer une telle loi, c'est oublier que les besoins de l'un sont différents de ceux de l'autre; c'est dire à l'ouvrier : peu importe les nécessités dans lesquelles vous et votre famille vous puissiez vous trouver, il vous est défendu de les satisfaire au delà de la limite que la loi vous assigne. 2170

5, 6. La descente des ouvriers dans la mine commence à 6 heures. Autant que possible, ce sont les abatteurs qui, après les accrocheurs, doivent descendre les premiers; mais ce n'est pas là une règle immuable. 2171

J'ai consigné dans le tableau ci-après les heures de descente et de remonte et les temps de présence dans la mine des ouvriers aux différents sièges de Marihaye. 2172

2173

SIÈGES.		Heures de descente.	Heures de remonte.	Heures de présence.
Vieille Marihaye .	Jour . . .	6 à 7¼	12 à 16¼	6 à 9
	Nuit . . .	18 à 19	2 à 5	8 à 10
Flémalle . . .	Jour . . .	6 à 7½	12 à 17	6 à 9½
	Nuit . . .	18 à 19	3 à 5¾	9 à 10¾
Many	Jour . . .	6 à 7¼	12 à 16½	6 à 9¼
	Nuit . . .	18 à 19	3 à 5	9 à 10
Fanny	Jour . . .	6 à 7½	12 à 16	6 à 8½
	Nuit . . .	18 à 19	2½ à 5	8½ à 10
Boverie . . .	Jour . . .	6 à 7	12 à 16½	6 à 9½
	Nuit . . .	18 à 19	2½ à 5	8½ à 10
Ensemble . . .	Jour . . .	6 à 7¼	12 à 16½	6 à 8
	Nuit . . .	18 à 19	2 à 5	8 à 9¾
Heures moyennes, descente et remonte comprises. . .				7 à 9¼

2174 Pour comprendre la variation dans les heures de remonte, il faut connaître l'organisation de Marihaye. Quand il y a au puits un nombre d'ouvriers suffisant pour remplir une cage, on les remonte. Les tâches sont établies pour l'ouvrier de force moyenne; ce système fait profiter, directement et immédiatement, l'ouvrier de son habileté manuelle et de sa force. Quand un ouvrier a fini sa tâche assez tôt, il continue à travailler pour augmenter son salaire, s'il le désire, ou bien il remonte plus tôt. Ce système a fait naître de l'émulation entre nos ouvriers. Le bon ouvrier a intérêt à bien faire, il sait qu'il en profite directement, et, comme résultat, il n'est pas rare de voir dans un même chantier des abateurs forts et habiles qui ont fini leur tâche plus d'une heure avant leurs camarades.

Limitez légalement la durée du travail 2175
et cette émulation disparaît, parce que vous en supprimez le mobile, l'intérêt personnel, et, à Marihaye plus que partout ailleurs, nous verrons diminuer l'effet utile.

Je crois essentiel de faire remarquer que 2176
ce système est impossible avec la journée de travail limitée légalement. Il faudrait conserver le temps que la loi nous accorde-

rait pour faire notre extraction; l'instauration d'une telle loi nous obligerait à ne remonter les ouvriers qu'à des heures plus tardives fixées et déterminées par cette loi.

2177 Un fait qui s'est passé à Marihaye, en février 1902, est de nature à bien mettre en lumière l'effet néfaste que la loi en question aurait sur la production de notre mine. A cette époque, au siège de Vieille Marihaye, on vit, en quelques jours, le rendement de l'ouvrier baisser de plus de 300 kilogrammes, soit plus de 35 p. c. Le personnel, cependant, venait au travail, les abateurs restaient à la besogne jusqu'à 2 heures de l'après-midi; ils prétendaient avoir droit à leur journée et cependant ils ne produisaient pas; le travail, dans ces conditions, n'était plus possible et il fallut fermer la fosse pendant huit jours.

2178 7. Pour se rendre du puits au chantier, le trajet est de dix minutes à une demi-heure au maximum. Le trajet n'est ni pénible, ni fatigant, les voies étant de niveau et de grandes sections, tant à l'aérage qu'au roulage; les chevaux y circulent.

2179 8. Les abatteurs ont d'habitude une demi-heure de repos; les autres ouvriers ont deux repos d'une demi-heure environ.

2180 9. Comme durée du travail effectif, on peut compter pour les

	En moyenne.
abatteurs, de 5 h. 30 à 7. h. 30	6 h. 20
bouteurs, de 6 h. à 8 h.	7 h. 00
traîneurs, de 6 h. 30 à 8 h. 20	7 h. 20
conducteurs, de 9 h. à 9 h. 40	9 h. 20
accrocheurs, ——	9 h. 30
hayeurs, de 6 h. 30 à 8 h. 20	7 h. 20
bosseyeurs, de 7 h. à 8 h. 20	7 h. 40
boiseurs, ——	7 h. 00
remblayeurs, de 7 h. à 8 h. 40	8 h. 10
bacneurs, ——	8 h. 00

L'écart entre les durées extrêmes du travail effectif des abatteurs provient de ce que certains ouvriers ont plus rapidement fini leur tâche que d'autres; les bouteurs remontent en même temps que les abatteurs ou une demi-heure plus tard. 2181

10. Nos ouvriers font volontairement, pour augmenter leurs salaires, du travail supplémentaire. Cette tendance a été souvent combattue par des pressions extérieures; malgré cela, une proportion importante du personnel fait des heures supplémentaires. Il faut savoir qu'il suffit souvent d'une heure ou d'une heure et demie de travail en plus pour obtenir un supplément de salaire égal au quart du taux de la journée normale. 2182

11. Voici, à propos des chômages, quelques chiffres indiquant la moyenne des absences, en ces derniers temps, du personnel du fond, à Marihaye : 2183

Absences du lundi	41.2 p. c.
id. id. (poste de nuit)	30.6 p. c.
id. du mardi	11.2 p. c.
id. du samedi de quinzaine	12.0 p. c.
id. id. id. (poste de nuit)	22.7 p. c.
id. du jour de commencement de quinzaine (vendredi)	15.0 p. c.

Ces chômages désorganisent évidemment le travail et la sécurité de la mine en souffre. 2184

12, 13. A mon avis, il ne faut pas plus limiter la journée des abatteurs que celle des autres ouvriers. A Marihaye, on exploite beaucoup de veines en dressant exigeant un boisage important et soigné pour sauvegarder la sécurité. Si on limite la durée du travail, le boisage sera effectué hâtivement et sans soin, ce qui sera une cause de danger pour l'ouvrier qui l'aura fait et ses compagnons de travail. 2185

2186 L'ouvrier de plus négligera de tirer les pierres provenant des intercalations schisteuses qui se rencontrent dans presque toutes les veines et produira un charbon sale difficilement vendable.

2187 15, 16. Le travail n'est pas retardé par un manque d'organisation des services des bois, des lampes, des transports. Il peut quelquefois arriver des retards, mais ils proviennent toujours de causes accidentelles et fortuites.

2188 17. La température de la mine est de 18 à 20 degrés. Exceptionnellement, l'ingénieur des mines a constaté une fois 23 degrés en un endroit. En Allemagne, l'administration des mines ne prend des mesures qu'à partir de la température de 29 degrés.

2189 Nos mines sont convenablement ventilées et l'on peut dire, d'une manière générale, que, même sur les retours d'air des tailles, le grisou n'est pas visible à la lampe Mueseler.

2190 Nos mines sont généralement sèches, sauf à la fosse de Boverie où l'on reprend les massifs laissés par les anciens. Il y a également un peu d'eau à l'étage supérieur du Many.

2191 Du reste, ce qui montre bien la sécheresse de nos chantiers, c'est que nous n'avons presque pas d'ouvriers atteints d'ankylostomasie. (4 à 6 p. c. d'ouvriers contaminés lors du dernier recensement).

2192 18. Nos ouvriers ne pourraient accomplir la même tâche qu'actuellement en un temps moins court.

2193 19. Je ne vois pas de moyen permettant de compenser la diminution de la production qui résulterait d'une réduction de la journée de travail. — A mon avis, cette réduction ne fera pas diminuer les chômages. Si, indépendamment du dimanche, l'ouvrier chômait un jour de plus parce que ce jour de repos lui est nécessaire, on comprendrait qu'il se reposât au milieu de la semaine, et non le lundi.

Il résulte d'ailleurs des travaux de 2194
Mlle Joteyko sur l'énergétique qu'après une fatigue normale, six heures de repos suffisent pour rétablir les muscles.

Il est bon de faire remarquer combien la 2195
plus légère modification dans l'ordre établi est difficile. Ainsi je crois que nous pouvons dire qu'à Marihaye, la durée du travail est loin d'être élevée; on pourrait donc croire que les ouvriers nous aideraient à abréger le temps de la descente et de la remonte du personnel, ce qui est, il faut le remarquer, un moyen de diminuer le temps de séjour. La semaine passée, après une modification des cages à Vieille-Marihaye, modification qui a augmenté considérablement leur sécurité, nous avons pu y mettre vingt-quatre hommes au lieu de vingt. Les ouvriers se sont rassemblés à deux reprises pour réclamer et malgré nos explications, le mot « grève » a été prononcé. Il faudrait, d'après eux, revenir à l'ancien système. Chaque fois qu'il faut réaliser un progrès, il excite la méfiance des ouvriers.

20. Il est impossible d'organiser deux 2196
postes d'abatage à Marihaye. Si c'était dans les mêmes tailles, ce serait dangereux, car dans les dressants, le remblai serait trop éloigné du vif-thier et les bosseyements ne pourraient pas suivre. Pour le faire dans des tailles différentes, il faudrait un nombre de tailles double de celui dont nous disposons, d'où découle la né-

cessité d'avoir des couches nombreuses; or, nous avançons vers le fond du bassin où les veines diminuent en nombre, par suite de l'accroissement de l'épaisseur des stampes.

2197 **22.** Une diminution légale de la durée de travail amènera fatalement une diminution de l'effet utile de l'ouvrier, d'où, dès lors, une hausse du prix de revient. Or, c'est en Belgique que déjà l'écart entre le prix de vente et le prix de revient est le plus faible. Pour pouvoir continuer à vivre, les mines doivent conserver cet écart. Or, augmenter le prix de vente est impossible, à cause de la concurrence étrangère. Il faudra donc agir sur le prix de revient dans lequel les salaires interviennent pour 70 p. c. La conclusion fatale sera une baisse des salaires. Il est évident que dans les périodes de prospérité, quand il y a pénurie de charbon, on pourra, vu les hauts prix de vente, maintenir les salaires, mais dans les périodes de crise, le salaire sera fortement diminué.

2198 **23, 24.** D'après des renseignements que j'ai recueillis, la journée de travail des manœuvres a été en diminuant depuis une dizaine d'années. Cette diminution s'est effectuée lentement par le libre jeu de la concurrence et sous le régime de la liberté; on a ainsi donné satisfaction à la classe ouvrière dans la mesure du possible.

27. A Marihaye, les ouvriers à veine 2199
sont payés à la tâche ou au mètre carré, les hiercheurs à la tâche (nombre de berlaines), les bosseyeurs et bacneurs au mètre d'avancement, les autres ouvriers à la journée.

On n'inflige pas d'amendes pour travail 2200
incomplet, mais on ne paie que le travail effectué.

28. S'il y a des travaux remis à l'entre- 2201
prise, nous dressons les feuilles de paie pour chacun des ouvriers. Il arrive cependant que des jeunes ouvriers travaillant dans une bacnure avec d'autres ouvriers expérimentés leur ristournent une partie de leurs salaires, mais ce sont des arrangements auxquels nous n'avons rien à voir.

Le façonnage préalable des bois à la 2202
surface, peut être envisagé comme possible pour des veines régulières, mais serait impossible pour des couches d'épaisseur variable. En tous cas, l'économie de temps, ne serait pas appréciable.

D'heur Georges,

Directeur des travaux au siège Boverie du charbonnage de Marihaye.

2203 **1.** Je parle au nom de mes collègues des charbonnages de Marihaye.

2204 **2.** Jamais je n'ai reçu de demande de diminution de la durée de la journée de travail.

2205 **3, 4.** C'est le travail effectif qu'il faut considérer pour la durée de la journée. Si on admettait la durée du séjour dans la mine, il arriverait que des ouvriers travailleraient beaucoup moins que d'autres. L'ouvrier se fatigue, il est vrai, en se rendant à son poste. Dans leurs revendications, les ouvriers font état de la fatigue produite par le travail et non de la fatigue résultant du trajet.

2206 5. La descente du poste de jour s'effectue de 6 à 7 heures 1/4; celle du poste de nuit, de 18 à 19 heures.

2207 6. La remonte commence pour le poste de jour à 12 heures et finit à 16 heures 1/2; pour le poste de nuit, elle se fait entre 2 et 5 heures.

2208 7. La durée du trajet du puits au chantier varie de dix à trente minutes.

2209 8. Les ouvriers à veine se reposent trente minutes, tandis que les bouteurs, boiseurs, traîneurs prennent deux repas d'une durée totale de cinquante minutes.

2210 9.

	Durée du séjour.	Durée du travail effectif.
Abatteurs,	7 h. 20	6 h. 05
Hayeurs,	8 h. 40	7 h. 05
Hiercheurs,	8 h. 40	7 h. 05
Bouteurs,	8 h. 20	6 h. 45
Remblayeurs,	9 h. 30	7 h. 55
Bosseyeurs,	9 h. 00	7 h. 25
Boiseurs.	8 h. 00	6 h. 25
Bacneurs,	9 h. 15	7 h. 40
Conducteurs,	10 h. 40	9 h. 05
Accrocheurs,	10 h. 50	9 h. 15

2211 10. La durée du travail est parfois prolongée comme dans les autres puits. La tâche à accomplir est fixée pour un ouvrier moyen; elle est souvent dépassée. Tous les chantiers du puits sont en dressants. Beaucoup d'ouvriers, ceux qui sont payés à la journée, prolongent volontairement leur travail. Un quart de journée supplémentaire dure de une à une heure et demie.

2212 Il n'y a pas de pression pour obtenir des quarts suplémentaires; beaucoup d'ouvriers sont venus me demander d'en faire; il en est même qui se sont plaints de ne pas en obtenir.

11. Le lundi, le nombre d'absences s'élève à 40 p. c. du personnel. Même les samedis autres que ceux de paie, on ne sait faire exécuter le bosseyement dans tous les chantiers qui ont été en activité pendant le poste du jour. 2213

L'importance du chômage est en rapport avec le taux des salaires et les fêtes. 2214

Les absences occasionnent des troubles très sérieux dans l'organisation du travail. 2215

12. Il n'y a pas plus lieu de limiter la durée de la journée de travail pour les abatteurs que pour les autres ouvriers. 2216

15. Je m'en rapporte à ce qu'a dit M. Eloy quant au service des bois et des lampes. 2217

17. La température moyenne est de 18 à 20 degrés. La ventilation est suffisante et l'atmosphère n'est pas viciée. Au puits Boverie, dans deux galeries, de l'eau s'écoule par une rigole. 2218

18, 19. Le même travail ne pourrait être produit en un temps plus court. L'ouvrier réduit son temps de repos autant que possible et ne saurait travailler plus fort qu'il ne le fait actuellement. 2219

L'état actuel de nos connaissances ne permettrait pas d'organiser le travail de façon à maintenir la production en réduisant la durée de la journée. 2220

20. Il n'y a pas moyen d'organiser deux postes d'abatage, 2221

2222 21. Je ne suis pas partisan d'une limitation légale de la durée du travail. L'ouvrier doit rester libre d'augmenter son salaire en prolongeant sa journée.

23. Je ne puis dire si la journée de travail n'a pas été diminuée au cours des années écoulées, n'étant pas depuis assez longtemps au puits Boverie. 2223

Discry Emile,

Directeur gérant du charbonnage du Gosson-Lagasse.

2224 1. Je parle en mon nom personnel.

2225 Aux charbonnages de Gosson Lagasse, que je dirige, il s'est passé, depuis quelques mois, certains faits qui présentent un intérêt particulier au point de vue de la question de limitation de la durée du travail dans les mines.

2226 Depuis tout temps, les ouvriers mineurs ont, dans nos charbonnages, outre la journée de travail régulière, qui est assez courte (elle se termine pour les ouvriers à veine et les jeunes traîneurs à 14 heures à un siège, à 14 heures 1/2 à l'autre), l'habitude d'effectuer des suppléments de tâche lorsque la situation le permet.

2227 C'est là un usage que l'on rencontre dans un certain nombre de charbonnages, et il serait difficile, en tout cas superflu pour l'instant, d'en rechercher les origines et les raisons d'être.

2228 Il y a quatre mois, brusquement, sur un mot d'ordre venu du dehors, nos ouvriers furent unanimes à mettre fin à ce régime et à s'en tenir strictement à la journée simple. Les motifs que l'on a fait valoir dans diverses réunions de mineurs pour amener ce changement sont :

2229 1° Une raison de santé pour l'ouvrier, qui, sans qu'il puisse s'en rendre compte lui-même, épuiserait ses forces dans un labeur exagéré ;

2° La nécessité de ne pas pousser à la surproduction. 2230

Pour ce qui est du premier motif, je ne m'y arrêterai pas longtemps : il me suffira de dire que je ne connais pas d'exemple d'ouvrier chez lequel une fatigue excessive aurait amené une dépression, un affaiblissement, un mauvais état de santé quelconque; j'ai interrogé vainement à ce sujet tous les médecins qui soignent notre personnel : chez nous, comme ailleurs, les travailleurs rangés et sobres descendent dans la mine jusqu'à un âge avancé, et au point de vue de l'invalidité, le pourcentage de nos ouvriers pensionnés est plutôt inférieur à la moyenne générale du bassin. 2231

On a, il est vrai, objecté que le grand nombre d'absences, du lundi notamment, provenait de la fatigue excessive que l'ouvrier ressentait après une semaine de dur labeur ; je relève cependant que, depuis la suppression des suppléments, le pourcentage d'absences du lundi (qui dépasse 40 p. c.) a plutôt augmenté que diminué et que, aujourd'hui comme auparavant, ce sont les ouvriers à veine, c'est-à-dire la catégorie de travailleurs les plus robustes, mais aussi les mieux rémunérés, qui fournissent le contingent le plus élevé d'absences volontaires les lendemains de jours fériés. 2232

2233 Je m'étendrai un peu davantage sur la raison de surproduction, car il faut reconnaître que le moment est bien mal choisi pour invoquer ce motif.

2234 Il suffit de jeter un coup d'œil sur les statistiques très complètes que publie chaque année l'administration des mines pour constater que la production belge, et plus spécialement la production de notre bassin, n'augmente plus que très faiblement dans une proportion notablement moindre que les besoins de combustible.

2235 Pour la période décennale qui a précédé 1904, la consommation du pays (en y comprenant celle des charbonnages eux-mêmes) a augmenté en moyenne d'un peu plus de 3 p. c. par année, alors que l'augmentation annuelle de la production totale n'atteignait pas 2 p. c.

2236 Depuis lors, ce manque d'équilibre s'est fortement accentué : en 1905, nous relevons une augmentation de consommation de 4 p. c. et, en 1906, nous relevons une augmentation de consommation de 8 p. c.

2237 Soit au total, en deux ans, plus de 12 p. c., alors que, dans ce même espace de temps, la production belge n'est majorée au total que de 3.3 p. c.

2238 Ce supplément de besoins auquel notre extraction ne peut faire face nous est fourni par l'étranger et, pour la plus grande partie, par l'Angleterre et ici, je dois ouvrir une parenthèse. Nous savons que cette situation n'est pas spéciale à notre pays ; au cours des deux dernières années, les demandes de combustible que réclame le développement incessant de quantité d'industries ont également progressé de façon inattendue en France et en Allemagne, demandes d'autant plus difficiles à satisfaire que des grèves importantes, dont le souvenir est encore présent à nos mémoires, se sont déclarées dans les bassins du Pas-de-Calais et de la Ruhr.

Dans ces conjonctures difficiles, l'Angleterre qui a dû, elle aussi, satisfaire à l'augmentation de sa consommation intérieure, est venue approvisionner ses voisins et nous a évité ainsi une véritable disette de charbons ; il est permis de se demander ce qu'il serait advenu si la réforme des huit heures avait été réalisée dans ce pays, qui fournit à lui seul plus de 25 p. c. de la production mondiale de combustible. 2239

J'en arrive ainsi à dire quelques mots des prix des charbons. L'augmentation considérable de la demande en 1905, et surtout en 1906, devait fatalement amener une hausse sensible de ces prix; mais chose étonnante, une opinion assez répandue, dont on trouve de fréquents échos dans la presse et dans les réunions publiques, est que le cours des combustibles est artificiellement élevé par les producteurs à l'aide d'ententes ouvertes ou déguisées qui faussent le jeu des forces économiques. 2240

Les adjudications de l'État, qui firent en Belgique le barème des prix de quelques types principaux de charbons, fournissent le thème le plus habituel à d'amères récriminations contre le quasi monopole des charbonniers ; est-il besoin d'insister sur le fait que depuis nombre d'années les offres de charbons déposées par des maisons anglaises sont venues *librement* concurrencer nos produits. D'autre part, comment peut-on sincèrement prétendre qu'un pays comme le nôtre, qui importe aujourd'hui près du 1/3 de la consommation par ses frontières du Nord, de l'Est et de l'Ouest, 2241 en charbons de multiples qualités et catégories, est à la merci de coalitions d'intérêts d'un grand nombre d'entreprises distinctes.

2242 Sous ce rapport, la comparaison des prix moyens pratiqués à Liége et dans le Hainaut est intéressante; dans notre bassin, où existe cependant une entente qui groupe les trois quarts des producteurs, les prix, depuis dix ans notamment, ont suivi une marche *exactement* calquée sur celle des prix du Hainaut qui fournit, avec la province de Namur, les trois quarts de la production belge; nous nous trouvons donc devant cinq bassins, Borinage, Centre, Charleroi, Namur et Liège, placés dans les conditions les plus différentes, notamment comme situation géographique, comme répartition des diverses qualités de charbons et comme concurrence des produits étrangers et mathématiquement pour ainsi dire, le diagramme des prix se répète dans les différents districts houillers; il y a là, il faut bien le reconnaître, une concordance qui ne peut être qu'un effet naturel de la loi de l'offre et de la demande et qu'on ne doit attribuer en aucune manière à des causes qui ne dépendraient que de la volonté des dirigeants.

2243 Ceux-ci d'ailleurs, remarquons-le bien, sont tous foncièrement hostiles à une tactique qui aurait pour effet de raréfier les charbons, déjà trop peu abondants.

2244 On objecte parfois aussi qu'après le boom de 1900 les prix ne sont pas revenus à leur niveau antérieur, mais ici encore les chiffres sont là pour expliquer les faits; si nous comparons ce boom aux périodes analogues de 1872-1875, 1879-1883, 1889-1890, nous remarquons qu'au contraire de ce qui s'était toujours toujours passé antérieurement au lendemain des ères de prospérité, la consommation du pays n'a pas cessé d'augmenter après 1900, elle a même continué sa marche ascendante dès 1901 avec plus de rapidité qu'auparavant et, ce qui est également symptômatique, le nombre total d'ouvriers occupés dans les mines n'a pas non plus cessé de croître.

La vérité est que, malgré tous les per- 2245
fectionnements apportés à l'utilisation du combustible, parmi lesquels je citerai l'emploi de l'électricité, les progrès réalisés dans la construction des machines motrices et la substitution de l'acier au fer, substitution qui se traduit par une économie d'une tonne de charbon par tonne de métal, les besoins ont depuis quelque temps largement dépassé le développement donné à l'exploitation des ressources minières de notre sol.

Les circonstances seraient donc on ne 2246
peut plus mal choisies pour décréter une réforme qui aurait pour résultat certain, sans envisager les autres conséquences, une diminution de notre production nationale.

En ce qui nous concerne, nous avons, en 2247
effet, relevé depuis quatre mois un abaissement du taux de production directement en rapport avec la réduction des heures de travail du personnel, accompagnée, comme cela a été signalé ailleurs, d'une majoration sensible de la proportion de déchets; au sujet de ce dernier fait, j'appellerai votre attention sur ce point, que dans les charbonnages qui lavent, comme les nôtres, la majeure partie de leurs produits, et ils sont nombreux aujourd'hui, l'abandon, par suite de la négligence de l'ouvrier ou d'un travail trop précipité, d'une tonne de stérile dans les produits de l'abatage occa-

sionne une perte supplémentaire nette d'environ 500 kilogrammes de charbon, indépendamment des frais supplémentaires que cette séparation entraîne.

2248 En terminant, je signalerai que la suppression des suppléments ne paraît pas être réellement dans les vœux de l'ensemble de notre personnel, car, depuis quelque temps, un bon nombre d'ouvriers en réclament la reprise.

Lohest Henry,

directeur des travaux du charbonnage de Gosson-Lagasse.

1. Je parle en mon nom personnel.

2249 2. Les ouvriers ne m'ont jamais demandé une réduction de la journée de travail. Actuellement beaucoup d'entre eux, à l'un des sièges du charbonnage, demandent de faire des heures supplémentaires et préfèrent remonter à 17 heures au lieu de 16 heures.

2250 3. La durée de la journée de travail est le temps compris entre le commencement de la descente et le commencement de la remonte du personnel.

2251 4. Je suis hostile à une limitation de la journée de travail. Dans le cas où il n'en serait pas ainsi, ma réponse dépendrait du résultat que l'on voudrait obtenir.

2252 La loi ne doit pas intervenir pour limiter les heures de travail des adultes. Il est d'ailleurs impossible d'établir une durée de travail uniforme pour tous les ouvriers et pour tous les charbonnages. Les conditions d'exploitation ne peuvent être les mêmes partout. Une réglementation serait illusoire, parce qu'elle devrait comporter de nombreuses dérogations. Il ne serait plus possible, si l'on diminuait la durée du travail, d'assurer l'exécution des travaux de réparation et la sécurité des ouvriers.

2253 Dans chaque charbonnage il y a de nombreuses catégories d'ouvriers, et chaque catégorie comprend des travailleurs d'aptitudes différentes et qui sont occupés à des travaux analogues exigeant des durées différentes.

En outre, ces catégories varient avec 2254
chaque charbonnage suivant qu'on exploite des couches peu ou fort grisouteuses, dures ou tendres, puissantes ou minces, en dressant ou en plateure, avec des terrains encaissants solides ou ébouleux. Et dans chaque cas, le travail est plus ou moins difficile et nécessite des temps différents.

Les moyens de transport ont également 2255
leur influence, suivant que le transport se fait à bras d'homme, par chevaux, par l'air comprimé, l'électricité ou un autre agent mécanique.

Ces durées de travail varient en outre 2256
suivant les aptitudes de l'ouvrier qui l'exécute.

C'est ce qui explique d'ailleurs que dans 2257
un même charbonnage certains ouvriers gagnent 20 p. c. et même 50 p. c. en plus que leurs camarades préposés cependant à des travaux analogues.

Enfin cette réglementation porterait at- 2258
teinte à la liberté de l'ouvrier et causerait préjudice à celui-ci.

En effet, il n'est guère possible d'admet- 2259

tre que la loi défende à l'ouvrier adulte de se procurer un supplément de salaire en prolongeant sa journée, si tel est son désir.

2260 Sous le régime de liberté actuelle, l'ouvrier peut choisir parmi les charbonnages celui ou la durée du travail et le salaire lui conviennent le mieux.

2261 **5, 6.** Au siège N° 1 du Gosson, tous les ouvriers du poste de jour commencent à descendre à 5 heures 1/2, et ceux du poste de nuit à 17 heures 1/2. Les ouvriers à veine et traîneurs-bacs remontent à 14, 16, 17 ou 18 heures, les traîneurs de berlaines de 16 à 17 heures, les boiseurs de 15 à 17 heures, les ouvriers d'autres catégories à 15, 16 et 17 heures. Le personnel du poste de nuit remonte entre 4 et 5 heures.

2262 Au siège N° 2, les heures de remonte sont les mêmes qu'au N° 1, à l'exception cependant du commencement de la remonte des ouvriers à veine qui a lieu à 14 heures et demie.

2263 **7.** Il faut de quinze à vingt minutes pour se rendre au chantier et pour en revenir. Un chantier, plus éloigné que les autres, demande une demi-heure. Le trajet comporte des plans inclinés de 12 à 15 degrés de pente qui ne constituent pas une difficulté pour les professionnels.

2264 **8.** Les repos varient suivant les catégories. Les ouvriers qui remontent à 2 ou 3 heures ne se reposent qu'une seule fois pour manger. Le personnel qui séjourne davantage dans la mine prend deux repos consacrés à leur repas. Mais la durée de chacune de ces repos n'est que de vingt minutes environ, au lieu d'une demi-heure.

2265 **9.** Le travail effectif est de six heures à l'un des sièges, pour les ouvriers à veine et de six heures et demie à l'autre siège.

10. Avant le mois d'avril, les ouvriers de choix prolongeaient volontiers leur travail; les heures supplémentaires étaient considérées comme des faveurs. Par suite de manifestes, de propagande et d'intimidation, les ouvriers à veine et les traîneurs bois se refusèrent de faire des quarts et des demis supplémentaires alors que d'autres ouvriers acceptaient encore d'en faire. Le but que l'on voulait atteindre était la réduction de la production. 2266

Depuis quelque temps, les abatteurs et traîneurs demandent à prolonger leur journée. Il est même des ouvriers qui ont quitté le charbonnage du Gosson pour aller travailler dans des charbonnages où ils pouvaient faire des suppléments. 2267

Souvent les ouvriers qui font des quarts supplémentaires sont occupés dans de bonnes tailles. Si dans une de celles-ci il y a un ouvrier qui se refuse à travailler supplémentairement alors que tous ses compagnons désire le faire, il arrive que cet ouvrier est déplacé, ne pouvant s'entendre avec les autres. 2268

11. Les ouvriers mineurs s'absentent volontiers et ne se donnent pas la peine de nous prévenir. 2269

Les lundis, nous constatons parmi le personnel de jour, plus de 40 p. c. d'absents, non compris les malades et les blessés. 2270

Ainsi qu'il résulte des chiffres suivants, ce sont les ouvriers les plus valides et les jeunes qui s'absentent davantage : 2271

Absences pendant le 2me trimestre 1907 :
Ouvriers à veine, 47 p. c.;
Traîneurs et hiercheurs, 39 p. c.;

Boiseurs et raccommodeurs, 26 p. c.;
Ouvriers à la pierre, bacneurs, 51 p. c.;
Moyenne générale, 41 p. c.

2272 Pour le poste de nuit, nous constatons à peu près la même proportion d'absences injustifiées.

2273 Les chômages nous sont très préjudiciables sous tous les rapports.

2274 Les travaux sont mal exécutés, parce qu'ils ont été faits par des ouvriers qui n'y sont pas habitués; le degré de sécurité est diminué et le travail du lendemain est mal assuré.

2275 Quant à la production, elle est absolument sacrifiée.

2276 Pourquoi ces ouvriers chôment-ils?

2277 J'attribue ces chômages à l'esprit d'indépendance de notre population ouvrière, laquelle règle ses salaires d'après ses besoins ; il en est qui se contentent de travailler cinq et même quatre jours par semaine.

2278 L'absence de sanction de la part des sociétés qui les emploient favorise également ces chômages,

2279 Au début de ma carrière, dans le pays de Charleroi, les absences non prévenues ou injustifiées étaient punies d'une amende s'élevant à une demi-journée ou même à une journée de travail.

2280 Alors les absences étaient relativement rares.

2281 Depuis l'application de la loi fixant le taux des amendes à 1/5 maximun de la journée, on constate que les absences ont quintuplé ; rien d'étonnant, dans ces conditions, que dans le bassin de Liége, où l'on n'a pas l'habitude d'appliquer des amendes pour absences, celles-ci soient si nombreuses.

15, 19. Il ne se produit pas de retards pouvant être attribués à un défaut d'organisation; comme dans tous autres charbonnages, il survient de temps en temps de petits accrocs. 2282

Le service des bois est bien organisé. Il y a toujours, au fond, déposés au pied ou au sommet des tailles, des bois en quantité suffisante pour les besoins d'un jour. 2283

La nuit, le service des bois utilisés dans les voies, est confié à des serveurs. Le jour, les bois nécessaires dans les tailles sont descendus après le personnel et arrivent avant que le travail ne soit commencé. 2284

Je n'ai jamais reçu de plainte pour retard. 2285

J'ai essayé, dans le bassin de Charleroi, de faire préparer les bois de taille à la surface. Il a été reconnu que le façonnement de la tête des étançons ne prenait qu'un temps très court, et qu'exécuté au jour, il ne donnait pas une avance sensible à l'ouvrier abatteur, souvent obligé de recouper les bois qu'il est impossible de descendre à longueur voulue. Le système a été abandonné. 2286

Je suis convaincu qu'on ne diminuerait
pas le nombre d'absences du lundi en retar- 2287
dant la descente. Les chômages se produisent aussi bien dans le poste de nuit que dans le poste de jour.

Des ouvriers déclarent qu'ils ne se rendent pas au charbonnage le lundi de crainte d'être occupés à un autre poste que celui où ils travaillent d'habitude; c'est plutôt un excuse qu'un motif. 2288

Nous employons des lampes à benzine à rallumeurs dont le personnel ne s'est jamais plaint. 2289

2290 17. La température de l'atmosphère est de 18 à 20 degrés. Le charbonnage est classé dans la deuxième catégorie des mines grisouteuses, mais ce n'est que rarement que l'on constate la présence de grisou dans l'atmosphère.

2291 Les chantiers ne sont pas humides. Il ne pleut dans aucun d'eux.

2292 20. Le travail à trois postes se fait pour certains travaux. Si on pouvait l'organiser de même pour l'abatage, on le ferait, mais les conditions du gisement ne le permettent pas. D'ailleurs, le personnel ferait défaut. Deux postes d'abatage exigeraient une nouvelle organisation à la surface où le travail durerait seize heures pour le personnel du mécanisme de recette et de la préparation.

2293 22. Je ne crois pas que l'on puisse prétendre, avec raison, qu'on pourrait travailler pendant moins de temps et gagner le même salaire.

2294 Pour le moment je ne connais aucune amélioration possible pouvant diminuer la durée du travail.

2295 23. Il m'a été dit qu'autrefois les traîneurs remontaient parfois à 19 heures, alors que maintenant leur journée est terminée entre 16 et 17 heures.

2296 Cette diminution n'a exercé aucune influence sur la production.

2297 26. A mon avis, il est impossible d'appliquer la même durée de travail à tous les charbonnages.

27. Les ouvriers sont payés, certains à la tâche, les autres à la journée. 2298

On inflige rarement des amendes. On se montre très tolérant sur ce point. 2299

Des primes sont accordées, dans certains cas, pour le creusement des puits et des bacnures. 2300

Les surveillants ne sont pas inexpérimentés, comme on l'a affirmé; leur recrutement est difficile; les surveillants, placés entre les patrons et les ouvriers, sont souvent ennuyés. 2301

Malgré les avantages qu'on leur fait, les ouvriers se refusent de fréquenter l'école des mineurs de Seraing. 2302

29. Actuellement il est difficile de pouvoir prévoir quelles seraient les conséquences d'une réduction de production du charbonnage que je dirige. 2303

Cependant on peut se rappeler que pendant la période décennale 1886 à 1896, beaucoup de charbonnages, dont le Gosson, ont clôturé leur exercice social en perte, par suite de l'abaissement du prix de vente. 2304

Il est aisé de comprendre que si une pareille éventualité était à craindre, il serait dangereux d'adopter dès maintenant des mesures qui auraient certainement pour effet d'augmenter le prix de revient. 2305

Pilet Gérard,

directeur des travaux du charbonnage du Horloz.

2306 1. Je parle au nom du charbonnage du Horloz.

2307 2. Les ouvriers ne demandent pas une réduction de la journée de travail. Je puis l'affirmer parce que la majorité des ouvriers fait des quarts ou des demi-journées supplémentaires.

2308 3. Je pense qu'il faudrait entendre par journée de travail la durée du travail effectif.

2309 5, 6. Les ouvriers descendent à 6 heures et remontent à 15 heures, sauf ceux qui font un quart de journée supplémentaire et qui remontent à 16 heures et demie.

2310 7, 8. Le trajet du puits au chantier est d'une demi-heure à trois quarts d'heure. Les ouvriers prennent un quart d'heure de repos avant de se mettre au travail, soit pour s'y préparer, soit pour manger. Le trajet n'est généralement pas pénible. Pour revenir du chantier au puits les ouvriers ne mettent qu'une demi-heure au maximum.

2311 Les ouvriers ont une demi-heure de repos ; ceux qui font un quart supplémentaire prennent un second repos d'un quart d'heure.

2312 9. La durée du travail effectif est de sept heures pour les ouvriers à veine et de huit heures et demie pour les ouvriers des autres catégories. Les bacneurs qui travaillent à l'entreprise ont neuf heures à neuf heures et demie de travail effectif parce que, de leur plein gré, ils font une demi-journée supplémentaire.

10. Les ouvriers qui prolongent leur journée de travail le font volontairement ; on n'exerce aucune pression pour les y obliger. 2313

11. Nous avons le samedi soir, quand il y a paye, 18 p. c. d'absents au poste de nuit, le lundi qui suit la paye 38 p. c. aux deux postes, les autres lundis 30 p. c., et les mardis 10 p. c. 2314

12. Je suis hostile à la limitation de la durée du travail et il n'y a pas lieu de l'appliquer plutôt aux ouvriers à veine qu'aux autres ouvriers. L'ouvrier à veine est l'âme de la mine. La réduction du travail de celui-ci entraînerait forcément celle du travail des autres ouvriers. Là où la veine est facile, l'abatteur peut sans inconvénient prolonger son travail. 2315

15, 16. Les causes de retard entravant le travail de l'ouvrier sont rares et accidentelles. Le service des bois fonctionne généralement d'une manière régulière; il en est de même de celui des lampes ; nous utilisons des lampes à benzine pourvues de rallumeurs. 2316

17. La température au pied des tailles varie de 12 à 20 degrés; exceptionnellement dans une voie de retour d'air on a constaté une fois 26 degrés. Nos travaux sont bien ventilés ; l'air n'y est pas vicié. 2317

Au siège de Tilleur, les chantiers sont

secs; au siège Braconier certains sont humides.

2318 18, 19. Nos ouvriers ne pourraient faire la même production en moins de temps qu'au détriment de leur santé, de leur sécurité et de la propreté des charbons.

2319 On ne pourrait réduire la durée des repos. Une diminution des chômages permettrait un attelage plus rapide du personnel. Il en serait de même si les ouvriers prévenaient de leur absence; il ne serait plus nécessaire alors de faire venir avant l'heure de la descente ceux qui ont l'intention de travailler.

2320 20. On ne pourrait organiser plusieurs postes d'abatage par jour, car le travail de nuit est déjà prolongé d'une heure pour mettre les taille en ordre.

2321 21. Je ne suis pas partisan de la limitation par la loi. Le travail est trop différent d'un charbonnage à l'autre et suivant les diverses catégories d'ouvriers pour qu'il soit possible de fixer une durée uniforme de la journée de travail. J'estime d'ailleurs qu'il faut laisser à l'ouvrier la liberté de travailler comme il l'entend et de faire des quarts supplémentaires pour accroître ses ressources s'il le désire.

23. La durée du travail a été augmentée d'une heure à un siège du Horloz, il y a onze ans, de telle sorte que les deux sièges sont sur le même pied. 2322

27, 28. Les abatteurs sont payés au mètre carré ou à la berlaine, les autres catégories d'ouvriers à la journée. Les bacnures et les avaleresses sont remises à l'entreprise. Il n'y a pas de sous-entreprise. 2323

Des ouvriers se sont plaints qu'on les avait changés de taille parce qu'ils ne voulaient pas faire des quarts supplémentaires. Ce n'est pas là une punition. Il faut parfois bien que l'on groupe dans les mêmes tailles les ouvriers qui veulent faire des suppléments. 2324

Dehasse Joseph,

directeur gérant du charbonnage de la Concorde.

2325 Avant de répondre au questionnaire, je protesterai contre les allégations d'ouvriers entendus hier. Deux d'entre eux ne travaillent même plus à la Concorde.

2326 1. Je parle au nom du charbonnage dont je suis le directeur-gérant.

2327 2. Les 2 et 3 mai, une partie du personnel manœuvre a voulu remonter à 13 heures 1/2 au lieu de 16 heures, après un séjour de sept heures et demie dans la mine. Rien ne fut modifié dans notre règlement de la translation du personnel et tout rentra dans l'ordre. Il y a eu également, de la part de certaines catégories d'ouvriers, une demande d'avancer la remonte d'une heure. Cette demande fut suivie d'un refus.

3. Par durée de la journée de travail, j'entends le temps de séjour de l'ouvrier dans la mine. 2328

2329 **4.** Je ne suis pas partisan de la limitation des heures de travail.

2330 **5, 6.** Les abatteurs descendent à 5 heures 1/2 et remontent à 13 heures 1/2.

2331 Les autres ouvriers du poste de jour descendent à 6 heures et remontent à 16 heures.

2332 Les ouvriers du poste de nuit descendent à 18 heures pour remonter à 4 heures Le samedi, la remonte commence une heure plus tôt, c'est-à-dire à 3 heures.

2333 **7.** Les chantiers sont assez disséminés et éloignés des puits. Le trajet, qui n'est pas pénible, dure environ une demi-heure.

2334 **8.** Les abatteurs se reposent vingt minutes en une fois. Les autres ouvriers prennent deux repos d'une durée totale de quarante à quarante-cinq minutes.

2335 **9.** La durée du travail effectif ne dépasse pas six heures et demie pour les haveurs et huit heures pour les autres ouvriers.

2336 **10.** Les abatteurs faisaient volontiers des quarts et des demi-journées supplémentaires. Avant le 1er avril, 36 p. c. de ces ouvriers prolongeaient leur journée. Pendant le second semestre, il n'y en eut plus que 9 p. c. et actuellement la proportion est tombée à 5 p. c.

2337 Quand l'ouvrier à veine travaille jusque dix-huit heures, il prend deux repos. Les journées faites dans ces conditions sont dites de doublage et se font généralement le samedi. L'ouvrier reçoit alors double salaire plus une prime de 50 centimes.

2338 **11.** Les absences, qui sont ordinairement de 7 1/2 p. c., s'élèvent le lundi, pour le poste de jour, à 30 p. c. et, pour le poste de nuit, à 33 p. c. Il en résulte une grave désorganisation du travail.

12. Je ne suis pas partisan d'une limitation de la durée de la journée de travail. 2339

15. Les ouvriers se servent de deux types de lampes : Marsault et Mueseler; certains d'entre eux préfèrent la Mueseler à la Marsault. 2340

Parfois des retards proviennent d'accidents toujours fortuits. 2341

Le surveillant de jour a sous sa responsabilité la commande des bois. Dans les chantiers, il y a toujours du bois à l'avance (pour les besoins d'une journée), déposé aussi près que possible du lieu d'emploi. Nous connaissons le prix de la main-d'œuvre et nous avons tout intérêt de permettre aux abatteurs d'employer aussi bien que possible le temps dont ils disposent. 2342

Les différents services sont organisés aussi bien que possible et les déraillements de berlaines ne sont pas plus fréquents que dans les autres mines. 2343

17. Les chantiers sont à faible profondeur. L'air y est bon et des jaugeages, faits récemment par l'administration des mines, ont donné des résultats satisfaisants. 2344

La mine, à proprement parler, n'est pas humide. Au puits des Maquets, dans les voies, il y a des rigoles servant à l'écoulement des eaux. A l'autre siège, l'humidité est plus grande, mais partout on peut circuler sans être incommodé par les eaux. 2345

18. Les ouvriers ne pourraient pas accomplir la même tâche qu'actuellement dans un temps plus court. Pendant le premier trimestre de l'année, la moyenne des heures de présence des haveurs dans la mine était de neuf heures six minutes, y compris les 2346 heures supplémentaires. A partir du 1er avril la durée du séjour fut de huit heures vingt et une minutes, soit quarante-cinq minutes en moins; l'effet utile est tombé de 3,284 kilogrammes à 2,909 kilogrammes.

2347 L'ouvrier donnait tout ce qu'il pouvait, et j'étais déjà convaincu, avant le 1er avril de cette année, que la production serait atteinte par une diminution des heures de travail.

2348 22. Dans les années ordinaires, une diminution de production devrait être compensée par une diminution des salaires, lesquels interviennent pour 70 p. c. dans le prix de revient.

2349 23. Je crois que la durée de la journée de travail est restée la même depuis dix-huit ans.

2350 26. Il est impossible d'appliquer la même durée de la journée de travail à tous les charbonnages d'une même région et à toutes les catégories d'ouvriers.

24. Les ouvriers abatteurs sont payés 2351
au mètre carré de veine déhouillée, les bosseyeurs au mètre courant de voie coupée, les boiseurs et bacneurs à la tâche et les autres ouvriers à la journée.

Les abatteurs faisant double journée le 2352
samedi reçoivent double journée plus une prime de 50 centimes.

Les amendes sont rares. Elles sont infli- 2353
gées pour malfaçon ou pour faute pouvant compromettre la sécurité.

28. Les bacnures se font à l'entre- 2354
prise.

29. Nous pourrions difficilement sup- 2355
porter les conséquences d'une réduction des heures de travail sans toucher aux salaires.

Souheur Baudouin,

directeur gérant des charbonnages des Six Bonniers.

2356 1. Je parle au nom du charbonnage.

2357 Je crois devoir attirer votre attention sur l'énorme différence qu'il y a entre les gisements belges et les gisements allemands. Ceux-ci renferment des veines plus puissantes que les nôtres, généralement encaissées dans des terrains solides.

2358 Dans le bassin de Seraing, voisin de la faille eifélienne, nous avons, comme le disait M. l'inspecteur général des mines Watteyne, le gisement le plus difficile à exploiter qui soit au monde. Les poussées de terrains sont considérables, le dégagement du grisou abondant.

Hier, on a fait allusion à des défectuo- 2359
sités existant dans les galeries des Six Bonniers, à leur manque de hauteur. J'attire l'attention de la commission sur l'intensité de la poussée des terrains, qui est telle que nous devons couper quatre ou cinq fois la même voie ; il faut aussi tenir compte de la suppression des explosifs, mesure que j'ai introduite dès 1880 en vue de la sécurité. Néanmoins les galeries principales d'entrée et de retour d'air sont à grande section, puisque les chevaux y circulent.

Une autre difficulté est celle des pous- 2360

sières. Pour augmenter la salubrité et la sécurité de la mine, j'ai établi, depuis quinze ans, un système d'arrosage des tailles.

2361 Nous avons également à parer aux dégagements instantanés et pour leur suppression radicale, nous avons adopté un mode d'exploitation tout spécial. Tout cela pour établir que les reproches que l'on nous a adressés hier ne sont pas justifiés.

2362 Nos puits sont à grande profondeur. Hier, on a fait allusion à l'absence d'un puits de sauvetage; or, nous sommes en train de remédier à cette situation. On a également parlé de la trop grande longueur des tailles. Nous désirerions qu'elle n'eussent jamais plus de quarante mètres : seulement il arrive que, par suite de la rencontre de cassures, les tailles deviennent souvent plus longues. Ces cassures, au surplus, ne nous permettent pas toujours de renouveler les plans inclinés aux endroits voulus.

2363 Nous utilisons les lampes Marsaut, leur nettoyage est régulier. Je pense que les défectuosités que l'on a signalées comme fréquentes dans ce service sont exceptionnelles. Je procède souvent moi-même à des vistites de la lampisterie.

2364 Le charbonnage des Six Bonniers a été le premier en Belgique à installer un lavoir pour ses ouvriers. Ce lavoir est devenu un peu exigu. On m'en a fait un grief hier. Or, depuis environ trois semaines, j'ai commandé un nouveau lavoir à douches. On s'est plaint du manque d'entretien du lavoir actuel ; un surveillant en est spécialement chargé, mais, il faut bien le dire, les ouvriers ne prennent pas beaucoup de soin du matériel.

2365 Il est exact que l'on a infligé des amendes à des ouvriers boiseurs qui étaient remontés avant l'heure. Il y avait une question de sécurité en jeu, les ouvriers s'étaient précipités dans la cage en se bousculant pour remonter les premiers.

2-4. Mes ouvriers ne m'ont jamais demandé une réduction de la journée de travail. A mon avis, cette journée doit être comprise dans le sens de durée du travail effectif, et c'est celle-ci qu'il conviendrait, le cas échéant, de limiter plutôt que le temps de séjour dans la mine. 2366

5, 6. La descente du poste du matin commence à 6 heures. Les ouvriers à veine des dressants remontent à 12 heures 1/2, ceux des plateures à 13 heures 1/2. 2367

7. Le trajet du puits au chantier est en moyenne d'un kilomètre et demande quinze à vingt minutes.

8. Les abatteurs dans les dressants ont une demi-heure de repos; ceux des tailles en plateure et les ouvriers d'autres catégories ont deux repos d'une demi-heure chacun. 2368

9, 10. Les ouvriers à veine des dressants fournissemt un travail effectif de cinq heures et demie; ceux des plateures de six heures et demie; ceux-ci sont payés au mètre carré ; ils peuvent prolonger leur travail s'ils le désirent, mais ils le font rarement. 2369

Les bosseyeurs sont payés au mètre courant d'avancement. Exceptionnellement, s'ils travaillent à l'heure, ils peuvent faire des heures de travail supplémentaire qu'on leur paie un peu plus cher. 2370

11. Le lundi nous avons 23 p. c. d'absents à la descente du matin et le soir 2371

20 p. c., le samedi de paye 13 p. c et les autres samedis 9 à 10 p. c.

2372 Le chômage du lundi nuit à l'organisation du travail et à la sécurité.

2373 12. Une limitation de la journée des ouvriers à veine entraînerait celle de la journée des autres ouvriers.

2374 15. Le service de l'approvisionnement des bois dans les mines à couches très irrégulières est fort compliqué. Il faut des bois de longueur et de grosseur variables, d'où résulte la nécessité d'avoir dans la mine des magasins de bois considérables.

2375 Les ouvriers spéciaux chargés du boisage des tailles préparent leur bois à la surface, vers 11 heures du matin, avec leurs manœuvres. Ces bois descendent aussitôt dans la mine et sont convoyés aux tailles ; les ouvriers boiseurs descendent après.

2376 J'attire votre attention sur le fait que chez nous il est très difficile d'entretenir les voies à hauteur convenable, à cause du gonflement des roches sous l'action du grisou.

2377 17. La température dans les mines croît avec la profondeur ; elle est actuellement dans nos chantiers de 20 à 22 degrés ; elle atteint 25 degrés dans quelques retours d'air, mais dans ces voies ne sont occupés que quelques boiseurs-répareurs.

2378 La mine des Six Bonniers est sèche et très grisouteuse ; jusqu'à présent cependant, nous n'avons jamais eu d'inflammation de grisou.

2379 19. Nos ouvriers ne pourraient produire autant que maintenant en un temps plus court, car ils sont laborieux et donnent tout ce qu'ils peuvent donner.

La suppression, sinon la diminution des 2380
chômages du lundi serait certainement un élément favorable pour compenser, dans une certaine mesure, une réduction de production pendant les autres jours de la semaine.

20. Il est absolument impossible d'or- 2381
ganiser deux postes d'abatage par jour dans nos chantiers, à cause des poussées de terrain et des travaux de bayement dont la nécessité s'impose.

23. On est arrivé, par des progrès suc- 2382
cessifs, à réduire peu à peu la durée du séjour des ouvriers dans la mine.

Je pense que l'on peut encore espérer 2383
des améliorations nouvelles. Ces améliorations, on ne les improvise pas, on ne les réalise qu'au fur et à mesure qu'elles se présentent.

26. La limitation des heures de travail 2384
aurait, aux heures de crise, où l'on doit exporter et compter avec le consommateur, des conséquences dangereuses. On ne pourrait certainement imposer la même règle à tous les charbonnages, étant donné la diversité des conditions d'exploitation.

Les mineurs allemands disent : « Soyez 2385
prévoyants ». Il sera bon de l'être dans cette question, dans notre pays où les gisements sont difficiles à exploiter.

Pour éviter la production de dégage- 2386
ments instantanés de grisou, il faut opérer un drainage lent de ce gaz ; il s'ensuit que l'on ne peut pas précipiter l'abatage dans les tailles. A ma connaissance, cette difficulté d'exploitation ne se présente dans aucun pays voisin.

Habets Marcel,

ingénieur en chef des charbonnages de la société John Cockerill.

2387 1. Je parle au nom des charbonnages de la Société Cockerill.

2388 2. Les ouvriers ne nous ont adressé aucune demande relative à la réduction de la journée de travail.

2389 3. Par durée de la journée de travail, j'entends le temps de présence dans la mine.

2390 4. N'étant pas partisan de la limitation de la durée du travail, je ne crois pas devoir émettre d'avis sur le point de savoir s'il convient plutôt de limiter ce temps de présence que la durée du travail effectif.

2391 5. Au siège Collard, nos ouvriers descendent, le matin, à partir de 5 heures 1/2 jusqu'à 7 heures 1/2; le soir, de 17 heures 3/4 à 19 heures 1/4. Aux sièges Marie et Caroline, où le personnel est moins nombreux, la descente, le matin, dure de 6 heures 1/2 à 6 heures 3/4 ou 7 heures, et, le soir, de 18 heures 1/2 à 18 heures 3/4 ou 19 heures Au siège Collard, suivant une coutume établie, ce sont les abatteurs qui descendent les derniers, contrairement à ce qui se passe aux deux autres puits.

2392 6. Les heures de remonte sont différentes selon les diverses catégories d'ouvriers et, pour une même catégorie, selon le mode de travail. C'est ainsi que certains de nos ouvriers à veine, qui travaillent à la tâche ou au mètre carré, remontent parfois même avant midi; ceux-ci sont de très bons ouvriers, très courageux, possédant des aptitudes spéciales pour l'étançonnage et l'attaque du front de taille. Les conducteurs de chevaux, qui remontent les derniers, sortent de la mine vers 16 heures 1/2.

7. Les chantiers se trouvent à des distances très différentes des puits. Les ouvriers accomplissent généralement le trajet en un temps compris entre dix et quarante minutes, soit en moyenne en une heure pour l'aller et le retour. Les trajets ne sont, en général, ni fatigants ni pénibles. 2393

Tous nos ouvriers, sauf les abatteurs, prennent deux repos d'une demi-heure chacun, l'un vers 10 heures, l'autre entre midi et 13 heures 1/2. Les ouvriers à veine ne prennent qu'un repos ne dépassant pas souvent quinze minutes, vers 10 heures, et parfois même n'en prennent aucun pour pouvoir remonter plus tôt. 2394

9. La durée du travail effectif est en moyenne de cinq heures dix minutes pour les abatteurs; elle est de six heures pour les boiseurs; elle est de neuf heures pour les conducteurs de chevaux; c'est la catégorie pour laquelle cette durée est maxima. 2395

J'ai consigné dans le tableau ci-après tous les renseignements relatifs aux temps de présence, de repos, de travail effectif, etc. des diverses catégories d'ouvriers des charbonnages de la Société Cockerill. 2396

CHARBONNAGES

2397

Catégories d'ouvriers.	Postes Jour ou nuit.	Heures de descente.	Durée des repos.	Durée moyenne des trajets aller et retour.	Heures de remonte.	Durée du travail effectif.
		Heures.	Heures.	Heures.	Heures.	Heures.
Conducteur de chevaux . .	Jour et nuit.	6	1	0.30	4.30	9
Boiseurs de galeries. Sud .	Jour et nuit.	6.30	1	1	2.30	6
Boiseurs de galeries. Nord .	Jour et nuit.	7	1	1	3	6
Bosseyeurs	Jour.	6.30	1	1	4	7.30
Bosseyeurs	Nuit.	6.30	1	1	4.30	8
Traîneurs de berlaines . .	Jour et nuit.	6.15	1	1	4.15	8
Traîneurs de bacs. . . .	Jour et nuit.	6.45	1	1	4.15	7.30
Bouteurs et serveurs. . .	Jour et nuit.	6.30	1	1	4.15	7.45
Remblayeurs	Nuit.	6 30	1	1	4.15	7.45
Bacneurs	Jour et nuit.	6.30	1	1	4	7.30
Haveurs	Jour.	6.30	10 à 30m	1	Midi à 2h.	5.10
Hayeurs	Nuit.	6.30	1	1	4	7.30
Sondeurs	Jour.	6.30	0.30	1	1.30	5.30
Réparateurs de puits . . .	Jour et nuit.	7	1	—	4	8
Poseurs de rails	Jour et nuit.	6.30	1	1	4	7.30
Boiseurs de tailles . . .	Nuit.	6.30	1	1	4	7.30
Chefs de tailles	Jour et nuit.	6	1	1	4.15	8.15

COCKERILL.

Observations.	Remarques générales.
	Les heures de descente indiquées, comme les durées de trajet, sont des moyennes.
	Les heures de remonte sont des heures limites.
	Les chiffres mentionnés au présent tableau, sont spécialement relatifs aux ouvriers du siège Collard.
Ces ouvriers travaillent presque toujours à la tâche. Lorsque celle-ci est terminée, ils remontent. 4 heures 15 est l'heure limité de remonte, si même ils n'arrivent pas à faire leur tâche.	Aux sièges Marie et Caroline, l'heure moyenne de descente peut être fixée à 6 ½ heures et la durée moyenne des trajets aller et retour est comprise entre 20 et 40 minutes.
	Mais la durée du travail effectif est sensiblement la même dans les trois sièges.
Cette catégorie d'ouvriers travaille généralement à l'entreprise. Dans ce cas, le travail effectif dure de 8 à 9 heures.	En ce qui concerne les haveurs cependant, ils travaillent effectivement pendant 6 ½ heures à Marie (à la tâche) et pendant 5 ½ à 6 heures à Caroline (au mètre carré).
La durée du travail effectif varie de 4 ½ à 6 heures.	
Ces ouvriers n'ont pas d'heure de remonte fixe. Ils sont payés par heure de présence au charbonnage.	
Ces ouvriers sont très souvent à la tâche et remontent plus tôt.	

2398 **10.** Tous les jours, plusieurs de nos ouvriers de toutes catégories (20 à 22 p. c. de notre personnel) font des suppléments de tâche. Ils le font de bon gré et on n'exerce aucune pression pour les y obliger. En ce moment, un accident nous empêche de faire des « quarts » et des ouvriers nous quittent pour cette raison.

2399 On ne fait pas de quart supplémentaire dans les tailles en dressant; cependant, lorsque le gradin a parfois une hauteur dépassant la hauteur normale, l'abatage est alors mieux rétribué. Il arrive aussi que deux ouvriers s'arrangent pour faire trois gradins. Dans ces cas spéciaux, ces ouvriers font en somme plus que la journée ordinaire.

2400 Dans une même taille en plateure, il arrive que des ouvriers font la journée simple et que d'autres font en plus des quarts supplémentaires; la puissance des couches et le mode d'exploitation permettent cette organisation de travail. Un quart de tâche supplémentaire comporte une prolongation de travail de une heure à une heure et demie.

2401 **11.** Le lundi et le lendemain des jours de fête, nous avons 30 p. c. d'absents; le mardi, 10 p. c. Ce sont principalement les jeunes ouvriers qui chôment. C'est une habitude. Je crois bien que certains ouvriers chôment pour ne pas faire une besogne à laquelle ils ne sont pas accoutumés. Ainsi que cela résulte d'une foule de raisons déjà exposées par d'autres patrons, ces chômages désorganisent l'exploitation.

2402 **15.** Je n'ai pas reçu de plaintes de nos ouvriers au sujet de causes de retard dans l'exécution de leur travail. Le service des lampes ne laisse pas à désirer. Aux sièges où nous employons des lampes Marsant ou Mueseler cuirassées, on distribue 10 p. c. de lampes vacantes. Le service des bois est également bien organisé ; il y a des provisions de bois placées le plus près possible des ouvriers qui doivent les employer.

17. Nos charbonnages sont bien aérés; 2403
la température est assez élevée : de 22 à 25 degrés, en raison de la profondeur des travaux : 635 mètres. On a eu parfois à constater une température de 28 degrés due à des échauffements de remblais; on y a remédié en employant des remblais incombustibles et on a renforcé la ventilation.

Les chantiers ne sont pas humides; il y 2404
a de l'eau dans certaines galeries, mais des rigoles y sont établies pour assurer son écoulement. Au siège Carobin, le système de remblayage hydraulique que nous employons rend naturellement les galeries humides.

19. La diminution de la production qui 2405
résulterait d'une réduction de la journée de travail ne pourrait être compensée. L'ouvrier donne actuellement tout ce qu'il peut, et je ne vois pas, pour le moment, d'amélioration à apporter à l'organisation du travail.

20. Nous ne pourrions, dans nos chan- 2406
tiers, organiser plusieurs postes d'abatage par jour.

21. Je crois qu'il ne faut pas diminuer 2407
la durée du travail par une loi. Si une réduction doit se faire, elle se fera d'elle-même par des améliorations que, je vous l'ai dit, je ne vois pas pour le moment.

2408 **23.** Il y a trente ans, la journée de travail des traîneurs à la Société Cockerill était de onze heures ; elle a été réduite, petit à petit, à neuf heures et demie par des améliorations successives.

2409 **26.** Il est impossible que l'on puisse fixer la même durée de travail pour tous les charbonnages, dont les conditions sont non seulement variables entre elles, mais diffèrent d'un siège à un autre siège d'une même mine.

2410 **27.** Nos ouvriers sont payés à la tâche ou à la journée. Nous n'accordons pas de primes pour assiduité.

2411 Les amendes sont très rares ; nous sommes cependant très sévères pour tout ce qui concerne la sécurité.

29. On ne pourrait maintenir la production en réduisant la durée du travail. 2412

Qui paierait les frais de cette situation ? 2413
l'exploitant, l'ouvrier ou le consommateur ?

Il est à remarquer que la Société Cocke- 2414
rill, dont la production annuelle, en charbon, est de 270,000 tonnes, consomme en plus 300,000 tonnes de charbons achetés de provenance belge, allemande ou anglaise, soit au total 570,000 tonnes.

Or, ces charbons achetés coûtent plus 2415
cher que les nôtres, surtout parce qu'ils sont grevés de frais de transport. Une diminution de production des charbonnages de la Société Cockerill l'obligerait donc à faire davantage appel à l'importation, dans des conditions onéreuses.

2416 WILLEM JULES, *directeur des travaux des charbonnages Cockerill*, et HEINEN LÉONARD, *conducteur des travaux des charbonnages de Cockerill*, confirment les déclarations de Mr M. HABETS.

SERAING

TROISIÈME SÉANCE

27 juillet 1907

Sont présents :

M. le Sénateur A. MAGIS, président,

MM. KAES, LEDUC. | MM. DEJACE, secrétaire. DELMER, secrétaire-adjoint.

Ont été invités à siéger au bureau :

MM. l'inspecteur général des mines LIBERT, l'ingénieur en chef, directeur des mines LECHAT.

Ont recueilli les dépositions des témoins :

MM. les ingénieurs principaux des mines DAUBRESSE et FIRKET.

DÉPOSITIONS DES OUVRIERS

Lismonte Narcisse,

âgé de 50 ans, domicilié à Tilleur, bacneur au siège de Tilleur du charbonnage du Horloz, travaille dans les charbonnages depuis l'âge de 14 ans.

2417 1. Je parle en mon nom personnel.

2418 2. Je demande la réduction de la durée de la journée de travail ;

2419 3, 4. c'est-à-dire du temps qui s'écoule entre l'arrivée au charbonnage et le départ.

2420 5, 6. Je descends à 5 heures 3/4 et remonte à 15 heures lorsque je ne fais pas de supplément et à 17 heures 1/2 dans le cas contraire.

7. La durée du trajet est variable. Elle est actuellement de seize à dix-sept minutes. Le chemin est facile, mais il y a des trajets plus fatigants, notamment ceux qui comportent des plans inclinés. 2421

Le charbonnage du Horloz est une des mines les mieux organisées. 2422

Je fais constamment une journée et demie et je prends deux repos d'une demi-heure chacun. Je prolonge mon travail parce qu'il est d'habitude, au charbon- 2423

2424 nage du Horloz, que les bacneurs agissent de la sorte.

2425 Je ne dis pas qu'on m'oblige à prolonger ma journée, mais je préférerais que la durée du travail soit limitée à huit heures.

2426 Sans faire de supplément je travaillerais huit heures, y compris une demi-heure de repos pour le repas.

2427 **11.** Je chôme le lundi et parfois même en semaine. Depuis deux ans je ne puis plus travailler régulièrement en faisant d'aussi longues journées.

2428 Il y a assez bien d'absences.

2429 Le chômage désorganise toujours quelque peu le travail. Je ne crois pas qu'il y ait danger, pour un ouvrier à veine, d'être changé de poste.

2430 **12.** A mon avis, la limitation du temps de travail pourrait être générale.

2431 **15.** Les différents services sont bien organisés et je ne suis jamais retardé dans mon travail que par le boute feu, qui se fait attendre quand je suis prêt pour le minage.

2432 **17.** Il fait chaud en certains endroits; on peut cependant y travailler. Néanmoins il devrait y passer plus d'air.

2433 Dans les bacnures, où je travaille, la température est bonne Il me semble qu'on ne pourrait mieux ventiler.

2434 La mine est sèche; les voies à chevaux doivent être arrosées.

2435 **18.** Si l'ouvrier travaillait moins longtemps, il pourrait travailler d'une façon plus intense. Il pourrait se reposer mieux chez lui et je crois qu'on ne produirait pas beaucoup moins dans un temps plus court.

19. En ne faisant pas d'heures supplémentaires, on ne prendrait qu'un repos et on se mettrait à l'ouvrage avec plus d'empressement, sachant qu'on travaillerait moins longtemps 2436

20. On pourrait organiser trois postes de travail, dont un d'abatage. 2437

21. La limitation devrait être légale. Seule une loi pourrait supprimer les quarts supplémentaires. 2438

22. Je suis partisan d'une limitation des heures de travail, même au prix d'une réduction du salaire. 2439

23. La durée de la journée a été augmentée. Les ouvriers ont pris peu à peu l'habitude de faire des quarts supplémentaires. L'heure de la remonte a été retardée d'une heure, les ouvriers à veine voulant remonter avant les boiseurs. 2440

26. La limitation pourrait s'appliquer à tout le personnel, sauf aux surveillants et aux accrocheurs, et pourrait être imposée à tous les charbonnages. 2441

27. Je suis payé au mètre courant d'avancement. Des amendes sont infligées pour des fautes de nature à compromettre la sécurité ou l'hygiène. 2442

On n'accorde pas de primes.

Je ne trouve pas qu'une journée de sept à huit heures soit trop longue; je demande simplement la suppression des quarts et des demi-journées supplémentaires. 2443

Les bacneurs travailleraient facilement à trois postes au charbonnage du Horloz, mais cette organisation du travail n'a jamais été demandée. 2444

Devillers Victor,

âgé de 38 ans, domicilié à Flémalle-Grande, ouvrier à veine depuis dix-sept ans au siège Fanny du charbonnage de Marihaye, exerce le métier de mineur depuis l'âge de 10 ans.

2445 1. Je réponds en mon nom personnel.

2446 2. J'accepterais une réduction de la durée de la journée si le salaire ne devait pas en être affecté.

2447 3. J'entends par journée la durée du travail effectif.

2448 4. Je préfère m'abstenir de répondre en ce qui concerne la limitation en une fois ou par étapes.

2449 5. Les ouvriers arrivent à 5 heures 3/4 et commencent à descendre à 6 heures.

2450 6. Les abatteurs remontent entre 12 h. et demie et 13 heures 1/2; on leur permet de remonter dès qu'ils se présentent à l'accrochage au nombre de 12.

2451 7. J'ai à parcourir une voie de roulage; le trajet est facile et demande de cinq à dix minutes.

2452 8. Les ouvriers se reposent quand ils le désirent; il n'y a pas d'heures fixées. Personnellement, je me repose une seule fois pendant cinq à dix minutes.

2453 9. Je commence à travailler à 6 heures et demie et j'ai terminé ma tâche à 12 heures, 12 heures 1/2 et parfois même 14 heures, suivant les difficultés qui se présentent.

2454 10. Les ouvriers acceptent librement de faire des demi ou des quarts de journée supplémentaires. J'en fais volontiers, quand on me le demande, et j'en ai fait jusqu'à quatre fois pendant la même semaine; on n'exerce aucune pression sur les ouvriers pour les engager à prolonger leur travail.

11. Je chôme rarement le lundi; il 2455
manque ce jour 35 à 40 p. c. du personnel. Je n'ai pas à souffrir de la désorganisation qui peut en résulter, car ma besogne n'est pas changée.

12, 13. Je pense qu'on ne peut donner 2456
la même journée à tous les ouvriers du fond, sinon il restera du charbon dans les tailles et le travail de nuit, bosseyement, confection des remblais, etc., ne pourra pas se faire.

Il faudra de nombreuses exceptions, ou 2457
bien on devra confier à un personnel spécial le soin d'enlever les charbons laissés par les ouvriers du poste de jour.

15, 16. Le service des lampes et des 2458
bois ne nous occasionne aucun retard. Notre travail n'est entravé que par des événements imprévues, tels que des éboulements dans les galeries, ou des arrêts momentanés de l'extraction.

17. La température est bonne, spéciale- 2459
ment depuis l'installation du nouveau ventilateur. L'air est sain. Il y a un peu d'eau dans les voies, mais les rigoles sont bien entretenues. Les tailles sont sèches.

18 Je ne pourrais faire la même produc- 2460
tion en moins de temps.

2461 19 Il n'est pas possible de gagner du temps ou de travailler d'une façon plus intense.

2462 21. J'accepterais une réduction de la journée, s'il plaisait au patron de me l'accorder, sans réduction de salaire; mais je refuse toute intervention de la loi, et je désire conserver l'entière liberté de travailler selon mes forces, afin de procurer le nécessaire à mes enfants.

23. La durée de la journée n'a pas été changée depuis 1890. 2463

Je suis payé à la journée et je dois remplir une certaine tâche. Il n'existe pas de primes, les amendes sont très rares. Je ne considère pas, d'ailleurs, comme une amende la retenue faite sur le salaire, lorsque la tâche imposée n'a pas été terminée. 2464

Delvenne Henry,

âgé de 40 ans, domicilié à Flémalle-Haute, ouvrier à veine depuis dix-sept ans, au siège de Flémalle du charbonnage de Marihaye, mineur depuis l'âge de 12 ans.

2465 1. Je parle en mon nom personnel.

2466 2. Je suis partisan d'une réduction de la journée de travail.

2467 3. La durée de la journée de travail est le temps compris entre l'arrivée au charbonnage et la remonte.

2468 4. Il m'est impossible d'indiquer comment devrait se faire la limitation de la durée du travail.

2469 5, 6. Je descends de 6 1/2 à 7 heures et je remonte à 13 heures.

2470 7. Le trajet du puits à mon chantier dure vingt minutes. Il s'effectue par des voies à chevaux et est donc facile.

2471 8. Nous n'avons pas de temps fixé pour le repos. Je n'en prends pas. Je mange avant de me mettre à la besogne et je quitte le chantier quand ma tâche est terminée.

2472 10. On travaille souvent au delà de sa journée. Nous sommes libres d'accepter ou de refuser les quarts supplémentaires; pour ma part, j'en accepte volontiers.

11. Je ne chôme jamais le lundi. Un quart du personnel s'absente ordinairement ce jour-là; cela ne me gêne pas et je travaille dans le même chantier que les autres jours. 2473

12, 14. Il me semble que la limitation devrait être générale, mais je ne puis dire si la même durée de travail pourrait être appliquée à tout le personnel. 2474

15. Je ne suis jamais retardé dans mon travail, sauf en cas d'accident. 2475

17. La température de la mine est bonne, l'air y est sain. La mine est sèche; on doit même arroser dans les voies de roulage. 2476

Un nouveau ventilateur fonctionne depuis un an. 2477

18. On ne pourrait donner la même production en un temps plus court. 2478

19. Il n'y aurait pas moyen de compen- 2479

ser la diminution de production qui pourrait résulter de la réduction de la journée.

2480 20. L'organisation de deux postes de travail est impossible dans mon chantier. Le bosseyement et le remblayage s'y opposent. De plus, un échauffement des remblais serait à craindre, si par un travail précipité, du charbon y était abandonné.

2481 21. Je ne suis pas partisan d'une limitation légale; je me trouve plus libre dans les conditions actuelles que si l'on réglementait la durée du travail. Deux heures comptent pour un quart de journée supplémentaire et trois heures pour une demie.

22. En cas d'une limitation de la durée du travail, le salaire devrait rester le même. 2482

27. Je suis payé à la tâche. Il n'y a pas de primes. Rarement des amendes sont infligées pour négligence. 2483

Pirotte Jules,

âgé de 55 ans, domicilié à Seraing, boiseur depuis 12 ans au siège Boverie du charbonnage de Marihaye; occupé dans les mines depuis l'âge de 14 ans, notamment aux charbonnages de l'Espérance à Seraing et du Bois d'Avroy.

2484 1. Je représente un groupe d'ouvriers libres, non affiliés à un syndicat.

2485 2. Ces ouvriers accepteraient une réduction de la journée de travail, si leur salaire n'était pas diminué.

2486 3. J'entends par journée de travail la durée du travail effectif.

2487 5, 6. La descente a lieu à 6 heures 3/4 et nous remontons à 15 heures.

2488 7. J'ai à parcourir une voie de roulage; le trajet dure un quart d'heure et n'est pas fatigant.

2489 8. Nous disposons de deux repos d'une durée totale de quarante-cinq minutes.

2490 10. J'accepte volontiers de faire des quarts supplémentaires, dont la durée est d'une heure. Les patrons n'exercent d'ailleurs aucune pression, et les ouvriers prolongent leur travail lorsqu'ils le veulent bien. Certains boiseurs ont même insisté afin d'être autorisés à le faire.

12. Il n'y a pas lieu de limiter la journée des ouvriers à veine. Ces ouvriers travaillent à la tâche et n'accepteraient pas la mesure proposée. Celle-ci ne peut pas être étendue au personnel du transport et de la surveillance, qui doit rester dans la mine jusqu'à ce que le charbon soit enlevé. Les membres de ce personnel ne peuvent remonter en même temps que les abatteurs. 2491

15. Le service des transports est bien organisé et les déraillements sont peu fréquents. Les lampes sont du système Wolf, à rallumeur; elles fonctionnent bien, et le manœuvre qui nous accompagne dispose de deux lampes. 2492

Le service des bois est également satisfaisant; les longs bois utilisés par les boiseurs sont descendus dans la mine la nuit. 2493

2494 17. La température de l'air est bonne ; la mine, d'ailleurs peu profonde, est bien ventilée et saine.

2495 Les vieux travaux, que l'on rencontre fréquemment, donnent de l'eau qui s'écoule par les voies de transport.

2496 Ces voies sont, en général, bien entretenues ; elles sont pourvues de rigoles qui s'obstruent parfois ; mais cela se présente rarement.

2497 18. Je ne pourrais accomplir la même tâche dans un temps plus court ; une réduction de la journée entraînera une diminution de la production.

2498 19. On ne peut ni réduire les repos, ni gagner du temps, ni travailler d'une façon plus intense.

2499 20. L'organisation de plusieurs postes d'abatage dans un même chantier est absolument impossible ; les remblais ne pourraient pas suivre.

2500 21. La durée de la journée ne doit pas être fixée par une loi, car je préfère la liberté pour chacun de travailler suivant ses forces et ses besoins. Il n'est d'ailleurs pas possible de mettre tous les ouvriers sur le même pied, en ce qui concerne la durée de la journée.

22. Je n'accepterais aucune diminution de la durée de mon travail, s'il devait en résulter une réduction de mon salaire. 2501

23. La durée de la journée des boiseurs a été augmentée d'une demi-heure, par l'ancienne direction, il y a déjà longtemps. La journée des boiseurs du siège Boverie est devenue ainsi supérieure d'une demi-heure à celle des boiseurs des autres sièges. 2502

27. Nous sommes payés à la journée ; il n'existe pas de primes et on n'applique des amendes que pour infraction au règlement. 2503

Au nom de mes camarades, je souhaite que l'on construise un lavoir au siège Boverie dès que les installations de ce siège seront rendues définitives. 2504

Plompteux Pierre-Joseph,

âgé de 39 ans, ouvrier à veine depuis 13 ans au siège Many du charbonnage de Marihaye; descend dans les mines depuis l'âge de 14 ans.

2505 1. Je parle en mon nom et au nom d'un groupe d'ouvriers libres du siège Many.

2506 2. Je ne demande pas de réduction de la journée de travail ; je ne travaille pas trop longtemps.

2507 3. Par durée de la journée de travail, j'entends la durée du travail effectif.

5, 6. Je descends entre 6 heures 1/4 et 6 heures 1/2 et remonte entre 12 heures 1/4 et 12 heures 1/2. 2508

7. Le trajet au chantier est facile et dure dix minutes. D'autres trajets exigent un quart d'heure. 2509

8. La durée du repos est d'une demi-heure. 2510

2511 9. Je travaille effectivement pendant cinq heures.

2512 Je prolonge souvent ma journée d'un quart ou d'une demie, parfois même je fais double journée et dans ce cas je reste jusque 16 heures.

2513 Personne n'est contraint de fournir ces suppléments.

2514 11. Je ne chôme pas le lundi. Ce jour-là il y a assez bien d'ouvriers qui s'absentent; il se produit ainsi une certaine désorganisation du travail.

2515 15. Nous disposons du bois nécessaire; le service des lampes est bien fait; nous n'éprouvons du retard qu'en cas d'accident.

2516 17. La température est bonne ainsi que l'aérage. Les tailles sont sèches, mais les voies sont parfois humides.

20. L'organisation de l'abatage en deux postes serait impossible, à cause du hayage et du remblayage. 2517

Quand je fais double journée, je travaille parfois dans deux gradins et quelquefois dans un seul, lorsque les circonstances permettent un avancement double. 2518

22. Je ne désire pas de limitation du nombre d'heures de travail; je ne demande qu'à conserver ma liberté. 2519

23. La durée de la journée de travail n'a pas varié au puits Fany depuis que j'y travaille. 2520

27. Je suis payé à la tâche. Des amendes sont infligées quand on est en défaut. On n'accorde pas de primes. 2521

Pené Florent,

âgé de 54 ans, domicilié à Montegnée, boiseur depuis 16 ans au charbonnage de Gosson Lagasse à Montegnée; travaille dans les mines depuis l'âge de 13 ans.

2522 Je parle au nom d'un groupe d'ouvriers du poste de nuit du charbonnage de Gosson Lagasse.

2523 Je suis un ouvrier mineur ayant passé par tous les postes de remblayeur, bosseyeur, bacneur, ouvrier à veine, ouvrier de puits, pompier; actuellement, je suis boiseur.

2524 Je ne vois pas comment on pourrait réduire la durée du travail, sans réduire la tâche et je ne désire pas que cette réforme soit décrétée par une loi. Je demande qu'on laisse travailler comme bon leur semble ceux qui le veulent et le peuvent. Les mineurs de notre région ne demandent qu'à travailler et ils en donnent la preuve tous les jours.

Le charbonnage du Gosson, où je travaille, a été le plus critiqué en ce qui concerne les heures supplémentaires. On était cependant et on est encore parfaitement libre de faire de telles heures. 2525

Pendant la discussion de la loi sur les mines par la Chambre, quelques ouvriers ayant refusé de faire des suppléments, la direction les a supprimés pour tous les rabatteurs. 2526

Il est alors arrivé que beaucoup d'ou- 2527

vriers sont partis et ont été faire des heures supplémentaires ailleurs, ou bien sont passés au poste de nuit, où il était permis d'en faire.

2528 Vous voyez donc que l'ouvrier n'est pas hostile à une mesure qui lui apporte plus d'aisance.

2529 Ce sont d'ailleurs les heures supplémentaires que je fais qui m'ont permis de donner un état à mon fils aîné et qui me procurent encore les moyens de laisser à l'école de mécanique, où il ne gagne rien, mon second fils, âgé de 16 ans.

2530 Tant qu'il me restera des forces, je demanderai à mes patrons du travail supplémentaire et à la Providence de me laisser vivre et lorsqu'il faudra partir pour le grand voyage, je serai sans crainte, car j'aurai bien rempli ma tâche.

2531 Et la loi viendrait empêcher un père de travailler et lui défendre de faire à ses fils une situation meilleure que la sienne ! Ce serait injuste.

2532 On prétend que les ouvriers à veine ont la besogne la plus fatigante et la plus pénible; ce n'est pas généralement le cas au Gosson. Les bacneurs, qui respirent toujours les fumées de la poudre, ne s'arrêtent presque jamais et donnent sans interruption toute leur force au travail ; il est tout à fait impossible de diminuer leur journée sans réduire leur tâche.

2533 Les bosseyeurs doivent couper la galerie, transporter les déblais et faire le boisage. Ils donnent aussi tout ce qu'un homme peut donner et on est plus sévère pour eux que pour tout autre, parce que la bonne exécution de leur travail intéresse la sécurité de tout le personnel de la taille. Il n'y a pas possibilité de réduire leur journée, en maintenant le même avancement.

Quant aux boiseurs, si leur travail est moins dur, il est d'une exécution bien plus difficile, surtout lorsqu'ils doivent réparer d'anciennes galeries, alors que les terrains n'ont plus aucune consistance et qu'ils ont à traverser des régions éboulées. 2534

Dans l'entretien journalier des voies, les boiseurs doivent faire preuve d'intelligence et d'initiative; ils ont à vaincre bien des difficultés qui n'apparaissent plus, lorsque leur besogne est achevée. Aussi ne pourraient-ils pas faire cette besogne en moins de temps. 2535

S'il se produit un éboulement à la fin de la journée, empêchant les ouvriers des tailles de retourner au puits et rendant impossible le travail de l'équipe suivante, le boiseur pourra-t-il abandonner son poste, sous prétexte qu'il a terminé ses huit heures ? Cela n'est pas admissible. 2536

Voilà bien longtemps, mon vieux père faisait jusque cinq journées consécutives, pour nourrir ses nombreux enfants. D'autres, aujourd'hui, sont aussi chargés de famille et peuvent gagner en un jour ce que mon père gagnait alors en trois. Et la loi viendrait, sans souci des besoins de leurs petits enfants, leur défendre de travailler plus de huit heures ! Ce serait à se dégoûter des lois de son pays. 2537

Pour rester une ou deux heures de moins dans le fond, les ouvriers travaillent comme des bêtes de somme ; ils s'éreintent et se fatiguent outre mesure. 2538

On refuse de faire des heures supplémentaires, on les trouve trop fatigantes, nuisibles à la santé, et de nature à vieillir l'ouvrier prématurément. Mais on accepte 2539 qu'il se tue au travail en faisant en huit heures ce qui exigeait auparavant neuf et dix heures. Quant à moi, je ne puis accepter un tel régime.

2540 Au surplus, les traîneurs et les chargeurs ne peuvent charger et traîner trois berlaines au lieu de deux dans le même temps.

2541 D'après certains, ceux qui font des heures supplémentaires ne veulent pas jouir de la vie. N'est-ce pas une jouissance enviable de donner le nécessaire à son ménage, de rendre sa femme heureuse en lui apportant un supplément de salaire, de faire des économies et de devenir propriétaire de sa maison.

2542 En limitant la journée à huit heures, la loi enlèvera à tous, les moyens d'acquérir cette aisance.

2543 4. C'est pourquoi les ouvriers de nuit Gosson Lagasse revendiquent la liberté pleine et entière de travailler autant qu'ils le désirent.

2544 Nous n'avons pour vivre que notre travail et nous sommes seuls juges des meilleurs moyens à employer pour procurer la subsistance à vos familles et à nous-mêmes.

2. Je demande donc pas que la journée soit réduite. 2545

5. Je descends à 5 heures 3/4. 2546

8. Le poste de nuit dispose de deux re- 2547
pos de vingt minutes.

9. Je travaille effectivement pendant neuf heures. 2548

10. Je fais souvent des heures supplémentaires, et j'en suis heureux. Je suis payé à la journée; je gagne un quart de journée pour une heure de travail supplémentaire et une demi-journée pour deux heures. 2549

17. En général, on ne se plaint pas des conditions d'aérage; toutefois, sur les voies de retour d'air, les ouvriers sont parfois incommodés, pendant quelque temps, par les fumées de poudre. Les voies de roulage principales sont humides et laissent à désirer dans certaines de leurs parties. 2550

Deprez Noël,

âgé de 27 ans, domicilié à Jemeppe-sur-Meuse, ouvrier à veine depuis un an et demi au siège des Kessales des charbonnages des Kessales; exerce le métier de mineur depuis l'âge de 14 ans; a été occupé antérieurement aux charbonnages du Gosson, du Horloz et de Marihaye.

2551 1. Je parle au nom des membres d'un syndicat d'ouvriers mineurs de Jemeppe.

2552 2. Je réclame la réduction de la journée de travail.

2553 3. Cette journée commence dès le moment de l'entrée des ouvriers au charbonnage, puisqu'on considère comme accidents de travail ceux qui se produisent dans la paire avant la descente. 2554

5. Le poste de jour descend dans la mine entre 6 heures et 6 heures 50. 2555

2556 6. La remonte commence à 14 heures.

2557 7. Pour me rendre au travail, je suis une voie d'aérage où la circulation est difficile et des voies de roulage dont les dimensions sont plus grandes. Les voies sont cependant trop étroites et les ouvriers ne peuvent s'y garer au moment du passage des berlaines.

2558 Dans celle qui conduit au chantier de Trois Poignées à 394 mètres, il s'accumule de l'eau sur environ 50 mètres de longueur; on enlève cette eau pendant la nuit.

2559 8. Les abatteurs prennent un seul repos de quinze à trente minutes.

2560 10. Je ne prolonge jamais mon travail; d'autres le font de temps en temps.

2561 11. Je travaille, en règle générale, onze à douze jours par quinzaine et ne chôme pas le lundi. Les absents étant nombreux ce jour-là, je suis parfois changé de chantier; ce changement me laisse indifférent.

2562 15. Les bois manquent rarement, mais il n'existe qu'un seul serveur par taille, c'est-à-dire pour cinq ou six abatteurs.

2563 Ceux-ci doivent attendre parfois jusqu'à 8 heures avant de commencer leur travail, et ils sont obligés de se hâter pour l'achever avant la fin de la journée. S'ils disposaient de deux manœuvres par taille, ils gagneraient environ une demi-heure.

2564 Les lampes, du système Mueseler, sans rallumeur, s'éteignent souvent; chaque taille dispose de deux ou trois lampes supplémentaires. Le conducteur de chevaux ramène au puits celles qui doivent être rallumées.

2565 Les traineurs manquent parfois de berlaines; j'ignore quelle est la cause des retards qui se produisent dans le service des transports.

17. La température est bonne dans certaines tailles, notamment dans celle où je travaille. Ailleurs, les ouvriers se plaignent de la chaleur; cependant l'air n'est pas vicié. La mine est sèche. 2566

18. Les abatteurs pourraient, tout en accomplissant la même tâche, gagner un quart d'heure à une demi-heure, de la façon indiquée plus haut. Quant aux traîneurs, ils pourraient achever leur besogne à 2 heures. 2567

21. Je réclame une limitation légale de la journée pour tous les ouvriers du fond, sans exception. 2568

A l'appui de mon opinion, je rappelle certaines difficultés survenues entre la direction du charbonnage de Kessales et les ouvriers traîneurs. Ceux-ci restaient jadis dans la mine jusqu'à 16 heures. 2569

On leur a permis de remonter à 15 heures, mais ils n'ont pu obtenir de le faire à 14 heures. Quelques-uns d'entre eux ont même été punis parce qu'ils se sont présentés au puits à 14 heures, alors que leur tâche était achevée. 2570

Ces traîneurs touchent fr. 4.60 lorsqu'ils remontent à 15 heures et fr. 5.25 lorsqu'ils prolongent leur journée jusqu'à 16 heures. 2571

22. Je pense que la production restera la même et que le salaire ne sera pas diminué. Je n'accepterais pas, d'ailleurs, de gagner moins et trouve que les journées devraient être augmentées, vu le haut prix des charbons. 2572

2573 **25**. La durée de la journée n'a pas été modifiée.

2574 **27**. Les abatteurs sont payés au mètre carré ; on ne leur applique ni prime ni amende.

2575 Les traîneurs subissent des amendes, notamment lorsqu'ils se présentent au puits cinq minutes avant l'heure fixée pour la remonte.

Je mentionne encore que je travaillais 2576
précédemment au Gosson et que j'ai été congédié parce que j'ai refusé de faire des heures supplémentaires. Aux deux sièges du Horloz, on oblige également les ouvriers à faire des quarts.

Hastir Ferdinand,

âgé de 27 ans, domicilié à Jemeppe, bosseyeur et boiseur de nuit au siège des Grands Makets du charbonnage de la Concorde à Jemeppe depuis 8 mois; travaille depuis l'âge de 18 ans dans les mines du bassin.

2577 **1**. Je parle au nom du syndicat des mineurs de Jemeppe.

2578 **2**. Je demande que la journée soit réduite à huit heures.

2579 **3**. Cette journée doit comprendre le temps qui s'écoule entre l'entrée à la houillère et la sortie.

2580 **4**. C'est ce temps qui doit être limité à huit heures, pour tous les ouvriers du fond et en une fois.

2581 **5, 6**. Je descends dans la mine à 17 heures 3/4 et je remonte au jour à 4 heures du matin.

2582 Le trajet entre le puits et le chantier est de un quart d'heure pour moi; pour d'autres, il est de vingt à vingt-cinq minutes.

2583 Ce trajet est fatigant et très pénible, parce que les voies sont remplies d'eau, au point qu'il faudrait des bottes imperméables ou bien un petit bateau pour atteindre le chantier.

2584 Aux étages de 216 mètres, 250 mètres et 291 mètres, les voies sont basses et étroites et elles sont couvertes d'eau sur 40 à 50 mètres de longueur.

8. Nous disposons de deux repos d'une 2585
durée totale d'une demi-heure.

9. Nous travaillons d'une façon effec- 2586
tive pendant neuf heures et quart.

10. Le travail est prolongé presque 2587
journellement; les ouvriers font des quarts, bien qu'ils ne le désirent pas, à part les frotteurs de manche.

Personnellement, je ne fais jamais de 2588
quart, dans l'intérêt de ma santé ; je ne veux pas épuiser mes forces et je trouve la journée simple déjà trop longue.

11. Je chôme le lundi. Il y a, ce jour-là, 2589
25 p. c. d'absents en moyenne, ce qui désorganise le travail; beaucoup d'ouvriers chôment parce qu'ils craignent d'être chargés d'un travail plus pénible ou plus fatigant.

12. La journée de huit heures peut et 2590

doit, à mon avis, être appliquée à tous les ouvriers du fond.

2591 13. La limitation doit être générale pour les ouvriers. Quant aux surveillants, je ne puis répondre.

2592 15. L'organisation du travail est mauvaise dans 49 charbonnages sur 50.

2593 Les ouvriers de nuit sont gênés par le charbon qui reste dans les chantiers et ceux de jour par des pierres qui n'ont pas été enlevées la nuit. Les transports sont défectueux, par suite du manque de matériel et du mauvais état des voies.

2594 Les bois font souvent défaut; les lampes sont mauvaises et la ventilation est insuffisante.

2595 L'ouvrier est aveuglé et asphyxié avant de commencer à travailler.

2596 Les tailles ne sont pas remblayées; il y existe souvent 7 et 8 mètres de vide; on ne remplit que le pied des tailles, sur 2 à 3 mètres de hauteur Dernièrement, j'ai été chargé par le surveillant de masquer ces vides dans la taille n° 15 de Grande veine.

2597 Les cheminées ne sont jamais remblayées; les voies d'entrée d'air sont en mauvais état, ou bien n'existent pas, par exemple à l'étage de 216 mètres, d'après ce qui m'a été dit.

2598 16. Les causes de retard ou d'arrêt que je viens de signaler se produisent journellement. Elles sont imputables à une mauvaise organisation et peuvent occasionner des accidents.

2599 17. Il fait chaud dans la mine, par suite du manque d'air et du défaut de remblais. Les eaux provenant des anciens travaux, le fumier des écuries et les déjections des ouvriers vicient le courant d'air. Il devrait exister des tinettes mobiles, au voisinage de chaque chantier.

18. Avec une meilleure organisation de tous les services, on pourrait accomplir la même tâche dans un temps plus court. 2600

19. J'estime que la production ne serait pas réduite par la limitation de la journée à huit heures, pour les motifs suivants : 2601

1° On ne ferait plus qu'un seul repas, au lieu de deux; 2602

2° Les chômages seraient moins importants; 2603

3° L'ouvrier aurait plus de courage et son travail serait plus régulier et plus productif; 2604

4° Le travail serait mieux organisé et les conditions hygiéniques seraient améliorées. 2605

20. Il n'est pas possible de faire deux postes d'abatage dans le même chantier. Un repos est nécessaire pour l'assainissement des tailles; on ne sait d'ailleurs pas remblayer celles-ci avec un seul poste d'abatage; que serait-ce si l'avancement était double! 2606

Si l'on établit trois postes, je pense que deux d'entre eux seront nécessaires pour les travaux à la pierre et les réparations. 2607

21. Je ne puis avoir confiance que dans l'intervention d'une loi limitant la durée de la journée. 2608

Les patrons n'observent pas la loi sur le repos dominical et ils ne respectent pas les règlements relatifs à la police des mines. Une entente avec eux ne serait pas suffisante. 2609

2610 22. Je ne crois pas que la diminution de la journée entraînera une baisse des salaires. La production restera la même ; au surplus, si elle baisse un peu, on réduira les bénéfices qui sont trop élevés.

2611 23. Depuis 1886, la journée a été réduite à huit heures pour les haveurs ; pour les autres catégories d'ouvriers, elle a plutôt augmenté et elle est parfois de douze heures.

2612 24. La diminution de la journée des haveurs est due à l'action des syndicats.

2613 25. Le salaire de ces ouvriers, loin de diminuer, a été augmenté.

2614 26. La diminution doit être générale pour tous les ouvriers et tous les charbonnages belges, sans exception.

2615 27. Je suis payé à la journée ; d'autres sont payés à la tâche.

2616 Il n'y a des primes que pour les surveillants, notamment lorsqu'ils augmentent la production. Ces surveillants adressent, à tort, aux ouvriers des réprimandes qui les découragent. Ils appliquent des amendes sans motifs suffisants. Les patrons sont responsables de la mauvaise organisation de la surveillance.

28. Les avaleresses sont payées à l'entreprise. 2617

En terminant, je ferai remarquer qu'il n'y a pas de lavoir convenable aux Grands Makets. Il n'y a que deux baquets et l'eau est mauvaise ; les ouvriers sont réunis et doivent se dévêtir en présence les uns des autres et même devant des gamins. Cela est peu convenable. D'autre part, les ouvriers sont mouillés au sortir de la mine et s'exposent à des maladies en rentrant chez eux sans changer de vêtements. 2618

Il tombe de l'eau dans le puits ; c'est pourquoi on ne remonte que quinze à seize hommes par trait, alors qu'il y a place pour vingt dans les cages. 2619

Au sujet des chômages, je signalerai que les ouvriers y sont payés à partir de 13 heures ; ceux du poste de nuit doivent, le jour du paiement, se lever avant leur heure habituelle. S'ils se recouchent ensuite, ils risquent de ne pas se réveiller et chôment involontairement ce jour-là. 2620

Ils ne peuvent d'ailleurs prendre leur argent avant la descente, car ils risqueraient de le perdre. 2621

J'estime enfin que la réduction de la journée sera favorable à la sécurité des travailleurs et je crois que les patrons nous refusent cette réforme parce qu'ils craignent de voir leurs ouvriers s'instruire. 2622

Flesch Joseph,

âgé de 26 ans, domicilié à Ougrée, ouvrier à veine depuis 15 mois au siège Grand Bac des charbonnages du Bois d'Avroy ; a été occupé antérieurement au charbonnage d'Ougrée.

2623 1. Je dépose au nom des ouvriers syndiqués du charbonnage d'Ougrée. (Société d'Ougrée-Marihaye.)

2624 2. Je demande que la journée de travail soit réduite.

2625 3. Selon moi, la journée commence dès l'entrée des ouvriers au charbonnage, puisqu'ils sont, dès ce moment, à la disposition de leurs patrons.

2626 5, 6. La descente commence à 6 heures du matin et se termine vers 6 heures 50 minutes ; la remonte a lieu à 14 heures pour les ouvriers à veine travaillant à la tâche. Ces ouvriers deviennent rares et s'ils remontent trop tôt, on augmente leur tâche.

2627 Quelques ouvriers occupés dans les couches puissantes sont payés à la journée et remontent entre 14 heures 1/2 et 15 heures.

2628 D'autres sont payés à l'entreprise et j'estime que le prix du gradin est en général fixé trop bas.

2629 7. Il me faut de quinze à trente minutes pour me rendre à mon chantier de travail. Le charbonnage d'Ougrée étant très bien organisé, ce trajet, à partir du puits, est facile et l'ouvrier arrive à son poste très dispos.

2630 Les voies sont pourvues de rigoles bien entretenues et assez profondes ; on peut y circuler sans se mouiller les pieds.

8. L'heure du repos n'est pas uniforme 2631
et on interdit aux ouvriers d'une même taille de manger ensemble Il en résulte que certains d'entre eux prennent leur repas dans une atmosphère poussiéreuse.

9. La durée du travail effectif est de 2632
sept heures.

10. Le système des quarts et des demi- 2633
journées n'existe pas à Ougrée. Le travail y est rarement prolongé, si ce n'est pour des raisons de sécurité, par exemple pour compléter le boisage.

11. Il y a, en moyenne, 25 p. c. de 2634
chômeurs le lundi.

12. La limitation de la journée ne doit 2635
pas viser uniquement les abatteurs, qui remontent déjà à 14 heures.

Elle est surtout nécessaire pour les 2636
manœuvres, les traîneurs et les conducteurs de chevaux qui travaillent jusqu'à 16 heures, 17 heures et même 18 heures, ainsi que pour les ouvriers de nuit qui restent dans la mine jusqu'à 4 heures 1/4 et parfois jusqu'à 7 heures moyennant un supplément de salaire très minime.

15. L'organisation étant très bonne, il 2637
n'existe aucune cause de retard, en dehors des éboulements, d'ailleurs très rares.

17. Les conditions d'aérage sont par- 2638
faites et on procède à des jaugeages très

fréquents pour les maintenir telles. L'air est frais et la mine est sèche.

2639 18. Le prix de la tâche ayant toujours été fixé très bas, l'effet utile des ouvriers a atteint son maximum; ceux-ci ne pourraient donc accomplir le même travail dans un temps plus court.

2640 19. On ne peut ni rendre le travail plus intense, ni réduire les pertes de temps.

2641 21. La durée de la journée doit être limitée par une loi afin d'éviter, en cas de crise industrielle, le retour aux anciens usages. Au surplus, il y a quinze ans, les abatteurs remontaient entre 12 heures 1/2 et 13 heures; en diminuant leur journée d'une heure, on ne ferait que supprimer l'augmentation qui leur a été imposée jadis.

2642 22. Le salaire actuel est dérisoire, en présence du prix élevé des denrées. Toutefois, la limitation est nécessaire, quoi qu'elle amène, pour des motifs d'hygiène.

23. La journée a été augmentée, ainsi qu'il est dit plus haut, 2643

27. Les abatteurs sont, en général, payés à la tâche ou à l'entreprise. 2644

On n'accorde de primes qu'aux surveillants, pour les engager à punir les ouvriers. Ceux-ci sont mis à l'amende pour des peccadilles et souvent arbitrairement, soit pour tâche non achevée, soit pour faute contre la sécurité. Une retenue de 1/5 est infligée aux ouvriers qui perdent plus d'une journée par quinzaine et à ceux qui chôment le lundi, alors qu'ils ont cependant travaillé le dimanche. 2645

En concluant, j'engage les directeurs présents à la séance à prendre exemple sur le charbonnage d'Ougrée, en ce qui concerne les dimensions et l'entretien des galeries. 2646

Jousten Jean-Mathieu,

âgé de 34 ans, domicilié à Seraing, boiseur et bosseyeur depuis 3 ans au nouveau siège du charbonnage des Six Bonniers; travaille dans les charbonnages depuis l'âge de 12 ans.

2647 1. Je parle en mon nom personnel pour le charbonnage des Six Bonniers et au nom du syndicat l'*Union des mineurs de Seraing*.

2648 2. Je demande que la durée de la journée de travail soit limitée à huit heures.

2649 3. La durée de la journée du travail commence, à mon avis, dès l'entrée au charbonnage.

4. La durée du séjour pourrait être fixée à huit heures. La limitation devrait se faire en une fois après un délai de six à neuf mois accordé aux charbonnages pour prendre les mesures nécessaires. 2650

5, 6. Le descente commence à 6 heures et la remonte s'effectue pour 1° les ouvriers à veine des dressants à 12 heures 1/2; 2° les ouvriers à veine des plateures à 14 heures 1/2; 3° les boiseurs à 15 heu- 2651 res; 4° les bacneurs à 16 heures; 5° les hiercheurs à 16 heures 1/2 ou 17 heures; 6° les accrocheurs à 18 heures.

2652 7. Il faut au maximum trente minutes pour se rendre aux chantiers, de même que pour retourner au puits.

2653 Le trajet est toujours fatigant. Les terrains exercent de fortes poussées, de sorte que la hauteur des galeries est réduite. Il s'ensuit que l'on est obligé de marcher courbé ou sur les genoux. On doit gravir des plans inclinés alors qu'on est chargé de 10 à 20 kilogs d'outils.

2654 8. Je prends deux repos d'une demi-heure chacun.

2655 9. Je suis boiseur et je travaille de 6 heures du matin à 15 heures, c'est-à-dire neuf heures.

2656 10. Si un éboulement survient ou si un travail est urgent, on nous fait rester une ou deux heures en plus et nous sommes payés pour ce travail supplémentaire au prorata de la durée du séjour dans la mine.

2657 11. Je ne chôme jamais qu'en cas de force majeure. Si je m'absentais le lundi, c'est que je m'y verrais obligé, le travail de la semaine précédente ayant été trop fatigant.

2658 Si les ouvriers descendaient le lundi à 7 heures, je suis persuadé que le nombre d'absences diminuerait.

2659 Le chômage du lundi est nuisible aux patrons.

2660 12. Les ouvriers demandent une diminution de la durée de la journée de travail pour toutes les catégories, conformément au projet de loi Destrée.

13. Il n'y a pas d'exception à faire, même pour les surveillants. 2661

14. Des dérogations pourraient être accordées en cas d'accident ou de travail urgent. 2662

15. Il peut se faire que, par suite de manque de berlaines, des amas de terres soient restées dans les voies. 2663

On devrait employer des lampes à benzine à rallumeur et non la lampe Marsaut. 2664

16. Les bois font rarement défaut, mais il manque parfois des machines-outils pour le bosseyement, ce qui est dû, je crois, aux nombreux travaux préparatoires en exécution. 2665

17. La température est élevée. La conduite de vapeur de la pompe souterraine est installée dans le puits d'extraction. Dans les tailles, les remblais sont souvent mal faits. La mine est grisouteuse. Les excréments des hommes et des chevaux ainsi que la pourriture des bois vicient l'atmosphère. 2666

On arrose les travaux, mais la conduite n'est pas assez longue, à cause de la distance qui existe entre les cheminées. 2667

18. On pourrait augmenter l'effet utile de l'ouvrier en améliorant l'organisation, notamment le service du transport, les conditions d'aérage, en soignant mieux les remblais, en renforçant le boisage des voies. 2668

19. Si l'ouvrier pouvait remonter plus tôt, il emploierait mieux son temps et ne prendrait qu'un repos d'une demi-heure pour manger. 2669

Si l'ouvrier pouvait descendre le lundi à 7 heures, il y aurait moins d'absences. 2670

Souvent l'ouvrier chôme le lundi par crainte de devoir être employé à une autre besogne que la sienne.

2671 S'il faisait moins chaud et plus sain dans la mine, l'ouvrier pourrait travailler davantage.

2672 **20**. On pourrait organiser trois postes de travail dont un seul serait consacré à l'abatage.

2673 **21**. La limitation de la durée de la journée de travail devrait être légale. Elle ne pourrait avoir que de bons résultats.

2674 **22**. Où je travaille, une diminution des heures de travail serait suivie d'un abaissement du salaire.

2675 **23**. La durée de la journée de travail est restée la même au charbonnage des Six Bonniers depuis que j'y travaille, c'est-à dire trois ans.

2676 **26**. La même durée de travail peut être appliquée à tous les sièges d'une même mine et même à tous les charbonnages, à condition que les patrons s'y prêtent

27. Je suis payé à la journée. On n'accorde pas de primes. Le salaire n'est jamais en rapport avec le prix des charbons. Il faudrait une échelle mobile dont le principe serait déterminé par une loi. 2677

Quand l'ouvrier remonte avant la fin de sa journée, son salaire est diminué suivant le temps qu'il a volontairemet supprimé de la durée régulière de son travail. Il est payé au prorata de ce qu'il a travaillé. Ce n'est pas réellement une amende. 2678

28. Je travaille à l'heure. Certains ouvriers travaillent à l'entreprise ; ceux-là s'épuisent trop pour le surplus de salaire qu'ils gagnent. 2679

Comme conclusion, j'estime que la question de la limitation des heures de travail serait presque résolue si les patrons voulaient traiter avec les syndicats, qui ont tout intérêt à ce que le travail soit bien organisé. 2680

Servais Guillaume,

âgé de 38 ans, domicilié à Ougrée, ouvrier à veine depuis 8 ans au charbonnage d'Ougrée; compte 24 années de service dans les mines du bassin de Seraing.

2681 **1**. Je parle au nom d'un groupe de mes collègues qui sont occupés au charbonnage d'Ougrée et dont plusieurs font partie de la Société de secours mutuels des charbonnages et hauts-fourneaux d'Ougrée.

2682 **2**. Nous demandons à ce qu'on laisse la liberté à chacun de travailler comme il l'entend. Mais nous voulons bien qu'on réduise la durée du travail à la condition que les salaires soient maintenus.

3. C'est le nombre d'heures de présence qui constitue la journée de travail. 2683

4. Il ne convient pas de limiter la durée du travail ; nous voulons être libres de travailler autant que nous le jugeons convenable. 2684

5, 6. Nous descendons de 6 heures 5 2685

minutes à 6 heures 40 minutes, et nous remontons de 14 à 15 heures, parfois même à 16 heures. A journée, nous remontons à 15 heures.

2686 7. Pour se rendre du puits au chantier, il faut de quinze à trente minutes. Le parcours est très facile dans toutes les voies, même dans les aérages. On peut circuler partout à son aise, les voies sont très hautes et très larges, elles sont bien entretenues et très propres.

2687 8. La durée de nos repos est de quarante-cinq minutes approximativement.

2688 9. Voici comment je calcule le nombre d'heures du travail effectif : si je travaille à l'entreprise jusque 14 heures, cela donne six heures de travail effectif; si je travaille à journée jusque 15 heures, la durée du travail effectif est de sept heures.

2689 Les répareurs travaillent huit heures; ils remontent à 16 heures.

2690 10. Nous prolongeons certains jours notre journée, lorsque nous travaillons à l'entreprise, et nous cessons quand bon nous semble.

2691 Rarement les chefs nous demandent de rester après 15 heures, dans les travaux à journée; il faut qu'il y ait nécessité absolue d'exécuter des réparations.

2692 11. Nous ne chômons pas le lundi. Parfois nous travaillons le dimanche, aux réparations des travaux.

2693 Les chômages désorganisent le travail de la mine.

2694 12. Nous ne sommes pas partisans de la limitation de la journée : l'abatage ne peut se faire rapidement dans toutes les tailles; il y en a qui exigent beaucoup de précautions au point de vue de la sécurité.

12. Nous ne sommes jamais retardés ou arrêtés dans notre travail; l'organisation de la mine d'Ougrée est bonne. 2695

Il y a des bois de toutes dimensions à proximité de tous les chantiers et l'évacuation des produits se fait régulièrement. 2696

16. Les arrêts sont très rares; c'est réellement accidentel. 2697

17. La température n'est pas élevée; la mine est très bien aérée, très propre et sèche. 2698

18. Nous ne pourrions pas accomplir notre tâche en un temps plus court.

19. Il est impossible de compenser, par une réduction des temps de repos pris à l'intérieur de la mine, la diminution de production qui serait la conséquence de la journée de huit heures. 2699

D'autre part, ce serait dangereux pour la sécurité, de travailler plus intensivement. Je crois qu'il serait bien difficile d'améliorer ces conditions hygiéniques de la mine, qui sont très bonnes. Enfin, des arrêts étant très rares, on ne doit pas compter regagner du temps par la suppression de ceux-ci. 2700

20. Il n'est pas possible d'organiser deux postes d'abatage par jour; les tailles ne s'y prêtent pas. 2701

Le remblayage et le boisage prennent trop de temps.

21. La durée du travail ne doit pas être limitée par la loi, car on doit laisser à chacun la liberté de se créer les ressources suffisantes pour améliorer le sort de sa fa- 2702

mille et tâcher de faire une position à ses enfants.

2703 **22.** Je pense qu'une diminution légale de la durée du travail aura pour conséquence un abaissement de salaire.

2704 **23.** La journée a été légèrement diminuées me semble-t-il, sur un grand nombre d'année, Il y a, à mon avis, une différence d'une demi-heure à quarante minutes.

2705 Cette diminution provient des améliorations apportées à l'organisation du travail et dans la circulation dans les voies.

2706 **24.** Cette diminution de la journée a été le résultat de progrès apportés à l'outillage.

2707 **25.** Je ne pense pas que l'effet utile et le salaire ont été diminués lorsque la durée du travail a été réduite.

26. La même durée de travail ne peut être appliquée à tous les sièges d'un même charbonnage, ni à tous les charbonnages d'une même région, ni à toutes les catégories d'ouvriers. 2708

27. Je suis payé à la journée dans les grands gradins et à marché lorsque c'est possible. 2709

Il n'y a pas de primes.

Parfois, on inflige des amendes pour travail incomplet. La surveillance est très sévère au point de vue de la sécurité et de la propreté. 2710

28. Il n'y a pas de sous-entreprises. 2711

Clajot Jean,

âgé de 34 ans, domicilié à Liége, magasinier d'une coopérative, ancien mineur; a travaillé 14 ans dans les charbonnages jusqu'en octobre 1900.

2712 **1.** Je parle au nom du syndicat socialiste des mineurs de Hollogne-aux-Pierres, principalement au nom des ouvriers du puits des Grands Makets.

2713 **2.** Nous réclamons une réduction de la journée de travail.

2714 **3.** La durée de la journée de travail est le temps compris entre l'entrée au charbonnage et la sortie.

2715 **4.** Nous demandons de limiter cette durée, au maximum, à huit heures. Cette diminution pourrait se faire en une fois; cependant nous accepterions qu'elle soit faite par étapes.

2716 **5, 6.** Les ouvriers à veine descendent à 5 heures 1/2 et remontent à 13 heures 1/2.

7. Il faut vingt minutes pour aller du puits au chantier; la durée du retour n'est pas toujours égale à celle de l'aller; elle est parfois plus grande. Les voies sont étroites, mal entretenues, ce qui oblige parfois les ouvriers à rebrousser chemin sur plusieurs centaines de mètres pour se garer, à cause d'un transport de wagonnets. 2717

Le chemin est très difficile. Je parle surtout au point de vue des ouvriers à veine, obligés de faire le parcours, en portant plusieurs outils, par de petites voies. 2718

Les dimensions des voies sont telles qu'on doit mettre des poignées aux caisses 2719 des berlaines pour préserver les mains des hiercheurs dans les galeries où le transport ne se fait pas par chevaux.

2720 Les voies sont remplies d'eau. Au siège du Champ d'Oiseaux, l'envoyage du niveau de 254 mètres est noyé depuis plusieurs années. Au puits des Vieux Makets, au niveau correspondant, les ouvriers doivent circuler dans l'eau parce que des rigoles n'y sont pas aménagées.

2721 8. Les ouvriers à veine se reposent pendant vingt minutes et mangent pendant ce temps-là. Les hiercheurs, conducteurs et autres ouvriers remontent plus tard, à partir de 16 heures; ils prennent deux repos qui durent chacun quinze minutes.

2722 9. Les ouvriers à veine fournissent six heures et quart de travail effectif d'après eux, six heures et demie d'après la direction.

2723 10. Quand je travaillais, les ouvriers faisaient souvent des quarts supplémentaires qui duraient trois heures et étaient payés fr. 1.20. Le prix en est actuellement de fr. 1.40. Les ouvriers qui fournissaient ces suppléments de travail remontaient à 16 heures 1/2 au lieu de 13 heures 1/2.

2724 Actuellement on fait des journées doubles de 5 heures 1/2 du matin à 18 heures du soir. Un camarade a touché pour une telle journée fr. 6.50 alors que la journée simple était payée fr. 4.80. Cet ouvrier était payé à marché. Pour les ouvriers payés de la sorte, les prix sont fixés par des surveillants qui, en général sont mal choisis et n'ont pas les capacités requises pour exercer leur emploi. Les prix fixés par les surveillants sont tels qu'ils ne peuvent permettre aux ouvriers de gagner leur journée.

Des moyens de pression sont employés pour obtenir du personnel de faire des journées doubles. Quand on embauche des ouvriers, on exige d'eux de faire des suppléments. 2725

Les membres du syndicat estiment que les ouvriers travaillent suffisamment en faisant une journée si petite qu'elle soit. D'ailleurs les ouvriers ne demandent pas à prolonger leur travail. Ceux qui font des suppléments empêchent d'autres ouvriers de travailler et permettent aux patrons de se procurer de la main-d'œuvre à bon marché. 2726

Actuellement on ne demande plus de faire des quarts supplémentaires, mais on oblige les ouvriers à faire des journées doubles. Je ne pourrais donner la proportion des ouvriers faisant de ces journées doubles, mais je sais qu'il en existe. 2727

11. Il y a assez bien de chômages le lundi. Les ouvriers sont exténués par le travail de la semaine précédente et les deux journées doubles fournies par certains d'entre eux. 2728

Si les ouvriers descendaient le lundi à 7 heures au lieu de 5 heures 1/2, le nombre d'absences diminuerait. 2729

Les chômages ont lieu en hiver comme en été; ils ne sont donc pas occasionnés par les fêtes, les pigeons ou d'autres causes. 2730

Les chômages du poste de nuit, le samedi de quinzaine, ont pour cause le payement qui, s'effectuant le samedi, oblige l'ouvrier de nuit à se lever tôt l'après-midi. Si, après avoir touché son salaire, il rentre chez lui, et se remet au lit, il ne 2731 sait plus se lever. L'ouvrier ne peut pas non plus conserver sa quinzaine pour aller travailler. Il serait préférable de payer le matin le personnel du poste de nuit.

2732 Au charbonnage de la Concorde, on peut se faire payer par procuration, mais l'ouvrier, pour certains motifs, préfère toucher lui-même son salaire.

2733 13, 14. Nous pensons que la journée de huit heures peut être appliquée à tous les ouvriers, même aux surveillants et aux accrocheurs, en améliorant l'organisation. Le recrutement des surveillants serait alors plus aisé ; il n'y aurait plus à traquer les ouvriers pour obtenir d'eux un travail supplémentaire.

2734 15, 16. Les ouvriers sont souvent retardés ou arrêtés dans leur travail. Le bosseyement n'étant pas terminé, les haveurs ne peuvent se mettre à l'ouvrage dès leur arrivée au chantier. De leur côté, les bosseyeurs sont retardés par ce qu'il reste du charbon dans les tailles. Un travail préparatoire est ainsi nécessaire aux ouvriers à veine, ce qui occasionne parfois un retard d'une demi-heure.

2735 Le service du transport n'est pas toujours fait régulièrement ; il manque souvent des gamins, ce qui provoque des retards considérables, non seulement aux hiercheurs mais encore aux abatteurs.

2736 Le service des bois est mal fait. Hier, un ouvrier, faute de bois, n'a pu faire qu'une partie de sa tâche et n'a gagné que fr. 3.75 au lieu de 6.75 à 7 francs.

2737 De tels retards ne se produisent pas tous les jours ni dans toutes les tailles, mais assez fréquemment cependant.

2738 Les lampes sont dans un état lamentable ; il suffit de pénétrer dans les travaux pour que leur pouvoir éclairant soit considérablement diminué.

La préparation des bois à la surface aurait un résultat heureux, même pour la sécurité du personnel, dont une partie doit manier la hache alors qu'elle n'en a pas l'habitude. Je parle de la préparation des têtes de bois. D'ailleurs les vieux bois à réemployer se travaillent à la surface. 2739

17. Il y a beaucoup d'eau dans les voies, jusqu'au-dessus des bottines des ouvriers. La température est élevée et l'air est vicié. Je connais un conducteur de chevaux qui doit enlever sa chemise pour travailler, tellement la chaleur est grande. 2740

Les tailles sont ordinairement sèches, mais les voies de roulage sont humides. 2741

Les remblais sont insuffisants dans les tailles, où il n'est pas rare de constater 7 à 8 mètres de vide. 2742

Les voies sont trop basses pour une bonne ventilation. 2743

Les écuries nuisent à la qualité de l'air. 2744

18, 19. Les ouvriers pourraient donner le même effet utile en un temps moindre. Si les voies étaient mieux entretenues, ils pourraient être transportés avec leurs outils au vif-thier et leurs forces seraient ménagées. Une meilleure organisation du service des bois et du service des lampes permettrait aussi de gagner du temps. 2745

20. On ne pourrait pratiquement organiser deux postes d'abatage au puits des Vieux Makets. Les journées doubles nuisent déjà au bon travail. Les remblais, par exemple, en souffrent. 2746

21. Il importe que la limitation des 2747

heures de travail soit légale. Les ouvriers ne demandent pas à travailler au delà de leur journée.

2748 22. Une réduction des heures de travail ne déterminerait pas une diminution de salaire. Une meilleure organisation du travail permettrait, en effet, d'obtenir la même production.

2649 26. La limitation des heures de travail devrait s'appliquer à tout le monde, dans tous les charbonnages.

2750 23, 24 En 1886, les ouvriers à veine remontaient, je crois, à 14 heures 1/2. Il y a donc eu, depuis lors, une diminution de une heure de travail. Les salaires n'ont jamais été aussi bas que quand on travaillait neuf heures au lieu de huit. Les ouvriers, grâce à leur bonne entente, ont imposé cette réduction.

25. Je pense que cette diminution des heures de travail n'a pas eu d'effet sur la production, attendu que les salaires n'ont pas diminué. 2751

27. Les ouvriers sont payés à marché, à la tâche, rarement à la journée. 2752

On inflige des amendes pour travail non complètement terminé, ce qui est souvent indépendant de la volonté des ouvriers. Ces amendes, d'après ce qui m'a été dit, n'étaient souvent pas justifiées. 2753

Je ne pense pas qu'on accorde des primes. 2754

La direction du charbonnage a déclaré que, pour les journées doubles, une prime de fr. 0.50 était donnée en plus que le salaire double. J'ai démontré le contraire en citant qu'un ouvrier n'avait obtenu que fr. 6.50 pour une journée double. 2755

Paquay Joseph,

âgé de 27 ans, domicilié à Ougré, secrétaire de la Fédération chrétienne des francs mineurs du bassin de Liége et de la rive gauche de la Meuse; Paquay n'a jamais travaillé dans la mine.

2756 1. C'est au nom de la Fédération des mineurs chrétiens et des syndicats qui en font partie que je dépose.

2757 2. Les mineurs chrétiens demandent que la journée de travail soit réduite, si l'industrie en général, l'industrie charbonnière en particulier et le salaire des ouvriers n'en doivent pas souffrir.

2758 3. Par durée de la journée de travail, j'entends la durée de surface à surface.

2759 En effet, une fois dans la mine, l'ouvrier, outre qu'il est soumis aux accidents, doit, muni de ses outils et de sa besace, parcourir un trajet souvent long et pénible à travers des voies assez basses, des plans inclinés, etc., pour arriver au chantier.

4. Il convient de limiter le nombre d'heures de présence dans la mine, parce que nous pensons que le travail effectif et l'effet utile de l'ouvrier seront diminués dans une proportion moindre que si on réduisait le travail effectif. La limitation se ferait par étapes. 2760

5. La descente s'opère actuellement, 2761

selon les charbonnages, de 5 heures 1/2 à 7 heures, ou de 6 heures à 7 heures 1/2. Les ouvriers de nuit descendent généralement aux mêmes heures, le soir.

2762 6. La remonte se fait de 14 à 17 heures 1/2. Parfois des ouvriers abatteurs remontent avant 14 heures. La première remonte des boiseurs de nuit se fait vers 3 heures.

2763 7. Le temps nécessaire pour aller du puits au chantier ou pour revenir varie de dix à cinquante minutes, selon l'éloignement du chantier. Les difficultés du trajet dépendent de la température de l'air, de l'état des galeries, de leur sinuosité, etc. Il y a des galeries de dimensions réduites; dans d'autres, l'eau n'a pas d'écoulement régulier.

2764 8. Les ouvriers de moins de 16 ans ont de trois quarts d'heure à une heure de repos. Les haveurs ne prennent d'autres repos que le temps nécessaire pour manger. Comme ils sont ordinairement à la tâche et quelquefois à l'entreprise, moins de repos prennent-ils, plus vite ont-ils fini. Quand ils travaillent à la journée. ils n'ont dans certains charbonnages de repos que celui qu'ils prennent. Les boiseurs ont ordinairement un repos d'une demi-heure. Les hiercheurs ont généralement deux repos d'une demi-heure chacun : à 10 heures et à 13 heures.

2765 Les conducteurs dans certains charbonnages sont obligés de manger pendant leur travail.

2766 9. La durée du travail effectif dépend des catégories d'ouvriers.

Les haveurs pendant une durée de six heures à dix heures; dans ce dernier cas à cause des quarts.

Les boiseurs pendant une durée de huit heures et demie à dix heures, dans ce cas, à cause des quarts. Les hiercheurs pendant une durée de neuf à dix heures. 2767

10. Le travail est prolongé pour les boiseurs quand un éboulement s'est produit ou qu'une réparation nécessaire à la sécurité est urgente; pour les hiercheurs, quand il y a eu arrêt dans l'extraction ou qu'ils n'ont pu enlever tout le charbon abattu; pour les haveurs qui sont à la tâche, quand ils n'ont pu, dans leur journée normale, effectuer l'avancement convenu, et pour tous les haveurs, quand les commandes pressent. 2768

Les intermédiaires des patrons ont des moyens indirects de coercition envers ceux qui refuseraient de prolonger leur travail; le plus ordinaire consiste à mettre l'ouvrier récalcitrant dans un chantier ou à une besogne plus difficile où il lui faudra plus de travail pour gagner la même journée. Du reste, les patrons rémunèrent généralement ce travail supplémentaire à un taux légèrement supérieur à celui du travail normal, pour le premier quart, et à un taux plus élevé pour le deuxième quart. 2769

11. On chôme surtout le lundi; 40 p. c. du personnel s'absentent ce jour-là. Les causes de chômage sont : 2770

a) Le travail du dimanche. Il est à remarquer que les ouvriers qui travaillent le dimanche chôment presque tous le lundi; le dimanche, en effet, on gagne beaucoup plus, pour un travail moindre; 2771

b) Les fêtes de diverses communes et de quartier, les pigeons, les salles de danse 2772 et, en général, le prolongement pendant une partie de la nuit des plaisirs de la soirée.

2773 Ce chômage cause de grandes perturbations dans l'organisation du travail. Il diminue l'extraction, d'où augmentation des frais généraux pour les patrons. Ceux-ci, à leur tour, augmentent la tâche de ceux qui travaillent pour donner de l'ouvrage aux ouvriers du fond et de la surface, et, changeant le travail de quelques-uns, ils les mécontentent par là. Parfois, l'avancement des travaux préparatoires et la réparation des galeries s'en ressentent, ce qui diminue la sécurité générale.

2774 12. La limitation de la journée de travail devrait s'appliquer à toutes les catégories ; les ouvriers à veine, en effet, ont déjà une moyenne inférieure à celle des autres ouvriers.

2775 13. Il faudrait prévoir des exceptions pour tous les ouvriers et tous les travaux exceptionnels nécessités par la sécurité du personnel et une diminution moindre pour les accrocheurs et les surveillants.

2776 15. On est parfois arrêté ou retardé dans le travail.

2777 a) Quand le travail de nuit a été interrompu par une cause quelconque : éboulement, retard dans l'arrivée des marchandises, etc., et aussi parce que les travaux préparatoires ne sont pas toujours organisés sur une échelle suffisante ;

2778 b) Surtout par le manque de matériel roulant sur place ;

2779 c) L'inconvénient inhérent aux lampes a presque disparu, mais, en général, le service des bois laisse à désirer.

Chaque chantier devrait avoir la quantité nécessaire de marchandises fournies à l'avance et chaque poste doit remplir le vide qu'il a fait au magasin ; 2780

d) Les autres causes peuvent être nombreuses : les plus fréquentes sont, dans quelques charbonnages et certains chantiers, une abondance de gaz, un ancrage de cheminée, un manque d'outils, une plus grande dureté de la houille. 2781

16. La fréquence des arrêts ou retards est peu considérable dans chaque chantier, mais dans l'ensemble, ces arrêts ou retards ont une importance très appréciable ; une meilleure organisation des détails de l'exploitation peut, sinon les supprimer, du moins les diminuer. 2782

17. Au sujet de la température de l'air ou de l'humidité, cela varie avec chaque mine et dans chaque mine avec les différents chantiers. 2783

18. Les ouvriers chrétiens déclarent qu'ils pourraient accomplir la même tâche qu'actuellement dans un temps plus court, si les causes de retard cités plus haut étaient sensiblement diminuées : 2784

19. a) On ne peut songer à une réduction du temps de repos que pour les ouvriers du transport ; et encore, il vaudrait mieux imiter ce qui se fait dans le pays de Charleroi, à Sacré-Madame par exemple, faire descendre les hiercheurs une heure après les abatteurs ; 2785

b) La diminution de la production pourrait être compensée par une diminution des chômages ; 2786

c) La diminution de la production pourrait parfois être compensée par un travail 2787 plus intense ; des gens peu scrupuleux, ils sont peu nombreux en fait, peuvent facilement saboter la besogne au détriment des ouvriers consciencieux. Pour stimuler la main-d'œuvre, il faudrait organiser un système de participation aux bénéfices. Le travail serait ainsi plus productif si on supprimait les retards mentionnés plus haut;

2788 *d*) La température élevée et humide est une des causes principales de diminution d'effet utile chez les ouvriers;

2789 *e*) La suppression des causes d'arrêt ou de retard énumérées au numéro 15 pourrait évidemment compenser la diminution (du moins en partie) de production.

2790 **20.** Les membres des syndicats chrétiens veulent bien s'engager à se prêter à un essai loyal du système. Mais ils pensent qu'il n'y aurait pas moyen d'organiser plus de deux postes et encore faudrait-il tenir compte des prescriptions administratives et organiser en conséquence le travail de remblayage et de boisage et autres travaux de mise en état.

2791 **21.** Dans les conditions actuelles, la durée du travail doit être limitée par une loi.

2792 **22.** C'est en partie la crainte d'un abaissement des salaires qui nous a fait répondre conditionnellement à la deuxième question.

2793 Nous croyons que cette crainte serait peu fondée si on améliorait l'exploitation dans le sens que nous avons dit, car dans ce cas la production resterait sensiblement la même.

2794 **23, 24.** Depuis longtemps la journée est la même. Mentionnons cependant la suppression complète de tout travail supplémentaire au charbonnage de Gosson Lagasse pour les ouvriers travaillant directement à la production. Cette suppression a été demandée par les ouvriers à la direction.

25. La production n'a pas diminué au charbonnage de Gosson Lagasse dans la même proportion que les heures de travail. Il en est de même du salaire. Cela est dû *en partie* aux mesures d'exploitation prises par les patrons. 2795

26. Nous n'avons pas une compétence spéciale pour donner notre avis sur le point de savoir si la même limitation devrait être appliquée à tous les charbonnages. Les ouvriers pensent cependant qu'il faudrait une réglementation uniforme, si les conditions d'exploitation s'y prêtent. 2796

En ce qui concerne les ouvriers, on pourrait faire descendre les hiercheurs une heure après les abatteurs et faire remonter les premiers une heure après les seconds. 2797

27. Les ouvriers sont quelquefois payés à l'entreprise ; généralement à la tâche, parfois à la journée. 2798

Les meilleurs salaires ne sont pas pour les ouvriers réguliers qui travaillent en observant tous les règlements : il y a de l'arbitraire dans la désignation de la tâche et de la fixation du salaire. 2799

Il y a des primes et parfois on inflige des amendes. 2800

28. Il y a quelquefois des sous-entreprises; les patrons y gagnent certainement; de même les ouvriers y gagnent *par-* 2801 *fois* aussi. Avec ce système les ouvriers arrivent ensemble, mangent ensemble, retournent ensemble et s'entr'aident.

2802 Il faudrait beaucoup d'équité dans la fixation du prix, afin que les ouvriers y gagnent comme les patrons.

2803 Les primes sont assez rares ; les amendes ne sont appliquées que pour malfaçon et par mesure de sécurité. Dans certains charbonnages, une prime d'une journée est accordée aux ouvriers ayant travaillé régulièrement pendant une quinzaine entière. Ce système est bon, s'il ne nuit pas à la santé de l'ouvrier.

2804 Je désire maintenant vous faire connaître les vœux émis au sujet de la limitation des heures de travail, par les ouvriers syndiqués, au nom desquels je viens de déposer.

2805 Les mineurs chrétiens ne se dissimulent pas la gravité de la question à la solution de laquelle le gouvernement leur demande de coopérer.

2806 Ils savent que la réduction des heures de travail intéresse non seulement leur salaire et leur bien-être en général, mais aussi et en premier chef la prospérité de l'industrie dont ils vivent. Ils savent qu'ils seraient les premiers à subir le contrecoup de toute atteinte portée à cette prospérité. C'est à ce double point de vue qu'ils se sont efforcés de se placer pour étudier la question.

2807 Ils se déclarent partisans, en principe, de la limitation des heures de travail, pourvu que l'industrie charbonnière ne soit pas compromise par cette mesure et que leur salaire, à eux, n'en ait pas à souffrir.

2808 Ils pensent que par le concours des bonnes volontés de tous, il est possible de faire en sorte que ces divers inconvénients soient évités.

A ceux qui prédisent la ruine de l'in- 2809
dustrie, ils font simplement remarquer que cette prédiction a été faite au moins deux fois depuis trente ans, et de la meilleure foi du monde, à chaque réduction successive des heures de travail et l'événement ne semble pas avoir confirmé la prophétie. Au surplus, comme il est dit plus bas, c'est par l'amélioration de l'organisation du travail qu'il faut s'efforcer de maintenir la production au niveau actuel ou à peu près, et dans ce cas, ni l'industrie ni le travail n'en souffriraient.

Faute d'une meilleure limite, ils ac- 2810
ceptent celle de huit heures à compter de surface à surface. Le trajet, en effet, font-ils observer, est souvent long et toujours pénible. On arrive à front de taille « la chemise collée au dos » ; il y a là une dépense de force au moins égale à celle que demande l'abatage et l'ouvrier, qui, dans les conditions actuelles, en comptant le double trajet de l'aller et du retour, travaille consciencieusement, a fourni une tâche suffisante. C'est pour cette même raison, et elle paraît primordiale, que les mineurs chrétiens ne croient pas que les travaux supplémentaires soient, autant qu'on le pense, à l'avantage du patron et de l'ouvrier. A part quelques exceptions, ce sont ceux qui en font le plus qui chôment davantage, et en dernière analyse, la production n'y gagne pas et l'organisation en souffre.

La préférence des syndicats chrétiens 2811
serait pour la limitation conclue de commun accord entre patrons et ouvriers ; mal-

heureusement, ce système rencontre plusieurs obstacles; le premier est le peu de confiance que les ouvriers, à l'heure actuelle, ont dans son efficacité, car tous les ouvriers socialistes y sont opposés, et comme malheureusement ils peuvent encore exercer une certaine pression sur la masse flottante de leurs camarades, toute négociation dans ce sens semblerait vouée à un échec complet.

2812 Un autre obstacle provient des dispositions dans lesquelles semble se trouver le patronat en général. Les syndicats chrétiens seraient prêts à négocier avec lui; malheureusement, ils sont trop souvent mis sur le même pied que les organisations révolutionnaires. On les ignore, on les combat parfois, on confond dans une même hostilité nos syndicats, qui veulent assurer la paix entre le capital et le travail par le respect de leurs droits mutuels, et les syndicats socialistes, dont le principe directeur est la guerre au capital.

2813 Dans ces conditions, tout en se déclarant prêts à négocier avec les patrons pour la fixation d'une limite de durée du travail qui sauvegarderait les intérêts de tous et en marquant même leurs préférences pour ce procédé, ils estiment qu'actuellement l'intervention légale pourrait seule aboutir à un résultat sérieux. Elle laisserait un certain temps, une année et même plus, au besoin, aux exploitants pour se mettre en règle avec les mesures qu'elle édicterait et admettrait les tempéraments et même les exceptions que pourraient justifier des circonstances bien déterminées, telles que la sécurité du personnel et de l'exploitation.

2814 Les syndicats chrétiens croient qu'on pourrait, par une meilleure organisation du travail, obvier à la diminution de production qui résulterait de la limitation des heures de travail. Reconnaissant que le chômage du lundi a des effets funestes au point de vue de la production, de l'organisation du travail et même de la sécurité du personnel, ils veulent bien s'engager à coopérer à sa suppression. Ils agiront dans ce sens sur leurs membres, au besoin par des sanctions pécuniaires ou autres. Ils comprennent, en effet, que le contrat de travail, librement accepté, doit être loyalement observé de part et d'autre. Ils ne sont pas opposés à donner au patron les garanties et tous les moyens que ceux-ci demanderaient en vue de la suppression de ce chômage.

Un second moyen à examiner pour aug- 2815
menter la production serait l'admission du personnel à une certaine participation aux bénéfices, de façon cependant à ce que le salaire ne varie pas trop de charbonnage à charbonnage. Certains ouvriers pourraient, au moins de temps en temps, augmenter leur effet utile sans travailler plus longtemps. Ils y seraient stimulés par ce système de paiement, à la base duquel il y aurait cependant toujours un salaire calculé à la journée, dont la participation aux bénéfices ne serait que le complément. On peut citer des cas, où les commandants ou surveillants étant payés d'après ce système, les frais d'exploitation ont diminué considérablement sans que la sécurité ait été moindre.

On pourrait aussi améliorer l'organisa- 2816
tion du travail : accélérer la descente et la remonte, sans augmenter la vitesse des cages; on pourrait, pour cela, les charger

complètement au même envoyage; faire en sorte que le chantier ne manque jamais de marchandises ni les ouvriers d'outils; augmenter le nombre des voies d'évitement pour accélérer les transports. On pourrait, de cette façon, garer le soir des berlaines chargées que les hiercheurs charieraient de suite le matin.

2817 Il ne serait même pas impossible de trouver un système de paiement comme celui qui est pratiqué en Angleterre, qui ferait donner à l'ouvrier son maximum d'effet utile et permettrait ainsi de diminuer le nombre de ceux qui ne concourent pas directement à la production.

2819 Enfin, là où l'organisation de deux postes est possible et compatible avec les ordonnances légales ou administratives, les mineurs chrétiens sont prêts à tenter l'expérience.

2820 Quelles que soient les mesures que l'on adopte, ils croient sincèrement qu'il est possible d'améliorer les conditions actuelles d'exploitation de façon à en diminuer les frais et à en augmenter l'effet utile, et ils se prêteront de bonne grâce à tout essai loyal que l'on en ferait. Encore une fois, il serait heureux que les patrons, devançant l'intervention de la loi, prissent l'initiative de cet essai, auquel ils prêteraient tout leur concours.

Ils estiment d'ailleurs, d'une façon générale, que bien des difficultés seraient 2821
écartées si les rapports entre patrons et ouvriers étaient empreints de plus de confiance. La grande majorité des ouvriers, selon eux, n'est pas animée contre les patrons de sentiments d'hostilité irréductibles, mais beaucoup de préventions seraient désarmées par des relations plus fréquentes et plus cordiales, par des mesures prises pour assurer à l'ouvrier un accès plus facile auprès de la direction supérieure permettant l'exposé des plaintes et des griefs et amenant l'entente de tous pour la bonne marche de travail commun.

Cette amélioration dans les rapports des 2822
patrons et des ouvriers pourrait résulter de l'institution des conseils que vise un récent projet de la loi. Ces organismes seraient hautement utiles pour l'élaboration ou l'application des réformes dans les modes de travail. Les membres de nos syndicats forment le vœu que les Chambres se saisissent au plus tôt de cette importante question.

SERAING

QUATRIÈME SÉANCE

10 août 1907

Sont présents :
M. le Sénateur MAGIS, président,

MM. DALLEMAGNE,	MM. VAN MARCK,
KAES,	DEJACE, secrétaire,
LEDUC,	DELRUELLE secrétaire adjoint.
	DELMER, id.

Ont été invités à siéger au bureau :
MM. l'inspecteur général des mines LIBERT, l'ingénieur en chef, directeur des mines, LECHAT.
Ont recueilli les dépositions des témoins :
MM. les ingénieurs des mines FOURMARIER et ORBAN.

DÉPOSITIONS DES OUVRIERS

Paulus Henri,

âgé de 34 ans, domicilié à Grâce-Berleur, ouvrier hayeur au charbonnage du Corbeau, travaille dans les mines depuis l'âge de 12 ans.

2823 1, 2. Je dépose en mon nom personnel et je demande que la journée de travail soit réduite. Sa longueur actuelle nuit à la santé de l'ouvrier.

2824 3. Par durée de la journée de travail j'entends le nombre d'heures de présence à la mine, c'est-à-dire la descente et la remonte comprises.

2825 4. Il faudrait arriver à une diminution par étapes en perfectionnant l'organisation actuelle.

2826 5, 6. Je descends à 17 heures 1/2 et je remonte à 5 heures.

2827 7. Le chemin d'accès au chantier où je travaille est difficile. Mais on ne saurait guère l'améliorer, parce qu'on reprend des stôts et que les terrains pressent fortement.

2828 8, 9. Je prends une demi-heure de repos et je fournis de neuf et demi à dix heures de travail effectif.

2829 10. Le travail est prolongé lorsque la tâche n'est pas achevée en temps voulu. Mais on ne force pas les ouvriers à travailler supplémentairement. Le quart supplémentaire dure de vingt-cinq minutes à une heure avec salaire d'un quart. Si la besogne exige plus de temps, il est alloué une demi-journée de salaire.

2830 11. Je chôme rarement le lundi. Mais l'ouvrier abatteur a besoin de se reposer encore ce jour-là. Sa nourriture est insuffisante et son logement est défectueux.

2831 Le chômage désorganise le travail et diminue la sécurité du personnel qui doit travailler dans les chantiers à terrains différents de ceux auxquels il est habitué.

2832 12. Pour les ouvriers abatteurs, il n'est pas nécessaire de limiter la durée de la journée de travail, parce qu'en fait, elle l'est déjà actuellement. Il n'en est pas de même pour les autres catégories de travailleurs. Pour eux, la durée du travail doit être limitée, d'autant plus que les abatteurs font quelquefois de la surproduction

2833 13. En perfectionnant l'organisation du travail, la même durée de présence dans la mine pourrait être appliquée à tout le personnel y compris les surveillants.

2834 15, 16. Il arrive quelquefois que je suis retardé dans mon travail à cause d'accident. Les hiercheurs éprouvent des pertes de temps à cause du peu de largeur des voies, du manque de garages, du nombre insuffisant de berlaines. Des améliorations peuvent être apportées dans le service des transports. Il manque quelquefois des bois à pied-d'œuvre. Dans ce cas, aucune observation n'est faite par le surveillant pour besogne incomplète. Toutefois le service des bois est organisé convenablement de même que celui des lampes.

17. La température de la mine est satisfaisante actuellement. Il y a cependant de la poussière en assez forte quantité. La mine est poussiéreuse. Dans une descente, il tombe assez bien d'eau. On pourrait facilement la recueillir dans des chenaux. 2835

18. Je ne pourrai accomplir la même tâche qu'actuellement dans un temps plus court. Mais pour les hiercheurs la chose ne fait aucun doute. 2836

19. En appliquant en une fois la réduction de la journée de travail à huit heures, le salaire diminuerait. Toutefois, en opérant progressivement, on parviendrait à maintenir la production et le salaire. Je regarde d'ailleurs la question de salaire comme une question secondaire, parce que le prix des marchandises lui est proportionnel. 2837

20. Au charbonnage du Corbeau l'organisation de plusieurs postes d'abatage par jour me paraît impossible. On pourrait le faire ailleurs. Des chantiers seraient activés le matin, d'autres à 14 heures pour arriver à évacuer le charbon. Dans les mêmes tailles, l'abatage par deux postes est très difficile. Cependant actuellement les ouvriers à veine font des demi-journées supplémentaires et les bosseyements suivent quand même. 2838

21, 22. Je suis partisan de l'interven- 2839

tion de la loi pour réglementer la durée de la journée de travail. Si on exploitait les mines en régie, en temps de crise, celles clôturant en bénéfice, compenseraient celles donnant lieu à des pertes et le salaire resterait stationnaire.

2840 **23**. Il y a quelques années, les abatteurs du charbonnage du Corbeau remontaient à 15 heures. Depuis, ils remontent à 14 heures 1/2. Je ne saurais dire si cette diminution d'une demi-heure de travail a exercé une influence quelconque, parce qu'anciendement le charbonnage se trouvait dans de mauvaises conditions d'exploitation.

2841 **24**. Elle a été admise par un accord entre patrons et ouvriers.

26. La même durée de travail peut être appliquée partout. Mais il faudrait laisser à certains charbonnages le temps nécessaire pour y arriver par étapes. Dans les grands charbonnages on peut l'appliquer en une fois actuellement. 2842

27. Je suis payé à la tâche. Il n'y a pas de primes, le salaire n'est pas progressif et on n'inflige pas d'amendes pour travail incomplet. Seulement, on diminue proportionnellement le salaire si la tâche n'a pas été intentionnellement accomplie. 2843

28. A ma connaissance, il n'existe pas de sous-entreprises. 2844

Boulet François,

âgé de 40 ans, domicilié à Grâce-Berleur, ouvrier hayeur au charbonnage du Corbeau, travaille depuis dix ans dans ce charbonnage et depuis l'âge de 12 ans dans les mines.

2845 **1, 2**. Je parle au nom des ouvriers du charbonnage du Corbeau et je demande que la journée de travail soit réduite pour toutes les catégories d'ouvriers.

2846 **3**. J'entends par durée de la journée de travail le nombre d'heures de présence à la mine.

2847 **4**. Il y a lieu, à notre avis, de diminuer cette durée. La limitation pourrait se faire en une fois.

2848 **5, 6**. Je descends entre 17 heures 1/2 et 17 heures 3/4 et je remonte à 3 heures.

2849 **7**. Pour me rendre au chantier j'ai une demi-heure de trajet. Ce trajet comporte 500 mètres de grande galerie où circulent des chevaux, ensuite un plan incliné, un bouxthay, un chaffour où l'on monte à genoux. Le chemin est difficile.

8. Je prends une heure de repos en deux fois. 2850

9. La durée du travail effectif est de huit heures et demie. 2851

10. On me demande quelquefois de faire des quarts supplémentaires. Il m'est libre de refuser. Mon acceptation est toute volontaire. 2852

11. Je chôme parfois le lundi. Ce jour-là il y a de 10 à 12 p. c. de chômeurs. Les 2853 ouvriers qui travaillent sont assez fréquemment un peu gênés dans leur besogne, à cause du changement de chantier. Mais dans ce cas, on s'aide mutuellement.

2854 12-14. La limitation de la journée de travail devrait être appliquée à toutes les catégories d'ouvriers sans exception.

2855 15, 16. Rarement je suis arrêté dans mon travail ; il faut qu'il se produise un accident quelconque. On dispose de plusieurs trémies successives, ce qui permet de séparer les pierres des charbons. Nous avons un service des bois satisfaisant ; les serveurs sont en nombre suffisant.

2856 En ce qui concerne les lampes, je n'ai pas non plus d'observation à présenter. Il y a suffisamment de lampes de réserve. Le service des berlaines ne laisse rien à désirer.

2857 17. La température de la mine est normale ; les travaux sont peu humides.

2858 18. A mon avis, on pourrait accomplir la même besogne qu'actuellement en un temps moindre.

2859 19. Si la réduction de la journée de travail avait pour conséquence une diminution de la production, on pourrait diminuer les repos. Au lieu de deux repos, on n'en prendrait plus qu'un seul.

20. J'estime impossible l'organisation de deux postes d'abatage par jour dans un même chantier, à cause de l'obligation d'exécuter le « bayement » et les bosseyements. 2860

21. La durée du travail doit être limitée par une loi. 2861

22. Cette intervention légale ne ferait guère tomber la production. Les ouvriers travailleraient mieux et les patrons pourraient mieux organiser la besogne. Il en résulterait, somme toute, que lessalaires seraient maintenues. 2862

23, 24. Au charbonnage du Corbeau, la journée des ouvriers à veine a été réduite d'une demi-heure, il y six ou sept ans, après accord entre les ouvriers et la direction. 2863

25. Cette diminution n'a pas eu d'influence sur la production. 2864

27. Je suis payé à la tâche : on applique rarement des amendes, seulement en cas de mauvaise volonté. Il n'est pas donné de primes. 2865

28. Il n'y a pas de sous-entreprises. 2866

Dubar Henri,

âgé de 29 ans, domicilié Seraing, hiercheur depuis un an au siège Vieille Marihaye du charbonnage de Marihaye, travaille dans les mines depuis l'âge de 12 ans.

2867 1. Je parle au nom du syndicat des mineurs de Seraing.

2868 2. Je demande que la journée de travail soit réduite.

3. J'entends par durée de la journée de travail le temps de présence à la houillère, descente et remonte comprises. 2869

4. Si on limitait la durée du travail, il 2870

conviendrait de limiter le temps de la présence à la mine.

2871 J'estime que cette limitation devrait se faire en une fois ou, à la rigueur, par étapes.

2872 5. La descente se fait de 6 à 7 heures.

2873 6. Je remonte à 16 heures; toutefois, il est loisible aux ouvriers de remonter plus tôt si leur tâche est terminée.

2874 7. Il faut un quart d'heure pour aller du puits à mon chantier. En général, le trajet dans la mine est fatigant, mais ce n'est toutefois pas le cas pour celui que j'ai à faire.

2875 8. La durée du repos dans la mine est d'une heure.

2876 9. La durée du travail effectif est de huit heures.

2877 10. C'est par exception que les ouvriers font du travail supplémentaire; le fait ne se produit qu'en cas d'accident; la remonte s'effectue alors à 18 heures.

2878 Le patron n'oblige pas l'ouvrier à faire des heures supplémentaires; cependant les ouvriers à veine acceptent souvent de prolonger leur journée, parce qu'ils craignent qu'en ne le faisant pas ils ne soient envoyés dans d'autres chantiers.

2879 Si les ouvriers à veine ont achevé leur tâche avant l'heure, le surveillant leur demande de faire un supplément, afin que les hiercheurs ne puissent pas remonter trop tôt.

2880 11. Je chôme rarement le lundi. Le chômage du lundi a pour cause la fatigue de l'ouvrier, causée par la surproduction: ceux qui font de la surproduction peuvent chômer, parce qu'ils touchent un plus gros salaire.

Certains ouvriers chôment le lundi parce 2881
qu'ils craignent qu'en allant au charbonnage ce jour-là on ne leur donne à faire une tâche à laquelle ils ne sont pas habitués, alors que l'on renvoie des ouvriers qui arrivent au charbonnage avec quelques minutes de retard seulement.

Il y aurait moins de chômage le lundi si 2882
l'on faisait commencer la journée à 7 heures au lieu de 6 heures.

12 J'estime que la limitation de la jour- 2883
née de travail ne devrait pas être appliquée seulement aux ouvriers à veine; c'est surtout pour les autres ouvriers qu'il faut diminuer la durée de la journée.

Les ouvriers à veine ne font, en effet, 2884
pas huit heures de travail en général; cela dépend évidemment des aptitudes; un ouvrier à veine qui a travaillé pendant six ou sept heures dans les couches dures est suffisamment fatigué.

Parfois nous ne pouvons nous mettre à 2885
la besogne dès notre arrivée au chantier, par suite du manque d'abatteurs.

13. Je pense que les surveillants de- 2886
vraient rester dans les travaux une demi-heure de plus que les autres ouvriers, pour visiter les chantiers et faire à leurs chefs un rapport exact sur leur état.

15. Nous sommes parfois retardés dans 2887
notre travail pour diverses causes, notamment:

Il arrive accidentellement qu'il reste 2888
dans la voie des pierres du bosseyement; cela tient au manque de manœuvres du poste de nuit.

2889 Il serait désirable que les rails soient fixés aux traverses par des tire-fond et éclisses; le système actuel provoquant des déraillements fréquents.

2890 Le boisage des galeries devrait être mieux entretenu ; on ne devrait pas attendre qu'il se produise des éboulements des parois; il y a manque de boiseurs; avec un peu de bonne volonté, on pourrait améliorer les voies.

2891 Les bosseyements sont souvent remis à marché, et leur prix est trop bas; l'ouvrier place alors des bois trop minces, la voie s'écrase rapidement et la circulation devient difficile.

2892 Il manque, aussi, souvent des bois dans les tailles; nous devons aller les chercher et nous perdons aussi notre temps pour le transport du charbon.

2893 Il est de plus à désirer que des cheminées soient pleines de charbon le matin, pour que nous puissions commencer notre travail immédiatement; la tête des cheminées devrait être recouverte d'une grille, d'abord pour la sécurité, et ensuite pour que des houilles trop grosses ne puissent y tomber et les obstruer.

2894 J'estime en outre que la longueur des transports par hiercheurs est trop grande; on devrait agrandir la section des galeries pour permettre le transport par cheval. Je ferai remarquer que depuis quinze jours on a amélioré la voie où je travaille.

2895 Le service des lampes est bien fait; je désirerais toutefois que les lampes soient remises allumées, afin que le lampiste s'assure qu'elles fonctionnent convenablement, principalement en ce concerne le rallumeur. On pourrait améliorer le service de distribution des lampes et le marquage, en donnant les lampes à plusieurs guichets notamment.

16. Les divers retards dans l'accomplissement de notre besogne sont dus à un défaut d'organisation; il y a notamment manque de berlaines. 2896

17. La température de la mine est élevée; je dois travailler dévêtu et je suis cependant dans la voie la mieux ventilée! 2897

L'air est toujours vicié, par suite de la présence de poussières et par les émanations des écuries; l'air n'est pas chargé de grisou.

Les ouvriers devraient avoir des baquets à leur disposition pour satisfaire leurs besoins. 2898

18. Je pourrais accomplir la même tâche qu'actuellement dans un temps plus court si l'on supprimait les causes de retard que je viens de signaler. Par exemple, à l'endroit où je travaille, il fallait précédemment deux hiercheurs pour mener cinquante berlaines; actuellement à deux, nous en menons soixante et cependant la longueur de voie à parcourir a augmenté; cela tient à ce que j'ai amélioré l'état de la voie et j'en conclus que si l'on rendait les voies meilleures, les hiercheurs pourraient accomplir la même tâche en un temps plus court. 2899

J'ajouterai que quand nous faisons une observation à ce sujet aux surveillants, on ne nous écoute pas; je voudrais que l'ouvrier soit en rapport plus direct avec la direction. 2900

20. Les ouvriers ne seraient pas satisfaits de l'organisation de plusieurs postes d'abatage par jour; en ce qui me concerne, 2901 je voudrais qu'il y ait un poste de répareurs pour améliorer les voies, entre le poste de jour et celui de nuit.

2902 21. La durée du travail doit, à mon avis, être limitée parce que les patrons sont trop exigeants.

2903 Notre heure de remonte est 16 heures, mais il arrive souvent que nous attendons jusque 16 heures 1/2, parce qu'il est nécessaire qu'il y ait à l'accrochage un nombre suffisant d'ouvriers pour faire un trait complet.

2904 Anciennement il n'y avait place que pour vingt personnes dans les cages; actuellement vingt-quatre personnes peuvent y trouver place, par suite des améliorations apportées; il faut donc attendre plus longtemps pour que le trait soit complet, et c'est à notre détriment.

2905 Je demande aussi que l'on fasse descendre les outils dans des berlaines, pour éviter des accidents.

2906 22. Je crois qu'actuellement, si par une disposition légale on diminuait la journée de travail, il n'y aurait pas de réduction de la production et par conséquent pas d'abaissement de salaire. Mais je crains que dans quelques années la production ne soit plus la même, parce que, alors, on aura exploité toutes les grandes couches et qu'il ne restera plus que les petites; dans ces conditions, l'effet utile diminuera et par suite le salaire

23. Au cours des années écoulées, la durée de la journée de travail des boiseurs a augmenté, ainsi que celle des traîneurs-bacs. C'est ainsi qu'auparavant ces derniers remontaient à 12 heures, 12 heures 1/2 ; actuellement ils ne reviennent au jour qu'à 15 heures ou 16 heures; la surproduction en est cause! Autrefois, pour ce temps de travail ils avaient double journée, alors qu'actuellement ils n'ont qu'une demi-journée supplémentaire pour le même temps. 2907

26. On pourrait appliquer la même durée de travail à tous les charbonnages et à toutes les catégories d'ouvriers. 2908

Je suis partisan de la nationalisation des mines. 2909

27. Les ouvriers sont payés tantôt à la journée, tantôt à la tâche; en ce qui me concerne, je suis payé à la tâche. 2910

On ne nous inflige des amendes que de temps en temps. 2911

Les ouvriers à veine sont payés pour la tâche effectuée ; pour les autres ouvriers, il n'y a pas de primes. 2912

28. Il n'y a pas de sous-entreprises. 2913

Passeux Joseph,

âgé de 33 ans, domicilié à Seraing, boiseur au siège Vieille-Marihaye du charbonnage de Marihaye, mineur depuis l'année 1889.

2914 1. Je parle au nom du syndicat socialiste de Seraing pour la catégorie des boiseurs du siège Vieille Marihaye.

2. Je demande que la journée soit réduite le plus vite possible. 2915

3. La limitation doit affecter le temps 2916

de présence et non la durée du travail effectif, car dans ce dernier cas les ouvriers seraient plus maltraités que maintenant. Les longues journées de travail entraîneraient beaucoup d'accidents, parce que, plus le temps est long, plus la vue devient faible, plus la force diminue; c'est ainsi que la généralité des ouvriers mineurs se sont usés avant l'âge, et cependant après s'être brisés au travail, ils ne touchent aucune pension, ou une pension insignifiante. Voilà la situation actuelle, et voilà pourquoi nous avons besoin d'une réduction de travail pour sauvegarder notre vie.

2917 4. C'est la durée de présence qu'il faut limiter en une fois pour les abatteurs et par étapes pour les autres catégories, afin que les patrons aient le temps d'apporter les améliorations demandées.

2918 5. Je descends de 7 heures à 7 heures 15 minutes.

2919 6. Je remonte de 14 heures 1/2 à 15 heures.

2920 7. La durée du trajet du puits au chantier est de trente minutes pour aller et de trente minutes pour revenir.

Il y a des trajets moins fatigants les uns que les autres; mais le plus grand nombre sont fatigants, parce qu'on est toujours chargé d'outils : une hache, deux ou trois haveresses, un marteau, une ou deux aiguilles, une pelle. Chargé de ces outils, on doit descendre des dressants, parcourir des fausses voies, monter et descendre des tailles en plateure, sur les genoux ou sur le ventre.

2921 8. Nous avons une demi-heure de repos pour prendre notre repas, mais il arrive que l'on ne se repose que dix minutes parce que le travail ne peut être abandonné.

9. Je travaille effectivement pendant six heures à six heures et demie par jour. 2922

10. Le travail des boiseurs est rarement prolongé; s'il l'est, c'est par nécessité absolue. 2923

11. Je chôme assez souvent le lundi et même d'autres jours, parce que ma santé ne me permet pas de travailler davantage, mais il y a d'autres ouvriers qui chôment parce que le travail est trop dur et parce qu'ils doivent changer de chantiers par suite d'absence de leurs compagnons. 2924

Le patron seul pourra remédier à ces chômages, soit en retardant la descente le lundi, soit en donnant à l'ouvrier un travail moins dur. 2925

12. La limitation de la journée de travail doit être appliquée d'une façon générale à tous les ouvriers. 2926

13. Il ne doit pas y avoir d'exception, ni pour les uns ni pour les autres, pas même pour les surveillants; les uns peuvent descendre plus tard que les autres, mais tous doivent avoir la même durée de journée. 2927

14. Les dérogations qui devraient être prévues sont les éboulements, coups d'eau ou de grisou, etc. 2928

15. Les retards dans le travail sont fréquents, surtout pour les boiseurs de Marihaye. Nous n'avons jamais de manœuvres; nous devons préparer notre matériel nous-mêmes et transporter nos terres, ce qui cause un grand retard; si je me trouve à 2929

un recoupage de voies, je dois garantir une paroi; comme je n'ai pas le matériel nécessaire sous la main ni de manœuvres, je dois abandonner mon travail pour aller chercher ce dont j'ai besoin et, à mon retour, je trouve la paroi éboulée. J'éprouve ainsi un grand retard, tout en ayant été exposé à des accidents.

2930 De vieux boiseurs sont de même obligés de descendre ou de monter des tailles, des chaffours pour aller chercher leurs bois. Il y a aussi du retard causé par le service des lampes, lesquelles sont mal nettoyées.

2931 **16**. Ces retards sont fréquents et dus à des vices d'organisation.

2932 **17**. La température est bonne dans certaines galeries; mais il y en a beaucoup d'autres dans lesquelles l'air est vicié. Les écuries des chevaux sont placées dans les galeries, près du puits; le fumier, la sueur des chevaux et celle des ouvriers, les eaux, la pourriture des bois, le gaz et les bacs d'aisance sont des causes de viciation de l'air; la mine est, de plus, humide en certains endroits.

2933 **18**. Je pense qu'on pourrait accomplir dans un temps plus court le même travail, si on apportait des améliorations; les galeries, fausses voies, tailles sont trop souvent mal entretenues. Les voies sont parfois si étroites et si basses qu'on est bien souvent forcé d'entailler les bois pour passer avec les berlaines; s'il tombe quelques pierres sur les rails, il n'y a pas de place pour les charger; si la berlaine déraille, on ne peut passer à côté pour la remettre.

2934 La plupart du temps, le matin, les hiercheurs n'ont pas de charbon à transporter, parce que les ouvriers abatteurs doivent boiser leurs gradins, et l'heure est déjà avancée lorsque le charbon descend dans cheminées; alors, vers dix heures, le charbon arrive en grande quantité, et les berlaines ne suivent plus; si les cheminées restaient pleines, le charbon serait plus propre, on ne risquerait pas de tomber dans ces cheminées, le vent serait obligé de monter par le vif-thier, et le matin les hiercheurs auraient toujours du charbon.

Si les patrons étaient obligés de se soumettre à la loi des huit heures de travail, 2935
ils auraient bientôt trouvé les améliorations nécessaires pour maintenir la production.

20. Plusieurs postes d'abatage ne sont 2936
pas nécessaires; si l'on voulait constituer un troisième poste, ce serait mieux de faire un poste de préparation, afin que l'abatage ne subisse aucun retard.

21. La durée du travail doit être limitée 2937
par une loi, parce que c'est la loi qui doit veiller à la vie de l'ouvrier. Du temps de sa jeunesse, on use trop de ses forces sans y réfléchir, à peine a-t-on eu le temps d'apprendre son métier que l'on disparaît de ce monde.

22. Au lieu de diminuer la journée de 2938
travail à Marihaye, on l'a augmentée d'une demi-heure; je n'en connais pas le motif.

M. Eloy vous a déclaré que les ouvriers 2939
n'avaient jamais réclamé les huit heures de travail; j'affirme que je les ai réclamées au nom des boiseurs.

Je tiens cependant à faire remarquer 2940
que M. Eloy, dans sa déposition, a signalé qu'il avait fait un essai, en faisant descendre, par cage, vingt-quatre ouvriers au lieu de vingt, et que les ouvriers s'étaient refusés à descendre.

2941 Si les ouvriers ont refusé cette prétendue amélioration, ce n'est pas à cause de la descente, mais bien à cause de la remonte; chargés de boue et de sueurs, ils doivent, en effet, attendre plus longtemps à l'envoyage, puisqu'ils doivent y rester jusqu'à ce que les vingt-quatre ouvriers y soient arrivés.

2942 25. La même durée de travail doit être appliquée à tous les charbonnages en général.

26. Je suis payé à la journée, comme il y en a la tâche ou à l'entreprise. 2943

Des amendes sont infligées pour travail incomplet. Les boiseurs, qui sont payés à la journée, se voient infliger des amendes pour être remontés cinq ou dix minutes trop tôt; mais quand on remonte cinq ou dix minutes trop tard, on se garde bien de nous payer le supplément. 2944

27. Je ne connais pas de sous-entreprise. 2945

Paulus Florent,

âgé de 29 ans, hiercheur depuis cinq ans au siège Fanny du charbonnage de Marihaye; travaille en cette qualité depuis dix ans dans les mines.

2946 1. Je parle au nom de l'Union des mineurs de Seraing.

2947 2. Je demande que la journée sois réduite 1° Afin que l'ouvrier ne soit plus astreint de rester tant d'heures dans la mine à respirer l'air malsain, provoqué par les écuries de chevaux, établies près du puits et par la mauvaise odeur que donnent les boues qui s'amassent dans les galeries principales; 2° parce que l'ouvrier travaillant à la tâche et arrêté dans son travail, par une cause quelconque, travaille de force pour tâcher d'achever sa besogne et oublie parfois, par ce fait, d'assurer sa sécurité contre des éboulements, ce qui occasionne nombre d'accidents; 3° parce que l'ouvrier espère voir, un jour, les Chambres décréter l'instruction obligatoire pour les enfants jusqu'à 14 ans; l'ouvrier pourrait encore augmenter l'instruction qu'il aurait reçue si les heures de travail étaient réduites, ayant plus de temps et n'étant pas si fatigué par le travail, il pourrait fréquenter les écoles d'adultes. L'ouvrier ayant reçu une bonne instruction serait plus fort et ne tomberait plus dans les vices tels que le jeu et l'alcoolisme, et l'on ne verrait plus les scènes de misère comme on en voit trop souvent aujourd'hui.

3. J'entends par durée du travail le nombre d'heures de présence; parce que l'ouvrier, une fois entré au charbonnage, est sous les ordres du patron, et lorsque commence la descente dans la mine, l'ouvrier est déjà exposé au plus affreux des accidents, qui est la rupture du câble; le chemin qu'il doit parcourir pour se rendre au chantier, le fatigue parfois autant que s'il était occupé à sa besogne. 2948

4. La limitation doit se faire par étapes, d'après le projet du député Destrée, pour 2949

laisser le temps aux patrons d'améliorer l'organisation de la mine.

2950 5. On descend de 6 à 7 heures 1/4 pour le poste de jour et de 18 à 19 heures pour de nuit.

2951 6. Les ouvriers à veine et qui sont à tâche commencent à remonter vers 12 heures 1/2 ; ils se suivent chaque fois qu'il y a douze personnes pour monter ; les derniers mineurs remontent vers 16 heures, à l'exception des accrocheurs qui remontent entre 17 et 18 heures.

2952 7. Le trajet du puits au chantier demande dix, quinze et vingt minutes ; ce trajet est parfois pénible en certains endroits, à cause des plans inclinés à monter et des voies trop basses.

2953 8. Les ouvriers à veine ne prennent pas de repos ; les hiercheurs font deux repos d'une demi-heure chaque fois pour manger leur tartine.

2954 9. La durée du travail effectif varie entre cinq heures et demie et sept heures ; pour les hiercheurs le travail effectif est de sept heures et demie à huit heures.

2955 10. Le travail est parfois prolongé en cas d'accident, par exemple éboulement qui viendrait à se produire ou un accident au puits d'extraction qui attarderait pendant un certain temps l'extraction du charbon, mais on laisse la liberté aux ouvriers de prolonger leur travail si cela leur convient.

2956 Personnellement je ne chôme pas le lundi, mais il y a assez bien de chômeurs, parce que l'ouvrier étant fatigué, en ayant travaillé toute une semaine et pendant un temps prolongé, veut un peu profiter du seul jour qu'il a pour lui ; il rentre un peu plus tard, de sorte qu'il ne peut se lever assez tôt, le lendemain, pour se rendre au travail ; d'autres chôment parce qu'ils craignent d'être obligés d'aller travailler dans un chantier autre que celui où ils travaillent habituellement, à cause de l'absence de certains ouvriers habitués à chômer ce jour-là.

Si on retardait d'une heure l'entrée au charbonnage le lundi, cela diminuerait les absences et on pourrait ainsi occuper tous les chantiers et maintenir l'effet utile. 2957

12, 13. La limitation devrait être générale, sans exception aucune. 2958

14. Il devrait y avoir des dérogations ; c'est ainsi que si un éboulement survenait au moment ou une équipe aurait presque fini sa journée ou serait sur le point de retourner, il faudrait évidemment que ces ouvriers réparent cet éboulement pour ne pas occasionner de retard à l'autre équipe. 2959

15. On est parfois retardé : 1° par l'insuffisance de berlaines ; 2° par suite d'arrêt dans les transports ; les voies intermédiaires étant basses et étroites, les berlaines ne passent que difficilement ; les rails sont mal placés. 2960

16. Ces retards sont assez fréquents. 2961

17. La température est assez élevée en certains endroits ; la mine est humide, surtout dans les galeries principales, mais en établissant des rigoles, cela empêcherait bien souvent les ouvriers qui se rendent aux chantiers de devoir marcher dans l'eau et de terminer leur journée avec les pieds mouillés, ce qui est nuisible à leur santé. 2962

2963 **18.** En apportant les modifications demandées à l'organisation du travail, on pourrait accomplir la tâche actuelle en moins de temps.

2964 **19.** Si on limitait la journée de travail à huit heures de présence, on pourrait faire venir les ouvriers par catégories au charbonnage ; par exemple, les ouvriers à veine viendraient pour 6 heures et remonteraient vers 14 heures ; les hiercheurs à 6 heures 1/2 et resteraient une demi-heure plus tard que les ouvriers à veine pour transporter ce qui reste de charbon abattu, et mettre ainsi la taille en ordre pour l'autre poste ; les hiercheurs faisant deux repas par jour, un vers 9 heures et l'autre vers 12 heures, pourraient supprimer un repas si la journée était réduite.

2965 **20.** On ne saurait faire qu'un seul poste d'abatage par jour, mais on pourrait bien faire venir des équipes de boiseurs entre les deux postes pour l'entretien des voies.

2966 **21.** Je suis partisan de limiter la journée par une loi, parce qu'une convention entre patrons et ouvriers peut amener des conflits dont les suites seraient regrettables.

2967 **26.** Il me semble que l'on peut appliquer la même limitation à tous les charbonnages, parce que les ouvriers ne doivent pas pâtir de ce que le travail est plus difficile dans l'un que dans l'autre charbonnage.

2968 **27.** Dans le charbonnage où je suis occupé, on paie à la tâche, à la journée et au mètre d'avancement ; il n'y a pas de primes, on inflige parfois des amendes pour travail incomplet.

2969 **28.** Les entreprises se font spécialement dans les avaleresses, et ce sont les patrons qui s'occupent du payement des ouvriers.

Conclusions.

Espérant que la journée de travail sera réduite par une loi, pour les motifs que j'ai signalés, je voudrais voir aussi dans les charbonnages, les plus rapprochés l'un de l'autre, créer des voies directes de communication à chaque étage, à seule fin qu'en cas d'accident dans un puits les ouvriers puissent se rendre directement à l'autre charbonnage ; on ne verrait plus ainsi des vieux mineurs, ne se sentant plus la force de monter 150 à 200 mètres d'échelles, rester au fond du puits pendant dix-sept à dix-huit heures, en attendant que le puits soit réparé. 2970

On devrait établir des lavoirs à douches comme celui en service actuellement à la Société Cockerill, car les lavoirs à bacs, comme il en existe dans beaucoup de charbonnages sont bien souvent mal entretenus ; les ouvriers doivent se déshabiller devant leurs compagnons de travail et se laver les uns après les autres, de sorte que si un ouvrier est atteint d'une maladie contagieuse, il peut, par ce fait, contaminer tout un charbonnage. 2971

Et j'espère aussi qu'en même temps qu'une limitation d'heures de travail, la Chambre voudra bien décréter l'instruction obligatoire jusqu'à 14 ans pour nos enfants, et décider l'établissement dans toutes les communes de la Belgique d'écoles ménagères, afin de donner à la femme toutes les notions nécessaires au ménage ; ainsi, par la réduction d'heures de travail, l'ouvrier pourra goûter un peu la vie de famille ; l'enfant, par l'instruction, sera 2972 détourné de tous les vices et, par l'école ménagère, la femme acquerra les aptitudes nécessaires pour conduire nos ménages. Si nous pouvions obtenir ces réformes, nous serions fiers de dire qu'en Belgique nous vivons comme des hommes, et ce sera un pas fait en avant vers l'égalité.

Brandebourger Nicolas,

âgé de 30 ans, domicilié à Lize Seraing, hayeur de nuit au siége Fanny du charbonnage de Marihaye, depuis environ trois ans; mineur depuis l'âge de 12 ans.

2973 1. Je parle au nom du syndicat des francs-mineurs de Seraing.

2974 2. Je demande que l'on réduise la journée de travail.

2975 3. J'entends par durée de la journée de travail le temps de présence à la houillère.

2976 4. Si on limitait la durée du travail, il conviendrait de limiter le temps de présence à la mine.

2977 Cette limitation devrait se faire en une seule fois.

2978 5. La descente dans la mine se fait entre 18 heures et 19 heures.

2979 6. La remonte s'effectue vers 2 h. 1/2 du matin ; nous devons parfois attendre au chargeage.

2980 7. Il me faut vingt minutes pour aller du puits à mon chantier et pour en revenir.

2981 Le parcours est aisé jusqu'au plan incliné; il y a cependant une partie où la voie est étroite; si le cheval est arrêté en ce point, il faut attendre.

2982 Les voies que nous devons parcourir ne sont pas de toute sécurité, parce que les wades soutenant les murés sont pourries 2983
et qu'il y a parfois des éboulements.

8. Je ne prends pas de repos dans la 2984
mine; je prends mon repas le plus vite possible.

9. La durée du travail effectif varie de 2985
sept heures à sept heures et demie.

10. Je ne fais jamais d'heures supplé- 2986
mentaires, mais certains ouvriers en font; ces ouvriers-là sont les favoris des patrons.

11. Pendant longtemps, je n'ai jamais 2987
chômé le lundi ; actuellement, je le fais généralement, parce que j'ai plus de bénéfice à m'occuper de mes pigeons qu'à travailler. Il y a assez bien d'ouvriers qui chôment le lundi, parce qu'ils craignent d'être obligés de changer de chantier.

12. J'estime que la limitation de la jour- 2988
née de travail devrait être appliquée à toutes les catégories d'ouvriers.

En Hollande, la durée de la journée de 2989
travail est de huit heures; si, en Belgique, on organisait le travail de la même manière, on augmenterait la production.

Si les voies de retour d'air étaient meil- 2990

leures, on pourrait les utiliser pour le transport des bois.

2991 15. On punit parfois les ouvriers qui n'ont pas accompli leur tâche; il me paraît juste, cependant, que nous puissions remonter lorsque nous avons fini notre besogne.

2992 On remonte, en effet, douze ouvriers à la fois; nous devons attendre qu'il y ait assez d'ouvriers au puits pour faire un trait complet.

2993 Depuis quinze jours, on a réparé la voie par laquelle je me rends à mon travail.

2994 Les voies d'aérage ont une section trop faible pour que l'on puisse se sauver par là en cas d'accident et notamment de coup d'eau; un ouvrier qui tomberait fermerait le passage pour les autres.

2995 On bosseye les voies, il est vrai, mais elles s'écrasent en arrière des tailles et ne sont pas recarrées.

2996 Les lampes sont généralement en bon état; le service des lampes est bien fait, mais les lampes de rechange sont trop peu nombreuses.

2997 17. A l'endroit où je travaille, règne une température moyenne, mais elle pourrait cependant être meilleure. L'air est vicié par les poussières, mais il n'y a pas de grisou parce que le remblai est fait dans de bonnes conditions.

2998 Au chantier de Grande Veine, la température est très élevée parce que le remblai est mal fait.

2999 Depuis le commencement de l'enquête, on a amélioré les rigoles le long des voies et l'eau s'écoule plus facilement.

3000 18. Je pourrais certainement accomplir le même travail qu'actuellement en un temps moindre, si l'organisation du travail était meilleure.

19. Si la réduction de la journée de travail avait pour conséquence une diminution de la production, cette diminution pourrait être compensée par une meilleure organisation du travail. 3001

20. Les ouvriers ne seraient pas satisfaits de l'organisation de plusieurs postes d'abatage par jour. 3002

21. J'estime que la durée du travail doit être limitée par la loi à huit heures; il y aurait en effet une garantie plus complète que s'il n'existait qu'un accord entre patrons et ouvriers. 3003

22. Je ne pense pas qu'une diminution légale de la durée du travail aurait pour conséquence un abaissement du salaire, si l'on organisait mieux le travail. 3004

26. Je pense que la même durée de travail peut être appliquée à tous les ouvriers et à tous les charbonnages. 3005

27. Je suis payé à la tâche.

On ne nous inflige pas d'amendes, mais on nous paye proportionnellement au travail accompli. 3006

Depuis le commencement de l'enquête, nous avons à notre disposition autant de matériaux, bois, etc., que nous voulons; mais auparavant c'était faute de cela que nous ne pouvions faire tout le travail demandé. 3007

On ne nous donne pas de primes. 3008

Il n'y a pas de sous-entreprises. 3009

Je désirerais en outre qu'il y ait un lavoir d'effets mieux organisé pour les ouvriers. 3010

Dumoulin Nicolas,

âgé de 43 ans, domicilié à Seraing, ouvrier à veine au siège Fanny du charbonnage de Marihaye; ne travaille plus depuis neuf mois par suite d'asthme.

3011 1, 2. Je parle au nom du Syndicat des mineurs de Seraing et je demande que la journée de travail soit réduite.

3012 3. Par journée de travail j'entends le nombre d'heures de présence à la mine. D'après leurs dépositions, les patrons veulent compter seulement le travail effectif. Cependant les ouvriers doivent arriver au charbonnage entre 5 heures 1/2 et 6 heures. Il doivent attendre que leur tâche leur soit désignée, puis ils vont chercher leurs lampes et leurs outils. Pourquoi tout ce temps serait-il à charge des ouvriers, surtout que tous sont obligés de se trouver à la mine à la même heure pour la répartition du travail.

3013 5, 6. Je descendais à 6 heures et je remontais entre 12 et 15 heures. Par suite de difficultés dans la besogne, il m'est déjà arrivé de remonter plus tard.

3014 7. La durée du trajet pour se rendre aux chantiers varie suivant les charbonnages. Mais tous les parcours sont pénibles. Bien souvent dans les galeries où sont posés des rails, il existe des fosses entre les traverses. Il faut alors poser les pieds d'une traverse sur l'autre et, si l'on a des outils en mains, on risque de se blesser. Les difficultés sont aussi grandes dans les plans inclinés et les chaffours.

3015 8. Je ne prenais aucun repos au cours de mon travail; c'est généralement l'habitude parmi les ouvriers à veine.

Elle a eu pour conséquence de leur 3016
faire augmenter la tâche. Les bosseyeurs et les hiercheurs ont de une demi-heure à une heure de repos.

9. La durée de mon travail effectif variait avec les conditions du travail. 3017

10. J'ai fait des journées supplémentaires. Je le regrette. 3018

Au charbonnage de Marihaye, le refus 3019
de travailler supplémentairement n'expose pas à des reproches de la part du personnel de surveillance ou de la direction.

Mais je sais qu'au siège Collard de la 3020
Société John Cockerill, il y a eu des faits de pression; ceux qui n'ont pas voulu faire des quarts supplémentaires ont été changés de poste et se sont trouvés ainsi dans des conditions de travail plus mauvaises.

11. Je ne chômais pas le lundi; je tra- 3021
vaillais constamment.

12. La limitation de la journée de tra- 3022
vail ne doit pas être uniquement appliquée aux ouvriers à veine. Ceux-ci ont déjà la journée réduite. Il en est de même des bacneurs qui travaillent huit heures. Mais les bosseyeurs, placés dans de mauvaises conditions, devraient également avoir les huit heures, tout comme les hiercheurs et les accrocheurs, lesquels sont souvent mouillés. Pour les enfants, la chose est indispensable; les boiseurs sont souvent des invalides, et ceux-là naturellement aussi doivent obtenir les huit heures de travail.

3023 En ce qui me concerne particulièrement, je suis invalide à la suite de mon travail et je me vois néanmoins privé par la direction de plusieurs avantages auxquels j'ai droit.

3024 15. Il faudrait que les bois fussent aux tailles en temps voulu. J'ai déjà travaillé avec des camarades pendant huit jours sans avoir de bois. Cela se passait du temps de l'ancienne direction.

3025 20. A mon avis, on ne pourrait organiser plusieurs postes d'abatage par jour. Les bosseyements ne suivraient pas. Déjà actuellement, ils ne le font pas; mais on pourrait organiser un poste à veine ayant le vif-thier préparé et boisé, ce qui n'existe pas, un poste de boiseur à midi pour boiser les tailles, enfin un poste de bosseyeurs pendant la nuit. Dans les conditions actuelles, le soutènement est placé par les ouvriers à veine, souvent jeunes, et alors qu'ils sont exténués.

3026 Les galeries sont très étroites. Lors du passage des transports, on doit se garer comme l'on peut. Il faudrait des boiseurs pour réparer les boisages des voies en mauvais état. Les voies intermédiaires ne sont pas assez hautes, et on est obligé de faire usage de « manottes ».

En résumé, je ne suis pas partisan de deux postes d'abatage par jour, mais il faudrait un poste spécial pour boiser les gradins. 3027

21. La durée du travail doit être limitée par une loi. 3028

27. J'étais payé à la tâche ou d'après l'avancement. 3029

A plusieurs reprises, la circulation des cages et par suite l'extraction du charbon a été suspendue. N'y aurait-il pas moyen de creuser un bouxthay pour y déverser les produits et ne pas arrêter le travail. 3030

Des gamins devraient accompagner les conducteurs de chevaux, comme cela se faisait anciennement. 3031

Les cheminées à charbon devraient être maintenues remplies pour éviter la présence de grisou aux coupements des tailles. De plus, avec cette organisation, le travail des hiercheurs pourrait commencer plus tôt. Enfin il y aurait moins de danger d'obstruction des cheminées par suite de la chute de pierres. 3032

Lurson Henri,

âgé de 34 ans, domicilié à Saint-Georges-sur-Meuse, ouvrier depuis deux ans et demi au charbonnage du Nord de Flémalle, mineur depuis l'âge de 11 1/2 ans.

3033 1. Je parle au nom du Syndicat des mineurs de Saint-Georges.

3034 2. Nous demandons que la journée soit réduite à huit heures.

3. J'entends par durée du travail, la présence au charbonnage. 3035

4. La limitation doit se faire en une fois. 3036

3037 5. Les ouvriers du jour descendent à 5 heures 1/2 du matin.

3038 6. La remonte se fait à 13 heures pour les ouvriers à veine, à 13 heures 1/2 pour les boiseurs et manœuvres, à 17 heures pour les hiercheurs et à 17 heures 1/2 pour les hommes du trait.

3039 7. Pour se rendre aux chantiers ainsi que pour en revenir il faut environ un quart d'heure.

3040 8. Le temps de repos est limité au strict nécessaire pour manger sa tartine.

3041 9. La durée du travail effectif est la suivante : pour les abatteurs six heures et quart; les boiseurs et manœuvres six heures trois quarts; les hiercheurs dix heures; les hommes du trait onze heures et demie.

3042 10. Tous les jours, il y a des abatteurs et boiseurs qui font des heures supplémentaires, parce que leur salaire est insuffisant.

3043 11. Les chômages sont plus nombreux les lundis que les autres jours, parce que certains ouvriers rentrent un peu tard le dimanche; d'autres craignent d'être changés de poste et d'exécuter des travaux auxquels ils ne sont pas habitués; les chômages du lundi disparaîtraient pour la plupart si le travail commençait, ce jour-là, deux heures plus tard que les autres jours.

3044 12. La limitation de la journée de travail doit s'appliquer à tout le personnel du fond, 1° parce qu'ils travaillent dans un vicié; 2° parce qu'il y fait toujours humide; 3° parce qu'on doit travailler à la lueur d'une lampe et faire de grands efforts qui très souvent gâtent la vue; 4° parce qu'on travaille à un métier pénible et très dangereux.

13. La limitation peut être générale. 3045

15. Les retards que nous éprouvons dans notre travail sont dus au manque de bois, à la présence des pierres qui restent dans les galeries et qui n'ont pas été enlevées par le poste de nuit, au mauvais remblayage des tailles. 3046

17. La température n'est pas élevée, mais l'air est vicié par les écuries, par la fumée de poudre, par la poussière du charbon et le grisou, ainsi que par les eaux qui s'écoulent de certains anciens travaux. La mine est humide. 3047

21. La loi doit limiter la durée du travail, parce qu'en général les patrons en sont adversaires; ils pourraient exercer des pressions sur certains ouvriers pour les faire surproduire, ce qui pourrait amener des conflits. 3048

22. La limitation à huit heures de travail ne peut amener une diminution de salaire, puisque nous estimons que la production ne diminuera pas. 3049

23. Nous n'avons pas connaissance que la journée de travail ait été diminuée au cours des années précédentes. 3050

26. La même durée de travail peut être appliquée à tous les travaux des mines de houille, en général. 3051

27. Le travail s'effectue à la tâche et n'est payé que pour le travail accompli. 3052

28. Il n'y a pas de sous-entreprises. 3053
J'ajouterai que l'on devrait établir des

lavoirs afin que l'ouvrier, trempé jusqu'aux os, ne soit pas obligé de faire ainsi des trajets d'une demi-heure pour rentrer chez lui.

Wilisky Alphonse,

âgé de 34 ans, domicilié à Flémalle-Grande, cordonnier, ancien mineur.

3054 **1.** Je suis délégué par le syndicat l'Union des mineurs de Flémalle-Grande et environs.

3055 **2.** Nous demandons que la journée de travail soit réduite. Dernièrement un referendum a été organisé par la Fédération nationale des mineurs. Cette consultation populaire a donné les résultats suivants : sur 81,955 votants, 80,763 ont émis un vote favorable à la réduction de la journée de travail.

3056 A Flémalle, sur 1,099 votants, 1091 ont voté pour. Le syndicat que je représente est donc partisan de cette réforme.

3057 **3.** Nous entendons par journée de travail le nombre d'heures de présence dans la mine.

3058 **4.** Il conviendrait de limiter le nombre d'heures de présence dans la mine. Quant à la limitation, nous aurions satisfaction par l'adoption du projet de loi de Jules Destrée.

3059 Comme le but de ce projet de loi est d'instaurer la journée de huit heures, nous estimons que, dans les charbonnages où elle existe déjà pour certaines catégories d'ouvriers, elle doit y être maintenue même pendant les premières années de la promulgation de la loi.

3060 **5.** La descente s'effectue entre 6 heures et 7 heures 1/4 du matin pour le trait du jour et entre 18 et 19 heures pour le trait de nuit.

6. La remonte se fait aux heures sui- 3061
vantes :

Les ouvriers à veine à 14 heures, les 3062
boiseurs et coupeurs de voie à 15 heures ; pour les bacneurs et les manœuvres, elle varie entre 14 et 16 heures ; les hiercheurs, conducteurs de chevaux et les accrocheurs entre 17 et 18 heures.

Pour le poste de nuit, la remonte se fait 3063
à 4 et 5 heures du matin, et à 6 heures pour les accrocheurs. Ces renseignements concernent les charbonnages de Flémalle-Grande.

7. Il faut en moyenne quarante-cinq mi- 3064
nutes pour se rendre du puits aux chantiers et pour en revenir.

Dans les charbonnages de Flémalle, 3065
l'eau tombe abondamment dans le puits ; il s'ensuit que, à peine entrés dans la cage, les ouvriers sont trempés jusqu'aux os.

Le trajet à parcourir est toujours péni- 3066
ble et fatigant.

Les voies sont très souvent remplies 3067
d'eau, qui, à certains endroits, atteint parfois la hauteur de 25 centimètres. Pour ne pas patauger dans l'eau, les ouvriers doivent sauter d'un rail à l'autre ou poser les pieds sur des pierres ou des bois. De plus, les voies sont souvent basses et étroites,

ce qui oblige les ouvriers à marcher courbés.

3068 L'ascension des chaffours et cheminées est toujours très pénible. Il arrive aussi que l'on doive marcher sur ses mains et ses genoux dans des voies appelées « passements », qui sont excessivement basses, étroites et mal boisées. Pour faire le trajet, l'ouvrier, qui est déjà porteur de son briquet et de sa gourde, doit encore se charger d'outils très lourds. Certains ouvriers se fatiguent plus pendant le parcours du puits au chantier qu'en faisant leur journée.

3069 8. Il n'y a pas de repos dans la mine; les ouvriers ne prennent que juste le temps nécessaire pour manger.

3070 9. La durée du travail effectif diffère par catégorie d'ouvriers. Pour les ouvriers à veine, elle varie entre six heures et demie et sept heures; pour les bacneurs et les ouvriers à la pierre, la moyenne est de sept heures et demie à huit heures; les manœuvres et les traîneurs de bacs travaillent huit et huit heures et demie; les hiercheurs, dix et onze heures; les conducteurs de chevaux et les accrocheurs, onze et douze heures.

3071 Le poste de nuit travaille neuf heures et demie à dix heures et les accrocheurs onze heures et même plus.

3072 10. Le travail est prolongé par les ouvriers qui font de la surproduction. Ces ouvriers sont généralement des favorisés des patrons, car nous pouvons affirmer, sans crainte d'être démenti, qu'un ouvrier à veine qui a travaillé pendant six heures consécutives ne saurait continuer à produire le même travail.

Les patrons ont plus d'une ressource pour obliger l'ouvrier à la surproduction. L'abatteur qui refuse aura une tâche plus dure à faire ou bien il sera mis dans une taille qu'il ne connaît pas. On emploie aussi le procédé du fort ouvrier contre le faible, c'est-à-dire qu'on met un fort ouvrier dans une taille, et la tâche qu'il aura accomplie devra être également faite par les plus faibles. 3073

Les heures supplémentaires sont généralement payées doubles, c'est ce qui pousse les ouvriers à surproduire. 3074

Le travail du mineur est exténuant; le faire surproduire c'est le contraindre à s'exténuer, à se ruiner la santé et à se briser avant l'âge. 3075

Le chômage du lundi est souvent occasionné par la fatigue de la semaine précédente; le repos du dimanche ne suffit pas toujours à celui qui se tue à la besogne, car il est à remarquer que généralement ceux qui font journée double le samedi ou travail lent le dimanche chôment le lundi. 3076

Beaucoup de vieux mineurs ne vont pas au travail le lundi parce qu'on leur ferait arracher du charbon, besogne au-dessus de leurs forces. 3077

Le chômage du lundi désorganise le travail et, conséquence logique, diminue la production. 3078

12. Une limitation de la journée de travail doit s'appliquer à tous les travailleurs de la mine indistinctement. 3079

Tout autant que l'ouvrier à veine, le jeune manœuvre, dont le corps se développe, le vieil ouvrier, dont la santé se ruine déjà, ont besoin de respirer un peu plus l'air pur. 3080

L'amélioration du sort doit être généra- 3081

lisée à tous pour être humaine et équitable.

3082 13. Si la limitation de la journée de travail était générale, nous estimons qu'il n'est pas nécessaire de faire des exceptions, ni pour les surveillants ni pour aucune catégorie d'ouvriers, aucune raison sérieuse ne militant en faveur de cette façon de voir.

3083 14. Il ne devrait y avoir dérogation qu'en cas de réparations urgentes, nécessaires, ou d'accident.

3084 15. Les arrêts sont très fréquents, causant un tort considérable aux salaires comme à la production.

3085 Les ouvriers à veine se plaignent du manque de manœuvres, ce qui est cause que les ouvriers de dressants sont parfois obligés d'arranger les remblais eux-mêmes pour évacuer le charbon, ou monter eux-mêmes dans la taille le nécessaire pour boiser.

3086 Les ouvriers des plateures ne sont pas mieux servis. Par suite du manque de traîneurs de bacs, ils doivent écouler derrière eux le charbon qu'ils arrachent, ce qui naturellement leur cause préjudice.

3087 Nous tenons à signaler s'insuffisance des remblais, surtout dans les charbonnages des Artistes et du Xhorré. Plusieurs ouvriers nous ont déclaré qu'il y a des espaces de 25 mètres et même plus où il n'existe pas le moindre remblai.

3088 A la veine du Hareng, charbonnage du Xhorré, à l'étage de 480, il y a eu jusque 600 mètres carrés où n'existait aucun remblayage, et les inspecteurs passaient sans rien voir. Trois jours après leur visite, la taille s'effondrait sur une longueur de 30 mètres. A ce charbonnage, il monte en moyenne par jour 425 berlaines de pierres, dont il faut déduire 185 berlaines environ produites par le lavage ou triage du charbon.

C'est dans ces vides que le charbon abattu s'introduit en partie et les quelques rares manœuvres n'oseraient s'aventurer dans ces vides pour en retirer le charbon. C'est donc une perte sèche qui diminue l'effet utile de l'ouvrier et fait augmenter le prix de revient. 3089

Au charbonnage de Marihaye, où généralement les tailles sont bien remplies, le remblayage fait complètement défaut à la veine Stenaye en plateure taille n° 1. 3090

Le service des lampes laisse également à désirer, surtout au charbonnage des Artistes-Xhorré. Il n'est pas rare de voir des ouvriers rester des heures entières sans lumière. Il faudrait au moins un rallumeur de lampes pour chaque taille. Il y a des lampes du nouveau système à benzine, mais elles sont rares et sont mises entre les mains des ouvriers qui font de la surproduction. 3091

Au charbonnage de Marihaye, c'est le nouveau système de lampes qui existe, les ouvriers en sont très satisfaits. 3092

Au charbonnage des Artistes-Xhorré, les bois font très souvent défaut. Il y a des ouvriers qui en sont journellement dépourvus. Mis dans l'impossibilité de se garantir suffisamment, ni d'exécuter un boisage bien en règle, les ouvriers perdent un temps considérable et, conséquemment, ne produisent pas ce qu'ils devraient. 3093

Et, à propos de boisage, je me permettrai de vous signaler une manœuvre dangereuse qui se pratique dans les trois 3094 charbonnages de Flémalle. Il arrive qu'on donne 10 centimes aux ouvriers qui reprennent des bois placés derrière eux depuis trois ou quatre jours, et on leur remet encore 10 centimes pour replacer les bois en avant Après cela vous ne vous étonnerez plus de voir se produire des éboulements.

3095 Concernant la catégorie des hiercheurs, ceux-ci se plaignent de ce qu'ils n'ont pas de charbon pour commencer leur journée. Il arrive qu'ils doivent attendre jusque 9, 10 et même 11 heures avant de pouvoir charger une seule berlaine. Il est facile cependant de remédier à cette situation. Il suffirait de laisser dans les cheminées ou dans les chaffours le charbon nécessaire pour commencer la journée. De cette façon les hiercheurs pourrait monter deux ou trois heures plus tôt.

3096 Les ouvriers du trait de nuit sont plus souvent occupés à l'abatage et au transport du charbon qu'à l'entretien des voies et des remblais ; cela démontre une mauvaise organisation du travail.

3097 Les conducteurs de chevaux n'ont pas de manœuvre ou porte-feu Ils font des trajets de deux, trois et même quatre kilomètres avec un cheval et huit berlaines. Si une berlaine saute des rails, le conducteur est parfois obligé de passer entre les jambes du cheval pour aller remettre la berlaine sur les rails. S'il arrivait un accident — nous pourrions citer des cas — il se pourrait que le conducteur blessé reste des heures entières avant qu'on ne s'aperçoive de son absence. Ce danger serait écarter s'il y avait un manœuvre avec le conducteur. Et, au point de vue productif, ce serait une bonne chose également. D'un autre côté, nous demandons s'il est permis de laisser travailler un ouvrier seul dans la mine.

Nous signalons également, à la Société protectrice des animaux, le surmenage auquel les chevaux sont astreints; ces pauvres bêtes doivent souvent travailler durement pendant trois ou quatre jours et nuits sans pouvoir se reposer. 3098

Il survient aussi des retards dans le travail par suite d'éboulements, d'affaissements du sol ou de dégagements de gaz. 3099

16. Les arrêts sont fréquents. Ils se produisent généralement parce que la surveillance fait parfois travailler dans de mauvaises conditions. Le personnel de surveillance devrait être recruté parmi les anciens ouvriers ayant l'expérience nécessaire. 3100

Une chose très regrettable aussi, c'est que la surveillance emploie trop souvent à l'égard des ouvriers des expressions malhonnêtes, parfois même injurieuses. On manque de respect aux travailleurs. 3101

Quant à l'inspection ouvrière, elle n'est pas sérieuse ; on sait presque toujours quand l'inspecteur va descendre, ce qui permet aux patrons de faire arranger certains ouvrages qui sont faits contrairement au règlement des mines. 3102

Du reste, les inspecteurs ouvriers les mieux intentionnés n'oseraient signaler les abus qu'ils voient constamment, parce qu'ils ont toujours la crainte de perdre leur emploi. L'exemple de l'inspecteur-ouvrier Staelens est bien caractéristique à ce sujet. Il est le seul de notre bassin ayant voulu faire son devoir et il a appris à ses dépens ce qu'il en coûte de prendre sa besogne au sérieux. Il a systématique- 3103 ment été écarté de la liste des candidats présentés au ministre.

3104 L'inspection ouvrière n'inspire pas la moindre confiance à l'ouvrier. La loi est mauvaise. Aussi longtemps que le sort de l'inspecteur ouvrier sera à la merci des patrons, il ne sera rien fait de sérieux au point de vue de l'inspection. Le remède à cette situation, c'est la nomination de l'inspecteur par les ouvriers eux-mêmes. Alors, mais alors seulement, l'ouvrier aura confiance et l'inspection sera sérieuse.

3105 **17.** Dans certains chantiers, la température est assez élevée ; les ouvriers doivent travailler presque nus, ils ne gardent que leur pantalon.

3106 Il y a des endroits où la mine est très humide, surtout dans les charbonnages des Artistes et Xhorré. L'air y est vicié par suite du manque de remblayage, des eaux stagnantes et aussi par le manque d'entretien des voies d'aérage.

3107 Nous tenons à dire également que si les tailles étaient bien remplies, si le charbon abattu était nettoyé et transporté, on n'aurait pas à regretter des incendies aussi graves que celui qui a eu lieu dernièrement au charbonnage du Xhorré, incendie qui a eu pour conséquence de faire perdre beaucoup de journées aux ouvriers et porter un préjudice considérable aux patrons.

3108 Nous tenons à signaler les deux faits suivants :

3109 Lorsqu'il se produit un accident au puits du charbonnage des Artistes, les ouvriers doivent revenir par une voie de raccordement reliant ce puits à celui du Xhorré. Cette voie est on ne saurait presque plus mauvaise ; il y existe des éboulements, et les ouvriers doivent marcher dans l'eau jusqu'aux genoux.

La voie de raccordement de la Nouvelle à la Vielle Marihaye est encore plus mauvause. S'il survient un accident au puits du charbonnage de la Nouvelle Marihaye, les ouvriers doivent remonter par le puits aux échelles qui a 475 mètres de hauteur ; ce puits est assez bien entretenu, mais malheureusement l'eau y tombe à torrents. Nombreux sont les ouvriers qui n'osent affronter cette ascension, qui est des plus dangereuses. Les vieux surtout sont incapables de l'accomplir. 3110

Il est vrai que les bronchites contractées de ce chef ne sont pas déclarées comme accidents du travail. 3111

Ceux qui ne montent pas les échelles doivent retourner par le puits de la Vieille Marihaye. Mais la voie qui y conduit est dans le plus pitoyable état. L'air y est vicié, malsain, l'eau y est stagnante, les boues infectes y dégagent une odeur nauséabonde ; à certains endroits la chaleur y est insupportable, et il y a certains passages qui ne peuvent être traversés qu'en se traînant à plat ventre dans une boue infecte. 3112

Nous avons, il y a six mois, signalé cet état de choses, mais rien n'a encore été fait. 3113

18. On peut accomplir la même tâche sur un temps plus court ; il suffirait pour cela d'améliorer les conditions du travail, conformément aux observations que nous avons présentées en réponse à la quinzième question, c'est-à-dire qu'il faudrait fournir les bois nécessaires aux ouvriers à veine, entretenir les voies de transport, augmenter le nombre des manœuvres et laisser du charbon pour que les hiercheurs puissent commencer tôt leur journée. 3114

3115 19. La réduction de la journée de travail diminuerait considérablement le chômage du lundi, l'ouvrier pouvant se reposer un peu plus après sa journée. Par une amélioration des conditions hygiéniques de la mine, le travailleur respirant un air plus sain serait évidemment plus dispos à la besogne ; nous estimons que dans ces conditions la production ne diminuerait pas.

3116 MM. les patrons, qui semblent craindre le contraire, arrivent cependant parfois à faire presque doubler la production.

3117 C'est notamment ce qui arrive la veille de la clôture du bilan, et il serait intéressant de les entendre expliquer la façon dont ils s'y prennent pour arriver à un pareil résultat.

3118 20. Nous estimons que pour les ouvriers à veine, il ne devrait y avoir qu'un seul poste d'abatage; mais il y a lieu d'examiner si, pour les ouvriers employés au transport, il ne serait pas utile d'organiser un poste de plus.

3119 21. La durée du travail doit être limitée par la loi si l'on veut qu'elle soit respectée, et ainsi disparaîtrait une source de conflits.

3120 22. Une diminution de la journée de travail ne doit pas avoir pour conséquence un abaissement du salaire. Nous l'avons dit tantôt, l'ouvrier travaillant dans de meilleures conditions, la production ne diminuerait pas, et alors il n'y a pas lieu de toucher au salaire.

3121 23. Il y a longtemps que la journée de travail n'a été diminuée. Plusieurs grèves ont éclaté à ce sujet sans pouvoir arriver à un résultat.

26. Nous pensons que la journée de huit heures pourrait être appliquée à tous les ouvriers de la mine comme à tous les charbonnages du pays. Avec un peu de bonne volonté, on arriverait certainement à un bon résultat. Les ouvriers feraient tout leur possible pour maintenir la production actuelle. 3122

27. Il y a des ouvriers payés à la tâche, d'autres à la journée. Le service des primes n'existe que pour les surproducteurs. 3123

Le salaire varie selon les périodes de crise ou de prospérité. 3124

Des amendes sont infligées pour travail non achevé. 3125

28. Il n'existe de sous-entreprises que pour les bacnures. 3126

*
* *

Maintenant que j'ai répondu à votre questionnaire, vous me permettrez de formuler un vœu au nom du syndicat que j'ai l'honneur de représenter ici. C'est de voir l'enquête se continuer dans la mine. Les ouvriers qui sont venus ici déposer devant vous ont dit et avancé des choses qui sont ou qui seront démenties par les patrons. Il serait désirable, dans l'intérêt de la vérité que quelques-uns d'entre vous aillent sur place se rendre compte de la loyauté, de la sincérité des dépositions ouvrières. 3127

Beaucoup de travailleurs ont eu le vif désir de venir au Comité d'enquête. Ils ont préféré s'y faire représenter par un délégué plus libre, plus indépendant qu'eux vis-à-vis des patrons. C'est pourquoi j'ai dit tout ce que je crois être la vérité au sujet des mauvaises conditions du travail dans les mines. 3128

Il ne sera pas inutile non plus de vous entretenir encore quelques instants au sujet de la durée du travail.

3129 De plus en plus la question de réduire la journée de travail préoccupe tous ceux qui s'intéressent à l'amélioration du sort des travailleurs. D'éminents esprits l'ont étudiée à divers points de vue et ont trouvé là un puissant moyen de relever moralement, intellectuellement, physiquement et matériellement les classes ouvrières. De leurs recherches il est un point qui ressort clairement : c'est que la productivité est loin de diminuer toujours avec la réduction de la journée de travail. Très souvent même l'expérience a démontré qu'une diminution rationnelle de la durée de la journée a eu pour effet une augmentation de la productivité. C'est surtout dans les industries où le surmenage est intensif que cette dernière constatation est la plus régulière et la plus importante. Depuis des années déjà cette question a été longuement étudiée, tant par les théoriciens que par les congrès, internationaux surtout, tenus par les associations des ouvriers mineurs. De tous les pays industriels, la Belgique est restée beaucoup en arrière sur ses voisins au point de vue de la durée de la journée de travail. Rares y sont les tentatives faites pour la réduire, surtout dans les mines. Or, la solution de cette question relève bien plus du domaine de la pratique que de celui de la théorie. C'est pourquoi nous souhaitons ardemment voir bientôt expérimenter cette réduction, qui a si bien réussi dans les pays étrangers. Nous ne pouvons songer à exposer ici, dans ses minutieux détails, une organisation du travail capable de permettre une réduction de la durée de la journée sans amener un fléchissement de la productivité. Ce n'est pas en un mois que des ouvriers astreints au dur labeur de la mine peuvent produire pareil travail. D'un autre côté, on voudra bien reconnaître que pour étudier pareille question avec fruit, les ouvriers sont absolument dépourvus de documents. Si cependant nous ne sommes pas en mesure de faire une description de l'organisation du travail de la mine, grâce à laquelle la durée de la journée puisse être réduite sans que la productivité en souffre, nous avons toutefois la certitude que des essais méthodiques, bien étudiés et bien ordonnés, donneraient ici en Belgique les mêmes résultats qu'ailleurs. Partout où cette réforme bienfaisante a été introduite, l'expérience a démontré que l'endurance des travailleurs augmentait avec la réduction de la journée. C'est dans cette augmentation de l'endurance qu'il faut trouver la principale cause empêchant le fléchissement de la productivité. Les mineurs belges, si réputés pour leur endurance, deviendraient plus aptes à produire bien et beaucoup, si le temps pendant lequel ils sont exposés aux multiples dangers de la mine et ils respirent un air vicié était réduit.

Nous sommes certains que la réduction 3130
de la durée de la journée serait un stimulant à faire vite en faisant bien ou, en d'autres termes, un stimulant à l'augmentation de la productivité. De plus, cette réduction serait de nature à améliorer la situation du prolétariat des mines au point de vue moral, le long séjour au fond étant abrutissant; au point de vue intellectuel, plus de loisirs lui permettant de lire et le disposant mieux à cette utile distraction ;

au point de vue physique, parce que soustrait pendant plus longtemps à l'atmosphère souvent délétère de la mine. Pour ces raisons, nous sommes persuadés qu'il y a urgence de diminuer la durée de la journée de travail dans les mines, ce qui serait hautement humanitaire.

*
* *

3131 Les honorables membres de la législature qui font partie de cette Commission d'enquête se rangeront, espérons-nous, à cette manière de voir, dans l'intérêt de la santé de notre classe ouvrière des mines, si digne de la sollicitude des gouvernants. Nous vous demandons de faire l'effort nécessaire pour hâter l'avènement de la loi qui fixera à huit heures la journée de travail dans les mines. Vous aurez ainsi bien mérité de la classe ouvrière dans la grande mission que vous êtes appelés à remplir. La part que vous prendrez dans les prochains débats parlementaires aura une influence que nous n'ignorons pas. Vous serez guidés par la pensée et la ferme volonté de faire bien. C'est le vœu le plus ardent que nous vous adressons au nom de la classe ouvrière.

DÉPOSITIONS DES PATRONS

Dehousse Charles,

ingénieur en chef du charbonnage de Marihaye.

3132 1. Je parle au nom du charbonnage de Marihaye.

3133 2. Les ouvriers n'ont pas adressé au charbonnage une demande de réduction générale de la journée de travail.

3134 3. J'entends par durée de la journée de travail, le *travail effectif;* en effet, dans un charbonnage où il y a un lavoir pour les ouvriers, comme c'est le cas à Marihaye, l'ouvrier y passe nécessairement un certain temps avant la descente et après la remonte ; si l'on compte comme durée de la journée la présence à la houillère, il y aurait donc désavantage pour le charbonnage qui a des lavoirs. De plus, ce qui fait l'objet du contrat de travail, c'est le travail effectif.

3135 Toutefois, je considère que la journée de travail commence au moment de la descente et finit au moment de la remonte.

3136 5. La descente des ouvriers se fait de 6 heures à 7 heures 1/4 pour le poste de jour et de 18 à 19 heures pour le poste de nuit.

6. Les ouvriers du poste de jour remontent 3137
de 12 heures à 17 heures 1/4, ceux du poste nuit de 2 heures 1/2 à 6 heures 1/2.

7. Pour se rendre du puits à leur chan- 3138
tier, il faut aux ouvriers de dix minutes à une demi-heure, suivant le chantier et le siège.

En ce qui concerne la difficulté des tra- 3139
jets à parcourir, voici quelques chiffres tout à fait démonstratifs :

	mètres.	p. c.
Longueur totale des voies.	53,400 =	100
— des voies à chevaux.	43,400 =	82
— — à la berlaine.	4,200 =	7 1/2
— fausses voies en droit.	2,400 =	4 1/2
— — plateures.	3,400 =	6
— plans inclinés.	380	
— bouxhtays (descentes).	20	
— voies humides.	980 =	1 1/2

3140 Il est dificile d'augmenter la section des voies, à cause de l'état des terrains, qui parfois sont très mauvais.

3141 8. La durée du repos dans la mine est variable (0 à 1 heure).

3142 9. La moyenne de la durée du travail effectif est comprise entre sept heures trois quarts et huit heures et quart.

3143 10. Il y a assez bien d'ouvriers qui prolongent leur journée ; nous comptons 35 à 40 p. c. d'abatteurs qui sont dans ce cas.

3144 Les ouvriers font ce supplément de leur plein gré ; nous ne faisons exercer aucune pression sur eux.

3145 11. Il y a beaucoup de chômeurs le lundi ; les chiffres relatifs à cette question ont été remis à la Commission lors de la première enquête.

3146 12. Je ne suis pas partisan de la limitation de la journée de travail.

3147 Il est difficile de limiter le travail des abatteurs ; nous avons une race d'ouvriers d'élite qui donne tout ce qu'elle peut donner et ne saurait faire autant de besogne qu'actuellement en un temps moindre.

3148 Il n'est pas possible d'appliquer la même durée de la journée de travail aux abatteurs et aux hiercheurs.

3149 Les conditions d'exploitation sont très variables de région à région, et de charbonnage à charbonnage ; aussi est-il impossible d'établir un règlement uniforme.

3150 15. En ce qui concerne la possibilité de retards apportés au travail, je dirai : le service des lampes est bien organisé ; comme suite aux observations présentées ici par les ouvriers, nous voulons bien donner les lampes tout allumées aux ouvriers ; nous préférions les leur remettre non allumées, pour qu'ils soient obligés de s'assurer de leur état et de leur bon fonctionnement.

Le personnel arrive au charbonnage entre 5 heures 50 minutes et 6 heures ; on ne peut pas distribuer toutes les lampes en dix minutes, puisque l'on doit aussi inscrire les noms des ouvriers. 3151

En ce qui concerne l'état des voies, au point de vue du roulage, nous employons actuellement des rails plus hauts que les anciens pour avoir un meilleur roulage. 3152

Concernant le service des bois, ceux-ci sont disposés dans la paire par chantier ; le soir, on les fait descendre séparément pour chaque chantier ; pendant la nuit, les serveurs mènent les bois au chantier. 3153

Les boiseurs de jour sont ordinairement à deux. 3154

En ce qui concerne l'état des voies dont le boisage est en mauvais état, j'engage la commission d'enquête à s'en rendre compte *de visu*. 3155

Pour ce qui est du nettoyage des lampes, les ouvriers me feront plaisir en me signalant les abus. 3156

J'ajouterai que nous avons conservé la même proportion de lampes de rechange avec les lampes à benzine que quand nous avions uniquement les lampes Mueseler en service. 3157

Relativement au chantier N° 1 de Grande Veine au siège Fanny, on m'a fourni, à ce siège, les renseignements suivants : les pierres des bosseyements des fausses voies d'aérage sont mises dans les tailles par des hiercheurs au bac ; celles du bosseyement de la voie de roulage sont ramenées au 3158 puits, un ou deux jours par semaine, lorsqu'il y a pénurie trop grande de personnel.

3159 La hauteur du retour d'air de Délyée Veine, au siège Fanny, est de $0^m.60$ à $0^m.90$. Cette voie est cependant pratiquable ; on creuse d'ailleurs une bacnure, qui permettra de la supprimer dans une quinzaine de jours, parce que son recarrage est absolument trop difficile.

3160 **17**. La température dans le charbonnage de Marihaye est assez élevée (24 degrés), mais c'est une des mines les plus profondes.

3161 Les températures et les volumes d'air sont relevés tous les mois par un agent spécial à chaque siège ; nous avons en moyenne 40 à 50 litres d'air par ouvrier et par seconde, 33 litres au minimum.

3162 La température la plus élevée est de 24 degrés dans les voies de retour d'air.

3163 L'ankylostomasie sévit très peu chez nous ; il y a eu 3 à 4 p. c. d'ouvriers malades lors de l'enquête faite à ce sujet ; ils ont été soignés et guéris.

3164 **18**. Je suis d'avis que nos ouvriers ne pourraient accomplir la même tâche qu'actuellement dans un temps plus court.

3165 **19** Si la réduction de la journée de travail avait pour conséquence une diminution de la production, cette diminution ne pourrait être compensée, car il n'est pas possibles de gagner du temps sur le travail des ouvriers et nos puits donnent toute leur capacité.

3166 **20**. Nous ne pourrions pas organiser plusieurs postes d'abatage par jour.

21. Je pense que la journée de travail ne doit pas être limitée par la loi ; il faut laisser la plus grande liberté sur ce point. 3167

22. Dans la situation actuelle, une diminution légale de la durée du travail pourrait ne pas entraîner une diminution de salaires ; mais, pour des années moins prospères, il serait à craindre alors que le prix de revient ne soit supérieur au prix de vente. 3168

23. Il n'y a pas eu de changement dans la durée de la journée de travail depuis dix ans, sauf peut-être une demi-heure pour les manœuvres ; je n'étais pas encore à Marihaye lorsqu'on a augmenté la journée des boiseurs. 3169

26. Je ne crois pas que la même durée de travail puisse être appliquée à tous les sièges d'un charbonnage, à tous les charbonnages d'une même région et à toutes les catégories d'ouvriers, pour les raisons que j'ai exposées précédemment. 3170

27. Les ouvriers sont payés à la tâche, à la journée ou à marché. 3171

28. Il n'y a pas de primes ni de sous-entreprises. Il est rare que l'on inflige des amendes aux ouvriers. 3172

*
* *

On a dit qu'actuellement on exploitait les grandes couches et qu'on laissait les petites pour l'avenir ; je tiens à dire que nous faisons de grands sacrifices pour exploiter à la fois les petites et les grandes couches. 3173

Deltenre Georges,

directeur du charbonnage de l'Arbre Saint-Michel.

3174 1, 2. Je parle en mon nom personnel.

3175 Jusqu'au 23 juin dernier, les ouvriers ne m'avaient pas demandé de réduction de la journée de travail.

3176 A cette date, les hiercheurs réclamèrent une réduction de la durée du travail ou une augmentation de salaires. Une grève éclata qui dura deux jours, puis le travail recommença aux anciennes conditions.

3177 5, 6. Les ouvriers abatteurs descendent à 6 heures du matin et remontent à 14 heures. Ils fournissent donc huit heures de présence à la mine.

3178 Les hiercheurs de jour descendent à 6 heures 1/4 et remontent entre 14 et 17 heures. Les quatre cinquièmes sont remontés à 16 heures.

3179 Les boiseurs descendent à 18 heures et remontent à 4 heures.

3180 Il en est de même des autres catégories d'ouvriers de nuit, sauf les hiercheurs, qui remontent entre 4 et 5 heures.

3181 7. La durée du trajet pour se rendre aux différents chantiers varie de cinq à quinze minutes. Tous les parcours sont faciles, parce que la mine est de création récente.

3182 Pour les ouvriers abatteurs, la durée du travail effectif est de 6 heures 40. Il est au maximun de 9 heures 15 pour les hiercheurs.

3183 8. Les premiers prennent un repos de vingt minutes. Les hiercheurs en ont deux de même durée.

10. On ne fait pas de travail supplémentaire pendant le poste de jour et très rarement pendant celui de nuit. Dans ce dernier cas, c'est le samedi, pour compléter le remblayage. 3184

11. Le lundi, je constate de 30 à 33 p. c. d'absences dans mon personnel, ce qui désorganise le travail. Il faut alors changer les ouvriers de poste et il peut en résulter plus de chance d'accident. 3185

12. A mon avis, c'est au seul poste d'ouvriers abatteurs qu'on pourrait appliquer une réduction d'heures de travail. 3186

15, 16. Je n'ai jamais reçu de plainte concernant l'organisation du travail en général et en particulier concernant le service des bois et celui des lampes. On descend la veille les bois nécessaires à un poste ; souvent même alors que les ouvriers n'ont pas encore quitté le chantier. 3187

17. La température de la mine est peu élevée. L'air n'est pas vicié et les travaux ne sont pas humides. 3188

18. A mon avis, les ouvriers ne pourraient pas accomplir la même tâche qu'actuellement dans un temps plus court. La durée de la journée est déjà réduite à son minimum. 3189

20. Dans un même chantier, l'organisation de plusieurs postes d'abatage par jour est impossible. 3190

21. Je préférerais qu'on laissât résoudre la question de la limitation de la durée du 3191

travail par l'initiative privée plutôt que par une loi. C'est grâce à l'initiative privée que l'on est arrivé par étapes aux conditions actuelles du travail.

3192 **25.** La question de l'influence d'une réduction de la durée du travail sur l'effet utile et sur le salaire est complexe. A mon avis, on serait amené à augmenter le prix de vente.

3193 **26.** Une même durée du travail ne peut être appliquée à tous les ouvriers ni à tous les charbonnages.

27. Mes ouvriers sont payés à la tâche. Il n'est pas donné de primes et des amendes sont rarement appliquées. 3194

28. Les sous-entreprises n'existent pas. 3195

29. En résumé, j'estime que par une intervention légale pour limiter la durée du travail dans les mines, la situation financière du charbonnage pourrait être compromise. Dans d'autres bassins elle aurait pour effet de faire clôturer beaucoup de mines en perte, même pendant les années à prospérité moyenne. 3196

Banneux Philippe,

directeur gérant du charbonnage du Horloz.

3197 Je parle au nom de l'Union des Mines et Usines.

Ma déposition est présentée au nom de l'Union des mines et usines de la province de Liége. Je m'en tiendrai, en conséquence, si la Commission le permet, aux faits généraux. Je ne pourrais d'ailleurs, que confirmer les statistiques et les usages particuliers de chaque mine tels qu'ils furent établis par mes collègues. L'exposé qu'ils en firent étant complet, je ne serais probablement pas intervenu si je n'avais trouvé nécessaire de remettre au point certaines déclarations, par déférence pour la Commission d'abord et, plus encore, par considération pour l'étranger, dans l'esprit duquel notre pays devrait rétrograder du premier au dernier rang, sous le coup de témoignages mal fondés et souverainement injustes. On peut, sans être accusé de chauvinisme, prendre la défense de son pays, de son industrie et de sa population.

Notre régime de travail comporterait des abus criants. Il exposerait la race belge à un abâtardissement et à une déchéance certaine. Toute notre population industrielle tendrait vers la décrépitude prématurée. C'est ainsi que l'on s'exprime au sein des Chambres, dans les réunions publiques, dans les journaux socialistes. 3198

La réduction de la journée du travail s'imposerait pour toutes les industries, et en particulier pour l'industrie des mines, bien que dans celle-ci la puissance de travail développée soit moindre que dans les autres. 3199

L'exploitation des mines ne date pas d'hier, de sorte que si les reproches qu'on lui adresse étaient fondés, même pour une faible part, il y a longtemps qu'elle serait disparue faute de combattants. 3200

Comment, au contraire, expliquera-t-on l'expansion considérable qu'a prise notre industrie, la place énorme qu'elle s'est 3201 créée dans l'univers et la possibilité pour la Belgique de nourrir et entretenir dans de très étroites limites plus de 7 millions de têtes? On reconnaîtra que nous ne donnons pas précisément au monde civilisé, ébloui de nos progrès dans le domaine du travail, le spectacle d'un peuple qui se meurt d'inanition et prépare sa ruine.

3202 Tous les membres de l'Union des Mines et Usines que je représente devant vous sont d'avis qu'une autorité publique, quelle qu'elle soit, ne peut s'arroger le droit d'obliger l'ouvrier de travailler plus ou de travailler moins qu'il ne le veut, sans souci de sa force, de son endurance, de ses besoins, de ses aspirations et de ses devoirs sociaux.

3203 Limiter par l'action automatique de la loi, la faculté de travail d'un ouvrier revient à le frapper dans son droit à la vie.

3204 On pourrait, sous de mêmes fallacieux prétextes de surmenage et de raisons sociales, réduire au strict nécessaire la clientèle du médecin par exemple, celle de l'avocat, en un mot porter la main, en vertu du même principe, sur toutes les carrières libérales. Le mal, ici, serait beaucoup moins sensible, parce que très généralement le sujet frappé continuerait, lui et les siens, à faire leurs trois repas par jour. Mais la faculté de travail de l'ouvrier, qu'il tient de la nature, est inaccessible. Le droit de l'ouvrier, qui se doit tout entier à lui-même et à sa famille, est autrement respectable et sacré. L'État, nous paraît-il, ne saurait faire prévaloir d'autorité sa résolution d'y toucher sans se créer le devoir d'une compensation. Il faut bien peu connaître la nature spéciale du gouvernement pour ne pas craindre de le voir s'en tirer par le chemin le plus court et le plus aisé et qui l'écartera davantage encore de la liberté : « L'institution d'un minimum de salaire ».

Le parti socialiste, et en cela il paraît être éclairé par la raison pure, ne dissimule pas ce correctif inéluctable; il l'a proclamé sans réticence dans les discussions parlementaires. 3205

Influence de notre régime industriel sur la race belge.

Au nombre des abus de notre industrie, on dénonce périodiquement à notre opinion publique, sans preuve ni indice, les prétendues conséquences néfastes pour notre race du régime industriel belge. 3206

Alors qu'au dehors on considère notre vaillante population wallonne comme la plus saine, la plus vigoureuse et la plus ardente du monde entier, d'aucuns voudraient la représenter à l'intérieur comme débile, sans souffle, sans courage et cela parce que l'industriel « abuserait sans mesure des forces de l'ouvrier, pour satisfaire d'insatiables cupidités ». C'est ainsi que l'on s'exprime dans nos documents parlementaires. 3207

Si, réellement, nous en sommes là, il y a longtemps que nous devrions être à la queue des nations dans la statistique des quantités moyennes d'existence. Notre déchéance serait fatale et incurable. 3208

Il est éminemment regrettable que nos pouvoirs publics, si prestes à l'émotion, soient restés vierges dans le domaine de la démographie industrielle qui est encore à créer. Ils disposaient pourtant, pour réaliser cette œuvre sociale, branche de la « statistique des collectivités humaines », d'un instrument précieux : les ingénieurs 3209 du Corps des mines, instruits, zélés et dévoués, qui auraient pu renseigner utilement sur notre état social l'hygiéniste, l'économiste, le sociologue et le législateur.

3210 Force sera de nous en tenir à des approximations. Peu d'hommes s'occupent de ce genres d'études ; M. Van Hoegaerden qui y consacre ses très rares loisirs, a dépeint devant vous et effleuré cette question, sur laquelle je crois devoir revenir succinctement.

3211 Dans la période actuelle, la vie moyenne d'une tête dans toute l'Europe centrale se relève. Le diagramme qui en représente les variations est une courbe ascensionnelle et qui, sans cause tragique, doit nécessairement tendre asymptotiquement vers une droite figurant la vie idéale moyenne, c'est-à-dire la vie moyenne de durée maxima que l'on ne saurait franchir sans une modification profonde de l'espèce évoluante ou de ces conditions d'existence.

3212 Heureux sont les peuples dont la courbe de vie approche indéfiniment de cette droite représentant, en somme, une saturation d'existence que l'on ne peut dépasser.

3213 La déchéance humaine, que l'on se complaît à trouver dans l'ambiance de notre pays, n'existe donc pas dans l'Europe centrale. Les oiseaux de mauvais augure en seront pour leurs frais d'imagination.

3214 Dans le cours du siècle dernier, il s'est fait qu'en Belgique la vie moyenne a crû plus que partout. Actuellement la majoration s'accuse moins vive, ce qui prouve que nous approchons du régime du maximum invariable.

3215 La démographie belge révèle donc une évolution très favorable et très sensible de la loi des existences. Nous ne le cédons, sous le rapport de la vie probable de l'enfant qui vient de naître, à aucune contrée si ce n'est au groupe scandinave.

Le relevé ci-après en fournit la preuve matérielle. 3216

Vie probable actuelle à la naissance de chaque tête :

	Age probable	Population kilométrique.
En Norwège Suède-Danemark .	63	12
Belgique.	57,4	232
Irlande	56,9	53
France	56,7	74
Angleterre	54,0	132
Italie	53,0	110
Suisse	52.2	80
Pays-Bas	52,8	138
Autriche	43,4	87
Allemagne	40,7	104

Il est présumable que si en Belgique on imitait les pays scandinaves dans la répression radicale des abus de l'alcool, si on s'y appliquait à refréner la mortalité infantile, nous prendrions la tête des nations dans le mouvement des peuples et cela en dépit de la densité relativement énorme de notre population qui est sans égale dans le monde. 3217

On doit conclure que le régime industriel de la Belgique ne s'accuse dans la validité et la quantité d'existence moyenne de la population que par une influence heureuse : 3218

Plus de salaire par rapport au coût de l'existence, plus de ressources réelles, par conséquent plus de vie. Tel est notre bilan démographique. 3219

Mais, objectera-t-on, il s'agit là de l'ensemble du pays et il n'est pas pertinent de dire que dans les régions industrielles l'action exclusive du travail soit aussi salutaire. 3220

Des constatations officielles de deux ordres différents nous permettent de soupçonner l'état réel des choses. 3221

1° Mortalité infantile.

3222 La mortalité infantile, c'est-à-dire le nombre des décès des enfants de moins d'un an, dépend et de la constitution de ces enfants et des soins dont ils sont l'objet. Ces soins dépendent de la tendresse des parents, et cette tendresse, la chose est reconnue, est en rapport direct avec les facilités de la vie.

3223 En somme, le « gaspillage de l'énergie humaine », qui se traduit par la mortalité infantile, est plus important chez les peuples inférieurs. Or, que constate-t-on en Belgique? Que, sur 100 enfants, le nombre de ceux qui n'atteignent pas un an est :

1° Belgique méridionale :

A Ath	10.02
A Soignies	12.37
A Mons	11.52
A Liége	13.52
A Verviers	14.49
A Charleroy	14.96

2° Belgique septentrionale ;

A Maeseyck	15.96
A Bruges	19.39
A Ostende	23.90
Les deux Flandres	20.07 à 28.60

3224 Ces résultats autoriseraient à prévoir que les enfants du Nord, de 1 à 5 ans, par suite de la sélection naturelle qui s'opère dans la couche des enfants de 0 à 1 an, résisteraient mieux que ceux du Midi. Il en serait ainsi à égalité de vitalité de race.

3225 Or, il se fait que les Flandres perdent non seulement leurs nourrissons, mais encore leurs enfants jusque 5 ans, beaucoup plus que la Wallonie. C'est donc calomnier notre industrie que de prétendre qu'elle immole ses enfants. C'est ravaler notre population que de la proclamer inférieure sous le rapport de sa résistance vitale.

C'est le contraire qui est vrai. 3226

Des exemptions de milice pour causes physiques.

On peut prolonger la comparaison et consulter, dans ce but, les exemptions de milice pour causes physiques dans les différentes régions du pays. 3227

Le personnel de nos grosses industries doit très probablement être plus éprouvé par la hernie que les ouvriers du nord de la Belgique. 3228

La hernie de force, due exclusivement au travail manuel sous le coup d'une cause externe, reste rare et très exceptionnelle, mais un certain nombre d'ouvriers prédisposés à ce genre d'affection se trouvent atteints. Malgré ce motif d'exemption, plus fréquent en Wallonie, nous devançons de loin beaucoup d'arrondissements agricoles où la vie est plus contemplative. 3229

Proportion pour cent des exemptés pour causes physiques (*Annuaire de statistique en Belgique pour la levée en 1905*) : 3230

Pour le royaume 30.28 p. c.

Arrondissements de :

Bruxelles	41.16	
Louvain	38.11	
Nivelles	36.28	
Ostende	33.33	
Tournai	33.84	
Charleroy	34.10	
Soignies	37.42	
Huy	26.82	Province de Liége : 29.55
Liége	29.07	
Verviers	33.14	
Waremme	26.94	
Hasselt	30.07	Province de Limbourg : 29.25
Maeseyck	27.40	
Tongres	29.34	

Dans la province de Liége, les exceptions sont donc inférieures à la moyenne du pays. Dans l'arrondissement de Liége, elles sont en dessous de celles de Hasselt et de Tongres et de la moyenne du Limbourg.

3231 Si l'on s'en tient plus spécialement à l'arrondissement de Liége, on consultera avec fruit les rapports de M. Demarteau, commissaire d'arrondissement, qui eut l'heureuse inspiration de dresser la statistique de milice par canton. Nous relevons, pour les années 1902 et 1903, les éléments ci-après :

Cantons industriels.

	Nombre des exemptés		Moyenne
	Levée de 1902	Levée de 1903	des 2 années
Jemeppe-Tilleur.	21.90	25.00	23.45
Ougrée-Boncelles	34.00	23.60	28.80
Liége	30.00	32.00	31.00
Ans, Glain, Saint-Nicolas . .	32.00	29.30	30.65
Seraing	33.00	36.20	34.60

Cantons agicoles.

Awirs, Engis, Horion, Ramet .	42.50	27.50	35.00
Argenteau, Charatte, Visé, Wandre	33 30	37.80	35.55
Aywaille	44.60	27.00	35.80
Barchon, Berneau, Warsage, etc.	34.20	40.00	37.10
Grâce, BerleurHologne, Montegnée	38.30	38.30	30.30
Chaudfontaine, Forêt, Fraipont	23.60	52.20	42.90

3232 Soutiendra-t-on encore que l'industrie engendre la tare humaine?

3233 Consultez les membres du Conseil de milice de Liége, qui ont périodiquement l'occasion de voir toute notre population de conscrits dans la nudité la plus complète, il est certain que tous vous diront avoir été frappés par la corpulence, la force et le développement de nos ouvriers mineurs. Le houilleur se lave à grande eau, par nécessité professionnelle, au moins une fois par jour. Il existe de nombreux ouvriers en dehors de cette catégorie qui n'ont jamais connu l'ablution de toute leur vie.

Le législateur veut-il réduire la morta- 3234
lité infantile dans les Flandres? Veut-il y rendre la vie plus aimable? Veut-il, en un mot, améliorer sûrement la race flamande? Qu'il pousse alors au développement des charbonnages du Nord de la Belgique. S'ils sont exploitables, le remède est infaillible.

De l'organisation en matière houillère.

L'enquête a donné naissance, sans que 3235
l'on s'y attendit, à une prétention étonnante: il suffirait de modifier l'organisation des services de l'exploitation pour résoudre sans déchirement toutes les difficultés du travail.

Ceux qui le soutiennent n'ont le senti- 3236
ment ni des exigences de la mine ni des traditions ouvrières.

Ce n'est pas l'organisation du travail 3237
qu'il faudrait changer, c'est le tempérament, la façon d'être du houilleur et je doute fort que l'on y parvienne.

Vague comme un aphorisme, ce défaut 3238
d'organisation que l'on signale et qui n'a pas de signification réelle, jouit cependant de la propriété de jeter le doute dans les esprits et tous les esprits sont défavorablement prévenus quand il s'agit de nos exploitations.

Or, abstraction faite des règles prescrites 3239
par les règlements et par l'ordre établi sur lesquelles repose la sécurité de la mine et

de ses travailleurs, l'ouvrier houilleur n'en fera qu'à sa guise. L'exploitant qui serait capable de concevoir une organisation, fût-elle parfaite, et de l'imposer contre les habitudes du mineur, aurait aussi le pouvoir de supprimer les absences courantes, cette plaie saignante que l'insouciance ouvrière entretient au flanc de notre industrie.

3240 Le public s'attendait-il à apprendre que le mineur engagé dans nos exploitations ne se rend au travail que lorsqu'il le juge nécessaire, que ses absences isolées ou répétées ne sont ni annoncées, ni justifiées, ni réprimées? Que l'ouvrier lui-même ignore le matin, en se levant, s'il se rendra ou non à la besogne? Que sous le plus futile prétexte des ouvriers arrivés à la mine s'en retournent sans se soucier de la désorganisation que leur départ provoque? Et l'on se représente le houilleur qui n'a d'autre loi que son bon plaisir, comme courbé sous le joug inflexible de l'exploitant. Et l'on s'attendrit.

3241 On invoque la fatigue du travail. Quelle erreur !

3242 Le chômage intense se produit le lendemain du jour de repos, c'est-à-dire de préférence le lundi et aussi le mardi et aussi le jour du paiement de la quinzaine et de préférence le lundi qui suit la paie, c'est-à-dire le surlendemain, le plus souvent.

3243 S'il arrive que le lundi soit férié, tout le régime des présences quotidienne recule d'un jour, les fortes absences s'accusent alors le mardi. Si dans le cours de la semaine il y a un jour férié, le lendemain s'élève invariablement au niveau du lundi ordinaire.

Quant aux absents, ils sont généralement les mêmes et ces abonnés comptent parmi les plus valides et les plus jeunes. 3244

L'ouvrier ne cache d'ailleurs pas les motifs qui le font chômer. Le raisonnement qui apaise sa conscience lui paraît irréfutable. Il vous dira qu'il ne travaille que quatre ou cinq jours par semaine, parce qu'il gagne assez dans ce laps de temps pour vivre, sans se priver de rien, pendant sept jours. 3245

Il y a naturellement de très heureuses et de très consolantes exceptions parmi les ouvriers ou que l'épargne a séduits ou qu'anime la noble ambition d'élever leur famille au-dessus de leur niveau. Et ces ouvriers, que le travail attire et ne lasse pas, ne sont ni moins robustes ni moins résistants que ceux qui cèdent à la douceur de se laisser vivre à la façon du lézard dans le golfe de Naples pour se reposer des excès fatigants des jours de repos. 3246

On ne conduit pas une exploitation avec des conceptions théoriques qui ne sauraient trouver place dans le domaine des contingences. Si le moindre doute pouvait exister dans l'esprit des membres de la Commission, je me permettrais de signaler à son attention un exemple récent et décisif où les efforts de tous échouèrent contre l'invincible inertie de l'ouvrier, bien cependant que ces efforts tendissent à la protection évidente de sa santé. 3247

Il y a quelques années, l'ankylostomasie sévit tout à coup dans les exploitations du Bassin. Cette épidémie, comme on le sait, s'entretient et se propage par les déjections que l'ouvrier houilleur, porteur du ver, a la détestable habitude de déposer 3248 dans les travaux du fond. Que l'on supprime cette honteuse pratique, et cela paraît simple, et l'on fera disparaître d'un même coup la maladie et sa propagation. L'ankylostomasie frappe tout le monde : l'ouvrier, l'exploitant et les caisses mutuelles de secours.

3249 Malgré toute l'étendue du mal, on n'a pu amener l'ouvrier à la discipline nécessaire pour se soigner à la surface, où il passe pourtant la très grosse moitié de la journée.

3250 Il y a mieux. Dans l'une des exploitations du plateau d'Ans, on mit à la disposition du personnel des tinettes dont le but était d'abriter les larves expulsées avec obligation, naturellement, de s'en servir. Les syndicats ouvriers s'en mêlèrent, les sociétés de secours mutuels s'en occupèrent : rien n'y fit. Une grève, la plus extraordinaire bien certainement que l'on ait vu par son origine, éclata à ce sujet, de sorte que l'on supprima le moyen préconisé pour protéger l'ouvrier, et cela, malgré l'intervention malheureusement inefficace du parti socialiste, notamment de l'un de ses chefs d'alors, actuellement fonctionnaire à la Province, qui prit ouvertement position pour le patron contre l'ouvrier.

3251 La voilà, l'organisation virtuelle !

3252 On a entretenu la Commission à diverses reprises de la question du façonnage préalable au jour des bois de taille, ce qui pourrait, dans les cas où chose est pratique, faire gagner quelques minutes sur la journée de travail du haveur.

3253 Mais il serait préférable et plus utile à tous les points de vue, que l'abatteur se façonnât les bois lui-même à la surface, soit avant la descente, soit après la remonte. Le gain de quinze à vingt minutes ainsi acquis, serait plus important, outre que la santé du personnel et l'état de la mine en profiteraient par la suppression des seules émanations dont on pourrait avoir à se plaindre.

Est-il nécessaire de rappeler qu'une mine belge de production moyenne est aérée par un volume d'air repassant au ventilateur de 30, 40 ou 50 mètres cubes par seconde? 3,500,000 mètres cubes par jour. 3254

Sait-on ce que représente 40 mètres cubes par seconde ? 3255

En admettant que le parcours moyen intérieur de l'air ventilateur soit de trois kilomètres et qu'il s'effectue à raison de un mètre de vitesse moyenne par seconde, on en conclut que l'air de cette mine se renouvelle entièrement en 3,000 secondes ou 50 minutes. Le courant total assainissant les travaux se reproduit donc plus de vingt-cinq fois par jour dans tous les chantiers et dans son entièreté. 3256

En un point quelconque de la mine, le renouvellement se pratique sans arrêt et sans cesse. 3257

Que l'on juge par là de l'influence des émanations ? 3258

De la prétendue obligation de l'ouvrier abatteur de surproduire

Les socialistes ont découvert, on ne sait où, l'obligation imposée à l'ouvrier abatteur de surproduire sous peine des plus graves châtiments. Le simple rappel des événements du mois suffira pour volatiliser cette erreur nouvelle, 3259

3260 Dans les premiers jours de mai dernier, le personnel du poste de jour du Horloz, suivant le mot d'ordre répandu dans toutes les mines du bassin, résolut de se faire remonter invariablement et généralement après la huitième heure de séjour au fond. En conséquence, dès leur arrivée au puits en masses profondes, ce qui devrait à leurs yeux assurer l'impunité, ils s'autorisèrent à donner à la surface le signal de la translation : c'était là une infraction grave à l'ordre établi en vue de la sécurité des manœuvres. Ils rompaient ainsi sans préavis aucun, l'une des clauses essentielles du contrat de travail, la remonte des ouvriers devant commencer à 15 heures et non à 14 heures. Nous apprenions alors que des ouvriers, en plus ou moins grand nombre, s'étaient engagés par écrit :

3261 1° A prendre la journée de huit heures que les Chambres leur refusaient d'appliquer dans les mines du Vieux-Bassin.

3262 2° A s'abstenir désormais de « surproduction », c'est-à-dire à ne plus se livrer à aucun travail supplémentaire.

3263 Le premier point fut rapidement résolu. Nulle part le patron ne consentit à modifier les conditions de travail.

3264 Quant à la prolongation de séjour au fond, comme elle était volontaire et qu'elle n'était prescrite par personne, l'ouvrier, libre d'engagement à ce sujet, pouvait se comporter comme il l'entendait. L'ardeur du personnel se ralentit donc et le besoin de repos n'y était pour rien. La situation nouvelle se traduisit comme suit :

3265 Dans le cours du dernier trimestre 1906, des suppléments de journée étaient faits par 87.36 p. c. du personnel haveur. Pendant le premier trimestre 1907, il y en eut 81.45 p. c. Dans le courant d'avril 1907, la campagne de résistance prend corps et s'ébauche. La population, énervée par les discussions parlementaires qui duraient depuis plus d'un an, incitée par les organes socialistes, secouée par les syndicats ouvriers, finit par perdre la tramontane. Désemparée, elle arrive à se faire illusion et à se convaincre que le taux des salaires n'est pas engagé dans le conflit. On travaillera moins pour les mêmes ressources : cette erreur se répercute dans tous les esprits.

En avril, 62 p. c des haveurs font encore des suppléments et, durant tout le mois de mai, on en est réduit au chiffre infime de 8.8 p. c. ; dix fois moins qu'à l'origine de la tourmente. 3266

Le but du parti socialiste est atteint partiellement : plus de surproduction. Il restait à le faire sanctionner par l'expérience dans la suite du temps. 3267

Est-il nécessaire de dire que le salaire a fléchi comme la production s'est réduite? Non le salaire unitaire, mais la totalité des ressources que l'ouvier est apte à retirer de son travail. 3268

Les résultats de la première quinzaine du régime nouveau désillèrent les yeux des plus confiants. Ceux de la seconde quinzaine préparèrent l'inévitable réaction. 3269

L'ouvrier trouva qu'il avait assez sacrifié au principe trompeur qui lui laissait espérer plus en travaillant moins. 3270

Malgré les efforts répétés et incessants de tous les groupements ouvriers hostiles au travail, malgré tous les appels à la solidarité, voire même les menaces peu dissi- 3271 mulées, pendant le mois de juin : 54 p. c. des haveurs reprirent la « surproduction » sans obligation aucune, uniquement sollicités par l'intérêt individuel.

3272 Il y a plus, les événements le prouvent, le patron qui, par suite de certaines circonstances ou conditions du gisement, résisterait aux demandes du personnel de surproduire, en préparerait l'exode et son effectif ne tarderait pas à se fondre. En juillet la lumière est faite. La pratique a triomphé de tous les obstacles et de toutes les oppositions. La conviction s'impose à tous les esprits. Pas de surproduction, pas de sursalaire.

3273 On peut nous en croire, pour l'ouvrier, quand on a criblé toutes ses déclarations, on retrouve cette maxime humaine : « En dehors du salaire tout est chimère ». Et il s'agit ici de la totalité des ressources que l'ouvrier retire du travail qu'il considère comme normal et dont il entend, au fond, rester le seul dispensateur.

3274 En juillet, disons-nous, 77 p. c. des haveurs s'emploient au delà des limites minima de temps prévues au contrat de travail.

3275 Tel est, pris sur le vif, le referendum vivant et silencieux qui s'est dégagé des entrailles mêmes d'une situation qui avait tout contre elle. Il fut provoqué par le seul jeu des aspirations irrésistibles des ouvriers qui les entraînent vers les hautes payes quand les conditions de travail le permettent, car on ne peut surproduire dans toutes les couches ni dans toutes les mines. Les parties contractants sont les seules juges de cette possibilité.

Ces résultats qui concernent le Horloz se sont généralisés dans toutes les exploitations du bassin où les mêmes causes ont produit les mêmes effets. 3276

Actuellement nous retrouvons 80 p.c. du personnel haveur s'employant librement à faire des suppléments. 3277

On a présenté à ce sujet et à plusieurs reprises une observation gratuite toujours : l'ouvrier serait obligé de surproduire par l'exploitant. Comment alors l'ouvrier s'est-il affranchi en mai dernier sous le coup d'une propagande effrénée et pourquoi est-il revenu de son plein gré, envers et contre tous, à la surproduction ? On va jusqu'à soutenir devant la Commission, pour expliquer ce phénomène, que seuls les vieux ouvriers consentent à surproduire sous la menace d'être mis à pied et de ne plus être réemployés dans d'autres exploitations par suite de leur âge avancé : 40 ans et plus. L'énorme proportion et la généralité des « redoublants » met ce sophisme à néant. 3278

Dans l'une des exploitations spécialement visées sous ce rapport, on a fait le dénombrement des abatteurs-surproducteurs par âge et l'on est arrivé aux résultats suivants : 3279

1° Sur les trois sièges adjacents que compte cette société, les ouvriers se livrent au travail supplémentaire dans deux d'entre eux. Au troisième siège, l'abstention est complète, c'est la règle. Voilà pour la liberté. Où trouver, dans cette diversité complète, l'obligation totale ou partielle, morale ou matérielle infligée par l'exploitant à son personnel ? 3280

3281 2° Dans les deux sièges où la surproduction sévit, la répartition se définit très exactement comme suit :

	Ouvriers haveurs occupés			Ouvriers haveurs surproduisant		
Sièges	de moins de 40 ans	de plus de 40 ans	total	de moins de 40 ans	de plus de 40 ans	total
N° 1	83	50	133	78	33	111
N° 2	204	28	232	192	28	220
Deux sièges	287	78	365	270	61	331
Nombres proportionnels	287/365 = 78.63 p. c.	78/365 = 21.37 p.c.	100	270/287 = 94 p. c.	61/78 = 78 p. c.	331/365 = 91 p. c.

3282 Il résulte de ce relevé que précisément les plus ardents au travail supplémentaire sont les haveurs de moins de 40 ans.

3283 C'est d'ailleurs dans la nature des choses et il est vraiment incompréhensible de constater que les socialistes en titre du bassin qui revendiquent l'honneur de conduire la population ouvrière, répandent de ces erreurs sans contrôle ni examen préalable par la seule nécessité d'écarter, sans y parvenir, les faits les mieux établis.

3284 *a*) 91 p. c. des abatteurs surproduisent;

3285 *b*) 94 p. c. des abatteurs de moins de 40 ans participent à la surproduction ;

3286 *c*) 78 p. c. des abatteurs de plus de 40 ans les imitent.

3287 Mais, objecte-t-on, on change de taille les ouvriers qui ne surproduisent pas? Il le faut bien, puisque l'on ne peut grouper que des têtes qui ont fait choix d'un même mode de travail, et pour atteindre ce but, on change parfois de taille le surproducteur lui-même. Il est étonnant que cet élément important ait échappé à l'attention de tous ceux qui prétendent détenir tous les secrets de l'organisation des travaux souterrains.

Enfin, pour en finir avec cette légende des ouvriers de plus de 40 ans qui seraient exclus de toutes les exploitations, nous dirons ce qu'il en est, une fois pour toutes. Très généralement, un ouvrier qui offre ses services dans une exploitation est ou n'est pas admis, suivant qu'il est ou n'est pas valide, qu'il ait plus ou qu'il ait moins de 40 ans. On accueille les ouvriers quoique ayant plus de 40 ans et on en refuse quoique ayant moins de 30 ans, suivant le degré de validité apparente. Rien de plus. Toutefois, il est un âge limite, de précision difficile, variable d'une minute à l'autre et aussi avec les circonstances, à partir duquel l'entrée dans les charbonnages est peu probable. Cet état de choses tient à l'institution commune des secours en faveur des ouvriers du fond à partir de 55 ans. Il va de soi qu'un ouvrier âgé de 50 ans sera rarement englobé dans l'effectif d'une exploitation parce que l'éventualité de lui octroyer un secours périodique et viager cinq ans après constituerait une charge onéreuse et très peu raisonnable. 3288

On peut dire que les charbonnages qui s'en tiennent à cette limite fatale de quarante ans sont exceptionnels. 3289

3290 M. l'inspecteur général des mines qui fait partie de la commission administrative de la Caisse de prévoyance des ouvriers mineurs de la province de Liége pourra certifier que les ouvriers présentés en vue d'obtenir le secours et âgés de moins de 60 ans ne sont occupés que depuis moins de dix à quinze ans à la mine du dernier poste inscrit au livret, ce qui prouve que l'on admet des ouvriers non seulement de 40 ans, mais de 45 à 50 ans.

3291 C'est d'ailleurs le droit strict et incontestable de l'exploitant de n'admettre au travail que les têtes qui lui conviennent. Il serait aussi injuste d'exiger d'un industriel qu'il occupe de vieux ouvriers que d'obliger le jeune personnel de prendre du service dans ses exploitations.

3292 S'il y a, sur ce principe, matière à un reproche fondé, il faudrait rappeler à l'ordre tous les gouvernements établis et aussi refondre tous les groupements ouvriers constitués en vue d'allouer des pensions viagères à chacun de leurs membres, quand a sonné l'heure de la retraite. On y est autrement strict et autrement rigoureux que dans nos sociétés. L'exclusion à partir d'un âge bien inférieur à 40 ans y est générale et sans exception, bien que chaque membre tenu à l'écart eusse concouru de ses propres deniers à la création des pensions de l'ensemble. Et c'est la prudence même qui conseille, en l'occurrence, ces associations, nous le reconnaissons volontiers et nous ne demandons qu'une chose, c'est qu'on le reconnaisse avec nous et que l'on nous permette de l'invoquer.

3293 Dans notre caisse commune, l'exploitant supporte seul la charge des secours des vieux mineurs sans intervention du personnel. Elle alloue par tête un secours de 15 francs par mois qui très souvent est doublé par la mine dont l'ouvrier ressort, ce qui constitue une allocation quotidienne par jour ouvrable de fr. 1.25 qui, dans certains cas, s'élève davantage et atteint le taux de 2 francs et plus. On n'a fait état nulle part, de ce léger détail. Il est si doux de proclamer que l'on ne fait rien en faveur de l'ouvrier.

L'ancienne caisse de prévoyance dont la disparition après plus de soixante ans d'existence, fut provoquée par la loi sur la réparation des accidents du travail, distribuait annuellement 525,000 frans de secours périodiques aux invalides de la mine dans le bassin de Liége. Cette charge, reprise volontairement par les charbonnages, ajoutée à l'ensemble des contributions individuelles, est représentée par un total de plus de . . . . fr. 600,000 3294

Les versements exigés par la capitalisation des secours octroyés aux vieux mineurs de l'avenir s'élèvent à . . » 440,000 3295

Les suppléments de secours accordés sont au moins de . » 250,000 3296

Les dépenses des caisses particulières de secours aux malade s'élèvent pour tout le bassin à plus de . . . . » 500,000 3297

Total . fr. 1,790,000

Soit 1,800,000 francs de dépenses annuelles, non compris les charges de la réparation forfaitaire des accidents du travail. 3298

Il n'est déjà pas négligeable, ce sacrifice continu et volontaire. 3299

Les ouvriers déposants qui se figurent ne rien ignorer, ne paraissent pas s'en 3300 souvenir. Ils ne se sont même pas aperçus que les exploitants de Liége, après avoir liquidé les charges du passé, ont institué une caisse nouvelle dans laquelle tous les secours aux vieux mineurs de l'avenir sont garantis par le capital constitutif des rentes correspondantes.

3301 Que l'on veuille bien se rappeler qu'il n'y a rien là qui soit dû et on en conclura forcément que les pouvoirs publics doivent user de prudence pour ne pas effaroucher, jusqu'à l'étouffer, l'initiative privée dans les sacrifices qu'elle s'impose librement et sans ostentation. Nous n'espérons pas que ces révélations mettront une sourdine aux flots calomnieux qui assaillent les exploitants de mines dans toutes les réunions socialistes et même au sein des Chambres.

3302 *Des parcours intérieurs des mines.*

3303 Nombre de témoins qui ont déposé devant la Commission se sont prévalus de la longueur trop forte des parcours qu'ils ont à effectuer dans le fond pour se rendre aux chantiers de travail.

3304 Ils en concluent que leur tâche est trop lourde.

3305 Il importe que l'on sache, quelque idée que l'on se fasse de cette circonstance, que cet élément des parcours intérieurs sont relativement très réduits en Belgique où le nombre des puits d'accès au gisement, dans chaque concession, est le plus grand par rapport à l'étendue des concessions. Nulle part la division des exploitations n'est aussi développée que dans notre pays. Les chiffres suivants en donneront une notion :

				Tonnes.
3306	On extrait en Westphalie par siège de production			240,000
3307	—	dans le Pas-de-Calais	—	167,000
3308	—	en Belgique	—	71,000

Moins du tiers de la Westphalie, moins 3309
de la moitié du Pas-de-Calais.

On sait que l'étendue des concessions du Limbourg est dix fois plus grande que celle des concessions de Liége. Ce qui permet d'inférer, en admettant un même nombre de puits par concession, et ce nombre sera plutôt réduit dans le nord de la Belgique, que les parcours y seront non pas dix fois plus longs, mais dans le rapport à l'unité de la racine carrée de dix, c'est-à-dire plus du triple.

D'ailleurs, à tous les points de vue, les 3310
plus grands parcours au fond devraient avoir pour conséquence naturelle non une diminution de séjour, mais un accroissement de durée du travail effectif. Cela tombe sous le sens. Le temps de présence utile au chantier doit s'accroître rationnellement avec les difficultés d'accès, sous peine de le rendre inexploitable.

Il nous sera sans doute permis de ré- 3311
duire à ses justes proportions cette notion de la « perte de temps » dont font état quelques témoins. Elle peut frapper le public; elle étonnera aussi la population ouvrière qui ne lui accorde aucune espèce d'importance. On constate très souvent qu'un ouvrier qui peut louer ses services dans une mine, qui se trouve sur le pas de sa porte, se rend chaque jour et à pied, s'imposant sans y trouver mal, un parcours simple d'une lieu et plus qu'il doit refaire en sens inverse au terme de sa journée de travail, pour regagner sa demeure.

Des ouvriers de Saint-Nicolas, par exem- 3312
ple, sont occupés à la mine d'Ans, au Baneux sur les confins extrêmes de la ville de Liége. D'un autre côté des mineurs nous viennent, à Tilleur, du quai de la Batte à

Liége, de Lize-Seraing, de Plaineveaux, etc.

3313 Il y a mieux, des ouvriers du poste de nuit nous arrivent quotidiennement de Montaigu, de Léau, de Diest, etc., franchissent ainsi deux fois par journée des distances de 70 à 80 kilomètres, exigeant une perte de temps de quatre à cinq heures, qui se reproduit six fois par semaine. Quelle signification peuvent conserver au regard de ces constatations les affirmations aussi risquées qu'étonnantes de certains, effrayés depuis peu, d'avoir à parcourir dans le fond des trajets de dix, vingt ou trente minutes !

3314 Les organisateurs ambiants se sont malheureusement exercés à ce sujet. Ils préconisent de transporter à pied d'œuvre sur les voies ferrées de la mine les ouvriers du fond. Au sein des Chambres, on a fait état de cette même découverte et on l'a abritée, si nos souvenirs sont fidèles, sous l'autorité de M. A. Dumont, professeur d'exploitation à l'Université de Louvain.

3315 Or, l'expérience le démontre, rien n'est plus dangereux que cette manœuvre, en admettant qu'on puisse en organiser le service sur les voies ferrées de nos exploitations nécessairement en cul-de-sac.

3316 Si le législateur entend augmenter les accidents, il lui suffira d'imposer cette mesure, son succès sera certain. Il y a plus de vingt-cinq ans que le Corps des mines, par inscription au registre d'ordre des charbonnages, a défendu cette pratique, se réservant de ne l'autoriser que par exception et partiellement sur certaines voies et dans des conditions très spéciales.

3317 Tout ce qui se passe dans le fond prend des proportions inattendues à certains yeux et à certains moments. C'est ainsi que des témoins se plaignent des poussières. Mais ces poussières du fond, témoignage certain d'une ventilation active, sont moins intenses et moins nocives que celles qui inondent les grand'routes de nos campagnes, que le despotisme fuyant de l'automobilisme rend de plus en plus inhabitables. Louis XIV n'abusait pas des grand'routes avec cette désinvolture.

Le soleil, lui aussi, est devenu un objet 3318
de regret. On l'a fait briller à Austerlitz, par l'histoire, mais nous ne saurions pas plus l'introduire dans la mine qu'éclairer les nuits semestrielles des peuples du Nord.

Un ouvrier qui résisterait difficilement 3319
au désir de jouir de ses effluves, peut engager ses services au poste de nuit. Là, rien n'est perdu à cet égard Mais il se mettra en bien meilleure position pour réclamer le spectacle merveilleux, perdu pour lui, du ciel étoilé.

On a omis de faire remarquer, la consta- 3320
tation remonte à près d'un siècle, 1818 croyons-nous, que le mineur est protégé contre certaines maladies : la tuberculose notamment. Dans tous les cas, dans le fond, on est sûrement abrité contre les chaleurs qui brûlent, contre les froids qui glacent et, en général, contre les effets et les conséquences de toutes les intempéries qui, parfois, font suspendre toute occupation. On a émis, dans un autre ordre d'idées, le vœu enfantin de voir débuter la journée du lundi et du lendemain de tous les jours de fête une heure plus tard, ce qui reviendrait à séparer hebdomadairement l'horaire belge du méridien de Greenwich pour l'accrocher à celui de l'Europe centrale.

Mais alors on privera complètement 3321

l'ouvrier, en hiver, des effluves solaires. Pour jouir de l'astre du jour, comme semblent le désirer certains témoins, il faudrait non reculer l'origine de la journée, mais l'avancer, au contraire.

De la réduction de la journée de travail.

3322 Dans le bassin de Liége, la réduction de la journée de travail jusque la cote des huit heures paraît un problème très simple, ne comportant pas de bien graves conséquences. Il est complexe et délicat, au contraire, et plein de risques.

3323 D'une manière générale, les conditions superficiellement examinées de la journée de travail dans le bassin s'écartent peu, semble-t-il, du système des huit heures : l'ouvrier descend à 6 heures du matin, il remonte à 14 heures 1/2 ou 15 heures, soit un séjour dans la mine de huit heures et et demie à neuf heures.

3324 On déclare que l'ouvrier, dans ce séjour de huit heures, est capable de produire ce qu'il peut faire sous le régime existant. Cette prévision n'est qu'un nuage que le premier souffle emportera. Il n'est pas croyable que tous les ouvriers d'un même poste, tous les jours de la semaine, s'écarteront, dans un même ensemble et sans exception, des traditions de travail actuelles et dans le même sens, c'est-à-dire pour produire plus.

3325 Aussi conclurait-on erronément que le changement préconisé serait sans effet aucun et sur les salaires et sur la production.

3326 L'élément « journée » est sans importance dans ce débat. Ce qui domine pardessus tout est de savoir si l'ouvrier abatteur pourra dépasser la durée de la journée légale ou s'il ne se verra ravir la liberté de travailler comme il entend le faire.

Car il est bien évident que, si l'ouvrier 3327
ne peut plus fournir les suppléments qu'il donne volontairement aujourd'hui, il y aura réduction générale de la production et, par suite, réduction non peut-être du salaire unitaire, mais bien certainement diminution sensible des ressources que le mineur recueille de sa faculté de travail. Là est le joint. La question doit être nettement posée, si l'on veut prévenir les mécomptes de la pratique.

L'illusion n'est pas possible : que l'on 3328
impose la journée intangible de huit heures, que l'on enlève à l'abatteur sa liberté de travail et l'on frappe du même coup tout ce qui dépend de la mine et surtout la capacité de celle-ci et partant celle du pays. Contre l'augmentation du prix de revient, contre la hausse inévitable du prix du charbon, dans ce qu'elle aura de possible, contre la diminution des salaires, l'ardeur problématique plus grande dont on se prévaut sera sans action.

En période prospère, si la situation du 3329
marché le permet, le consommateur payera les frais de la guerre. En d'autres temps, l'ouvrier comblera le déficit par la réduction naturelle du salaire unitaire, ce qui fera fléchir encore le revenu qu'il peut atteindre de son travail mitigé avec interdiction légale d'espérer mieux.

Certes le travail pourra se précipiter, 3330
mais il ne le sera qu'isolément, par exception et au détriment de la qualité des produits et, ce qui est plus regrettable, aux dépens de la sécurité. Alors seulement on pourra poser, à bon escient, la question du surménage et de ses conséquences sur la vitalité de la race. La déchéance éventuelle de celle-ci ne dépend pas de la quantité ab-

solue de travail fourni, mais de la puissance du travail effectué, c'est-à-dire des éléments combinés de quantité et de durée.

3331 Un ouvrier se surmène non pas parce qu'il travaille plus longtemps, mais parce qu'il travaille plus rapidement. Contre la nature on ne peut rien, dans aucun domaine, sans le temps, et ce temps de travail est l'élément essentiel de conservation qui devrait avant tout préoccuper le législateur.

3332 Une conséquence insoupçonnée de cette diminution des revenus ouvriers : Suivant la loi, on doit à tout ouvrier blessé, qui conserve une incapacité permanente partielle, la moitié du salaire correspondant à la perte de sa capacité de travail. Cette faculté se mesure par l'argent touché par l'ouvrier pendant l'année précédant le jour de l'accident. Si le total des quinzaines de cette année se réduit, il en sera de même, naturellement, du capital de la réparation forfaitaire.

Au total : plus de risques et réparation moindre. Une seconde fois l'ouvrier sera victime.

3333 Il n'est pas contestable que dans le bassin de Liége la création de la journée invariable de huit heures aura pour effet immédiat de réduire considérablement les revenus du travail manuel, de frapper l'épargne et d'emprisonner la prévoyance ouvrière.

3334 Il n'y a pas à s'y tromper : l'immense majorité des ouvriers ne consentirait à voir sacrifier leur liberté que sous la condition expresse de ne pas être éprouvés dans leurs ressources. Le salaire n'est que le but, et le travail le moyen. Que celui-là soit atteint et alors, mais seulement alors, celui-ci peut se réduire de force.

Tout être humain a horreur du travail 3335
qui le fait vivre. Quel est l'homme qui refuserait qu'on lui fasse des rentes? Cette vérité est de tous les temps, de tous les âges, de tous les sexes, de tous les lieux. Elle est de toutes les planètes. Elle est même de tous les mondes habitables. Le castor, la fourmi, l'abeille, le polypier, cet infime constructeur d'immenses continents, y souscriraient malgré leur dévorante activité. Il n'est pas de loi naturelle, dans le monde moral, qui soit plus générale et plus immuable. La terminologie sociologique l'a désigné d'une façon spéciale sous le nom de « Ergophobie ».

Quatre-vingts pour cent des directeurs 3336
et ingénieurs que vous avez entendus sont les enfants d'ouvriers qui, usant de la liberté de travail, sont parvenus à porter plus haut le niveau de leur famille. Au nombre de ces directeurs se trouve en première ligne l'industriel le plus autorisé du bassin, M. Auguste Raze, administrateur-délégué de la Société Ougrée-Marihaye et président de l'Union des mines et usines du bassin de Liége.

Qu'il survienne un moment de crise et 3337
les salaires limités comme le travail seront insuffisants aux besoins du peuple. Le législateur assistera à la disparition des mines, qui ne peuvent vivre que grâce à la liberté, et il aura étendu la misère populaire tout en la rendant plus profonde.

Si j'osais m'exprimer comme l'a fait un 3338
ministre socialiste français, je vous dirais que par le système artificiel de limitation des heures de travail que le législateur belge veut instaurer, il éteindra dans le ciel les quelques rares étoiles qui brillent pour l'ouvrier.

COMMISSION D'ENQUÊTE

SUR LA

Durée du travail dans les mines de houille

ENQUÊTE ORALE

DÉPOSITIONS DES TÉMOINS

SECTION DE LIÉGE

GROUPE DE FLÉRON

BRUXELLES,
GOEMAERE, IMPRIMEUR DU ROI, ÉDITEUR
21, rue de la Limite.
1907

GROUPE DE FLÉRON

Les charbonnages suivants faisaient partie du groupe de Fléron :

Bois du Micheroux;
Canal de Fond Piquette;
Cowette Rufin, Grand Henri;
Est de Liége;
Hasard;
Herve, Wergifosse;
Lonette;
Maireux et Bas Bois;
Minerie;
Quatre Jean;
Wérister.

La section a siégé deux jours à Fléron.

FLÉRON

PREMIÈRE SÉANCE

2 août 1907

Sont présents :
M. le Sénateur A. Magis, président,
MM. Leduc, Kaes, | M. Delruelle, secrétaire-adjoint.
A été invité à siéger au bureau :
M. l'inspecteur général des mines Libert,
Ont recueilli les dépositions des témoins :
MM. les ingénieurs principaux des mines Daubresse et Firket.

DÉPOSITIONS DES OUVRIERS

Rogister Alphonse,

âgé de 30 ans, domicilié à Beyne Heusay, bosseyeur au charbonnage de Quatre Jean, occupé dans les mines depuis l'âge de 13 ans.

3339 1. Je parle au nom des ouvriers du poste de nuit du charbonnage de Quatre Jean.

3340 2. Je demande que la durée de la journée soit réduite.

3341 3. Cette durée est le temps compris entre le moment de la descente dans la mine et celui de la remonte.

4. Elle pourrait être réduite en une seule fois. 3342

5,6. La descente commence à 18 heures et la remonte a lieu à 4 h. 1/2 du matin. 3343

7. Le trajet à parcourir pour atteindre le chantier dure quarante minutes ; il est fort pénible, parce qu'il existe des trous entre les traverses de la voie, laquelle est 3344

couverte d'eau, à certaines endroits.

3345 8. Nous disposons d'un seul repas d'une demi-heure.

3346 9. Nous travaillons effectivement pendant neuf heures.

3347 10. Personnellement, je ne prolonge jamais mon travail ; quelques ouvriers font des heures supplémentaires ; ce sont toujours les mêmes.

3348 11. Je ne chôme jamais ; mais il y a des absents le lundi. Il en résulte que les ouvriers sont changés de poste et doivent faire la besogne des chômeurs.

3349 12. La durée de la journée pourrait être limitée de façon uniforme, pour tous ouvriers du fond, sans exception.

3350 13. Fréquemment le chantier n'est qu'à moitié préparé.

3351 Dans les voies, certains cadres de boisage sont mauvais ; j'en ai encore signalé au surveillant la nuit dernière.

3352 Pour aller chercher les bois dont j'ai besoin, je dois parcourir une cheminée de 200 mètres de longueur et je perds de un quart à un demi-heure. Je travaille avec un autre bosseyeur et le patron ne met pas de manœuvre à notre disposition ; nous devons descendre jusqu'à la voie de niveau, pour y prendre les bois qui nous sont nécessaires.

3353 Quant aux lampes, elles sont très mauvaises. Ce sont des lampes dites de porion ; les verres ne sont pas assez serrés ; l'huile est mauvaise. Un serveur est chargé du service des lampes ; mais il n'y a pas assez de lampes vacantes.

16. Ces causes de retards sont journalières. 3354

17. La température est supportable et la mine n'est pas grisouteuse. Mais elle est très humide ; les rigoles sont mal entretenues, sont pleines d'eau. 3355

Cette eau sent mauvais ; l'air est en outre vicié par les fumées de poudre. 3356

18. Je ferais la même tâche dans un temps plus court si je n'avais plus à quitter ma besogne et si celle-ci était mieux préparée. 3357

19. On ne peut réduire les repas ; mais une meilleure organisation du travail ferait gagner du temps. 3358

21. La durée du travail doit être limitée par la loi, pour tous les ouvriers mineurs de tous les charbonnages. 3359

22. Il faudrait que le salaire ne diminue pas ; je pense d'ailleurs que le travail effectué resterait le même. 3360

23. La durée de la journée n'a pas été modifiée depuis neuf ans. 3361

26. La même durée ne peut être appliquée à tous les ouvriers du fond et à tous les charbonnages. 3362

27, 28. Je suis payé à la journée ; il n'existe ni amende ni prime ni sous-entreprise. 3363

Hubi Joseph,

âgé de 23 ans, domicilié à Évegnée, bosseyeur depuis deux mois au charbonnage de Quatre Jean, travaille depuis l'âge de 14 ans dans les charbonnages.

3364 1. Je parle au nom des ouvriers du poste de nuit.

3365 2. Je demande une réduction de la durée de la journée de travail.

3366 3. Cette durée est le temps compris entre l'entrée au charbonnage et la remonte.

3367 4. C'est ce temps qu'il faudrait réduire en une fois.

3368 5, 6. La descente commence à 18 heures et la remonté s'effectue à partir de 4 heures 1/2 du matin. Je travaille deux heures et demie de trop en travaillant dix heures et demie.

3369 7. Il me faut dix à douze minutes pour me rendre à mon chantier. Le chemin est sale, mais pas difficile.

3370 8. Il y a deux repos d'une durée totale de trente-cinq minutes.

3371 9. Je travaille effectivement neuf heures.

3372 10. Je ne prolonge pas ma journée.

3373 11. Je ne chôme jamais. Ordinairement ce sont les alcoolisés et ceux qui font des suppléments pour boire qui s'absentent.

3374 12. La limitation devrait s'appliquer à tout le monde.

15. Il arrive parfois que le charbon n'est pas complètement enlevé, ce qui occasionne des retards. Un manœuvre nous serait utile. 3375

Les lampes ne sont pas bonnes. L'huile est mauvaise. Je suis rarement sans lumière. 3376

Il n'y a pas de retard. 3377

18. Je pourrais accomplir la même besogne en moins de temps si j'avais un manœuvre. 3378

20. Je ne pourrais dire s'il est possible d'organiser deux postes d'abatage. 3379

21. La limitation devrait être légale. 3380

22. Je gagnerais le même salaire puisque je pourrais faire le même travail en huit heures. 3381

23. La durée de la journée a toujours été la même. 3382

26. La même durée du travail pourrait s'appliquer à tous les charbonnages. 3383

27. Je suis payé à la tâche ou à la journée. On ne donne pas de prime et on n'inflige pas d'amende. 3384

Heugmesse Jean,

âgé de 32 ans, domicilié à Queue du Bois, bosseyeur depuis dix ans au charbonnage de Quatre Jean, mineur depuis l'âge de 12 ans.

3385 1. Je parle au nom des ouvriers du poste de nuit du charbonnage de Quatre Jean.

3386 2. Je demande que la durée de la journée soit réduite.

3387 3. Cette durée est le temps compris entre le moment de la descente dans la mine et celui de la remonte.

3388 4. Elle pourrait être réduite de dix heures et demie à huit heures, en une fois.

3389 5, 6. La descente commence à 18 heures et la remonte a lieu à 4 h. 1/2 du matin.

3390 7. Le trajet à parcourir, pour atteindre le chantier, dure une demi-heure; il est fatigant et comprend notamment une cheminée longue de 200 mètres, où il coule de l'eau.

3391 8. Nous prenons un repos d'une demi-heure à 22 heures et un second repos de un quart d'heure, vers 2 heures.

3392 9. Nous travaillons effectivement pendant neuf heures.

3393 10. Je ne prolonge jamais mon travail; mais une dizaine d'ouvriers font des quarts supplémentaires.

3394 11. Il y a des absents le lundi; personnellement, je ne chôme pas.

3395 12. La limitation peut être appliquée à tous les ouvriers du fond, sans exception, et la durée du travail devrait être la même pour tous.

15. Notre travail est souvent retardé, parce qu'il reste du charbon à enlever. De plus, nous devons, faute de manœuvre, aller chercher les bois et jeter les pierres dans la taille. 3396

Les lampes ne sont pas très bonnes; l'huile contient beaucoup de pétrole, ce qui fait fumer la lampe et amène son extinction. 3397

17. La température est supportable; mais la ventilation est insuffisante. Il faut une heure pour dissiper les fumées, après le tir des mines 3398

Les rigoles sont mal entretenues; la mine est humide. 3399

18. Si on confiait à des manœuvres le service des bois et le transport des pierres, nous pourrions faire la même besogne en moins de temps. 3400

21. La durée du travail doit être limitée par la loi, pour que les patrons ne puissent plus rien y changer. 3401

22. Nous ne gagnons pas trop; les salaires devraient être maintenus. 3402

Je suis certain que l'on trouverait facilement des manœuvres, en les payant bien. 3403

23. La durée de la journée n'a pas été changée. 3404

27. Nous sommes payés à la journée et devons accomplir une tâche déterminée; il n'existe ni prime ni amende. 3405

Mertens Servais,

âgé de 41 ans, domicilié à Retinne, hiercheur depuis 10 ans au charbonage de Quatre Jean, travaille dans les charbonnages depuis l'âge de 10 ans.

3406 1. Je parle au nom des ouvriers de mon poste (de nuit).

3407 2. Je demande que la journée soit réduite à huit heures de travail.

3408 3 La durée de la journée est le temps compris entre la descente et la remonte.

3409 4. La limitation devrait se faire en une fois.

3410 5, 6. La descente commence à 18 heures et la remonte a lieu à 4 heures 1/2.

3411 7. Le trajet pour me rendre à mon travail dure dix minutes.

3412 Il n'est pas difficile où je suis.

3413 8. Le repos est d'une demi-heure.

3414 9. La durée du travail effectif est de neuf heures à neuf heures et quart.

3415 10. Je ne fais pas de journées supplémentaires.

3416 11. Je ne chôme pas souvent le lundi.

3417 12, 14. On pourrait limiter la journée pour tout le monde.

15. Les voies sont mal entretenues, ce qui occasionne des retards. 3418

Les lampes n'éclairent pas bien, ce que j'attribue à la qualité de l'huile. Auparavant, l'éclairage était meilleure. 3419

17. La température n'est pas élevée, mais elle n'est pas froide. 3420

Les rigoles pour l'écoulement des eaux sont mal entretenues. 3421

18. J'accomplirai bien la même besogne en moins de temps. 3422

19. Si les voies étaient bonnes, je gagnerais facilement une heure et quart. 3423

21. La limitation devrait être légale. 3424

22. Comme j'accomplirais bien le même travail en moins de temps, mon salaire ne diminuerait pas. 3425

27. Je suis payé à la journée. 3426

L'ankylostomasie occasionne beaucoup de frais aux sociétés de secours mutuels. Il serait désirable qu'il y ait des lavoirs dans chaque charbonnage. 3427

Rasquinet Jules,

âgé de 28 ans, domicilié à Queue du Bois, ouvrier à veine au charbonnage de Quatre Jean; descend dans les mines depuis l'âge de 12 ans.

3428 1. Je parle au nom du syndicat *La Prévoyance de Queue du Bois.*

2. Je demande que la durée de la journée soit limitée à huit heures. 3429

3430 3. Cette durée comprendrait le temps de la descente et celui de la remonte.

3431 4. La réduction de la journée ainsi comprise pourrait se faire en une fois.

3432 5. La descente a lieu à 6 heures du matin pour le poste de jour, et à 18 heures pour le poste de nuit.

3433 6. Les ouvriers de jour remontent à 15 heures et ceux de nuit à 4 heures 1/2 du matin.

3434 7. Il faut vingt minutes, une demi-heure et même plus, pour arriver au chantier ; le chemin à parcourir est assez difficile ; il y a dans les voies des fosses et de l'eau. Chargés de nos outils, de nos bidons et de nos tartines, nous devons monter sur les genoux des cheminées longues de 80 à 100 mètres.

3435 8. En général nous prenons un seul repos d'une demi-heure.

3436 9. Notre travail effectif dure de sept heures et demie à huit heures. Mais le chemin à parcourir nous fatigue autant que le travail d'abatage.

3437 10. Le travail est prolongé de temps en temps. Personnellement, je ne fais jamais d'heures supplémentaires. Ceux qui acceptent d'en faire n'y sont pas obligés ; toutefois ils n'osent refuser parce qu'ils craignent d'être changés de chantier.

3438 11. Je ne chôme pas le lundi. Ce jour-là, les absents sont assez nombreux dans toutes les catégories d'ouvriers du fond, indistinctement. Certains chôment afin de n'être pas changés de poste.

D'autre part, il y aurait moins d'absents si on descendait à 8 heures le lundi. Cela permettrait aux ouvriers qui se sentent fatigués, ou qui ont veillé tard le dimanche, de dormir plus longtemps. 3439

12. Je crois que la mesure doive être appliquée à tous les ouvriers du fond. 3440

13. Avec une bonne organisation du travail, on pourrait appliquer la même journée à tous. 3441

15. Notre travail est retardé, notamment : 3442

1° Parce que le trajet à parcourir est trop fatigant ; 3443

2° Parce que les bois ne se trouvent pas toujours à proximité des chantiers. Ces bois devraient être façonnés à l'avance ; les surveillants pourraient prendre tous les jours la mesure des bois nécessaires ; on éviterait des pertes de temps et de marchandises en les confectionnant à la surface ; 3444

3° Par une évacuation trop lente des charbons des bouteurs. C'est le cas actuellement dans mon chantier. 3445

Quant aux lampes, je n'ai pas à m'en plaindre ; cependant elles éclairent peu ; on ne voit généralement le porteur de lampes qu'une ou deux fois par jour et les abatteurs n'en n'ont pas de vacantes. 3446

17. La température est assez bonne et l'air est à peu près sain. 3447

La mine est peu profonde ; il y a de l'eau dans les voies, mais dans les tailles cela est rare. 3448

18. On pourrait gagner une heure si on facilitait l'accès des chantiers et si les ser- 3449

vices des bois et des lampes étaient bien organisés.

3450 19. On ne peut réduire les repos. D'autre part, la diminution du chômage du lundi augmenterait la production.

3451 20. L'organisation d'un deuxième poste d'abatage serait difficile ; mais je suis partisan d'un poste spécial de réparateurs pour la préparation des chantiers et l'entretien des voies.

3452 21. L'intervention de la loi est nécessaire ; elle éviterait des conflits. Si la réduction de la journée était secondée librement par les patrons, elle pourrait ne pas être maintenue, en cas de crise.

3453 22. La réduction de la journée de travail n'influencera pas le salaire ; la production ne sera d'ailleurs pas diminuée, au contraire.

23. Je ne me souviens pas d'une diminution de la journée de travail ; elle a toujours eu la même durée. 3454

27. Nous sommes payés au mètre carré ; les amendes sont peu nombreuses et il n'y a pas de sous-entreprises. 3455

En terminant, je demande l'institution de conseils de conciliation, formés par moitiés de représentants des patrons et de délégués choisis par les ouvriers, afin qu'il soit possible, en cas de conflit, d'exposer avec confiance, devant ces conseils, tous les griefs. 3456

3457 HABRAN LAMBERT, *41 ans, ouvrier à la pierre, à Bellaire ;* ETIENNE DENIS, *31 ans, ouvrier à veine, à Queue du Bois ;* JACQUEMIN FRANÇOIS, *31 ans, ouvrier à veine, à Saive, occupés au charbonnage de Quatre Jean, confirment, au nom du même syndicat, les déclarations de* RASQUINET JULES.

Lassine Joseph,

âgé de 37 ans, domicilié à Queue du Bois, bacneur, occupé depuis trois semaines au charbonnage de Quatre Jean et dans les mines depuis l'âge de 20 ans.

3458 1. Je parle en mon nom personnel.

3459 2. Je demande que la durée de la journée soit réduite.

3460 3. Par journée, j'entends le temps de présence dans la mine.

3461 4. Ce temps pourrait être diminué en une fois.

3462 5, 6. Je descends à 18 heures et je remonte à 4 heures et demie du matin.

7. Je travaille à l'avaleresse du puits et me trouve donc immédiatement à mon poste. 3463

8. Je dispose d'un seul repos d'une demi-heure. 3464

9. Je travaille effectivement pendant neuf à neuf heures et quart. 3465

3466 10. Actuellement, je ne prolonge jamais mon travail; mais ailleurs, j'ai vu faire des quarts supplémentaires.

3467 Il y a environ un an, j'ai été congédié du charbonnage des Prés de Fléron pour avoir refusé de faire cinq quarts. Précédemment, j'avais fait des demi-journées supplémentaires. Peu satisfait de mon salaire, qui n'était que de fr. 4.80, j'ai refusé de continuer; j'ai alors été employé comme boiseur au salaire de fr. 4 05.

3468 A la houillère de Homvent, j'ai également refusé de faire des quarts, alors que je gagnais 5 francs par jour; j'ai alors été changé de besogne et n'ai plus touché que fr. 4.60. De plus, on m'a cherché misères. Vous voyez donc bien que les patrons ont des moyens pour exercer une pression sur les ouvriers et les obliger à faire des heures supplémentaires.

3469 11. Je ne chôme jamais volontairement. Les absences du lundi n'ont aucune influence sur mon travail.

3470 12. Le travail des ouvriers à veine n'est pas plus pénible que celui des autres. La réduction de la journée doit être accordée à tous; cela est d'ailleurs possible avec une bonne organisation.

3471 16. Actuellement, je consomme peu de bois et la besogne dont je suis chargé n'est pas sujette à des retards.

3472 Lorsque je travaillais au Prés de Fléron, les bosseyeurs devaient aller chercher leurs bois, ce qui leur faisait perdre du temps.

3473 Quant aux lampes, elles fument un peu; mais nous en avons suffisamment.

3474 17. Dans l'avaleresse où je travaille, il fait froid et humide.

18. Avec une meilleure organisation, on ferait plus de besogne en moins de temps. Nous sommes douze et on devrait nous grouper en trois postes de quatre ouvriers, en mettant à notre disposition deux perforatrices au lieu d'une. 3475

Cette seconde machine est d'ailleurs commandée. 3476

D'autre part, l'organisation du transport des charbons est très mal comprise dans notre pays. En Amérique, où j'ai travaillé pendant trois ans et où l'on ne travaille pas plus de cinq à six heures, cette organisation est meilleure. Trois hommes suffisent pour tous les travaux de surface d'un siège produisant 2,000 tonnes par jour. 3477

Les voies intérieures sont mieux établies et constituées par des rails plus lourds. Chez nous, les courbes se font aux joints et les déraillements, très fréquents, font perdre de une à une heure et demie par jour. 3478

Le matin, les voies encombrent les plans inclinés, ce qui fait perdre deux heures. On pourrait gagner ce temps en transportant les bois la nuit. 3479

D'autre part, on pourrait basculer directement le charbon dans une benne de grande capacité circulant dans le puits, en vue d'accélérer l'extraction. 3480

Quant aux bacnures, on a doublé l'avancement par l'emploi du marteau pneumatique. Mais celui-ci donne beaucoup de poussières et on devrait réduire la journée, dans l'intérêt de la salubrité. 3481

L'aérage des bacnures laisse à désirer à Wérister. 3482

Il est meilleur à Quatre Jean, parce qu'on fait usage d'un ventilateur activé mécaniquement. Les fumées de poudre 3483 sont évacuées en cinq à dix minutes; alors qu'ailleurs il faut environ une heure.

3484 Au même charbonnage de Quatre Jean, certains bacneurs travaillent par trois postes de huit heures.

3485 19. En ce qui me concerne, il n'existe aucun moyen de hâter le travail en dehors de l'emploi des perforatrices.

3486 23. Je ne connais pas de changement apporté à la durée de la journée.

3487 27. Je suis payé à la tâche et je pense qu'il n'existe ni amende ni prime.

Il est désirable que l'on établisse partout des lavoirs pour le personnel. Cela supprimerait une cause de chômage et les ouvriers boiraient moins d'alcool. 3488

Au charbonnage de Wérister, que j'ai quitté il y a trois à quatre semaines, le travail est très dur, les ouvriers sont réprimandés souvent et on leur impose des tâches exagérées. Aussi, sur cent bosseyeurs, soixante chôment deux ou trois fois par semaine pour se reposer. 3489

Hanquet Laurent,

âgé de 55 ans, domicilié à Heusay, boiseur au charbonnage de Cowette Rufin, travaille dans les charbonnages depuis l'âge de 13 ans

3490 1. Je parle en mon nom personnel.

3491 2. Je suis partisan d'une réduction de la journée de travail.

3492 On ne saurait faire la journée trop courte. C'est le salaire qui compte. Je ne me plains pas de la durée actuelle.

3493 3. La durée de la journée est le temps compris entre l'arrivée au charbonnage et la sortie.

3494 4. C'est ce temps qu'il faudrait limiter.

3495 5, 6. Je descends à 6 heures et je remonte à 16 heures.

3496 7. Le trajet dure un quart d'heure et se fait par la voie à chevaux.

3497 8. Le repos est d'une demi-heure.

3498 10. On ne fait pas beaucoup d'heures supplémentaires.

3499 11. Je chôme de temps en temps le lundi. Il ne résulte aucun inconvénient des absences de ce jour.

Quand je chôme le lundi, c'est pour me reposer et pour me promener avec ma femme. Les absences sont au nombre de trente à quarante. 3500

15. Il n'y a pas de cause de retard. Nous avons des bois à volonté; le service des lampes est bien fait. 3501

17. Il ne fait pas chaud ; l'air est bon ; la mine n'est pas humide. 3502

18. Je ne saurais faire le même travail en un temps plus court. 3503

19. Il n'y a pas moyen de gagner du temps. 3504

21. La limitation ne devrait pas être légale. Je suis partisan de la liberté de travail. 3505

3506 26. Il n'y a pas moyen de limiter la durée du travail au même temps pour tout le monde.

27. Je suis payé à la journée. On n'accorde pas de prime et n'inflige pas d'amende. 3507

Dejardin Nicolas,

âgé de 43 ans, domicilié à Beyne Heusay, ouvrier à la pierre depuis trois ans au charbonnage de Cowette Rufin, descend dans les mines depuis l'âge de 13 ans.

3508 1. Je parle au nom du syndicat le « Réveil des mineurs de Beyne-Heusay ».

3509 2. Je demande la réduction de la durée de la journée de travail.

3510 3. La durée de la journée est le temps qui s'écoule entre la descente et la remonte.

3511 4. C'est ce temps qu'il faudrait réduire. Au pis aller, la limitation pourrait se faire par étapes, d'après le système Destrée.

3512 5, 6. La descente se fait à 18 heures et la remonte commence à 4 heures du matin.

3513 7. Le trajet n'est pas long ; il dure en moyenne vingt minutes. Il est fatigant, à cause de la présence d'eau dans les voies, qui sont de faibles dimensions. Dans la voie où je travaille, il serait difficile d'établir une rigole pour l'écoulement des eaux, à cause de la nature des terrains.

3514 8. Il y a une heure de repos. On arrive fatigué au chantier.

3515 9. Je travaille effectivement huit heures et demie.

3516 10. Je prolonge parfois mon travail, parce que j'estime qu'il est de mon devoir d'agir de la sorte, mais je ne tiens pas à le faire.

11. Les causes du chômage du lundi sont connues. 3517

Le payement de la quinzaine se fait dans l'après-midi du samedi et l'ouvrier de nuit doit se rendre au charbonnage pour toucher son salaire. Pour ce motif il arrive qu'il ne se rend pas le soir au travail. 3518

Au charbonnage des Aguesses, où j'ai travaillé, on payait les ouvriers à la fin de leur journée. 3519

Je ne chôme pas le lundi. Les absences de ce jour désorganisent le travail. Les ouvriers présents sont obligés de travailler après leur journée. 3520

12, 14. La limitation devrait s'appliquer à tout le monde, sans dérogation. Les ouvriers de nuit sont obligés de travailler plus longtemps que les ouvriers à veine. Si on réduisait la durée du travail des ouvriers à veine, la journée des autres ouvriers serait également diminuée. On pourrait organiser trois postes de travail, dont un de préparation, qui dégagerait entièrement les chantiers et préparerait les mines. 3521

15, 16. Il y a assez souvent des dégâts 3522

au puits d'extraction. Ce qui provient de l'intensité de l'extraction ; assez fréquemment nous subissons un retard dans la remonte

3523 Cela se produit au moins une fois tous les quinze jours.

3524 Depuis une huitaine de jours, nous n'attendons plus autant les bois.

3525 Il n'y a pas de serveurs de lampes ; les lampes sont à double toile ; elles laissent à désirer au point de vue de la propreté. Quatre ou cinq lampes vacantes sont à la disposition d'un personnel de trente-cinq ouvriers. Si nous n'avons pas de lampes vacantes, nous sommes obligés d'aller au puits.

3526 Les mines occasionnent également du retard. Les fumées s'évacuent trop lentement, ce qui est dû à un défaut d'aérage.

3527 **17.** Il ne fait pas trop chaud. L'air peut être vicié par les écuries. La mine est humide. Il y a de l'eau dans toutes les voies de roulage. Le bougnou est insuffisant; en cas d'accident à la pompe, l'eau envahit les galeries.

3528 **18, 19.** L'organisation du travail pourrait être améliorée.

3529 **20.** Au charbonnage de Wérister, j'ai vu travailler à veine pendant la nuit. C'est parfois la même taille qui marche le jour et la nuit.

On pourrait, exceptionnellement, organiser deux postes d'abatage. 3530

21. La limitation devrait être légale. C'est le seul moyen de la faire appliquer. 3531

22. Je ne crois pas qu'avec une bonne organisation il y ait une diminution de salaire. 3532

23. La durée de la journée a toujours été la même au charbonnage de Cowette depuis que j'y travaille. 3533

Au charbonnage de Wérister, vers 1891, la journée a été réduite d'une heure, d'une heure et demie et même deux heures. Au charbonnage des Aguesses il y a eu, en 1901, une réduction d'une heure et les salaires n'ont pas été diminués. 3534

26. Tous les ouvriers pourraient être mis sur le même pied en cas de limitation. 3535

27. Je suis payé à la journée. Certains ouvriers sont à la tâche. 3536

Il n'y a pas de prime. Les amendes ne sont pas fréquentes. 3537

28. On ne travaille pas par sous-entreprises. 3538

Boulanger Arnold,

âgé de 31 ans, domicilié à Beyne Heusay, ouvrier à veine au siège Homvent du charbonnage de l'Est de Liége, depuis quatre ans, a travaillé antérieurement aux charbonnages du Hasard et de Fond Piquette.

3539 **1.** Je parle au nom du syndicat *Le Réveil des mineurs de Beyne Heusay.*

2. Je demande que la durée de la journée soit réduite. 3540

3541 3. Cette durée est le temps compris entre le moment de la descente dans la mine et celui de la remonte.

3542 4. Elle pourrait être réduite, soit en une fois, soit même par étapes, eu égard à la mauvaise organisation actuelle du travail.

3543 5, 6. La descente commence à 6 heures du matin et la remonte a lieu à 15 heures.

3544 7. Pour se rendre au chantier, il faut de vingt minutes à une demi-heure. Le trajet est toujours très fatigant, parce que les voies à parcourir sont basses ; il y coule de l'eau entre les rails, qui sont posés sur des traverses en fer, ce qui rend la marche difficile.

3545 L'ouvrier, chargé d'outils, doit gravir des plans inclinés et des cheminées; il arrive à son poste déjà fatigué et doit, tout d'abord, se reposer.

3546 Les voies devraient être pavées et pourvues de rigoles latérales. Ces voies s'écrasent parce que les tailles ne sont pas remblayées; souvent elles sont encombrées de pierres provenant des réparations, ce qui réduit leur section.

3547 La galerie de Fond Piquette étant très bien entretenue, on peut y transporter les ouvriers, qui prennent place dans des berlaines.

3548 On devrait, tout au moins, transporter les outils jusqu'au chantier. Chaque ouvrier à veine en porte de trois à quatre; cela est dangereux et incommode, spécialement dans les plans inclinés, où les rails sont souvent recouverts de charbon ou de terre, ce qui occasionne des chutes; je n'ai jamais vu employer de guide-mains, dans les plans inclinés, toutefois, il n'y a pas de plan incliné dans mon chantier.

Les lampes employées étant du système Mueseler s'éteignent facilement et rendent plus grandes encore les difficultés de la circulation dans les travaux. 3549

En transportant dans les berlaines les ouvriers et leurs outils, on gagnerait une demi-heure. La chose serait possible si toutes les voies ressemblaient à la galerie de Fond Piquette, spécialement en ce qui concerne le profil des rails. 3550

8. Nous disposons d'un seul repos de vingt-cinq minutes à une demi-heure. 3551

9. La durée du travail effectif, repos déduit, est de 8 heures et demie. 3552

10. On fait assez souvent des quarts; dans certains charbonnages, on paye un quart de journée pour une heure de travail supplémentaire ; ailleurs, on ne paye qu'une heure. Personnellement je préfère remonter après la journée simple, afin de satisfaire mes besoins intellectuels. 3553

11. Je ne chôme pas le lundi; mais d'autres s'absentent. 3554

Les causes du chômage du lundi sont multiples. 3555

Les ouvriers s'absentent parce qu'ils ont besoin de repos, ou bien parce qu'ils craignent d'être changés de poste. En acceptant une besogne à laquelle ils ne sont pas habitués, ils s'exposent, s'ils ne peuvent l'achever, à une amende et craignent de paraître moins habiles que leurs compagnons. 3556

Les ouvriers qui se sont quelque peu amusés le dimanche, pourraient travailler le lundi si l'on commençait vers 7 ou 8 heures; la durée de la journée resterait 3557 d'ailleurs la même et on remonterait plus tard.

3558 Les heures du payement entraînent aussi des chômages de même que le manque de lavoirs. Les ouvriers de nuit ne peuvent rentrer chez eux à une heure trop matinale, alors que le feu n'est pas allumé; ils doivent aller se laver dans les cafés et ils y boivent de l'alcool; cela n'arriverait pas s'ils disposaient d'un lavoir.

3559 **12.** La limitation de la durée de la journée doit être générale. Actuellement, le recrutement du personnel de nuit est difficile, parce que les ouvriers de ce poste restent plus longtemps dans la mine que ceux du poste de jour.

3560 **13.** Pas plus pour les surveillants que pour les autres mineurs, on ne devrait prévoir d'exception.

3561 Si l'on trouve difficilement des surveillants capables, c'est parce qu'ils doivent rester trop tard au charbonnage. En France, où j'ai travaillé, les surveillants remontaient avant les ouvriers; on travaillait à trois postes. Chez nous, les surveillants sont parfois retenus à la mine depuis 5 heures du matin jusqu'à 18 heures 1/2; cela n'est pas nécessaire.

3562 **15.** La préparation des chantiers est toujours incomplète, aussi bien dans les plateures que dans les dressants. Dans ces derniers, les remblais ne sont généralement pas préparés pour la descente du charbon; souvent il faut nettoyer et refaire les paliers avant de commencer le travail d'abatage.

3563 D'autre part, le rendement des ouvriers à la veine augmenterait s'ils avaient à leur disposition des bois façonnés à la surface et s'ils ne devaient plus quitter leur poste pour aller chercher ces bois. A l'Est de Liége, dans une couche puissante de $1^m.50$, j'ai vu dix ouvriers obligés de descendre dans la voie de niveau, à 50 mètres en contrebas de leur poste de travail, pour y remonter ensuite avec des bois, ce qui est dangereux.

On devrait d'ailleurs ménager, dans les tailles en dressant, des cheminées inclinées, réservées à la circulation du personnel. 3564

Les lampes sont du système Mueseler, à l'huile grasse; les lampes à benzine sont bien préférables. 3565

Ce service est d'ailleurs très mal fait; il n'y a pas assez de lampes supplémentaires et les serveurs ne peuvent aller assez vite. Seuls les manœuvres ont des lampes vacantes; les ouvriers à veine n'en ont pas. 3566

Le charbonnage ne possède pas assez de lampes. 3567

16. Les voies étant étroites et mal entretenues, les déraillements y sont fréquents, ainsi que les éboulements; cela occasionne assez souvent des retards dans le transport. 3568

17. La température est assez bonne et la mine n'est pas grisouteuse. Mais les écuries vicient l'air et celui-ci se perd, faute de remblais, dans certains chantiers, notamment dans la couche Quatre Jean, où la présence de l'acide carbonique empêche parfois d'atteindre le front. 3569

La mine est humide et les rigoles sont en mauvais état. 3570

18. Il n'est pas douteux, qu'avec une meilleure organisation, nous pourrions 3571 effectuer la même besogne en moins de temps et que notre travail serait plus efficace.

3572 **19.** On pourrait améliorer spécialement les conditions de la descente et de la remonte du personnel. Alors que dans certains charbonnages on transporte en une fois trente ouvriers, ailleurs, les cages ne peuvent en recevoir que huit ou neuf.

3573 Lorsqu'on creuse de nouveaux puits, on devrait prévoir des dimensions plus grandes pour les cages.

3574 **20.** D'une façon générale, je ne crois pas qu'il soit possible d'organiser deux postes d'abatage. Mais, il pourrait y avoir entre le poste de nuit et le poste de jour un troisième poste réservé aux réparations et au tir des mines.

3575 Dans certains cas, un second poste d'abatage pourrait exister, notamment lorsqu'on dispose de cheminées suffisantes pour emmagasiner le charbon, qui serait alors enlevé par les traîneurs du poste de jour dès le moment de leur arrivée. Cela supprimerait les retards qui se produisent actuellement le matin, faute de charbon à transporter.

3576 On pourrait aussi déhouiller la taille supérieure pendant le poste intermédiaire, en remblayant cette taille au moyen de pierres basculées au niveau d'aérage.

3577 **21.** La limitation doit être imposée par la loi, parce qu'un accord entre patrons et ouvriers ne serait pas général et qu'une désorganisation voulue pourrait se produire dans les mines où le système des huit heures serait essayé.

3578 **22.** La production et le salaire resteront les mêmes, malgré la réduction de la durée de la journée.

Au charbonnage de Fond Piquette, où j'ai travaillé cinq ans, la journée ayant été réduite de neuf heures à huit heures, à la suite d'un accord intervenu entre la direction et les ouvriers, on a établi en même temps le travail à la journée, sans tâche imposée, ni entreprise. Actuellement, nous ne demandons pas cela. 3579

A Fond Piquette, on avait aussi enlevé aux surveillants une partie de leur autorité, qu'ils exerçaient précédemment d'une façon assez brutale. 3580

Tout cela a entraîné beaucoup de difficultés et j'ai dû personnellement signaler au directeur des négligences des surveillants, lesquelles influençaient défavorablement les rendements. Cet effet utile qui avait fléchi au début de l'application de la journée de huit heures, s'est relevé ensuite. 3581

La réduction ayant été accordée à la fin de 1901, à la suite d'un mouvement ouvrier, on a réalisé les résultats ci-dessous : 3582

Années	Personnel	Rendement par ouvrier
1900	412	195 tonnes
1901	409	185 —
1902	342	226 —

En 1902, il y a eu un mois de grève, le rendement par ouvrier a cependant augmenté. 3583

Généralement, les directeurs-gérants ne connaissent pas leurs ouvriers ; ils devraient discuter plus souvent avec ceux-ci. Les ouvriers ont d'ailleurs tout intérêt à signaler à leur patron les vices de l'organisation. 3584

26. Il n'y a pas lieu de tenir compte des 3585

charbons domestiques, c'est-à-dire de septembre à décembre.

3616 Qu'en résulte-t-il ? Tous les ouvriers du fond, de jour et de nuit, et tous les ouvriers de la surface occupés à la manipulation du charbon touchent un quart de journée au delà de la journée simple. Comme il fallait, pour pouvoir accepter des fournitures importantes mais momentanées, avoir le consentement de l'ouvrier pour ce quart supplémentaire, en 1890, le conseil de conciliation me fit savoir, sur ma demande, que tout le personnel désirait travailler à 5/4.

3617 Dans le cas contraire, pour éviter une situation pénible et préjudiciable à la fin de la campagne sucrière, j'aurais dû refuser ces livraisons.

3618 Grâce à une heure supplémentaire de séjour dans la mine, je les ai acceptées depuis dix-sept ans. C'est ainsi augmenter l'offre, contribuer, à une époque de forte commande, à adoucir les prix en faveur d'une industrie dont la situation n'est pas brillante mais qui, néanmoins, est favorable à l'agriculture.

3619 Depuis 1890, le puits d'air a été porté de 136 à 456 mètres, le puits d'extraction de 200 à 346 mètres et bientôt ce dernier atteindra le niveau de 456.

3620 Dans ces avaleresses, travaux dangereux, j'ai voulu inutilement organiser le service en trois postes de huit heures. Les ouvriers ont toujours refusé et réclamé deux postes de onze heures.

3621 Pour quelles raisons?

3622 *a*) Parce qu'ils gagnent davantage : les pertes de temps aux changements de postes sont réduites au minimum;

3623 *b*) Les ouvriers de foncement de puits sont peu nombreux.

Ceux qui sont réellement aptes à ce tra- 3624
vail craignent d'avoir recours à des inexpérimentés qui ne soigneraient pas le boisage et compromettraient ainsi gravement la sécurité de leurs associés.

c) Je dois ajouter que, actuellement, la 3625
descente, et la remonte des échelles est plus pénible que le travail lui-même. L'ouvrier a à sa disposition la perforatrice et le marteau à air comprimé.

3, 4. Je trouve des différences tellement 3626
grandes d'une mine à l'autre, d'un travail à l'autre même dans une même mine, que je refuse d'examiner cette question de savoir ce qu'on entend par journée de travail et ce qu'il conviendrait éventuellement de limiter.

Donner à tous les travaux un même 3627
régime, c'est s'aventurer dans l'inconnu et exposer le pays à une crise très grave.

Que la journée de travail soit stipulée 3628
d'une façon ou d'une autre, les inégalités subsistent et, dès lors, l'uniformité d'une réglementation est inconcevable.

5, 6. Les ouvriers du poste de jour des- 3629
cendent de 6 heures 1/4 à 7 heures 1/4 et remontent de 15 à 15 heures 3/4 pour journée simple et de 16 à 16 heures 3/4 pour 5/4 : heures favorables aux familles, aux ouvriers et aux patrons.

Les ouvriers du poste de nuit descen- 3630
dent de 18 heures 1/4 à 19 heures et remontent de 3 à 3 heures 3/4 pour journée simple et de 4 à 4 heures 3/4 pour 5/4.

7. Le temps nécessaire pour se rendre 3631
du puits aux divers chantiers varie de quinze à trente minutes.

Les voies sont ouvertes sur 1m80 de 3632
hauteur minimum, les plans inclinés sont

de faible longueur et de faible inclinaison, le trajet n'est donc ni pénible ni fatigant.

3633 **8.** Le repos réglementaire est d'une demi-heure : de 10 à 10 heures 1/2 ou de 22 à 22 heures 1/2, suivant les postes.

3634 **9.** Les ouvriers travaillent effectivement :

A la journée simple, sept heures et demie.

A cinq quarts, huit heures et demie.

3635 **10.** Le travail est prolongé très souvent d'une demi-heure par jour pour tout le personnel.

J'en ai indiqué les raisons.

3636 **11.** Les absences sont assez nombreuses, surtout en été, les lundis et lendemains de jours de fête. Elles atteignent de 15 à 20 %.

3637 Elles sont aussi proportionnelles aux salaires.

3638 Lundi dernier, 29 juillet, à l'occasion de la fête d'Ayeneux, nous constations 40 % d'absents pour le poste de jour au fond et 50 % pour le poste de nuit.

3639 Les effets du chômage sur l'organisation du travail sont l'abandon de certaines tailles jusqu'au mardi, la désorganisation du travail le lundi et même le mardi et l'aggravation des risques d'accidents.

3640 **12-14.** La réduction du travail de l'ouvrier haveur occasionnerait une diminution de production. C'est incontestable. De ce chef, réduction de travail pour la plupart des services depuis la taille jusqu'aux triages et lavoirs de la surface.

3641 Les ouvriers, délégués des Associations, prétendent, tous sans exception, c'est assez étrange, que, moyennant une meilleure organisation du travail, de bonnes lampes, de grandes voies, des bois coupés juste à longueur, la production ne diminuerait pas.

Les ouvriers demandent une impossibilité première. 3642

Toujours, il y aura des lampes qui laisseront à désirer, des voies dont la section diminuera sans cesse et que l'on devra constamment recarrer, dans les chantiers, des bois en abondance, sans doute, mais dont on devra prendre la dernière mesure sur place, l'ouverture des veines étant très variable. Des arrêts dans la marche régulière du travail sont inévitables. 3643

Le manque d'une organisation régulière et constante est fatal, dû au genre de travail, sans doute, à l'imprévoyance du patron même, mais aussi et surtout à la diminution de volonté et d'attachement au patron de la part de l'ouvrier. Je ne me plains cependant pas de mon personnel. 3644

Dans ces conditions permanentes et inévitables, les arrêts ne seront-ils pas plus fréquents si l'ouvrier doit faire sa besogne en un temps moindre, avec précipitation, contrairement à sa sa santé et à sa sécurité? 3645

Au cas où il resterait du charbon dans es tailles au départ des haveurs, n'y aurait-il pas danger d'abandonner à eux-mêmes les manœuvres dans des chantiers où le travail de boisage aurait été exécuté trop rapidement. 3646

15. *a*) Les ouvriers ne sont pas retardés ou arrêtés dans leur travail par suite d'une préparation incomplète du chantier ; 3647

b) Ils n'éprouvent que très rarement des retards par suite d'une interruption dans le transport, manque de matériel, évacuation trop lente du chantier; nous disposons de 3648

320 berlaines. Une même berlaine descend donc deux fois seulement par jour dans la mine;

3649 c) Les ouvriers ne sont jamais retardés par le service des lampes et des bois :

3650 Nous avons 440 lampes pour 320 personnes au plus occupées de nuit et de jour et les bois sont conduits aux chantiers en quantités suffisantes.

3651 **16.** Ces arrêts sont plus que rares et accidentels.

3652 **17.** La température de la mine est excellente : lorsque l'air est à 17 degrés à l'entrée, il est à 19 à 19 degrés 1/2 dans les retours d'air.

3653 L'air est pur et la mine est très sèche.

3654 **18.** Mes ouvriers ne pourraient plus accomplir la même tâche qu'actuellement dans un temps plus court.

3655 C'est absolument impossible, surtout d'une manière soutenue. J'en ai la preuve par l'obligation que j'ai eue de demander une heure de plus de présence dans la mine pour obtenir une production plus forte.

3656 Evidemment, la production pour cette heure complémentaire est inférieure au quart de la production totale d'une journée simple, mais elle donne à l'ouvrier un quart de gain en plus.

3657 Si l'ouvrier haveur accomplissait sa tâche en un temps trop court, la qualité du charbon en souffrirait mais, ce qui est pire, la sécurité du travail serait compromise par des négligences et dans le boisage et dans les remblais.

3658 **19.** *a*) On ne peut pas réduire le temps de repos pris à l'intérieur de la mine; la demi-heure de repos est nécessaire;

b) Comment réduire les chômages et par quels moyens? On a tout essayé inutilement ; 3659

c) Le travail intense est contraire à la santé et à la sécurité. D'ailleurs, accélérer la production pour réduire la journée de travail, ne doit pas seulement dépendre du désir de l'ouvrier, ni de la bonne volonté du patron, mais surtout du travail lui-même. 3660

La situation contrarie, en effet, ce désir, cette volonté. 3661

Dans toutes nos couches se trouvent des engins et à la surface des appareils de lavage et de classement des produits dont la vitesse est limitée. 3662

Ainsi, pour mieux fixer les idées, il existe à la surface un puissant moteur d'extraction dont la vitesse est aussi limitée. 3663

A la journée simple, ce moteur extrait actuellement, au Bois Micheroux, aux étages de 136, 260 et 340 mètres, 580 berlaines de charbon et 40 berlaines de pierres, soit au total 620 berlaines. A raison de 4 berlaines par trait, cela donne 155 traits. 3664

L'extraction commençant à 8 heures et finissant à 15 heures, si nous déduisons 1 heure pour le repos, la descente et la remonte des personnes, il reste ainsi 6 heures ou 360 minutes pour 155 traits, soit 2 minutes 20 secondes par trait. L'appareil est de toute récente construction ; ce serait néanmoins téméraire de dépasser cette vitesse. 3665

Qu'en conclure? 1° Tout le travail et, conséquemment, la production dépend de la force mécanique ; 3666

3667 2° Il serait inhumain de demander un travail forcé à l'ouvrier;

3668 3° Il serait dangereux d'accélérer la marche des appareils ;

3669 *d*) La mine est dans d'excellentes conditions hygiéniques ;

3670 *e*) Les causes d'arrêts et retards n'existent que très accidentellement.

3671 **20.** Organiser plusieurs postes d'abatage par jour est une impossibilité et un danger.

3672 On n'ignore point que les accidents dus aux éboulements et aux chutes de pierre entrent pour 6 p. c. dans la statistique des accidenss graves.

3673 Aucun directeur ne voudrait organiser le travail de la sorte.

3674 **21.** La durée du travail ne doit pas être limitée par la loi. La loi ne doit pas porter atteinte à la liberté des conventions honnêtes ne causant aucun préjudice.

3675 **22.** Des réductions de production et, conséquemment, de salaires sont inévitables.

3676 Si, par exemple, mes ouvriers « à maître » gagnent de 80 centimes à fr, 1.15 en plus pour le quart supplémentaire, ils les gagnent en moins à la journée simple.

3677 Les salaires entrent au Bois de Micheroux pour 75 p. c. dans le prix de revient.

3678 **23.** Il y a quelque temps, la durée du séjour dans la mine a été uniformisée pour les deux postes et ramenée ainsi de 9 heures 3/4 à 8 heures 3/4 pour le service de nuit.

3679 **24.** Cette diminution a été le résultat d'une entente entre patrons et ouvriers.

3680 **25.** Lorsque le travail est ramené à quatre quarts, la production tombe du jour au lendemain et le salaire est réduit. Or, il importe de remarquer que la plupart des haveurs travaillent à l'entreprise.

26. Le pouvoir peut établir, imposer un 3681
régime identique pour des situations très différentes, appliquer la même durée de travail pour toutes les catégories d'ouvriers.

Si les conséquences ne l'effrayent pas, 3682
il fera cela.

27. Les ouvriers sont payés à la journée 3683
et à l'entreprise, au mètre carré de surface déhouillée et au mètre courant d'avancement; ils ne reçoivent pas de primes, sont rarement frappés d'amendes dont le montant est versé dans la caisse de secours. Ils reçoivent une pension au moins double de celle prévue dans les statuts de la caisse des vieux mineurs.

28. Il n'y a pas de sous-entreprises. 3684

29. En 1906, année de grande prospé- 3685
rité, des quarante-trois mines en activité dans la province, trente-sept ont donné des bénéfices correspondant à 2, 3, 4, 5 p. c. de la valeur du titre, six ont clôturé l'exercice en déficit.

Qu'arriverait-il si les salaires étaient 3686
maintenus et la production réduite?

1° Augmentation du prix de revient, ré- 3687
duction des profits et l'existence de certaines mines compromise, crise charbonnière immédiate ;

Ou bien 2° augmentation du prix de re- 3688
vient, augmentation du prix de vente, maintien des profits mais situation difficile pour les entreprises multiples qui exportent leurs produits, enfin crise métallur-

gique et autres suivies d'une crise charbonnière.

3689 15 p. c. de nos ouvriers sont âgés de 50 à 65 ans. Depuis la réorganisation de la caisse des vieux mineurs, c'est-à-dire depuis un an et demi, sept ouvriers âgés de plus de 60 ans et ayant trente-cinq ans de services au moins, ont été pensionnés. Néanmoins, ils continuent à travailler.

Deghaye François,

directeur des travaux du charbonnage de Wérister.

3690 1. Je parle au nom de la société de Wérister, en remplacement du directeur gérant de cette société, M. Dupont.

3691 2. Les ouvriers ne nous ont jamais adressé de demande de réduction de la journée de travail.

3692 3. J'entends par journée de travail, la durée du travail effectif, non compris le temps nécessaire pour la descente et la remonte.

3693 5, 6. Le premier trait du matin a lieu à 6 heures, le premier trait du soir à 18 heures.

3694 Les abatteurs remontent à 15 heures, les autres ouvriers du poste de jour entre 16 et 18 heures; les ouvriers de nuit entre 3 et 6 heures du matin. — La durée de présence des ouvriers au charbonnage et de leur séjour à l'intérieur de la mine est la suivante :

3695 *Durée de la présence au charbonnage*

	Poste de jour Heures	Poste de nuit Heures
Haveurs . . .	9 1/2	10 1/2
Traineurs . .	11 à 12	11 à 12
Bouteurs . .	10 à 11 1/2	11 à 11 1/2
Bosseyeurs . .	10 1/2	11 à 12
Boiseurs . . .	10 1/2	10 1/2
Remblayeurs .	11 à 11 1/2	11 à 12

Durée du séjour à l'intérieur de la mine

	Poste de jour Heures	Poste de nuit Heures
Haveurs . . .	9	10
Traineurs . .	10 1/2 à 11 1/2	10 1/2 à 11 1/2
Bouteurs . .	9 1/2 à 11	10 1/2 à 11
Bosseyeurs . .	10	10 1/2 à 11 1/2
Boiseurs . . .	10	10
Remblayeurs .	10 1/2 à 11	10 1/2 à 11 1/2

7. Le trajet à parcourir pour atteindre les chantiers n'est pas difficile; il demande en moyenne pour aller et retour cinquante-quatre minutes à Wérister et trente minutes aux Onhons. — Voici d'ailleurs la durée de ces trajets pour les divers chantiers : 3696

Chantiers	Longueurs	Temps	Ouvriers
Grande Delsemme :			
Nord-Ouest . .	1840 m.	35 min.	93
— Sud-Ouest . .	1280 —	25 —	5
— Nord-Est . .	1320 —	25 —	28
Petite Delsemme :			
Nord-Ouest . .	760 —	20 —	25
— Est	560 —	15 —	30
Grande Onhons			
à 225 m. dressant	440 —	10 —	8
— à 325 m. —	1160 —	25 —	19
Petite Onhons			
à 325 m. —	560 —	15 —	14

3697

Le chemin à parcourir n'est ni pénible ni fatigant. 3698

Je ne pense pas que l'on puisse, sans 3699

danger, transporter les ouvriers par des moyens mécaniques. Il faudrait en tous cas modifier le paragraphe C de la loi du 15 juin 1896 sur les règlements d'atelier, disant qu'à moins d'autorisation spéciale, le personnel se rend à son travail et en revient, sans monter dans les wagonnets.

3700 8. Les abatteurs prennent un seul repos d'une demi heures; les traîneurs disposent d'une deux repos d'une durée de demi et d'un quart heures = trois-quart heures.

3701 9. La durée du travail effectif varie de sept heures et quart à neuf heures trois quarts suivant les catégories d'ouvriers.

3702

	Poste de jour Heures	Poste de nuit Heures
Haveurs . . .	7 3/4	8 1/4
Traîneurs . .	8 34 à 9 3/4	8 3/4 à 9 3/4
Bouteurs . .	7 3/4 à 9 1/4	8 3/4 à 9 1/4
Bosseyeurs . .	8 1/4	8 3/4 à 9 3/4
Boiseurs . .	8 1/4	8 1/4
Remblayeurs .	8 3/4 à 9 3/4	8 3/4 à 9 3/4

3703 10. Les ouvriers ne prolongent pas leur journée au delà du temps normal, depuis février 1905. Avant cette date, bien peu de haveurs remontaient à l'heure réglementaire. Ils ont alors obéi à un mot d'ordre, défendant la surproduction.

3704 11. 25 à 30 p.c. des ouvriers s'absentent le lundi; il y a également beaucoup d'absents le mardi et les jours de quinzaine. Cela nous oblige à déplacer certains ouvriers et à laisser des tailles inactives; cela nuit également à la sécurité.

3705 12. Si on diminue la journée des abatteurs, il faudra faire de même pour les autres ouvriers du fond; sinon, le nombre d'ouvriers à veine deviendra trop grand dans les tailles et ils se gêneront mutuellement.

13. Il n'est pas possible au personnel 3706
du transport d'enlever tout le charbon et d'avoir terminé en même temps que les ouvriers à veine.

15. Les arrêts ou les retards ne se pro- 3707
duisent qu'accidentellement, nous avons d'ailleurs tout intérêt à les éviter.

Notre matériel est abondant et les arrêts 3708
du transport sont rares. Les bois sont amenés jusqu'aux tailles.

Les ouvriers ne se plaignent pas des 3709
lampes; on leur en donne deux ou trois s'ils le désirent. Ces lampes sont un peu plus lourdes que les anciennes.

17. Les chantiers sont secs. La tempé- 3710
rature varie entre 19° et 21° à Wérister et 15° et 20° aux Onhons.

Les couches exploitées sont de nature 3711
grisouteuse mais on ne voit pas de trace de gaz dans le courant d'air, celui-ci étant assez abondant pour réduire le pourcentage en grisou à une teneur insignifiante. Les couches exploitées à l'un et l'autre siège ne sont pas sujettes à des incendies spontanés ou à des échauffements de remblais.

La ventilation est très bonne. L'an der- 3712
nier, on a installé au siège de Wérister un nouveau ventilateur capable d'aspirer 40 mètres cubes d'air par seconde et le poste le plus important n'atteint pas 250 ouvriers.

18, 19. Les ouvriers donnent tout ce 3713
qu'ils peuvent et on ne peut pas leur demander plus d'activité; il leur serait impossible de faire en un temps plus court

la tâche actuelle ; d'autre part, on ne pourrait gagner du temps de façon à réduire la durée de la journée sans que la production ne diminue. D'ailleurs si la production restait la même en diminuant le nombre d'heures de travail, ce dont je doute, les installations actuelles ne pourraient plus suffire aux conditions nouvelles d'exploitation dans la plupart des cas. Dans les tailles et dans les voies, l'évacuation des produits abattus ne saurait plus être faite suffisamment vite et, en supposant que cela puisse se réaliser, l'arrivée des berlaines au puits serait tellement rapide que la machine d'extraction ne pourrait suffire à les enlever.

3714 20. L'organisation de deux postes d'abatage est impossible.

21. Je suis hostile à toute intervention 3715
de la loi en ces matières et je préfère la
liberté laissée à chacun de travailler comme
il l'entend.

22. Une réduction de salaire serait iné- 3716
vitable ; le taux actuel ne pourrait être
maintenu.

23. Depuis que je suis à Wérister, rien 3717
n'a été changé à la durée de la journée.

27. Les abatteurs sont payés au mètre 3718
carré ; les bosseyeurs au mètre d'avancement ; les traîneurs et les boiseurs à la journée.

Les amendes sont rares ; on les applique 3719
pour négligences ou mauvaise volonté.

28. Il n'y a pas de sous-entreprises. 3720

Laguesse Léon,

directeur gérant au charbonnage de Lonette.

3721 1. Je parle en mon nom personnel.

3722 2. Les ouvriers du charbonnage de Louette n'ont jamais demandé de réduction de la journée de travail.

3723 3. J'entends par journée de travail le temps compris entre la descente et la remonte.

3724 4. En cas de limitation, c'est ce temps qu'il faudrait envisager.

3725 5. Les ouvriers à veine descendent de 6 à 7 heures. Le poste de nuit descend de 18 heures à 18 heures 1/2.

3726 6. La remonte s'effectue pour les ouvriers à veine à partir de 3 heures et pour le poste de nuit à 4 heures.

L'ouvrier qui a fini peut remonter du mo- 3727
ment que l'heure réglementaire est passée.

7. Le trajet pour se rendre du puits aux 3728
chantiers dure de dix à douze minutes. Il en est de plus longs qui exigent jusque quarante minutes. Le trajet n'est pas fatigant pour les professionnels.

8. Les ouvriers à veine ont un repos 3729
d'une demi-heure vers 10 heures. Les repos sont réglés à des moments différents, pour que l'extraction soit régulièrement alimentée.

9. Les ouvriers à veine commencent à 3730
travailler vers 7 heures 1/2 et finissent vers 14 heures 1/2. Ils fournissent donc

un travail effectif de 6 heures 1/2 à 7 heures. Les hiercheurs et boiseurs remontent quand ils ont fini à 15 heures 1/2 ou 16 heures.

3732 **10.** Le travail est parfois prolongé dans le poste de nuit.

3733 **11.** Les lundis il y a 20 à 25 °/₀ d'absences dont 26 à 36 °/₀ d'abatteurs et 20 à 30 °/₀ de traîneurs, 10 °/₀ des ouvriers de moins de 16 ans et 17 °/₀ d'ouvriers des autres catégories. Ces chiffres concernent le poste de jour. La nuit il y a 30 à 34 °/₀ de bosseyeurs et 17 à 18 °/₀ d'ouvriers divers qui chôment.

3734 **12.** En limitant le temps de travail des ouvriers à veine, on diminuerait la production et par conséquent la durée du travail de tout le personnel.

3735 **13.** La durée du travail ne peut être la même pour tout le monde.

3736 **15.** Nous avons tout intérêt à ce qu'il n'y ait pas de retard. Le transport, sauf accident, se fait régulièrement. Les bois sont conduits au moins jusqu'au sommet des plans si ce n'est jusque dans les tailles.

3737 Nous employons la lampe Mueseler. Le service est bien assuré. Il y a un grand nombre de lampes vacantes.

3738 **17.** La température varie de 18 à 20 degrés. L'air est bon. La mine n'est pas humide.

18. Il est impossible à l'ouvrier de produire plus qu'il ne le fait, en réduisant son temps de travail. 3739

19. Il serait difficile de diminuer la durée du travail par un moyen quelconque concernant l'organisation. 3740

20. Il n'y a pas moyen d'organiser deux postes de travail. 3741

21. Je crois qu'une loi limitant la durée du travail serait mauvaise pour les ouvriers. 3742

22. Une diminution légale du temps de travail aurait pour conséquence une diminution des salaires. 3743

23, 24. Les ouvriers à veine ont volontairement diminué la durée de la journée d'une demi-heure à trois quarts d'heure. 3744

25. Il en est résulté une diminution de production de 5 à 8 p. c. 3745

27. Les abatteurs sont payés au mètre carré, les bosseyeurs au mètre courant, même les traîneurs sont payés à la tâche. 3746

Un système de prime a été essayé et abandonné ensuite. On n'applique pas d'amende. 3747

29. Je ne crois pas que le charbonnage de Lonette pourrait supporter les conséquences d'une diminution de la durée de la journée de travail. Toute nouvelle charge lui serait funeste. 3748

FLÉRON

DEUXIÈME SÉANCE

3 août 1907

Sont présents :
M. le Sénateur Magis, président,

MM. Dallemagne, Kaes, | MM. Leduc, Delruelle, secrétaire-adjoint.

Ont été invités à siéger au bureau :
M. l'inspecteur général des mines Libert, M. l'ingénieur en chef, directeur des mines Beauvain.

Ont recueilli les dépositions des témoins :
MM. les ingénieurs principaux des mines Daubresse et Firket.

DÉPOSITIONS DES OUVRIERS

Deffet Dieudonné,

âgé de 28 ans, domicilié à Chênée, bosseyeur au siège Wérister du charbonnage de Wérister depuis deux mois et demi; est occupé dans les mines depuis l'âge de 13 ans.

3749 1. Je parle au nom du syndicat *Le Réveil des mineurs de Beyne-Heusay*.

3750 2. Je demande que la journée de travail soit réduite.

3751 3. J'entends par journée, le temps compris entre la descente et la remonte.

3752 4. Ce temps pourrait être limité en une fois.

5. Le poste de jour descend à 6 heures 3753
et le poste de nuit à 18 heures.

6. La remonte des ouvriers de jour com- 3754
mence 16 heures, elle se termine à 17 h. 3/4. Les ouvriers de l'équipe de nuit remontent entre 4 heures 1/2 et 7 heures.

7. Nous sommes changés de chantier 3755
presque journellement, ce qui nous oblige

à transporter chaque jour tous nos outils; le trajet à faire pour arriver au chantier est très variable; il dure de vingt à trente-cinq minutes. Ce trajet est toujours très fatigant. Les voies sont basses et étroites; leur hauteur est parfois inférieur à $1^m.25$.

3756 Il y a beaucoup d'eau dans ces voies; on glisse sur les traversines métalliques et on risque de tomber, d'autant plus que l'on est encombré d'outils.

3757 Il y a également des traversines en fer dans les plans inclinés; on y circule très difficilement; il y arrive parfois des accidents.

3758 8. Nous disposons d'un seul repos d'une demi-heure, même quand nous restons douze heures dans la mine.

3759 9. La durée du travail effectif est très variable; en ce qui me concerne, elle oscille entre dix et douze heures; elle est actuellement de dix heures et demie.

3760 10. Nous ne faisons pas de journées supplémentaires, mais nous devons parfois prolonger notre journée, afin de terminer notre tâche.

3761 11. On chôme souvent sans prévenir le lundi et même d'autres jours, parce qu'on est trop fatigué. Personnellement, je m'absente un ou deux jours par quinzaine. Qu'il y ait ou non des absents, nous sommes changés de poste tous les jours, et parfois on nous utilise comme abatteurs.

3762 12. La limitation doit s'appliquer à tous les ouvriers du fond, en général.

3763 13, 14. On ne doit prévoir ni exception ni dérogation.

3764 15. De tous les charbonnages dans lesquels j'ai travaillé, Wérister est le plus plus mal organisé. En général, il reste du charbon à enlever lorsque nous arrivons à notre poste et nous manquons de bois.

Le boutefeu se fait attendre; il n'est jamais là quand on en a besoin. 3765

Sur quatre chantiers, il y en a deux où il n'y a pas de serveurs pour le transport des bois. 3766

Quant aux lampes, je n'ai pas à m'en plaindre; mais les autres causes de retard se présentent journellement, surtout dans deux chantiers, par la faute des surveillants. 3767

17. Malgré le placement d'un nouveau ventilateur, il fait très chaud et l'air est très vicié. Avant de tirer la mine, un surveillant a devant moi chassé le grisou avec sa camisole. La mine est très humide. 3768

18. Si le service des bois était mieux organisé, si les voies étaient plus grandes et si les traversines étaient en bois, on pourrait travailler plus rapidement et produire plus en moins de temps. 3769

19. A Wérister, quand on a travaillé deux jours, on a besoin de se reposer et on chôme. Cependant, on s'absenterait moins souvent si l'on avait toujours le même poste. 3770

20. On ne peut avoir qu'un seul poste d'abatage. 3771

21. La limitation doit être imposée par une loi; si elle était accordée par les patrons, ceux-ci s'empresseraient, en cas de conflit, de retirer la mesure pour punir leurs ouvriers. 3772

22. Nous promettons de faire plus de 3773

besogne en huit heures qu'en dix heures, si toutefois l'organisation est améliorée. Le salaire restera donc sans changement.

3774 23. Depuis douze ans, la durée de la journée n'a pas été modifié.

3775 26. Quel que soit le charbonnage où il travaille, l'ouvrier est exposé aux mêmes causes de danger, et il se trouve dans les mêmes conditions au point de vue hygiénique. Il n'y a donc pas de raison pour faire des différences entre les charbonnages. On pourrait d'ailleurs les fusionner en une seule société coopérative.

27. Nous somme payés à la journée. On 3776
applique souvent des amendes pour travail incomplet ou pour un mot un peu vif adressé à un surveillant. Il n'y a pas de primes. On ne travaille pas à l'entreprise.

Lambermont Joseph,

âgé de 47 ans, domicilié à Ayeneux, bosseyeur et répareur au siège Wérister du charbonnage de Wérister depuis neuf ans; travaille dans les mines depuis l'âge de 11 ans.

3777 1. Je parle au nom de la section syndicale d'Ayeneux.

3778 2. Je demande que la durée de la journée soit réduite.

3779 3. J'entends par journée, le temps compris entre la descente et la remonte.

3780 4. C'est ce temps qu'il faudrait limiter, en une fois.

3781 5, 6. Je descends à 18 heures et je remonte à 4 heures.

3782 7. Je change de poste presque tous les jours, le trajet à faire pour y arriver varie beaucoup ; il demande de quinze minutes à quarante-cinq minutes. Actuellement, il n'est pas fatigant. Les changements fréquents de poste sont dus au manque de personnel.

3783 8. On nous accorde un premier repos d'une demi-heure à 10 heures et un second de un quart d'heure, à 14 heures.

9. La durée de notre travail effectif est 3784
de huit heures et demie à neuf heures.

10. Le travail est rarement prolongé et 3785
je ne suis d'ailleurs pas partisan des quarts supplémentaires. Il y a trois mois, on a voulu m'obliger à en faire un ; me trouvant assez fatigué, j'ai refusé et je suis remonté avec mon compagnon. Nous avons été punis; j'ai pour cette journée reçu fr. 4.10 au lieu de fr. 5.50; j'avais cependant achevé ma journée et je ne travaille pas à la tâche.

Parmi les ouvriers qui font des quarts, 3786
il en est qui le font volontairement; mais d'autres y sont contraints par des menaces.

Les amendes sont infligées par le sur- 3787
veillant; j'ai réclamé auprès du chef mineur et j'ai alors été changé de poste.

3788 12. La mesure doit être appliquée à tous les ouvriers du fond, sans exception; cela est possible, avec une bonne organisation.

3789 15. Je subis beaucoup de retards, parce que je suis souvent changé de besogne; parfois même je dois traîner. Le transport du charbon est fréquemment arrêté; on vient alors m'appeler, afin que j'entaille les bois pour livrer passage aux berlaines. Dernièrement un jeune traîneur, trop faible pour la tâche qui lui est imposé, a voulu quitter son poste avant d'avoir terminé sa besogne. Le surveillant l'a menacé d'une amende et il a dû rester.

3790 Nous devons toujours quitter notre travail pour aller chercher du bois. Ceux-ci sont descendus la nuit, après l'extraction du charbon, ce qui occasionne des retards.

3791 Tous les jours, les manœuvres doivent transporter des tôles et les changer de tailles; par suite de ce travail inutile, il est souvent 8 heures avant que l'on puisse commencer l'abatage.

3792 Quant aux lampes, elles sont satisfaisantes; ce sont des lampes Wolf.

3793 17. Il fait fort chaud dans la mine et l'air est malsain; les voies d'aérage sont en mauvais état et celle où je travaille est éboulée. La mine est humide.

3794 18. Avec une bonne organisation, nous pourrions faire la même besogne en moins de temps.

3795 19. On gagnerait du temps en organisant mieux le travail et en changeant moins les ouvriers; d'autre part, on chômerait moins.

20. L'organisation de plusieurs postes d'abatage n'est pas possible. 3796

21. L'intervention de la loi est nécessaire, parce que les patrons se dérobent toujours et n'écoutent pas les ouvriers. On pourrait prévoir des exceptions pour les cas d'éboulements. 3797

22. Si l'organisation est bonne, la production restera la même et il n'y aura pas, d'après moi, de diminution de salaire. 3798

23. La durée de la journée n'a pas été modifiée. 3799

27. Je suis payé à la journée. Il n'y a pas de primes, mais on accorde des gratifications aux anciens ouvriers. Les bénéfices doivent d'ailleurs être très élevés à Wérister. 3800

Les amendes sont assez fréquentes; récemment, cinq traîneurs qui n'avaient fait que 95 berlaines au lieu de 100, ont été punis tous les cinq. Les surveillants sont responsables du nombre des berlaines. C'est pourquoi, à Wérister, après un arrêt d'une heure causé par un éboulement, les surveillants voulaient empêcher les traîneurs de remonter à l'heure habituelle. 3801

Je désire revenir sur divers points déjà examinés, et ajouter les déclarations suivantes: 3802

Hier j'ai traîné dans une voie où il y a beaucoup d'eau. Au pied d'un plan incliné sur la voie principale, celle-ci couvre les taques. Le préposé enlève cette eau pendant que les berlaines circulent dans le plan incliné; il ne dispose d'ailleurs pas d'une place spéciale pour se garer. 3803

Des jeunes garçons de moins de 16 ans, qui arrivent au charbonnage à 6 heures, ne remontent qu'à 17 heures. Toutefois ils 3804 ne descendent qu'à 6 heures 1/2. Au moment de la remonte, ces jeunes garçons passent avant les ouvriers et ceux-ci sont obligés d'attendre.

Demaret Jean,

âgé de 43 ans, domicilié à Beyne Heusay, haveur au charbonnage de Cowette Rufin, depuis dix-sept ans, travaille dans les charbonnages depuis l'âge de 13 ans.

3805 1. Je parle au nom des ouvriers du charbonnage de Corwette-Rufin pour le syndicat le *Réveil des mineurs de Beyne-Heusay*.

3806 2. Je demande la limitation de la journée de travail.

3807 3. J'entends par durée de la journée de travail le temps de présence au charbonnage.

3808 4. C'est ce temps qu'il faudrait réduire d'une demi-heure pour moi.

3809 5, 6. Je descends à 6 heures du matin et je remonte à 14 heures 1/2.

3810 7. Le trajet pour me rendre à mon chantier dure vingt minutes.

3811 Il est difficile à cause de la présence de l'eau dans les voies qui sont petites et à cause du peu d'ouverture des couches.

3812 8. Je me repose une demi-heure.

3813 9. Je travaille effectivement pendant huit heures.

3814 10. Le travail n'est pas prolongé.

3815 11. Je ne chôme pas d'habitude le lundi.

3816 Assez bien d'ouvriers chôment le lundi, ce qui désorganise le travail puisque des ouvriers sont occupés à d'autres postes que les leurs.

12, 14. La limitation devrait être générale, sans exception. 3817

15. Il se produit des retards dus à la préparation des chantiers. 3818

Le transport des charbons est très difficile dans les tailles. 3819

Le service des lampes est bien fait. Quelquefois cependant il occasionne des retards. 3820

17. La température de la mine est bonne. L'air est quelque peu vicié par les écuries. La mine est humide. 3821

18, 19. J'accomplirais bien la même besogne en huit heures si le travail était bien organisé et si les bois étaient préparés au jour (je parle de la tête des bois) et si le trajet était facilité. 3822

20. Il n'y a pas moyen de travailler à deux postes d'abatage. 3823

21. La limitation devrait être légale. Je n'ai pas confiance dans les patrons. Elle devrait être la même pour tous les ouvriers. 3824

23. Les salaires ne diminueraient pas. 3825

27. La durée de la journée n'a pas varié. 3826

3827 27. Pour le moment je suis payé à la journée à cause de l'irrégularité de l'ouvrage. On n'inflige pas d'amende et on ne donne pas de prime.

Observation. — Nous nous plaignons des surveillants qui n'ont pas la compétence voulue. 3828

Frenay Antoine,

âgé de 22 ans, domicilié à Soumagne, traineur au siège de Micheroux du charbonnage du Hasard. depuis quatre ans et demi; travaille dans les mines, notamment dans les charbonnages du Bois de Micheroux et de Maireux Bas Bois, depuis l'âge de 12 ans.

3829 1. Je réponds au nom des ouvriers traîneurs du Syndicat *Le Réveil des mineurs de Fecher et Soumagne.*

3830 2. Nous demandons la diminution de la durée de la journée.

3831 3. Cette durée est le temps compris entre le moment de la descente et celui de la remonte.

3832 4. Elle devrait être limitée à huit heures en une seule fois.

3833 5. Depuis sept mois, on ne travaille plus au charbonnage du Hasard.

3834 6. La descente y commençait à 6 heures et le poste de jour remontait entre 14 heures 1|2 et 17 heures.

3835 7. Pour me rendre au chantier, j'avais à parcourir un trajet d'une durée de vingt minutes; pour d'autres, cette durée variait entre quinze et quarante minutes.

3836 En général, les voies sont basses et étroites et il y a entre les rails des trous et de l'eau; les bacnures seules sont à grande section. Quant aux cheminées ou chaussettes, il y coule de l'eau et elles sont si basses que l'on doit pencher sa lampe pour y passer.

8. Les ouvriers qui remontent à 14 heures 1/2 ont un seul repos d'une demi-heure; ceux qui remontent à 17 heures prennent un second repos d'un quart d'heure. 3837

9. La durée du travail effectif varie entre sept et neuf heures et demie. 3838

10. Personnellement, je ne fais jamais d'heures supplémentaires. 3839

Sur les voies de faible hauteur, les traîneurs redoublent parfois le samedi, pour achever la besogne et pour réparer les rails. Ce travail n'étant pas fait la nuit, faute de personnel, ils préfèrent s'en charger. 3840

11. Je ne chôme pas souvent. Le lundi le travail est désorganisé; les traîneurs craignent d'être changés de poste et s'absentent; lorsqu'ils se trouvent dans des voies qu'ils ne connaissent pas, ils ne peuvent aller assez vite. Ils chômeraient moins s'ils pouvaient descendre à 8 heures le lundi. 3841

12. Pourquoi la mesure ne serait-elle pas appliquée aux traîneurs; il y a des puits où ils remontent avec les abatteurs? Cela est d'autant plus nécessaire pour eux, 3842

qu'ils sont plus jeunes et ont plus besoin que les autres de jouir du bon air.

3843 D'autre part, beaucoup de traîneurs désirent suivre le cours d'adultes, qui se donnent de 19 à 21 heures.

3844 **15.** Le transport fonctionne mal tous les jours, parce que le personnel est insuffisant et parce que les cheminées sont trop petites, et sont trop vite pleines. Cela donne des arrêts fréquents.

3845 Les lampes sont meilleures que les anciennes; mais elles s'échauffent davantage. Il n'y a pas assez de lampes de réserve.

3846 Le lundi, les mèches du rallumeur sont humides; parfois, il n'y a pas assez de capsules.

3847 **17.** La température est assez bonne; mais l'air est vicié, spécialement dans certaines fausses voies trop longues et poussiéreuses. Dans une petite bacnure, il se rassemblait de l'eau, on vidait celle-ci dans une cheminée, par laquelle nous devions passer.

3848 **18.** On pourrait faire la même besogne en moins de temps, j'en ai déjà donné la preuve aux surveillants. Parfois, il restait du charbon le soir dans les cheminées; le lendemain, nous avions fini beaucoup plus tôt. Mais alors, les surveillants faisaient augmenter notre tâche.

En général, les cheminées sont trop petites; on devrait les bosseyer et leur donner $1^{m}20$ d'ouverture au moins. 3849

On nous emploie parfois au transport des bois; il faudrait pour ce service et pour celui de l'évacuation des charbons un plus grand nombre de manœuvres. 3850

20. Cette question ne me concerne pas. 3851

21. Je suis partisan de la limitation par la loi. Depuis dix ans que je travaille, nous n'avons rien pu obtenir à ce sujet. 3852

D'autre part, si on nous accorde la journée de huit heures, je ne veux pas que les patrons puissent la supprimer, si nous fournissons trop peu de charbon. Il n'y en a pas beaucoup qui désirent travailler plus de huit heures. 3853

22. Il est bien entendu que le salaire ne sera pas réduit. 3854

23. Depuis dix ans, la situation n'a pas été changée. 3855

26. La même durée de travail doit être appliquée à tous les ouvriers et à tous les charbonnages. 3856

27. Nous étions payés à la journée; des primes d'assiduité ont été offertes aux traîneurs. Ceux-ci sont menacés d'amende très souvent et cela les décourage. 3857

Laruth Léonard,

âgé de 26 ans, domicilé à Soumagne, ouvrier à veine au siège de Micheooux du charbonnage du Hasard depuis un an et demi, et occupé dans les mines depuis l'âge 14 ans 1/2 ; ne travaille plus depuis sept mois.

3858 **1.** Je parle au nom du syndicat *Le Réveil des mineurs de Fécher et de Soumagne.*

3859 **2.** Je demande que la durée de la journée soit réduite.

3860 **3.** J'entends par journée, le temps compris entre la descente et la remonte.

3861 **4.** La réduction pourrait être faite en une fois, elle ne serait d'ailleurs que d'une demi-heure.

3862 **5, 6.** Nous descendions à 6 heures et nous remontions à 14 heures et demie.

3863 **7.** Il me fallait vingt-cinq minutes pour atteindre mon chantier ; d'autres restaient de quinze minutes à quarante minutes.

3864 La circulation dans les voies est souvent difficile ; ces voies sont très basses ; on met aux chevaux des têtières en cuir et on creuse des trous entre les rails pour leur permettre de passer.

3865 **8.** Nous prenons un seul repas d'une demi-heure.

3866 **9.** Notre travail effectif, repos déduit, dure sept heures.

3867 **10.** Je ne fais jamais des quarts ou des demis. Toutefois, j'en ai fait jadis, pour ne pas déplaire au surveillant. Celui-ci nous demandait parfois de travailler après l'heure, ou de revenir la nuit pour enlever le hayement. Je ne le faisais pas volontiers.

Nous travaillons à la tâche et nous arrivons difficilement à gagner notre journée 3868
lorsque la veine est mal réglée. Afin de forcer la production, les surveillants nous assignaient des tâches trop dificiles ; c'est ce qui a occasioné la grève de novembre dernier.

Presque tous ces surveillants sont de la 3869
même famille ; tous les fils du chef-mineur sont surveillants. Ce sont des incapables qui ne savent pas reconnaître si un bois est bien placé.

Aujourd'hui, je suis bien décidé à ne 3870
plus faire de quarts ; cela est nuisible à la santé.

11. Je chôme rarement ; toutefois, je 3871
dois aller traîner le lundi et, quand il y a beaucoup d'absents, je préfère ne pas travailler.

Le rendement par abatteur diminue le 3872
lundi, à cause de la désorganisation due au nombre des absents.

12. La limitation de la journée doit être 3873
appliquée à tous ; déjà les bosseyeurs et autres ouvriers de nuit ne travaillent que huit heures.

13 et 14. On ne doit prévoir aucune 3874
exception, mais bien des dérogations, en cas de danger ou d'accident.

15. Des retards sont dus souvent au 3875
manque de manœuvres ; dans un montage, les cheminées restaient pleines de charbon

parce qu'il y avait trop peu de manœuvres, ou parce que ceux-ci faisaient défaut complètement. Dans les tailles, les haveurs, qui sont payés à la tâche, devaient souvent bouter eux-mêmes le charbon.

3876 L'évacuation de celui-ci se fait mal, parce que les transports subissent des arrêts fréquents dus au mauvais état des rails.

3877 Quant au bois, il n'y en a pas assez, ce qui nous oblige à découper de gros bois. Nous devons, d'autre part, transporter ces bois dans des cheminées où il y a parfois de l'eau.

3878 Les lampes sont mieux que jadis; mais elles ne sont pas encore suffisantes et on pourrait les améliorer. Les capsules du rallumeur ratent parfois; d'autre part, elles fonctionnent intempestivement lorsqu'on pose la lampe sur une pierre.

3879 **17**. La mine n'est pas chaude et l'air n'y est généralement pas malsain, mais les cheminées donnent lieu à des pertes de vent lorsqu'elles ne sont pas remplies. L'endroit où je travaillais était mal aéré, il y faisaid chaud.

3880 Il y a de l'eau dans les voies; les chantiers sont plutôt secs.

3881 **18**. Avec une meilleure organisation, on pourrait faire la même besogne en moins de temps.

3882 **19**. En supprimant les causes de retard, on gagnerait bien une demi-heure.

3883 **20**. Dans le montage où je travaillais, on pourrait faire deux postes d'abatage, mais ce serait très difficile dans les tailles, les remblais et le bosseyement ne pourraient suivre.

21. Je suis partisan de la limitation de 3884
la journée par la loi, parce que l'on ne peut compter sur la sincérité des patrons. A Herve-Wergifosse, le directeur avait annoncé qu'il laissait à tous ses ouvriers la faculté de remonter à 15 heures. Cela a été appliqué un jour, et le lendemain le chef mineur a déclaré qu'on devait faire un quart supplémentaire et remonter à 16 heures.

22. La production ne diminuera pas. 3885
D'ailleurs, vu le prix des charbons, les salaires devraient plutôt être augmentés.

23. La mesure doit être générale. Au 3886
surplus, la majorité des ouvriers ne demande pas à faire des heures supplémentaires et elle désire avoir des loisirs pour les consacrer à la famille et à l'éducation des enfants.

26. La durée de la journée n'a pas été 3887
modifiée.

27. J'étais payé au mètre d'avancement. 3888
On menace souvent de punitions, et j'ai vu infliger une amende pour être remonté cinq minutes trop tôt.

Il n'y a pas de primes ni de sous-entre- 3889
prise.

J'insiste pour que l'on installe partout 3890
des lavoirs suffisants, dont tous les ouvriers puissent se servir; de préférence, des lavoirs à douches avec cabines isolées.

Dans beaucoup de mines, les lavoirs 3891
sont malsains, les armoires sont couvertes de poussières, et les ouvriers vont se nettoyer au cabinet.

Les patrons ont d'ailleurs tout avantage 3892
à avoir des ouvriers sains et robustes.

3893 Dans un but d'hygiène et en vue de combattre l'ankylostomasie, je réclame, en outre, l'établissement au fond des mines de tinettes mobiles et de bacs d'eau, afin de permettre aux ouvriers de se laver les mains avant leur repas.

3894 LEMASUY EDOUARD, *âgé de 33 ans, domicilié à Beyne-Heusay, bosseyeur au siège de Homvent au charbonnage de l'Est de Liége*, se ralie à la déposition de M. BOULANGER.

Janssens Victor,

âgée de 33 ans, domicilié à Beyne Heusay, ouvrier à veine du siège de Homvent du charbonnage de l'Est de Liége, travaille dans les mines depuis l'âge de 12 ans.

3895 1. Je parle au nom du syndicat régional du plateau de Herve.

3896 2. Je demande que la journée de travail soit réduite.

3897 3. Par journée, j'entends le temps compris entre la descente et la remonte.

3898 4. C'est le temps qui devrait être limité à huit heures, soit une réduction d'une heure pour les abatteurs ; à la rigueur, cette réduction pourrait se faire par étapes.

3899 5, 6. Nous descendons à 6 heures et nous remontons à 15 heures.

3900 7. Il faut de vingt à quarante minutes pour se rendre au chantier ; le chemin est difficile, ainsi que vous l'a dit hier le témoin *Boulanger*.

3901 8. Nous nous reposons une seule fois pendant vingt à trente minutes.

3902 9. La durée de notre travail effectif est de sept à sept heures et quart.

3903 10. En 1905, on faisait des quarts supplémentaires ; depuis, on a cessé d'en faire, parce que le recrutement du personnel a été rendu difficile par la prospérité actuelle.

11. Je ne chôme presque jamais le lundi; en cas de besoin, je m'absente un autre jour de la semaine. 3904

12. La diminution peut s'appliquer à tous les ouvriers du fond, sans aucune exception. 3905

15. Les causes des retards ont déjà été signalées. Ce sont : le mauvais état des rails, le manque de bois, l'insuffisance du personnel, et spécialement du personnel de nuit, les pierres laissées dans les tailles par les ouvriers de nuit, les bois à remplacer, les arrêts du transport imputables ou mauvais état des voies. 3906

Dans ma taille, qui se trouve au niveau de roulage, nous n'avons pas à attendre les bois. Mais ils arrivent souvent avec du retard dans les tailles supérieures, parce que les ouvriers de nuit ne les ont pas transportés assez loin. 3907

3908 Faute de bouteurs, nous sommes également arrêtés, parce que la taille est encombrée de charbon.

3909 Le service des transports fonctionne mal, parce que les voies sont mauvaises et trop étroites. Les traîneurs dépensent leurs forces inutilement et sont épuisés avant la fin de la journée ; ils souffrent du nystagmus, parce qu'ils doivent pousser les berlaines avec la tête.

3910 On ne manquerait plus de personnel de nuit, si ce personnel était mieux payé ; les ouvriers de ce poste devraient gagner plus que ceux du jour.

3911 La pénurie du personnel, qui se produit surtout l'été, prouve que les industries de la surface sont plus rémunératrices pour l'ouvrier. Celui-ci désire d'ailleurs se soustraire aux mauvaises conditions hygiéniques des travaux miniers.

3912 La situation faite aux mineurs n'est pas suffisante ; c'est pourquoi beaucoup d'enfants de mineurs ne descendent pas dans les charbonnages, si ce n'est dans les régions où les industries de la surface ne peuvent occuper tous les ouvriers.

3913 Au surplus, on exige trop des enfants dans les travaux souterrains.

3914 Quant aux contradictions qui se produisent ici entre les patrons et leurs ouvriers, au sujet de l'état de ces travaux, je vous dirai qu'on sait toujours à l'avance quand les directeurs-gérants doivent descendre. Ils ne connaissent donc pas la vérité. Nous sommes également prévenus deux ou trois jours à l'avance des visites des ingénieurs et des délégués mineurs. Enfin, les étrangers sont toujours conduits dans des endroits bien choisis.

3915 J'ajouterai quelques mots encore, au sujet des retards et des vices de l'organisation du travail.

3916 Souvent, les ouvriers de jour laissent du charbon dans les tailles et les ouvriers de nuit y abandonnent des pierres. Du charbon se perd dans les remblais, ce qui peut amener des incendies; il s'en est produit notamment à Fond Piquette, à Homvent et à Wérister.

3917 Lorsqu'on signale des causes de retards aux surveillants et chefs mineurs, on est très mal reçu ; le personnel inférieur étouffe les réclamations des ouvriers et les empêche de parvenir à la direction. Au Hasard, en 1902, *Boulanger* ayant signalé qu'il manquait du bois, a été menacé d'une amende.

3918 17. La température est bonne à Homvent ; il fait sain, sauf au voisinage des écuries.

3919 Les terrains sont froids et humides et les ouvriers souffrent d'éruptions aux jambes.

3920 19. Dans une taille occupant six ouvriers, chacun d'eux doit interrompre son travail pendant une heure pour enlever les pierres contenues dans le charbon. Cela représente au total six heures de travail, soit une journée. Il serait préférable et moins coûteux de charger du nettoyage du charbon un manœuvre, qui pourrait rendre encore d'autres services.

3921 Depuis que nous sommes organisés, nous sommes plus dévoués à notre besogne et plus conscient de nos intérêts. C'est pourquoi, je suis certain qu'il n'y aura pas de diminution de la production, à la suite de la réduction de la journée, parce qu'il y aura un accord pour ne pas enrayer la production.

3922 21. Je suis partisan de la limitation par la loi.

3923 Je travaillais à Fond Piquette, lorsqu'on y a fait un essai de la journée de huit heures. J'étais avec *Boulanger*, l'un des trois délégués qui ont exposé la situation à M. *Hallet*. Les vices d'organisation que nous lui avons signalés ont été reconnus réels.

3925 D'autre part, les perfectionnements apportés depuis vingt ans aux machines, l'introduction des perforatrices, l'emploi plus général des transports par chevaux, etc., tout cela a profité uniquement aux patrons. Si donc de nouveaux perfectionnements sont découverts et appliqués, nous pouvons craindre, qu'ils restent sans utilité pour les ouvriers.

3926 Si la réduction de la journée résultait d'un accord entre patrons et ouvriers, en temps de crise et de salaires peu élevés, les mineurs recommenceraient à faire des quarts supplémentaires.

3927 Or, si un père de famille est assez peu conscient de ses intérêts pour faire de la surproduction, et pour épuiser ainsi ses forces en peu d'années, la loi doit l'en empêcher.

3928 Pour lui venir en aide, on devrait d'ailleurs organiser partout des cantines scolaires.

3929 Quant à la concurrence étrangère, cet argument ne peut plus être employé, puisque la journée a été limitée en France, en Angleterre et en Autriche.

3930 Si les patrons avaient conscience de leurs intérêts, de ceux du pays et s'ils voulaient assurer la conservation de la race, ils accepteraient la journée de huit heures. Il y a d'ailleurs des mines où l'on ne travaille pas plus de huit heures, mais il y en a d'autres où on s'oppose systématiquement à la limitation de la journée.

22. Je ne crois pas que la diminution 3931
de la journée puisse avoir une influence sur le salaire. Dans le bassin de Seraing, les journées sont courtes. Les ouvriers de notre région pourraient faire la même production dans un temps moindre, s'ils étaient mieux secondés par des serveurs pour le transport des bois, des pierres et du charbon.

23. En 1889, la durée de la journée a 3932
été diminuée et cependant la production a augmenté; plus tard, la loi sur le travail des femmes et des enfants l'a fait baisser.

26. La même journée peut être appli- 3933
quée à tous les ouvriers et à toutes les mines.

Actuellement, il y a de grandes diffé- 3934
rences entre les charbonnages, et ce serait une prime à l'imprévoyance que de laisser subsister ces différences.

Nous ne demandons pas cependant que 3935
le salaire soit le même partout. Mais il faut que la loi oblige les patrons à améliorer les conditions du travail. Nous ne pouvons continuer à subir les conséquences des fautes commises par les anciens exploitants et par les patrons actuels.

27. Nous sommes payés à la tâche; le 3936
prix du mètre carré est fixé par le patron, sans discussion avec l'ouvrier. Ici, les directeurs ont reconnu que nous travaillons courageusement; dans leurs bureaux, ils tiennent un autre langage.

Notre directeur nous reçoit d'une façon

assez aimable; mais il a parfois l'air de douter de notre sincérité. A la suite d'une contestation au sujet du prix de la tâche, on a fait faire le travail par deux surveillants et on a ensuite augmenté le prix du mètre carré. L'ouvrier qui réclamait avait donc raison et on aurait pu le croire sur parole.

3937 29. Si enfin la journée de huit heures met certains charbonnages en pertes, il suffira de les réunir tous en une seule société coopérative, ou bien je propose la nationalisation de toutes les mines.

3938 En conclusion, je formule un vœu ardent pour que des rapports plus étroits s'établissent entre les patrons et leurs ouvriers, et je souhaite la création d'un conseil de conciliation et d'arbitrage. Tous les conflits relatifs aux salaires et au prix de la tâche seraient soumis à ce conseil. Ces conflits sont dus aussi à des renvois intempestifs, dont les surveillants prennent l'initiative et que les directeurs doivent approuver, même quand les surveillants sont dans leur tort.

Les directeurs feraient partie des conseils d'arbitrage; ils pourraient ainsi examiner et juger les difficultés qui surviennent entre leurs sous-ordres et les ouvriers, et qui ont souvent pour cause l'incapacité ou la mauvaise volonté des surveillants. 3939

En terminant, je souhaite que les ouvriers que ont déposé ici ne soient pas inquiétés par leurs chefs, ainsi que cela a eu lieu pour trois témoins entendus à Seraing et à Liége. 3940

Brian François,

âgé de 27 ans, domicilié à Ayeneux, répareur au charbonnage de Maireux et Bas Bois, travaile dans les mines depuis l'âge de 12 ans.

3941 1. Je parle au nom du syndicat d'Ayeneux.

3942 2. Je demande que la durée de la journée soit diminuée.

3943 3. J'entends par cette durée le temps qui s'écoule entre la descente et la remonte.

3944 4. Ce temps devrait être réduit en une fois.

3945 5. La descente a lieu à 5 heures 3/4 pour les deux postes.

3946 6. Les ouvriers du poste du jour remontent à 15 heures et ceux de nuit remontent entre 4 heures 1/2 et 5 heures

7. Pour se rendre au chantier, il faut de un quart-d'heure à une demi-heure; le trajet est difficile; il y a de l'eau dans les voies et celles-ci sont si basses qu'on y circule avec la tête au niveau des genoux. 3947

8. Nous nous reposons une seule fois, pendant une demi-heure. 3948

10. Le travail est rarement prolongé; hier un surveillant a menacé un ouvrier qui refusait de faire des heures supplémentaires. 3949

11. Je ne chôme pas souvent le lundi; on chôme ce jour-là pour se reposer et 3950

aussi pour ne pas être chargé d'une besogne à laquelle on n'est pas habitué. Ces changements de poste peuvent d'ailleurs occasionner des accidents.

3951 12. Je demande que la diminution de la journée soit appliquée à tous les ouvriers du fond, sans exception.

3952 15. Je manque souvent de bois et faute de manœuvre je dois aller les chercher moi-même, parfois à un quart-d'heure de distance. Je dois alors descendre et remonter des cheminées.

3953 Les haveurs doivent également aller chercher leur bois assez loin ; on se plaint journellement du service des bois.

3954 Quant aux lampes, elles sont satisfaisantes; elles sont munies de rallumeurs à capsules.

3955 17. La température est bonne ; la mine est partout très humide. L'air est malsain à certaines places, surtout au voisinage d'un trou où les déjections des ouvriers sont entraînées par les eaux.

3956 18. Si les marchandises se trouvaient près de nous, on ferait plus de besogne, en moins de temps.

3957 21. Je suis partisan de l'intervention de la loi, parce que je n'ai pas confiance dans les patrons et parce que je ne demande pas à travailler plus de huit heures.

22. Si on introduit les améliorations déjà réclamées, la production sera plutôt augmentée, après la diminution de la journée. Le salaire ne sera donc pas modifié. 3958

23. Jadis les traîneurs remontaient à 15 heures; actuellement, ils restent dans la mine jusqu'à 16 heures 1/2. La production a d'ailleurs été augmentée et leur travail est plus dur. 3959

26. La même durée doit être appliquée à tous les ouvriers de tous les charbonnages. 3960

27. Je suis payé à la journée et je n'ai jamais été mis à l'amende; celles-ci sont rares. 3961

Il n'existe pas de prime. 3962

Au sujet de la fermeture des cages, on a utilisé pendant quelques jours, à la suite d'observations de la direction, de petites barrières qui n'ont pas été conservées. 3963

Actuellement, on utilise pour le palier supérieur une barre et une chaîne, tandis qu'il n'y a, au palier inférieur, que les verroux qui maintiennent les berlaines. Cette situation est dangereuse. 3964

Bauduin Lambert,

âgé de 26 ans, domicilié à Xhendelesse, bosseyeur au siège des Halles du charbonnage à Herve Wergifosse; est ouvrier mineur depuis l'âge de 10 ans.

3965 *Puits des Xhawirs.* — La descente des ouvriers commence à 5 heures 25 et la remonte commence à 16 heures, sauf les jours de paie; alors la remonte commence à 13 heures; les ouvriers perdent de ce chef un cinquième de leur journée.

3966 Pour le chargement et le déchargement des cages, on ne se sert pas de taquets de sûreté, ce qui est incontestablement un grand danger pour les mineurs. Que ce soit à la surface ou que ce soit à un accrochage du puits, lorsque la cage s'arrête le câble subit toujours un tel choc qu'il s'allonge quelquefois de 10, 20 ou 30 centimètres; cet allongement, qui pourrait être évité, est indiscutablement une cause de rupture des câbles. D'autre part, tandis que la cage se balance dans le vide, les ouvriers ne se risquent pas ni d'entrer ni de sortir, ce qui est une perte de temps inutile.

3967 La distribution des postes se fait soit à la surface, soit dans le fond de la mine. Dans ce dernier cas, on oblige quelquefois les ouvriers à faire des parcours supplémentaires de dix, quinze ou vingt minutes pour se rendre à leur travail, et les ouvriers n'ont pas toujours alors les outils nécessaires.

3968 *Voies de niveau.* — A l'étage de 199 mètres, la voie de niveau de la couche *Victoire* a une hauteur de 2 mètres et une longueur de 900 mètres y compris 400 mètres de tunnel; le boisage et le raillage manque d'entretien il y a du danger pour les ouvriers à cause de pierres menaçant de tomber. Les hiercheurs sont retardés dans leur travail à cause des déraillements continuels; leur travail est d'autant plus pénible qu'ils doivent courir toute la journée dans l'eau.

3969 *Étage du tunnel.* — A la voie de niveau de la couche des *Champs*, le boisage est très mal entretenu; l'eau coule entre les rails; il faut au moins vingt-cinq minutes pour se rendre à l'accrochage de la taille N° 1.

Étage du fond, couche des Champs. — 3970
Sur les voies de niveau à l'est et à l'ouest, le boisage manque d'entretien, l'eau coule entre les rails.

Remblayage. — Pour ce qui concerne 3971
le remblayage dans les tailles, il est assez bien fait; il y a cependant des exceptions. Ainsi, dans la taille N° 1 de la couche des *Champs*, à l'étage du fond, il manque parfois des remblais sur une étendue de trois à cinq mètres.

Plans inclinés et retours d'air. — Le 3972
mauvais entretien du boisage signalé plus haut pour les voies de niveau est aussi le même pour les plans inclinés et les retours d'air. Ces derniers sont néanmoins tous accessibles, à l'exception du retour d'air de la taille N° 1, ouest de la couche des *Champs*, à l'étage du fond.

Aérage.—La couche de charbon n'étant 3973
pas grisouteuse et l'aérage étant assez bon, on constate très rarement du grisou dans les tailles.

Effet utile de l'ouvrier. — Comme il est 3974
dit plus haut, la descente des hommes s'opère très lentement; ensuite, pour se rendre à leur chantier, ils doivent marcher ou sur les rails ou sur les côtés, afin de ne pas avoir les souliers pleins d'eau; arrivés à leur taille, ils doivent parfois transporter les pierres du bosseyement, ou mettre des tôles. Ce travail leur fait perdre de vingt à quarante minutes. Les bois n'étant pas toujours à longueur, ils doivent les couper et les façonner d'après les nécessités du système de boisage.

Le charbon n'est pas toujours enlevé à mesure qu'il est abattu, ce qui occasionne des arrêts dans l'abatage.

3975 *Puits des Halles.* — Les heures de descente et de remonte sont les mêmes qu'au puits des Xhawirs.

3976 La cage contient vingt-trois hommes ; il faut au moins quarante minutes pour descendre les ouvriers à l'étage de 113 mètres. Les taquets sont en très mauvais état; on doit les tenir à hauteur au moyen de petites cales en bois et les faire fonctionner à l'aide d'un bâton.

3977 L'entretien du boisage, de l'aérage, du roulage et du drainage des eaux sont dans les mêmes conditions qu'au puits des Awirs. Je signalerai cependant qu'à la taille du premier plan incliné à l'étage de 117 mètres on n'a pas travaillé le samedi 20 juillet parce que l'inspecteur devait descendre, ce qu'on savait un jour à l'avance et ce qui prouve suffisamment que la sécurité pour les houilleurs fait défaut.

3978 Dans divers montages, on déhouille sans s'occuper sérieusement du boisage et du remblayage prescrits par la loi.

3879 *Conclusions.* — En activant par des moyens sérieux la descente des ouvriers, ils pourraient arriver à leur poste vingt minutes plus tôt.

En drainant les eaux dans toutes les galeries de roulage, les ouvriers pourraient marcher plus librement et par conséquent plus vite pour arriver plus tôt à leur besogne. 3980

En évitant le plus que possible que les ouvriers à veine soient encombrés ou retardés dans leur besogne, leur travail effectif deviendrait plus efficace. 3981

En évitant le plus que possible que l'eau ne pénètre dans les tailles, on améliorerait les conditions de travail des ouvriers, qui produiraient plus. 3982

Si l'on effectuait le drainage des eaux dans les voies de roulage et l'entretien du raillage, les hiercheurs pourraient, avec moins de fatigue, fournir un travail beaucoup plus utile. 3983

Par une nouvelle organisation du travail, les ouvriers de toutes catégories pourraient produire autant en huit heures de présence à la mine qu'en dix heures actuellement. 3984

Les directeurs pourraient donc s'accommoder d'une loi qui imposerait les huit heures de travail, descente et remonte comprises, sans qu'il fût nécessaire de diminuer les salaires. 3985

Dejardin Joseph,

âgé de 34 ans, domicilié à Beyne Heusay, voyageur de commerce, compte quinze ans de service dans les mines, a cessé d'être mineur depuis 1898.

3986 Je prends la parole en qualité d'organisateur de syndicats.

3987 Je constaterai d'abord qu'il est étrange de voir les patrons se faire ici les défenseurs de la liberté des ouvriers. Ceux-ci réclament cependant la limitation par la loi, et ils ne craignent pas de perdre leur liberté.

3988 Quant aux contradictions entre patrons et ouvriers, au sujet de l'état des mines, je vous ferai observer que les directeurs-gérants ne descendent pas assez souvent pour savoir ce qui se passe dans leurs charbonnages. Ils sont trompés par le personnel de la surveillance.

3989 Les ouvriers, par crainte de représailles, n'osent d'ailleurs dénoncer à leur directeur des situations contraires à l'intérêt du patron aussi bien qu'au leur et qui se maintiennent dans les mines par l'incurie des surveillants.

3990 Ceux-ci seraient meilleurs s'ils étaient désignés à la suite d'un accord entre les ouvriers et les directeurs.

3991 Ici, ils ont pu causer sans passer par l'intermédiaire habituel des chefs mineurs et commandants ; j'espère qu'il en résultera des effets heureux.

3992 On vous a donné des preuves de la réalité des pertes de temps dues à des vices d'organisation ; on doit chercher à supprimer ces pertes.

3993 En 1887, pour toute la Belgique la production moyenne par ouvrier était de 182 tonnes ; je n'ai pu trouver ce chiffre pour le Hasard. Mais malgré une diminution importante de la durée de la journée, les ouvriers de ce charbonnage ont produit, en 1906, 188 tonnes, soit 2 tonnes de plus que la moyenne de 1887.

3994 La limitation de la journée doit être imposée par la loi, afin de ne pas mettre dans un état d'inférioriité les bons patrons, qui seraient disposés à accorder à leur personnel la journée de huit heures.

3995 La production par ouvrier est actuellement très variable ; elle est de 340 tonnes à Fond Piquette, de 224 tonnes à Cowette Ruffin, de 308 tonnes à Wérister, de 239 tonnes au Bois de Micheroux.

En 1898, on avait 260 tonnes seulement à Fond Piquette, 271 à Cowette Ruffin, 204 à Wérister, 215 à Bois de Micheroux. C'est le Hazard qui a la production la moins élevée. 3996

D'autre part, l'outillage de nos mines est bien inférieur à celui des charbonnages étrangers. 3997

Nous avons en Belgique 275 sièges donnant 22,000,000 tonnes, soit en moyenne 80,000 tonnes par an ; en Westphalie 250 sièges donnant 60,000,000 tonnes, soit en moyenne 240,000 tonnes par an ; dans le Pas-de-Calais, 84 sièges donnant 14,000,000 tonnes, soit en moyenne 167,000 tonnes par an. 3998

Si la loi n'intervient pas, les ouvriers continueront à être pressurés et les patrons se trouveront dans la nécessité de maintenir les longues journées, alors même qu'ils seraient disposés à les réduire. 3999

Au surplus, sans la loi du 13 décembre 1889, les jeunes ouvriers continueraient à travailler jusqu'à 6 heures du soir, au préjudice de leur santé. Les objections que l'on présente actuellement ont été faites avant le vote de cette loi. 4000

Depuis trente ans, la durée de la journée n'a pas été diminuée, tout au moins pour les ouvriers à veine et les bosseyeurs ; au contraire, on remontait plus tôt jadis à Wérister. 4001

Là où les couches sont trop minces, je comprends qu'il soit difficile d'améliorer la situation des travaux du fond. Mais on pourrait tout au moins perfectionner les installations et réduire le personnel de la 4002 surface. Or, c'est le contraire qui résulte des renseignements statistiques.

4003 En 1870, les travaux du fond occupaient 76.60 p. c, du personnel et ceux de surface 23.40 p. c.

En 1905, le personnel du fond ne comprend plus que 72.20 p. c. du total et celui de la surface est de 28.80 p. c.

4004 Ce personnel de la surface grève l'effet utile.

4005 Cette augmentation du personnel occupé à la surface est due au développement des triages et des lavoirs de charbon. Les statistiques de l'administration des mines comprennent les ouvriers de ces installations dans le personnel de la surface.

4006 A propos de la concurrence étrangère, on a dit que notre exportation de charbon diminue et que notre importation augmente; cela démontre simplement que la consommation belge augmente.

4007 Pour prouver qu'il y aura une diminution de l'effet utile, M. *Thiriart* a dit qu'une telle diminution s'était produite en Allemagne, en France et en Angleterre; les conditions de la concurrence ne seront donc pas modifiées.

4008 Je tiens à rendre hommage au bon entretien de certains charbonnages, par exemple de ceux d'Ougrée et du Bois de Micheroux.

Mais ailleurs, on attend trop souvent que les voies soient écrasées avant de les réparer. 4009

Il y avait à Wérister, en 1888, un très bon chef mineur excellent boiseur, connaissant tous les travaux. Il faisait entretenir les voies et, à cette époque, on descendait les pierres du terris dans la mine pour faire des remblais. 4010

Actuellement, on ne remblaye pas; il en résulte des pertes d'air, les voies s'écrasent; il y a des procès à la suite des dégâts aux propriétés de la surface. Tout cela grève le prix de revient et nuit à l'effet utile de l'ouvrier. Il serait préférable de faire de bons remblais. 4011

En conclusion, si les sociétés charbonnières voulaient améliorer leur organisation, modifier le recrutement des surveillants, discuter avec les syndicats ouvriers et constituer des conseils de conciliation et d'arbitrage, bien des pertes seraient évitées, bien des causes de conflits disparaîtraient. Il y aurait plus de paix entre le capital et le travail et les ouvriers jouiraient de plus de sécurité et de plus de bien-être. 4012

DÉPOSITIONS DES PATRONS

Deghaye,

directeur des travaux du charbonnage de Wérister.

4013 Je proteste contre la déposition du témoin *Lambermont*.

Cet ouvrier ne figure pas au livre des amendes. On peut s'en assurer par l'exa- 4014 men du registre d'inscription des amendes.

4015 D'après ce registre, le total des amendes infligées au personnel du fond et de la surface, depuis le 11 janvier 1907, s'élève à fr. 11.55 y compris fr. 1.50 pour les ouvrier de la surface. Pour la période correspondante, le total des salaires des ouvriers du fond est de fr. 343,152.32.

Des sacrifices ont été faits par la Société 4016
de Wérister dans l'intérêt de ses ouvriers et spécialement la création d'une école maternelle, d'une école ménagère, d'un hôpital et d'un lavoir avec bains-douches, qui sera inauguré prochainement (1).

Ledant Mathieu,

directeur gérant du charbonnage de Quatre Jean.

4017 1. Je parle en mon nom personnel.

4018 2. Plusieurs ouvriers du personnel demandent, je pense, que la journée de travail soit réduite, surtout la nuit.

4019 3 J'entends par durée de la journée de travail, le temps pendant lequel l'ouvrier est à la disposition du patron.

4020 4. J'estime qu'il est contraire à la liberté, imprudent et dangereux de limiter la durée du travail; j'en donnerai les raisons dans la suite.

4021 5, 6. Les ouvriers du poste de jour descendent à 6 heures et remontent à 15 heures; les manœuvres descendent à 6 et commencent à remonter à 15 h. 1/2 et se succèdent au fur et à mesure que leur travail est terminé.

4022 Les ouvriers du poste de nuit et les manœuvres descendent à 18 heures et remontent à 4 h. 1/2.

4023 7. Nous devons compter que nos ouvriers restent en moyenne trente à trente-cinq minutes pour se rendre aux chantiers; le même temps est nécessaire pour revenir.

Le trajet s'effectue en grande partie 4024
dans les voies de roulage qui ont $1^{m}90$ de hauteur. Lorsque, en certains points, par suite des pressions de terrain la hauteur se réduit à $1^{m}50$, nous devons forcément les réparer et les remettre aux dimensions primitives. Nos chevaux qui effectuent les transports ne pourraient plus y passer.

Les ouvriers arrivent par ces galeries 4025
au pied des chantiers; ils ont alors en moyenne cent mètres de galerie montante d'environ 1 mètre à $1^{m}20$ de hauteur à parcourir, suivant la pente des couches de 20 à 25 degrés.

Nous en concluons que, pour les ouvriers 4026
et les personnes habituées à la mine, ces trajets ne sont pas fatigants,

Seuls, quelques répareurs, boiseurs 4027
d'aérage ont des trajets un peu plus fatigants pour parcourir les galeries qu'ils ont à réparer et où leur présence serait inutile si ces galeries étaient normales.

Ce personnel ne représente que 2 p. c. 4028
du personnel total.

(1) M. *Lambermont* maintient qu'il a été puni trois fois; notamment, il y a trois mois, pour le fait qu'il a signalé et une autre fois pour avoir placé un bois trop court. Pour ce dernier motif, il a subi une amende de fr. 2.50.

4029 8. La durée des repos dans la mine est d'une demi-heure environ pour les ouvriers du poste de jour, de quarante-cinq à cinquante minutes pour ceux du poste de nuit, qui font ordinairement deux repos.

4030 9. Les ouvriers de jour travaillent effectivement sept heures, les manœuvres de jour sept heures et demie à huit heures et demie. Ce travail est augmenté d'une heure et demie pour le quart,

4031 La nuit, le travail effectif est de huit heures et demie. L'atmosphère de la mine est exempte de poussière, le travail du bosseyeur est moins fatigant que celui du haveur.

4032 10. Exceptionnellement, l'ouvrier producteur prolonge son travail à la veine. L'ouvrage supplémentaire est toujours celui du boisage, parfois du bosseyement.

4033 Si la demande émane de nous, nous n'exerçons cependant pas la moindre contrainte. Il y a une difficulté quand un partisan de prolongation se trouve à côté d'un ouvrier qui n'en est pas partisan.

4034 Les quarts étaient très appréciés jusqu'en avril dernier; le tiers du personnel en faisait. Brusquement, fin avril, un grand nombre d'ouvriers n'a plus prolongé la journée.

4035 Nous avons été un peu désorganisés.

4036 11. Le chômage du lundi est considérable, il varie de 9 à 50 p. c. Normalement, il est de 23 p. c.; il s'élève de 25 à 27 p. c. lors des concours de pigeons et passe par un maximum de 55 p. c. quand il y a des fêtes de village.

4037 Le chômage désorganise complètement les travaux.

4038 Certaines besognes doivent être confiées à des mains peu expérimentées ou peu exercées. La sécurité générale en souffre et l'exploitation se fait dans des conditions désastreuses.

Inutile d'ajouter que le mineur ne prévient jamais quand il chôme. 4039

12. Le travail des ouvriers à veine ne doit pas être limité ; à la fin de sa journée, il peut se faire que l'ouvrier ait mal calculé son travail et que son boisage soit incomplet; il faut qu'il puisse consolider son ouvrage en toute liberté et prolonger sa journée. 4040

13. Beaucoup d'exceptions seraient nécessaires pour toutes les catégories d'ouvriers, afin de sauvegarder la sécurité. 4041

14. Une quantité de dérogations devraient être prévues pour toutes les catégories, car peu importe le genre d'ouvrage à effectuer. Quand il s'agira de mesures de précaution, on devra pouvoir les prendre en toute liberté. 4042

15. L'approvisionnement et l'organisation intérieure ont été beaucoup améliorés. Nos directeurs de travaux et chefs mineurs continuent à les améliorer avec tout le dévouement possible. 4043

L'exploitant par intérêt cherche à obtenir la meilleure organisation possible. 4044

16. Les accrocs sont dus au chômage ou à des causes de force majeure. 4045

Une partie de notre personnel manœuvre nous quitte l'été pour aller travailler comme maçons ou comme briquetiers. 4046

Une autre partie de notre jeune population ouvrière, qui constituerait d'excellents manœuvres, demande à faire l'ouvrier ha- 4047 veur ou bosseyeur. Le recrutement des manœuvres est difficile.

4048 Lorsque certains travaux comportent la présence d'un bon ouvrier et d'un manœuvre, on est obligé d'y occuper deux jeunes ouvriers, dont l'un sert forcément de manœuvre à l'autre. Tel est le cas des bosseyements de montées pendant la nuit.

4049 On peut monter les bois pendant l'évacuation des fumées.

4050 Il est impossible de prendre exactement la longueur des bois, attendu qu'ils sont placés au fur et à mesure de l'avancement de l'abatage ou du bosseyement à un point inaccessible la veille.

4051 Tout ce que l'on peut faire et ce que l'on fait, c'est fournir les bois à peu près à longueur de 5 à 6 centimètres.

4052 *Lampes*. Il y a 26 p. c. de lampes vacantes, donc une par quatre ouvriers. De plus, il y a neuf serveurs pour les porter.

4053 **17**. La température est de 16 à 18 degrés. On se plaint parfois que le ventilateur tourne trop vite. Il peut débiter 45 mètres cubes par seconde. L'air n'est pas vicié ; il n'y a pas d'humidité dans les tailles à l'endroit où l'ouvrier travaille.

4054 Il est impossible d'augmenter l'effet utile des ouvriers ; ils donnent tout ce qu'ils peuvent.

4055 Il y a un an et demi, en mars 1906, les ouvriers avaient promis une augmentation d'effet utile si on leur accordait une hausse des salaires. La hausse de salaire a été faite et maintenue; l'augmentation d'effet a duré quelques jours, puis a disparu. Actuellement, nous sommes 8 p. c. en dessous des chiffres d'alors.

4056 **19**. La réduction de la journée de travail entraînera une diminution de la production ; il n'y a pas de compensation, les expériences réalisées en France, en Belgique et en Angleterre l'ont prouvé.

a) Les temps de repos ne sont pas si longs et ne peuvent être réduits. 4057

b) Le chômage du lundi existera toujours et d'autant plus que le salaire sera élevé. 4058

Il existera toujours des ouvriers qui se contenteront de travailler quatre à cinq jours par semaine, le salaire étant suffisant pour leurs besoins. Le chômeur du lundi ne s'inquiète pas de la prime ou de l'amende imposée. A Quatre Jean, nous n'imposons rien. 4059

c) Il n'est pas possible d'intensifier le travail du mineur, qui doit être prudent et soigneux. La précipitation dans le travail que pourrait supporter peut-être l'élément jeune et robuste de notre population ouvrière, au détriment de sa santé et de sa sécurité, serait fatale à un grand nombre. Elle amènera certainement une invalidité plus précoce qu'à présent. Notre personnel comprend 35 p. c. d'ouvriers de plus de 45 ans. L'ouvrier, dans le but de sauvegarder son salaire, négligera d'ausculter le terrain, prendra moins de soins pour faire un boisage, fournira un produit qui se ressentira de la précipitation d'abatage, il sera mal nettoyé et rempli de havage et de pierres. 4060

La sécurité de l'ouvrier dans la mine sera gravement menacée, le produit obtenu, de mauvaise qualité, moins vendable. 4061

Le travail intensif coûte très cher en 4062
matière de mines; tel est le cas des bac- 4063
nures à l'entreprise, à trois postes au lieu de deux Pour éviter de décourager les ouvriers, nous avons dû, chaque fois, majorer les prix unitaires de 15 à 20 p. c. Le

procédé coûteux de la marche à trois postes n'est utilisé que dans des cas de nécessité absolue.

4064 *d*) Les conditions hygiéniques de la mine sont bonnes ;

4065 *e*) Nous ne voyons pas à présent les améliorations à l'organisation actuelle. Nous devons évidemment compter sur le dévouement de notre personnel. Chacun, dans sa sphère d'action, doit remplir sa tâche le mieux possible.

4066 La meilleure organisation devient défectueuse si les éléments qui la constituent marchent en discordance.

4067 20. Il est impossible d'organiser plusieurs postes d'abatage, le remblayage et le creusement des galeries ne pourraient marcher assez vite.

4068 La configuration du gisement et sa pauvreté ne nous permettent pas de multiplier le nombre de chantiers.

4069 21. J'estime que la loi ne peut intervenir pour limiter la durée du travail, c'est contraire à la liberté individuelle. Il me semble que l'on ne peut obliger personne, et surtout l'ouvrier, à limiter ses ressources. Il me semble impossible d'empêcher un homme d'améliorer encore ses conditions d'existence et de se donner plus d'aisance.

4070 22. Une diminution de la durée du travail augmentera certainement le prix de revient.

4071 Le salaire intervient pour 80 p. c. dans le prix de revient. C'est le seul élément sur lequel on puisse agir.

4072 Si l'état du marché ne permet pas l'augmentation du prix de vente, fatalement on sera amené à diminuer le salaire.

23, 24. La journée de travail fut réduite pour les manœuvres au fur et à mesure des progrès de l'outillage. 4073

Pour les ouvriers dont le travail n'a pu être amélioré et où l'effet utile n'a pas été augmenté, les conditions sont restées les mêmes ces dix dernières années. 4074

25. L'effet utile a plutôt diminué. 4075

Production des ouvriers du fond :

En 1897	. . .	230 tonnes
En 1899	. . .	207 —
En 1906	. . .	193 —

L'an dernier, nous avons subi une diminution d'effet utile de 8 p. c. Je dois dire que le gisement devient un peu moins favorable. 4076

Pour le salaire, la situation actuelle nous a permis de le maintenir à un taux qu'il n'a jamais atteint autrefois. 4077

26. La durée du travail dépend de la nature et de l'allure des couches, de la profondeur et température des travaux, en définitive de l'effet utile que l'ouvrier peut donner pendant le temps de présence au chantier. 4078

27. Les ouvriers sont en général payés à l'entreprise, quelques-uns à la journée. Il n'y a pas de primes: le salaire n'est pas progressif; il est rare que l'on inflige des amendes pour malfaçon. 4079

28. Il n'y a pas de sous-entreprises. 4080

28. Si la production est diminuée et les salaires maintenus, je crois qu'il sera difficile à notre exploitation de résister dans la lutte industrielle. 4081

Notre gisement est situé à l'extrémité du Bassin, dans une région pauvre en couches. 4082

Les charbons sont peu gailleteux et ne 4083

nous permettent pas un prix de vente élevé.

4084 L'écart entre le prix de revient et le prix de vente est de fait très minime.

4085 Voici les résultats du passé :

4086 Le siège actuel a commencé à produire en 1875, il a donc trente deux ans d'existence.

4087 L'administration a dû emprunter quatre cent mille francs pour couvrir des pertes. Les résultats de douze années ont permis de rémunérer faiblement le capital (environ 4 p. c.), les vingt autres ont clôturé en déficit et sans bénéfice. Tout au plus la société a-t-elle pu, ces dernières années, améliorer son outillage complètement suranné.

4088 Dans l'avenir, nous pénétrerons dans les parties plus profondes du gisement moins avantageuses que les régions supérieures. L'effet utile et la qualité des produits diminueront.

4089 Ajoutons à ces éléments défavorables le maintien des salaires et les conséquences d'une diminution de production ; nous croyons que la société succombera infailliblement.

4090 Nous ne pouvons concevoir un organisme industriel qui maintienne son activité en clôturant tous ses exercices en perte.

Joassart Constant,

directeur du charbonnage de Maireux et Bas Bois.

4091 **1.** Je parle en mon nom personnel.

4092 **3.** Dans notre région, la durée de la journée de travail signifie le temps qui s'écoule entre la descente et la remonte de l'ouvrier. Mais si on envisage la promulgation d'une loi destinée à réglementer cette durée, mieux vaut, à mon avis, tenir compte de la durée du travail, « pic à pic » comme on dit. J'espère, d'ailleurs, et je souhaite qu'une telle loi, néfaste pour tous, ne sera jamais votée.

4093 **4.** Je suis absolument opposé, en principe, à cette limitation. Cependant, si elle devait se faire, il serait préférable que ce soit par étapes.

4094 **5, 6.** Les ouvriers de toutes catégories descendent en même temps, vu le faible personnel de chaque siège, qui dépasse rarement cent ouvriers par poste. La descente du poste de jour commence à 5 heures 50 environ. La remonte a lieu à partir de 15 heures pour les abatteurs. Les hiercheurs remontent de 16 heures à 16 heures 1/2. Pour la nuit, la descente commence à 18 heures, à chaque siège, et la remonte à 3 heures ou à 4 heures, suivant les sièges.

4095 **7.** La durée du trajet est au maximum de trente minutes.

4096 A deux des sièges, le trajet n'est ni fatigant ni pénible. Au troisième siège, le trajet pour arriver à un des chantiers est, à mon avis, un peu fatigant, parce qu'il y a deux chaffours à franchir.

4097 **8.** Il y a une demi-heure de repos, de 10 à 10 heures 1/2, et quelques minutes d'arrêt à 15 heures pour les hiercheurs.

4098 **9**. La moyenne du parcours des abatteurs est de vingt minutes, donc quarante minutes aller et retour. Ajoutez-y trente minutes pour le repos. Il faut donc déduire septante minutes de neuf heures. Il reste sept heures cinquante de travail effectif. Pour les manœuvres, qui restent dix heures et dix heures et demie dans la mine, la durée de leur travail effectif est d'environ huit heures trois quarts à neuf heures et quart. Il en est de même pour les ouvriers du poste de nuit.

4099 **10**. Nous avons tous les jours des ouvriers qui font, soit le quart, soit la demi-journée. Le quart est d'une heure et demie. La demie est de trois heures.

4100 Les ouvriers font volontiers le quart ou la demie, afin de ne pas attendre à la surface l'heure du train qui les ramène chez eux. Il en est qui le font régulièrement pour bosseyer et boiser à l'aérage, après leur journée faite.

4101 **11**. En 1904 11.4 p. c.
» 1905 12.08 p. c.
» 1906 13.4 p. c.
» 1907 (six mois) 20. p. c.
de nos ouvriers chômaient le lundi.

4102 Les ouvriers du poste de nuit chôment proportionnellement autant le lundi que les ouvriers du poste de jour; voici qui le démontre (1er semestre 1907) :

Au siège			
Maireux . .	jour 20.6 p. c. d'absents.	— Nuit	19.5
Bas Bois . .	Id. 18.4	id. id.	Id. 20.8
Guillaume. .	id. 16.5	id. id.	Id. 24.3
Moyenne .	18.15		21.5
	20 p. c.		

Ce chômage désorganise le travail et le rend plus dangereux. 4103

Les causes du chômage du lundi sont l'augmentation des salaires et les courses de bicyclettes, très fréquentes dans notre région : 4104

12. Je suis opposé à toute limitation de la journée du travail. 4105

13, 14. Il serait nécessaire de prévoir tant d'exceptions et de dérogations que la loi proposée ne serait qu'une vraie loi de façade. 4106

15. Je n'ai reçu qu'un nombre infime de plaintes au sujet des retards que l'ouvrier subirait au cours de son travail. Or, je descends toutes les semaines à l'un ou l'autre siège et je suis en rapports directs avec mes ouvriers. 4107

Les bois sont conduits dans des berlaines jusqu'aux chantiers dans la grande majorité des cas. Dans les autres cas, nous payons des ouvriers spéciaux, appelés serveurs de bois, pour desservir les ouvriers. Ainsi hier, 2 août, nous en avions un à Maireux, deux à Bas-Bois et un à Guillaume. 4108

Les ouvriers ont tous des lampes à benzine, à rallumeurs; récemment, l'un d'eux s'est plaint parce que sa lampe éclairait trop. 4109

16. Nous faisons tout ce qui est possible pour assurer au travail une marche régulière. N'empêche qu'il survient parfois des retards et qu'il en surviendra toujours, quoi qu'on fasse. 4110

17. La température de la mine n'est pas élevée et ne dépasse pas 20 degrés. 4111

La mine est peu ou pas grisouteuse. 4112

Elle est humide de par la nature du gisement. Nous entretenons les rigoles et nous en faisons de nouvelles (nous venons encore d'en achever une au siège Guillaume, qui nous a coûté 389 fr. 75 de main-d'œuvre et 53 fr. 25 d'explosifs, total 443 francs). N'empêche qu'il y a encore à faire; si nous n'allons pas plus vite, c'est faute de bras.

4113 18. Les ouvriers donnent, à mon avis, tout ce dont ils sont capables sans se nuire. Tous les essais tentés ont prouvé l'impossibilité d'accomplir le même travail en un temps plus court.

4114 19. *a*) Les ouvriers n'ont pas trop d'une demi-heure pour manger;

4115 *b*) La diminution des chômages pourrait compenser quelque peu la diminution de production, conséquence de la réduction de la journée de travail. Mais je ne crois pas à une diminution des chômages : il y a trop de fêtes, trop de courses de bicyclettes et trop de pigeons dans notre pays;

4116 *c*) Un travail plus intense serait certainement dangereux et ne pourrait pas continuer longtemps;

4117 *d*) nous faisons le possible pour améliorer les conditions hygiéniques de nos mines. Nous achevons l'établissement d'un nouveau ventilateur à un siège et nous en avons placé un nouveau à un autre siège l'an dernier;

4118 *e*) nous avons toujours fait le possible pour réduire au minimum les causes d'arrêt ou de retard.

4119 20. Vouloir organiser plusieurs postes d'abatage par jour chez nous est une impossibilité. Nous n'avons pas assez de couches, pas assez de chantiers et pas assez d'ouvriers pour y parvenir.

21. Aucune loi ne devrait intervenir pour limiter la durée du travail. Il faut laisser pleine et entière liberté à chacun. Nous n'avons jamais forcé un ouvrier de travailler au delà de sa journée et les ouvriers ont assez d'intelligence et de bon sens pour savoir ce qui leur convient ou non. Ceux qui ont charge de famille, ceux qui désirent donner de l'instruction à leurs enfants, doivent pouvoir trouver le moyen de se procurer des ressources supplémentaires. 4120

22. Les salaires baisseront inévitablement avec la réduction de la durée du travail; mais il est probable qu'il surviendra alors des discussions à ce propos et des grèves dont les suites seront désastreuses. 4121

23, 24. La remonte a été avancée de une demi-heure depuis quelques mois au siège Maireux. A un autre siège, nous avons volontairement réduit d'environ une heure la durée du travail du poste de nuit, que se prolongeait jusque 5 heures du matin. Il y a si peu d'ouvriers à ce siège, la nuit, que les effets de cette réduction ont été très faibles. Les salaires n'ont pas été réduits. 4122

26. La durée de la journée ne peut être la même dans tous les charbonnages. Les conditions y sont trop variables de bassin à bassin, de charbonnage à charbonnage et même de siège à siège d'un même charbonnage. Il est naturel de donner aux ouvriers des mines humides ou poussiéreuses une journée plus courte. 4123

27. Les abatteurs, boiseyeurs, bac- 4124

neurs et quelques autres sont payés à la tâche. Les autres à la journée

4125 Il n'y a pas de primes. Peu d'amendes. Celles-ci sont infligées pour défaut de boisage et contraventions à l'ordre établi.

4126 **28.** Nous n'avons pas de sous-entreprise.

4127 **29.** A mon avis, la réduction du nombre d'heures de travail dans les mines diminuera fatalement la production. Je m'en refère, à cet égard, aux explications si précises et si concluantes données à la commission d'enquête par les directeurs gérants qui m'ont précédé devant elle. Or, une réduction du rendement arrêtera net, pour plusieurs charbonnages, l'ère des bénéfices sans laquelle aucune exploitation industrielle ne peut vivre. Cette réduction ne doit pas nécessairement toujours être très élevée pour arriver à ce résultat.

4128 Voici, en effet, pour ce qui nous concerne, un tableau des rendements par ouvriers du fond (ouvriers de toutes catégories) qui nous ont constitué soit en bénéfices, soit en pertes, au cours des années 1904, 1905 et 1906.

4129 Moyenne des rendements mensuels.

Années	Nous ayant constitués en bénéfices.	Nous ayant constitué en perte.	Différences
1904	1099 k.	1073 k.	26 k.
1905	1076 k.	1006 k.	70 k.
1906	933 k.	886 k.	47 k.

4130 On voit donc qu'une simple réduction de production quotidienne de 26 kilos par ouvrier peut nous constituer en perte, toutes autres conditions étant restées les mêmes. Or, nous avons eu pendant les trois années envisagées, 1904-1905-1906, une moyenne de 310 ouvriers dans le fond. A raison de 26 kil., cela fait 310 × 26 = 8,060 kil. de diminution de production par jour.

Pendant la même période, la moyenne du nombre des ouvriers haveurs a été de quinze par jour. Ces ouvriers descendent à 6 heures et remontent à 15 heures. Ils mettent environ vingt minutes pour se rendre à leur taille. Supposons, pour simplifier, le même laps de temps pour le retour et pour le repas. Les ouvriers travaillent donc huit heures effectivement. Leur rendement journalier moyen a été de 4,745 kil., soit environ 593 kil. par heure, en supposant le rendement le même pour toutes les heures de la journée. En tenant compte de ce que l'ouvrier ne travaille pas aussi fort à la fin qu'au commencement, nous admettons 500 kil. pour la dernière heure. Supposons maintenant une réduction d'une heure de travail et, tenant compte des considérations émises par les directeurs-gérants qui m'ont précédé, nous croyons pouvoir admettre une réduction, à peu près proportionnelle, de production de 12 p. c. soit 4,745 × 0.12 = 569 kil. Admettons la moitié seulement. Nous aurons 280 kil. en chiffres ronds par jour et par haveur, soit 280 × 65 = 16,200 k. de réduction de production pour le même personnel. Or, nous avons vu qu'une réduction de 8,060 kil., soit seulement la moitié, pouvait nous constituer en perte. 4131

Lorsqu'on entre dans les détails, on constate dans la comptabilité d'un charbonnage, une série de frais fixes qui restent les mêmes quelle que soit la production, et qui grèvent par conséquent le prix de revient plus ou moins fort suivant que cette production est moins ou plus élevée. 4132

4133 Il y a, par exemple, les frais généraux, comprenant les appointements, pensions des invalides et des retraités, frais de banque, etc., et pour lesquels j'ai dressé le tableau suivant, propre à notre charbonnage :

4134 Quand la production mensuelle dépasse 9,000 tonnes, ces frais comprennent 8 1/2 p. c. du prix de revient; quand elle atteint :

8,000 à 9,000	tonnes	8,9 p. c.
7,000 à 8,000	—	9,3 —
6,000 à 7,000	—	12,1 —

4135 Il y a également les frais afférents à la surveillance du fond, les frais d'épuisement des eaux, le service des accrochages, des soigneurs de chevaux, des machinistes d'extraction, etc., qui ne peuvent être réduits que difficilement et qui grèvent d'une même façon le prix de revient pour une production variant souvent dans des limites très éloignées.

En résumé, toute atteinte à la production 4136
peut avoir, pour le charbonnage, des conséquences très graves à l'heure actuelle que la richesse des gîtes carbonifères diminue d'année en année et que les frais d'exploitation deviennent de plus en plus onéreux.

Mathy Ernest,

directeur des travaux des charbonnages de Herve Wergifosse

4137 1. Je parle au nom du charbonnage.

4138 2. Les ouvriers ne demandent pas la réduction de la journée de travail.

4139 3. Par durée de la journée de travail, nous entendons la durée du travail effectif, mais la durée de présence dans la mine est plus aisée à déterminer.

4140 4. Je suis hostile à une limitation légale de la durée du travail et partisan d'une liberté absolue sous ce rapport.

4141 5, 6. La descente commence le matin à 5 h. 30 et est terminée vers 6 h. 40. La remonte a lieu à 15 heures pour journée simple ; mais tout le personnel fait un quart supplémentaire et remonte à 16 heures.

4142 Le soir, la descente commence à 18 heures pour être terminée à 18 h. 30. La remonte a lieu à 4 heures pour journée simple ; 50 p. c. des ouvriers de nuit font le quart et remontent à 6 heures.

7. Le temps nécessaire pour se rendre 4143
au chantier varie entre vingt et trente minutes.

Les trajets sont, en général, très fa- 4144
ciles, les galeries étant à grande section.

8. Les repos pour les adultes est de 4145
une demi-heure et conforme à la loi pour les protégés.

9. La durée du travail effectif est de 4146
sept heures pour journée simple et de huit heures pour cinq quarts.

Le temps de présence dans la mine est 4147
de neuf heures et demie dans le premier cas et de dix heures et demie dans le second.

10. Le travail est prolongé chaque jour 4148

d'une heure pour le quart supplémentaire.

4149 Cette situation persiste depuis nombre d'années et les ouvriers en sont partisans pour augmenter leurs salaires.

4150 **11.** Le lundi, nous avons une moyenne de 25 p. c. d'absences, la moyenne journalière étant de 10 p. c.

4151 Le chômage du lundi a pour effet d'amener des perturbations dans l'organisation du travail et du danger dans son exécution, beaucoup d'ouvriers devant faire un travail auquel ils ne sont pas habitués.

4152 **12, 13.** Nous avons dit que nous sommes partisan de la liberté absolue pour la durée du travail.

4153 **15, 16.** Les ouvriers sont rarement retardés dans leur travail et toujours pour des causes accidentelles.

4154 Notre intérêt est, du reste, d'éviter ces retards.

4155 Le service des lampes est organisé de façon à donner toute satisfaction, les ouvriers ont des lampes de réserve à volonté.

4156 Quant au service des bois, il y a toujours des bois aux abords des tailles pour une journée à l'avance.

4157 **17.** La mine est plutôt froide, l'aérage de tous les chantiers excellent; nous disposons des moyens de le renforcer à mesure des besoins.

4158 Les tailles, en général, ne sont pas humides; dans la galerie du fond, il passe actuellement 4,000 mètres cubes d'eau par vingt-quatre heures et 10,000 mètres cubes en hiver. Il est difficile d'empêcher l'eau de sortir des rigoles, qui sont cependant maçonnées.

4159 **18.** Les ouvriers ne pourraient accomplir la même tâche dans un temps plus court. Les ouvriers sont en général, courageux et donnent tout ce qu'ils peuvent donner.

Nous ne voyons pas qu'il soit possible de compenser la diminution de production amenée par la réduction de la journée de travail. 4160

20. Il n'est pas possible d'organiser plusieurs postes d'abatage. 4161

21, 22. Une diminution légale de la durée du travail aurait certainement pour conséquence un abaissement des salaires. 4262

Pour chercher à maintenir celui-ci, l'ouvrier serait amené à précipiter son travail. Or, le travail du haveur n'est pas un travail grossier; il faut que l'ouvrier prenne le temps d'examiner le terrain et d'assurer la sécurité de la taille par un boisage convenable. 4163

Pour maintenir son rendement, il serait entraîné à négliger la sécurité pour l'avancement; il en résulterait, malgré tout, une recrudescence d'accidents, sans compter qu'à ce travail forcé la santé de l'ouvrier n'aurait rien à gagner. 4164

23. L'année dernière, nous avons réduit d'une heure la durée de présence dans la mine pour le quart et d'une demi-heure la durée du travail pour celui-ci. 4165

24. Cette diminution a été consentie spontanément. 4166

25. Le rendement du haveur est tombé de 7 °/₀ et le rendement général de 9 °/₀, c'est-à-dire que la diminution a été supérieure à la réduction de la durée du travail effectif. 4167

4168 26. Quant à appliquer une règle générale concernant la durée du travail, nous pensons que dans chaque charbonnage, se présentent des conditions spéciales qui empêchent de généraliser.

4169 27. Les ouvriers sont payés à la journée et à la tâche, les haveurs à la berlaine, les bosseyeurs au mètre courant.

Nous n'appliquons pas de prime et les amendes visent surtout la sécurité du travail.

28. Nous n'avons pas de sous-entreprise. 4170

29. Quant à pouvoir supporter les conséquences d'une diminution de production, la question nous paraît trop délicate pour nous permettre d'y répondre d'une façon précise. 4171

Delsemme Toussaint,

directeur gérant du charbonnage de Cowette Ruffin.

4172 1. Je parle au nom de la Société de Cowette Ruffin.

4173 2. Mes ouvriers ne m'ont rien demandé.

4174 3. Par durée de la journée, j'entends l'espace de temps compris entre la descente du premier trait et la remonte du premier trait.

4175 4. Eventuellement, c'est la journée ainsi comprise qu'il conviendrait de limiter.

4176 5. Le poste de jour commence à descendre à 6 heures du matin et celui de nuit à 18 heures.

4177 6. Les abatteurs remontent à 16 heures 1/2 de l'après-midi, les manœuvres à 16 heures, les traîneurs entre 16 heures et 17 heures et les ouvriers du poste de nuit à 4 heures du matin.

4178 7. Le trajet à faire demande de 10 à 30 minutes; en général, il n'est pas pénible. On entretient d'ailleurs les voies aussi bien que possible.

4179 8. Les abatteurs se reposent une demi-heure le matin; les autres ouvriers, tant de jour que de nuit, prennent deux repas dont un d'une demi-heure et le second d'un quart d'heure.

9. La durée du travail effectif est de six heures et quart à six heures et demie pour les ouvriers à veine et de huit heures et quart à huit heures et demie pour tous les autres. 4180

10. Depuis trois à quatre mois, les ouvriers refusent de faire des heures supplémentaires. 4181

11. Il y a 30 à 35 p. c. d'absents le lundi. Les jours de payement il manque 25 p. c. des ouvriers de nuit; ceux-ci sont payés à partir de 1 heure et les ouvriers de jour, après 6 heures. 4182

12. Une limitation de la journée, appliquée aux seuls ouvriers à veine, entraînerait une diminution de la production. 4183

15. Les retards sont rares et dus à des causes fortuites. Les voies sont bonnes; on fait tout ce qui est possible pour hâter le 4184

travail. D'ailleurs, je n'ai pas reçu de plainte à ce sujet.

4185 17. La température est de 15 à 18°, l'air n'est pas vicié. Les chantiers sont secs ; il y a de de l'eau dans les voies ; celles-ci sont pourvues de rigoles.

4186 Il y a six semaines, à la suite de la rupture d'une pièce de la machine d'épuisement, nous avons dû épuiser les eaux à la tonne ; cela a donné lieu deux fois à des déraillements et à des avaries des conducteurs en bois.

4187 Pendant trois semaines, la production a été réduite de moitié et nous avons cependant conservé tout notre personnel.

4188 18. Les ouvriers ont besoin, pour accomplir leur tâche du temps dont ils disposent actuellement.

4189 19. La diminution de la journée ne pourrait pas être compensée ; si nous connaissions un moyen de gagner du temps, nous l'utiliserions de suite. Quant à la réduction des chômages, je n'y crois pas.

21. L'ouvrier doit rester libre d'user de ses bras comme il l'entend. 4190

22. Une diminution de la durée de la journée exercerait fatalement une influence sur le salaire. 4191

23. Il n'a rien été changé à cette durée depuis vingt-huit ans. 4192

27. Les haveurs sont payés au mètre carré, les bosseyeurs et les haveurs au mètre, les autres à la journée. 4193

On n'inflige pas d'amendes aux ouvriers. 4194

28. Il n'y a pas de sous-entreprises. 4195

29. En temps ordinaire, mon charbonnage ne pourrait pas supporter les conséquences d'une diminution de la production causée par la limitation de la journée, si les salaires étaient maintenus. 4196

Trasenster Maurice,

directeur gérant des charbonnages de l'Est de Liége.

4197 1. Je parle au nom de la Société anonyme des Charbonnages de l'Est de Liége.

4198 2. Trois ouvriers ont, au nom de leurs camarades, demandé le 10 mai de réduire d'une demi-heure la durée de la journée de présence, s'engageant à faire la même production ; j'ai répondu que j'avais pleine confiance en leur parole, mais que le personnel du charbonnage changeant constamment, la production ne pourrait être maintenue ; que les ouvriers à veine faisaient au maximum sept heures de travail effectif, alors que les ouvriers métallurgistes, par exemple, faisaient effectivement onze heures de travail au moins aussi pénible.

3. C'est la durée du travail effectif qui a le plus d'importance, mais je me range à l'avis général, qui comprend la journée depuis le commencement de la descente d'un poste jusqu'à la remonte du premier trait de ce poste. 4199

4200 **4**. Je suis absolument adversaire de la limitation légale de la journée de travail, mais si on devait limiter, il me semble préférable que ce soit la journée effective, et par étape.

4201 **5**. La descente a lieu de 6 heures à 6 heures 1/2 du matin et de 18 heures à 18 heures 1/2 du soir.

4202 **6**. La remonte a lieu à 15 heures pour les ouvriers à veine, de 16 à 17 heures pour les autres ouvriers du poste de jour; à 4 heures du matin pour les ouvriers du poste de nuit.

4203 **7**. La durée du trajet est d'une demi-heure à une heure pour aller et un peu moins pour le retour.

4204 Le trajet est assez fatigant, à cause de la grande distance (2,000 à 2,500 mètres) qui séparent actuellement nos principaux chantiers du puits d'extraction.

4205 **8**. Il y a une demi-heure de repos entre 10 et 11 heures pour tous les ouvriers.

4206 **9**. La durée du travail effectif est au maximum de sept heures pour les ouvriers à veine, de huit à heures et demie pour les autres ouvriers, sauf les conducteurs, les accrocheurs et les surveillants, qui travaillent plus longtemps.

4207 **10**. Depuis plusieurs années, on ne fait jamais de quarts, de demis ou de journées de redoublage, si ce n'est dans le cas, très rare, de réparations urgentes.

4208 **11**. Les ouvriers mineurs chôment beaucoup, surtout les lundis, les lendemains de fêtes et les jours de paie. Ces chômages sont beaucoup plus nombreux en été qu'en hiver; et plus nombreux les années de hauts salaires que les années de crise.

Les chômages des lundis étaient de 15 p. c. en janvier 1907, de 30 p. c. en juillet 1907; ils atteignaient seulement 18 p. c. en juillet 1903. 4209

Les principales causes de chômages sont les fêtes locales dans un rayon de 5 à 6 kilomètres et les pigeons. 4210

Les absences nombreuses, dont on n'est jamais prévenu, désorganisent le travail du lundi et même parfois celui du mardi, et aussi les travaux de la surface. 4211

12. Les ouvriers à veine font déjà les journées les plus courtes et en diminuant la durée de leurs journées, on diminuerait par le fait même la durée de la journée des autres catégories. 4212

13, 14. Il faudrait des quantités de dérogations pour les traîneurs berlaines, conducteurs de chevaux, accrocheurs, surveillants et en général pour tous les ouvriers retardés par des cas fortuits et dont la tâche ne peut, sans danger, rester inachevée. Les dérogations à prévoir seraient si nombreuses, qu'elles enlèveraient toute utilité à la loi. 4213

15, 16. Des retards peuvent se produire pour ces différentes causes, surtout par suite des absences du personnel du poste de nuit et des cas fortuits, déraillements, etc., mais la direction a un trop grand intérêt à empêcher ces retards pour qu'ils se reproduisent souvent. 4214

On constate très rarement des retards pour les lampes et les bois. 4215

Nous disposons de 50 lampes supplémentaires pour 350 personnes. Si les ouvriers se plaignent, j'en achèterai encore 100 et je l'aurais fait plus tôt si j'avais été prévenu. 4216

4217 La température n'est nulle part trop élevée, elle ne dépasse pas 20 degrés; l'air est bon, les tailles ne sont pas humides, mais il y a assez d'eau sur la voie principale de roulage de l'étage de 250 mètres; les venues d'eau sont très importantes à cet étage; elles atteignent parfois 100 mètres cubes par heure.

4218 La bacnure principale a été pavée sur 600 mètres de longueur et on poursuivra ce travail.

4219 Ce qui prouve que les conditions hygiéniques de la mine sont bonnes, c'est qu'on a constaté seulement trois cas d'ankylostomasie quand on a fait la revision générale du personnel il y a un an.

4220 **18.** Les ouvriers travaillent très courageusement et ne pourraient faire le même ouvrage dans un temps plus court sans compromettre leur santé et leur sécurité. Un travail hâtif rendrait aussi les charbons plus sales qu'actuellement.

4221 **19.** Il n'est pas possible de diminuer les repos, de rendre le travail plus intensif et de supprimer les causes d'arrêts accidentels : seule la diminution des chômages amènerait une faible compensation, mais elle ne dépend pas de nous.

4222 Il n'est pas possible de remédier aux irrégularités de pente qui se produisent, notamment par suite du soulèvement du mur. Nos galeries sont établies à l'origine avec une pente très régulière et avec beaucoup de précision, ainsi que le démontre un percement récent entre Homvent et Bois de Breux.

4223 **20.** Les travaux de bosseyement, de remblayage et d'entretien ont déjà beaucoup de peine à suivre le poste d'abatage; on ne pourrait pas organiser deux postes d'abatage.

21. Je suis hostile à toute limitation par la loi de la durée de la journée de travail; l'ouvrier doit rester complètement libre de disposer de son travail selon ses forces et selon ses besoins. D'autre part, cette réforme, qui dans la situation actuelle du marché charbonnier pourrait peut-être s'appliquer à un certain nombre de charbonnages, aurait inévitablement pour résultat de ruiner et de faire fermer un quart des charbonnages du bassin de Liége, si le prix du charbon retombait seulement à ce qu'il était en 1903. 4224

22. Les salaires diminueraient certainement, sinon de suite, du moins dans un avenir rapproché, le prix du charbon ne pouvant pas toujours augmenté. En cas de crise, la situation des ouvriers serait épouvantable. 4225

23. Il n'y a eu aucune diminution de la journée du travail depuis la remise en activité du charbonnage en 1891. 4226

26. Les conditions d'exploitation varient énormément d'un charbonnage à l'autre, dans deux sièges d'un même charbonnage et même dans deux chantiers d'un même siège. 4227

27. Les abatteurs, bosseyeurs, bacneurs sont payés à l'entreprise; les autres à la journée. 4228

Il y a une prime de deux francs pour l'ouvrier qui fait sa quinzaine complète; on inflige fort peu d'amendes, et c'est principalement pour négligences compromettant la sécurité des ouvriers. Du 1er juillet 1906 au 1er juillet 1907, il a été infligé 4229

180 francs d'amendes sur 700,000 francs de salaires.

4230 28. Il n'y a pas de sous-entreprises.

4231 29. Les charbonnages de l'Est de Liége, considérés comme inexploitables, ont été abandonnés de 1874 à 1891. Depuis deux ans seulement ils donnent un dividende aux actionnaires; les bénéfices antérieurs ont été absorbés par les travaux de transformation de l'outillage et des puits.

4232 Depuis trente ans, ces charbonnages ont payé au capital engagé : une fois 3 p. c. et une fois 5 p. c. Actuellement, ils marchent bien, mais ils ont traversé des moments difficiles et ils ne supporteraient pas les conséquences d'une diminution de la production. Après une telle diminution, on devrait de nouveau abandonner l'exploitation si le prix du charbon tombait à 11 fr., comme en 1903.

En terminant, je vous signale que le témoin *Boulanger* ne travaille plus depuis 4233
un an. En septembre 1906, il a été malade et a cessé de descendre dans la mine. Depuis, il n'y est plus retourné; il a d'ailleurs trouvé d'autres occupations.

COMMISSION D'ENQUÊTE

SUR LA

Durée du travail dans les mines de houille

ENQUÊTE ORALE

DÉPOSITIONS DES TÉMOINS

SECTION DE LIÉGE

TABLES

BRUXELLES
GOEMAERE, IMPRIMEUR DU ROI, ÉDITEUR
21, *rue de la Limite.*

1907

TABLES ANALYTIQUES

Tous les témoins qui se sont présentés devant la Commission d'enquête ont été interrogés d'après le questionnaire qui est reproduit aux pages IV et suivantes de l'introduction du présent volume.

Les différentes rubriques des matières contenues dans ce volume ont été classées d'après l'ordre du questionnaire.

I. a) Associations qui ont envoyé des délégués à l'enquête; b) Charbonnages cités dans les dépositions.

a) On trouvera plus loin, dans la table finale, la liste des associations au nom desquelles certains témoins ont déposé.

b) Charbonnages

Plusieurs témoins ont indiqué clairement dans leurs dépositions quel était le charbonnage qu'ils visaient : certains de ces témoins ont parlé de plusieurs charbonnages à la fois ; d'autres témoins, enfin, ont parlé d'une manière générale, ne visant spécialement aucune exploitation.

Dans ces conditions, il est impossible de grouper les dépositions par charbonnage.

Pour faciliter les recherches, l'index suivant renvoie à toutes les *citations* de charbonnages ou de sièges d'exploitation.

Les paragraphes renseignant les qualités des témoins n'ayant pas été numérotés, lorsque la citation est faite dans ces paragraphes, on a renvoyé aux pages.

Les charbonnages non cités par les témoins ont été néanmoins mentionnés dans la liste pour mémoire.

SECTION DE LIÉGE

GROUPE DE LIÉGE.

Abhooz et Bonne Foi Hareng.

page 12.
41, 68, 139.

ABHOOZ.

NOUVEAU SIÈGE.

Angleur.

AGUESSES.
3519, 3534.

Ans et Rocour

pages 54, 90, 94.
735, 742, 1257.

BURE DU LEVANT.

PUITS DE ROCOUR.

Belle Vue et Bien Venue

BELLE VUE.
pages 77, 103.
1060, 1386.

Bois d'Avroy.

pages 24, 119, 190.
723, 1651.

VAL BENOIT.
page 105.
61, 1447.

PERRON.
page 73.
1005, 1655, 1657, 1660.

GRAND BAC.
pages 68, 128, 199.
938, 1655, 1659, 1661, 1676.

BOIS D'AVROY.
61.

Bonne Espérance, Batterie et Violette

BATTERIE.
pages 1, 2, 11, 103.
55, 60, 1388.

BONNE ESPÉRANCE.
pages 3, 43, 44, 75, 78, 98.
1354, 1359, 1364.

VIOLETTE.
page 102

Bonne Fin

page 79.
1102, 1115, 1123, 1479, 1562.

SAINTE-MARGUERITE.
pages 107, 109, 111.
1097, 1547.

BANEUX
1097.

AUMONIER.
1097.

Espérance et Bonne Fortune

pages 82, 113, 190.
601, 606, 609, 633, 812, 814, 1125, 1413, 1597, 1619, 1629, 1807.

NOUVELLE ESPÉRANCE.
pages 49, 50, 51, 57, 59, 60, 62, 63, 115.
49, 50, 51, 57, 59, 60, 62, 63, 115, 632, 782, 1124, 1126, 1133, 1135, 1143, 1146, 1599, 1644, 1792.

Bonne Fortune.

page 87.

689, 718, 826, 828, 839, 878, 1124, 1126, 1127, 1133-1135, 1139, 1143, 1146, 1147, 1151, 1279.

Saint-Nicolas.

pages 45, 48, 64, 66.

880, 1124, 1126, 1133-1135, 1137, 1143, 1146, 1147, 1150, 1172, 1279

Grande Bacnure.

Gérard Cloës.

page 36.

495, 517.

La Haye.

page 17.

277.

Saint-Gilles.

page 22.

192, 205, 210, 219, 272, 1201.

Piron.

page 87.

211, 219, 235, 272, 1199, 1201, 1202, 1203.

Oupeye (Bicquet Gorée).

Piéter.

Patience et Beaujonc

page 26.

335, 468, 812.

Bure aux femmes.

345, 367.

Beaujonc.

345, 367.

Fanny.

345, 367.

Petite Bacnure.

Petite Bacnure.

page 23.

Wandre.

Nouveau Siège.

GROUPE DE SERAING.

Arbre Saint-Michel.

Halette.

pages 150, 241.

2005, 2007, 2008, 2011, 2012, 2021, 2027, 2045, 2055.

Bonnier.

Péry.

pages 134, 136.

812, 1814, 1816, 1818, 1841.

Cockerill.

page 181.

2387, 2396, 2408, 2414, 2415, 2416.

Colard, *page 183.*

1777, 2391, 3020.

Marie, *page 183.*

2391.

Caroline, *page 183.*

2391, 2404.

Concorde

page 176.
2005, 2006, 2008, 2010, 2012, 2020, 2026, 2325, 2732.

GRANDS MAKETS.

pages 152, 196
2060, 2345, 2618, 2712, 2720, 2746.

CHAMP D'OISEAUX.

page 153.
2074, 2079, 2083, 2720.

Corbeau au Berleur.

CORBEAU.

pages 137, 155, 214, 216.
812, 2100, 2124, 2127, 2130, 2131, 2838, 2840, 2845, 2863.

Gosson Lagasse.

pages 139, 140, 146, 168, 171, 192, 194.
1913, 2225, 2267, 2304, 2522, 2525, 2532, 2543, 2576, 2794, 2795.

N° I.
2261.

N° II.
2262.

Horloz.

pages 175, 194, 242.
1488, 1489, 1776, 2306, 2322, 2422, 2424, 2444, 2576, 3260, 3276.

BRACONIER.
2317.

TILLEUR,
pages 141, 186.
1487, 2317.

Kessales.

2569.

KESSALES.
page 194.

BON BUVEUR,
page 146.

XHORRÉ.
3088, 3107, 3109.

ARTISTES.
3087, 3091, 3093, 3106, 3109.

Marihaye.

pages 152, 166, 194, 238.
1778, 2163, 2173, 2174, 2175, 2183, 2185, 2195, 2196, 2199, 2203, 2929, 3019, 3090, 3092, 3132, 3134, 3160, 3169.

VIEILLE MARIHAYE,
pages 143, 144, 217, 220.
2172, 2177, 2914, 3310, 3112.

MANY, *page 191.*
2173, 2190, 2505.

FANNY, *pages 145, 188, 223, 226, 228.*
2173, 2520, 3158, 3159.

FLÉMALLE, *page 189.*
2173.

BOVERIE,
page 190.
2173, 2190, 2218, 2223, 2502, 2504.

Nord de Flémalle.

HORION,
pages 153, 229.

Nouvelle Montagne

Iléna.

Galerie de la Mallieue.

Tincelle.

Ougrée,

N° I, page 159, 199, 202.

1659, 2136, 2143, 2148, 2161, 2162, 2623, 2629, 2633, 2646, 2681, 2695, 4008.

Six Bonniers.

Nouveau Siège,

pages 142, 178, 200.

1959, 2364, 2378, 2647, 2675.

GROUPE DE HUY-NAMUR.

Basse Marlagne.

Galerie.

Est d'Andenne.

Gives.

Saint-Paul.

Sainte-Barbe.

Henri.

Galerie du Fond Gorgin.

Groynne.

Groynne.

Halbosart

Bellevue.

Hautebise.

Galerie de Meuse.

Le Château.

Galerie.

Malonne.

Galerie de la gueule du loup.

Stud Rouvroy.

Stud.

Rouvroy.

GROUPE DE FLÉRON.

Bois de Micheroux.

Théodore,

pages 273, 287.

3664, 3667, 3995, 4008.

Canal de Fond Piquette.

Soxluse,

page 268.

3547, 3550, 3579, 3580, 3916, 3923, 3995.

Cowette Rufin, Grand Henri.

Gueldre,

pages 266, 267, 286, 310.

3533, 3805, 3995, 4172.

Est de Liége.

3563, 4231.

Homvent,

pages 268, 291, 311.

3468, 3894, 3916, 3918, 4197, 4222.

Bois de Breux.

4222.

Hasard,

pages 268, 272.
966, 1603, 1793, 3467, 3472, 3592, 3594, 3610, 3833, 3917, 3993, 3995.

Micheroux,

pages 287, 289.
3592, 3594.

Charles.

Herve Wergifosse,

page 308.
3884.

Xhawirs.

3965, 3975, 3977.

Halles,

page 295.
3975.

Lonette

Retinne,

page 280.
3721, 3748.

Maireux et Bas Bois,

pages 287, 294, 304.

Maireux.

4102, 4108, 4122.

Bas Bois.

4102, 4108.

Guillaume.

4102, 4108, 4112.

Minerie.

Battice.

Quatre Jean.

Mairie.

pages 258, 260, 261, 262, 264, 300.
3339, 3385, 3457, 3483, 3484, 4059.

Wérister,

pages 278, 299.
3482, 3489, 3529, 3534, 3690, 3696, 3995, 4016.

Wérister,

pages 282, 284.
3712, 3717, 3764, 3770, 3800, 3801, 3916, 4001, 4010.

Onhons Saint-Léonard.

3696, 3710.

2. Opinion des ouvriers sur la question de la réduction de la journée de travail :

Avis des ouvriers qui ont déposé en leur nom ou au nom d'associations,

36, 41, 592, 623, 642, 660, 690, 724, 729, 767, 813, 839, 862, 881, 908, 939, 1006, 1031, 1266, 1317, 1366, 1389, 1417, 1450, 1493, 1531, 1564, 1747, 1797, 1823, 1843, 1873, 1898, 1929, 1944, 1950, 2003, 2038, 2044, 2046, 2061, 2075, 2418, 2425, 2426, 2466, 2545, 2552, 2578, 2624, 2648, 2682, 2713, 2726, 2757, 2804 - 2807, 2823, 2845, 2868, 2915, 2947, 2974, 3011, 3034, 3055, 3340, 3364, 3386, 3407, 3429, 3459, 3491, 3492, 3509, 3540, 3751, 3778, 3806, 3830, 3859, 3896, 3942, 4018, 4138.

Certains ouvriers ne désirent une réduction de la journée de travail qu'à la condition que le salaire ne baisse pas, 2, 23, 116, 549. 573, 781, 789, 859, 868, 1070, 1916, 1962, 1973, 1991, 2146, 2162, 2182, 2185, 2501, 2682, 2757, 2807, 3615.

Certains ouvriers ne demandent pas une réduction de la journée de travail, 62, 140, 192, 299, 2137, 2307, 2506, 2543, 2544.

Agitation ouvrière en faveur de la réduction des heures de travail, 188-192, 1491.

Referendum organisé par les ouvriers mineurs sur la question des heures de travail, 2100, 3055, 3056.

Demande faite par les ouvriers aux patrons pour obtenir une réduction de la journée de travail, 279, 336, 497, 1095, 1126, 1127, 1212, 1596, 2100, 2137, 2164, 2204, 2249, 2327, 2366, 2388, 2939, 3133, 3175, 3176, 3592, 3691, 3722, 4173, 4198.

Grèves dont le motif était la réduction de la journée de travail, 3121, 3176.

3. Journée de travail.

Par journée de travail il faut entendre :

La durée de la présence de l'ouvrier à l'intérieur de la mine,
42, 141, 300, 550, 574, 593, 623, 790, 841, 882, 1032, 1128, 1214, 1823, 2328, 2389, 2407, 2758, 2759, 2824, 2846, 2869, 2916, 3012, 3057, 3137, 3341, 3387, 3408, 3430, 3460, 3510, 3541, 3593, 3723, 3751, 3789, 3831, 3860, 3897, 3943, 4092, 4199,

Le temps pendant lequel l'ouvrier est présent au charbonnage,
24, 337-339, 624, 643, 661, 691, 730, 813, 862, 909, 940, 1007, 1267, 1317, 1367, 1390, 1417, 1451, 1494, 1531, 1564, 1748, 1798, 1844, 1875, 1898, 1917, 1944, 2004, 2046, 2061, 2076, 2101, 2419, 2554, 2579, 2625, 2649, 2683, 2714, 2948, 2975, 3035, 3366, 3493, 3807, 4019,

la durée du travail effectif,
3, 117, 193-195, 1071, 1930, 1963, 1974, 1992, 2205, 2308, 2366, 2447, 2486, 2507, 3134, 3692, 4139.

Définition de la journée de travail d'un poste d'ouvriers, 1129, 1130, 2250, 4174.

4. Définition légale de la journée de travail.

I. Si le principe de la limitation de la journée de travail est admis, il faudrait limiter :

La durée de la présence des ouvriers dans la mine, 25, 43, 301, 551, 575, 593, 625, 644, 662, 692, 731, 767, 791, 842, 910, 941, 1008, 1130, 1318, 1367, 1748, 1823, 1845, 1875, 1918, 1944, 2004, 2046, 2061, 2419, 2580, 2650, 2715, 2760, 2847, 2870, 2916, 2917, 2976, 3012, 3058, 3341, 3367, 3388, 3431, 3460, 3494, 3511, 3724, 3780, 3808, 3832, 3898, 4175.

La durée du travail effectif, 3, 142, 197, 287, 340, 767, 1072, 1964, 1975, 2164, 2366, 4092, 4200.

II. Il conviendrait de ménager une transition et de n'atteindre la durée définitive de la journée de travail qu'après plusieurs étapes, 118, 197, 552, 593, 662, 706, 814, 941, 1008, 1033, 1072, 1131, 1269, 1319, 1391, 1452, 1495, 1532, 1749, 2650, 2715, 2760, 2813, 2825, 2837, 2842, 2871, 2917, 2949, 3058, 3059, 3342, 3511, 3542, 3861, 3898, 4093, 4200.

La limitation devrait se faire sans transition, 341, 342, 842, 883, 910, 1268, 1418, 1452, 1495, 1532, 1565, 2004, 2077, 2847, 2917, 2977, 3036, 3367, 3388, 3409, 3431, 3461, 3752, 3832, 3944.

III. Certains témoins ne veulent pas donner leur avis sur la définition qu'il conviendrait de donner à la journée de travail, 142, 2103, 2329, 2390, 2468, 2684, 3626.

5, 6. Heures de la descente et de la remonte des ouvriers.

4, 26, 44, 65, 119, 120, 143-148, 199-202, 281, 282, 302-304, 343-350, 498, 502, 553, 576, 594, 626, 627, 645, 663, 678, 693, 732, 733, 768, 782, 783, 792, 815, 835, 843, 863, 884, 885, 911, 940, 942, 943, 1009, 1034, 1035, 1073, 1097-1099, 1133, 1134, 1216-1218, 1270, 1271, 1320, 1368, 1392, 1414, 1419, 1453, 1496, 1533, 1555, 1566, 1605, 1606, 1750, 1800, 1816, 1824, 1846, 1847, 1876, 1880, 1899, 1919, 1920, 1931, 1945, 1965, 1976, 1993, 2005-2007, 2017, 2056, 2062, 2078, 2104, 2105, 2138-2140, 2171-2174, 2206, 2207, 2226, 2249, 2261, 2262, 2309, 2327, 2330-2332, 2367, 2391, 2392, 2397, 2420, 2449, 2450, 2469, 2487, 2508, 2546, 2555, 2556, 2569, 2570, 2581, 2626, 2627, 2636, 2651, 2685, 2689, 2691, 2716, 2721, 2723, 2761, 2762, 2826, 2848, 2872, 2873, 2903, 2904, 2918, 2919, 2950, 2951,

2978, 2979, 3013, 3037, 3038, 3060-3063, 3136, 3137, 3177-3180, 3343, 3368, 3389, 3410, 3432, 3433, 3462, 3495, 3512, 3543, 3594, 3629, 3630, 3693-3695, 3725-3727, 3753, 3754, 3781, 3804, 3809, 3834, 3862, 3899, 3945, 3946, 3965, 3975, 4021, 4022, 4094, 4141, 4142, 4176, 4177, 4201, 4202.

7. Trajets effectués dans la mine par les ouvriers pour se rendre au chantier et en revenir.

Temps nécessaire pour effectuer le trajet; difficultés du trajet, 5, 27, 46, 121, 149, 150, 203-211, 283, 305, 306, 351-353, 499, 554, 577, 595, 628, 646, 664, 694, 734, 769, 793, 816, 844, 864, 886, 912, 913, 940, 944, 945, 1010, 1036, 1074, 1100, 1135, 1136, 1142, 1192, 1193, 1219, 1322, 1323, 1369, 1393, 1394, 1420, 1454, 1497, 1498, 1534, 1567, 1568, 1752, 1801, 1825, 1848, 1877, 1900, 1921, 1932, 1934, 1946, 1959, 1966, 1977, 1993, 2008, 2048, 2063, 2079, 2106, 2107, 2141, 2178, 2208, 2263, 2310, 2333, 2367, 2393, 2397, 2421, 2451, 2470, 2488, 2499, 2557, 2582, 2627, 2652, 2686, 2717, 2763, 2810, 2827, 2849, 2874, 2920, 2952, 2980, 3014, 3039, 3064, 3066, 3138, 3139, 3181, 3303-3316, 3344, 3369, 3390, 3411, 3412, 3434, 3443, 3463, 3496, 3513, 3544, 3595, 3596, 3631, 3696-3698, 3728, 3755, 3782, 3810, 3835, 3863, 3900, 3947, 3967, 4023, 4026-4028, 4095, 4096, 4098, 4143, 4178, 4203, 4204.

Hauteur des galeries où circulent les ouvriers, 596, 628, 666, 697, 734, 735, 817, 845, 940, 946-948, 1010, 1137, 1140, 1193, 1194, 1196-1201, 1219, 1220, 1272, 1273, 1324, 1370, 1420, 1455, 1567, 1752-1754, 1801, 1849, 1851, 1900, 1946, 1947, 2008, 2063, 2079, 2178, 2359, 2471. 2557, 2584, 2653, 2686, 2717-2719, 2849, 2952, 2981, 2982, 2993, 3067, 3140, 3159, 3632, 3756, 3811, 3826, 3864, 3947, 3968-3970, 4024, 4144.

Encombrement des galeries, causé, notamment, par le transport du charbon, 735, 2717.

Port des outils, des bois, etc., 596, 598, 734, 887, 940, 947, 1138, 1325, 1801, 2008, 2107, 2653, 2718, 2920, 3434, 3545, 3548, 3758.

Présence d'eau, de boue dans les galeries, 596, 665, 734, 913, 947, 1037, 1010, 1140, 1195-1198, 1324, 1325, 1379, 1455, 1754, 1801, 1825, 1849-1851, 1877, 2008, 2048, 2063, 2079, 2558, 2583, 2584, 2630, 2720, 2763,

3065, 3067, 3434, 3513, 3544, 3757,3811,3836,3947,3968-3970, 3974, 3977, 3980.

Aérage des galeries, 1140, 1142.

Galeries inclinées, chemins, puits intérieurs, etc., 46, 354, 555, 577, 596, 647, 665, 695, 697, 734, 735, 769, 817, 846, 886, 887, 1036, 1075, 1100, 1138-1141, 1193, 1272, 1273, 1326, 1327, 1420, 1455, 1456, 1567, 1753, 1850, 1877, 1900, 1946, 2008, 2106, 2263, 2421, 2653, 2849, 2952, 3014, 3068, 3390, 3434, 3548, 3564, 3972, 4025, 4096.

Moyens de faciliter le trajet des ouvriers, 695, 696. 838, 2043, 2195, 2745, 2876, 2905, 2992, 3546-3548, 3550, 3699.

Repos pris durant le trajet, 3545.

Translation des ouvriers dans le puits, 1675, 1676, 1787, 2195, 2940, 2941, 3963, 3964, 3966, 3974, 3976, 3979.

8. Repos.

6, 28, 47, 122, 212-214, 283, 307, 355-358, 500, 556, 578, 599, 629, 648, 666, 698, 736, 770, 794, 818, 847, 865 ,888, 914, 950, 951, 1011, 1037, 1076, 1143, 1144, 1145, 1221, 1274, 1328, 1371, 1395, 1396, 1457, 1499, 1751, 1802, 1826, 1852, 1878, 1901, 1922, 1933, 1948, 1967, 1978, 1994, 2009, 2049, 2064, 2080, 2142, 2179, 2209, 2264, 2310, 2311, 2334, 2368, 2394, 2397, 2426, 2452, 2471, 2489, 2510, 2547, 2559, 2585, 2631, 2654, 2687, 2721, 2764, 2765, 2828, 2850, 2875. 2921, 2953, 2984, 3015, 3016, 3040, 3069, 3141, 3183, 3345, 3370, 3391, 3413, 3435, 3464, 3497, 3514, 3551, 3597, 3633, 3700, 3729, 3758, 3783, 3812, 3837, 3865, 3901, 3948, 4029, 4097, 4098, 4145, 4179, 4205.

9. Durée du travail effectif.

29, 48, 123, 151, 215-217, 283, 308, 359-364, 501, 557, 579, 630, 649, 667, 699, 737, 770, 795, 819, 848, 889, 915, 952, 1012, 1038, 1077, 1101, 1146, 1222, 1275, 1329, 1371, 1385, 1422, 1458, 1500, 1535, 1569, 1751, 1803, 1826, 1853, 1879, 1902, 1979, 2010, 2011, 2049, 2065, 2081, 2109, 2138-2140, 2180, 2181, 2210, 2265, 2312, 2335, 2369, 2395-2397, 2426, 2453, 2511, 2548, 2586, 2632, 2655, 2688, 2689, 2722, 2766-2767, 2828, 2851, 2876, 2922, 2954, 2985, 3017, 3041, 3070, 3142, 3182, 3346, 3371, 3392, 3414, 3436, 3465, 3515, 3552, 3598, 3634, 3701, 3702, 3730, 3759, 3784, 3813, 3838, 3866, 3902, 4030, 4031, 4098, 4146, 4147, 4180, 4206.

10. Travail supplémentaire effectué par l'ouvrier.

Son existence; son importance, 7, 21, 30, 49, 124, 152, 218-219, 285, 309, 365, 503, 558, 580, 585, 600, 631, 650, 700, 701, 738, 771, 796, 820, 849, 866, 890, 916, 953, 957, 1013, 1039, 1040, 1078, 1102, 1147-1149, 1223, 1256, 1276, 1330-1333, 1372, 1396, 1421, 1501, 1570, 1755, 1804, 1816, 1827, 1854, 1856, 1880, 1895, 1896, 1903, 1923, 1934, 1942, 1949, 1980, 1994, 2012, 2050, 2066, 2082, 2105, 2110, 2143, 2182, 2211, 2225, 2233, 2266, 2307, 2309, 2312, 2336, 2337, 2369, 2370, 2398-2400, 2423, 2436, 2440, 2454, 2472, 2490, 2512, 2518, 2525, 2529, 2539, 2541, 2549, 2560, 2587, 2588, 2633, 2656, 2690, 2691, 2723, 2724, 2727, 2768, 2810, 2829, 2838, 2852, 2877, 2879, 2923, 2955, 2986, 3018, 3042, 3072, 3075, 3143, 3184, 3259, 3301, 3347, 3372, 3393, 3466, 3415, 3437, 3498, 3516, 3553, 3599, 3615-3618, 3635, 3732, 3760, 3785, 3814, 3839, 3840, 3867, 3870, 3884, 3926, 3927, 3949, 4030, 4032, 4100, 4141, 4142, 4146-4149, 4207.

Catégories d'ouvriers prolongeant leur travail, 1223, 1421, 1459, 1502, 1536, 1570, 1816, 2312, 2337, 2399, 2421, 2768, 3278-3286.

Liberté de l'ouvrier en face du patron lui demandant de prolonger son travail, 125, 220, 367, 600, 601, 631, 754, 755, 756, 772, 820, 850, 866, 867, 891, 917, 918, 958, 1078, 1150, 1204, 1223, 1276, 1396, 1421, 1755, 1804, 1805, 1827, 1854-1857, 1880, 1903, 1934, 1949, 1980, 1994, 2050, 2066, 2082, 2110, 2182, 2211, 2213, 2369, 2398, 2425, 2454, 2472, 2490, 2513, 2525, 2587, 2725, 2769, 2829, 2852, 2878, 2955, 3018, 3020, 3073, 3144, 3259-3289, 3437, 3599, 3786, 3867, 4033, 4120.

Moyens mis en œuvre pour déterminer l'ouvrier à fournir un travail supplémentaire :

Menaces de renvoi, 891, 955, 956, 2576, 3278, 3467.

Promesse d'un supplément de salaire, (mode de rémunération et taux des salaires), 796, 1013, 1014, 1256, 1776, 1782, 1827, 1934, 1949, 1980, 2110, 2143, 2182, 2337, 2352, 2370, 2481, 2550, 2571, 2656, 2723, 2724, 2769, 2829, 3074, 3467, 3553, 3616, 3656.

Primes, 272, 997, 2337, 2352, 2755.

Octroi des meilleures tâches aux ouvriers qui fournissent un travail supplémentaire, 668, 700, 754, 820, 954, 1152, 1153, 1205, 1805, 1856, 1880, 2013, 2014, 2066, 2082, 2268, 2324, 2769, 2878, 3020, 3287, 3437, 3468.

Travail supplémentaire compensant le chômage, 371, 372.

Travail supplémentaire et chômage du lundi, 660, 702, 703, 1150, 1203, 1883, 2114-2118, 2232.

Diminution du travail supplémentaire, 192, 916, 2226-2230, 2266, 2337, 2526, 2794, 3260, 3277, 3599, 3703, 3903, 4034, 4035, 4181.

Opportunité d'interdire le travail supplémentaire, 21, 412, 656, 1251, 1252, 1253, 1867, 1911, 2052, 2248, 2321, 2425, 2426, 2438, 2443, 2481, 3927.

Travail supplémentaire et sécurité et salubrité de la mine, 1041.

Rémunération du travail supplémentaire, 366.

Certains ouvriers demandent à faire du travail supplémentaire, 2218, 2249, 2267, 2398, 2454, 2472, 2490, 2527-2531, 3278, 3615, 4149.

Beaucoup d'ouvriers désirent fournir du travail supplémentaire, mais en sont empêchés par leurs camarades, 368-372, 1148 1151, 2182.

II. Chômages.

Son importance, 50, 153-159, 221, 286, 310, 373-375, 380-382, 504, 544, 959, 1155, 1225, 1572, 1607, 1807, 2113, 2144, 2183, 2213, 2269, 2271, 2314, 2338, 2371, 2401, 2428, 2657, 2770, 3373, 3636, 3638, 3733, 3871, 4036, 4101.

Jours de chômages :

Lundi, 8, 31, 51, 126, 153, 221, 286, 310, 374, 377, 504, 505, 559, 581, 602, 632, 651, 702, 739, 773, 797, 821, 851, 892, 919, 960, 1015, 1043, 1079, 1104, 1154, 1155, 1203, 1224, 1290, 1334, 1373, 1397, 1423, 1424, 1460, 1461, 1503, 1504, 1537, 1571, 1607, 1756, 1757, 1807, 1828, 1858, 1881, 1882, 1904, 1934, 1968, 1981, 1995, 2015, 2051, 2067, 2083, 2112, 2144, 2213, 2270, 2314, 2338, 2371, 2401, 2427, 2455, 2473, 2514, 2561, 2589, 2634, 2657, 2692, 2728, 2830, 2853, 2880, 2924, 2956, 2987, 3021, 3043, 3145, 3185, 3348, 3394, 3416, 3438, 3469, 3499, 3520, 3554, 3600, 3636, 3704, 3733, 3761, 3815, 3816, 3841, 3871, 3904, 3950, 4036, 4101, 4150, 4182, 4208, 4209.

Poste de nuit (notamment le lundi), 1882, 2272, 2287, 2371, 4102.

Après la paie, 376, 704, 1104, 2314, 2371, 4182, 4208.

Autres jours, 153, 377, 1015, 1224, 2112, 2144, 2213, 2401, 4208.

Ouvriers chômeurs :

Jeunes ouvriers, 160, 286, 851, 919, 2271, 2401.

Ouvriers du poste de nuit, 160.

Autres catégories d'ouvriers, 311, 1828, 2232, 2272, 3489.

Causes du chômage :

Fatigue du travail de la semaine, 602, 670, 821, 960, 1015, 1042, 1334, 1423, 1504, 1537, 1859, 1904, 2015, 2083, 2232, 2657, 2728, 2830, 2880, 2956, 3076, 3439, 3489, 3500, 3556, 3770.

Travail du dimanche, 2645, 2771.

Changement de poste causé par le manque d'ouvriers le lundi, 603, 604, 702, 741, 797, 821, 892, 919, 1015, 1079, 1335, 1336, 1808, 1828, 1859, 1881, 1882, 1904, 1934, 2015, 2084, 2120, 2288, 2401, 2429, 2561, 2589, 2670, 2773, 2831, 2853, 2881, 2924, 2956, 2987, 3043, 3077, 3185, 3348, 3438, 3556, 3704, 3761, 3782, 3795, 3841, 3950, 4038, 4151.

Journées prolongées au delà de la durée normale, 702, 703, 1883, 2114-2118, 2232, 2427, 2728, 2810, 2880, 2956, 3076.

Le taux des salaires et le chômage, 1203, 2214, 2232, 3637, 4104, 4208.

Différentes autres causes, 51, 160, 222, 223, 378, 379, 505, 785, 1226, 1292, 1460, 1571, 1594, 1620, 1995, 2119, 2144, 2214, 2277, 2278-2281, 2620, 2621, 2730, 2731, 2732, 2772, 3373, 3518, 3519, 3558, 4104, 4210.

Effets du chômage, 51, 52, 161, 224, 225, 286, 311, 383-386, 506, 544, 632, 651, 672, 740, 773, 851, 919, 960, 1043, 1104, 1154, 1227, 1228, 1229, 1374, 1424, 1427, 1505, 1636, 1673, 1681, 1757, 1808, 1828, 1968, 1981, 1995, 2016, 2051, 2067, 2084, 2120, 2144, 2184, 2215, 2273-2275, 2338, 2372, 2401, 2429, 2455, 2473, 2514, 2589, 2659, 2693, 2773, 2831, 3078, 3499, 3520, 3600, 3639, 3704, 3816, 3872, 4037, 4039, 4103, 4151, 4211.

Moyens d'y remédier :

Action syndicale, 544, 2814.

Descente plus tardive le lundi, 514, 671, 703, 1043, 1505, 1682, 1683, 1684, 1859, 2287, 2658, 2670, 2729, 2882, 2925, 2957, 3043, 3320, 3439, 3557, 3841.

Autres moyens, 1361-1363, 1448, 1638-1640, 2645, 3488.

Le chômage et la réduction de la journée du travail, 173, 248, 396, 680, 1113, 1114, 1245, 1290-1292, 2029, 2126, 2193, 2194, 2219, 2319, 2380 2603, 2670, 2786, 2814, 3115, 3450, 3659, 3730, 3975, 4058, 4059, 4115, 4189, 4221.

12 Une loi réglementant la durée du travail dans les mines devrait-elle être restreinte aux ouvriers à veine?

9, 32, 127, 162, 227, 228, 268, 287, 312, 560, 605, 633, 653, 673, 705, 706, 741, 774, 798, 805, 806, 822, 852, 858, 868, 893, 920, 961, 1016, 1044, 1080, 1105, 1156, 1230, 1231, 1277, 1337, 1375, 1398, 1425, 1462, 1506, 1539, 1573, 1758, 1809, 1829, 1884, 1905, 1950, 1982, 1996, 2017, 2121, 2185, 2216, 2315, 2339, 2373, 2430, 2441, 2456, 2491, 2635, 2694, 2733, 2774, 2832, 2883, 2884, 2926, 3022, 3146, 3147, 3186, 3521, 3640, 3705, 3734, 3762, 3842, 3843, 4040, 4183, 4212.

13. Exceptions qu'il conviendrait d'introduire dans la loi.

Application générale de la loi à toutes les catégories de mineurs, 33, 53, 288, 962, 1045, 1809, 1829, 1885, 1996, 2017, 2052, 2068, 2085, 2095, 2253-2257, 2430, 2474, 2590, 2636, 2660, 2832, 2854, 2958, 2988, 3032, 3044, 3045, 3079, 3080, 3081, 3148, 3349, 3374, 3395, 3417, 3440, 3441, 3470, 3521, 3559, 3601, 3735, 3763, 3788, 3797, 3817, 3873, 3905, 3951, 4041, 4106.

Exception pour les surveillants, 128, 229, 561, 605, 673, 741, 822, 893, 920, 962, 1081, 1106, 1157, 1231, 1281, 1338, 1425, 1885, 1905, 1996, 2441, 2591, 2661, 2733, 2775, 2833, 2927, 3082, 3560.

Exception pour d'autres catégories d'ouvriers, 9, 128, 229, 1081, 1106, 1157, 1231, 1282, 1885, 1996, 2441, 2457, 2491, 2775, 3706, 4213.

14. Dérogations qu'il y a lieu de prévoir dans la loi.

477, 478, 963-966, 1158-1160, 1280, 1339, 1340, 1399, 1426, 1463, 1507, 1540, 1576, 1867, 2017, 2252, 2662, 2775, 2928, 2959, 3083, 3763, 3874, 4042, 4106, 4213.

15. Circonstances qui ont pour effet de retarder l'ouvrier dans son travail.

I. L'ouvrier ne commence pas son travail dès son arrivée au chantier, 284, 361, 509, 652, 995, 1615, 1631, 1760, 1806, 2108, 2310, 2319, 2562, 2734, 2885, 3095.

II. Préparation incomplète du chantier qui oblige l'ouvrier à commencer par achever le travail d'autres ouvriers :

Généralités, 10, 32, 151, 231, 826, 869, 974, 1233, 1376, 1427, 1508,

1577, 1760, 1860, 1896, 1951, 2018, 2777, 3350, 3562, 3647, 3791, 3818.

Du charbon reste dans les tailles ou dans les voies, 502, 1082, 1342, 1886, 2593, 2734, 3375, 3396, 3764, 3916.

Les pierres et les déblais ne sont pas enlevés, 826, 1541, 2018, 2593, 2888, 3046, 3158, 3906, 3916, 3974.

Les voies ne sont pas coupées jusqu'à front de taille, 743, 922, 1464, 1508, 1541, 1761, 2731.

Le boisage est à compléter, 870, 1283, 1761, 2018, 3906.

Les ouvriers de certains postes ne sont pas assez nombreux, 231, 743, 817, 1293-1296, 1429, 1430, 1464, 1465, 1603, 1860, 2087, 2145, 2735, 2888, 2929, 3158, 3875, 3910, 4046, 4047.

Confection des remblais, 975, 993, 1003, 1283, 1508, 1509, 2024, 2086, 2134, 2135, 2596, 2597, 2742, 3046, 3085, 3087-3090, 3106, 3107, 3562, 3971, 3978, 4010, 4011.

Préparation incomplète des chantiers et application d'une loi limitant la durée du travail, 2148-2155.

III. *a*) Évacuation trop lente des chantiers, (boutage dans les tailles), 319, 562, 970, 971, 1508, 1953, 3086, 3445, 3648, 3819, 3875, 3886, 3908, 3974.

b) Transport des produits et extraction. (Entretien des galeries et des voies, matériel de transport, 54, 232, 562, 597, 634, 654, 675, 707, 746, 823, 853, 871, 894, 969, 1019, 1047, 1049, 1052, 1201, 1234, 1324, 1379, 1400, 1401. 1428, 1437, 1467, 1542, 1578, 1764, 1765, 1792, 1810, 1906, 1951, 1953, 2018, 2019, 2053, 2069, 2146, 2187, 2343, 2359, 2376, 2458, 2492, 2565, 2593, 2597, 2663, 2735, 2778, 2834, 2856, 2889-2894, 2960, 2994, 2995, 3026, 3030, 3152, 3155, 3351, 3418, 3568, 3602, 3648, 3708, 3736, 3789, 3844, 3876, 3906, 3909, 3968, 3977, 4009, 4184.

IV. Bois.

a) Service des bois, 10, 54, 129, 233, 606, 674, 709, 710, 744, 776, 799, 824, 853, 871, 895, 923, 973, 974, 1018, 1020, 1051, 1084, 1108, 1164, 1201, 1236, 1283, 1285, 1330, 1378, 1430, 1431, 1466, 1508, 1510, 1542, 1761, 1762, 1765, 1766, 1811, 1813, 1830, 1831, 1861, 1886, 1906, 1936, 1951, 1997, 2022, 2086, 2122, 2123, 2128, 2146, 2187, 2283-2285, 2316, 2342, 2374, 2375, 2402, 2458, 2493, 2515, 2562, 2563, 2594, 2665, 2696, 2736, 2779, 2780, 2834, 2855, 2892, 2930, 2990. 3007, 3024, 3046, 3093 3153, 3154, 3187, 3352, 3396, 3444, 3471, 3472, 3501, 3524, 3563, 3649, 3708, 3736, 3764, 3766, 3790, 3877, 3906, 3907, 3952, 3953, 4049, 4108, 4156, 4215.

b) Façonnage des bois, 518, 519, 607, 608, 674, 744, 895, 930, 1109, 1162, 1163, 1206-1210, 1677-1679, 2042, 2202, 2286, 2739, 3563, 3974, 4050, 4051.

V. Lampes.

a) Service des lampes (entretien et rallumage des lampes, porteurs de lampes, etc.), 10, 54, 129, 609, 610, 634, 654, 676, 708, 745, 776, 799, 825, 853, 872, 896, 897, 924, 925, 972, 1017, 1048, 1050, 1083, 1168, 1169, 1235, 1284, 1331, 1377, 1402, 1403, 1432, 1433, 1468-1470, 1543, 1544, 1581, 1582, 1611, 1612, 1767, 1810, 1812, 1832, 1862, 1887, 1936, 1952, 1983, 1997, 2020, 2021, 2053, 2069, 2088, 2124, 2146, 2187, 2289, 2316, 2363, 2402, 2458, 2492, 2515, 2564, 2594, 2738, 2779, 2834, 2856, 2895, 2930, 2996, 3091, 3150, 3151, 3156, 3157, 3187, 3353, 3376, 3377, 3397, 3419, 3446, 3473, 3501, 3525, 3565-3567, 3602, 3649, 3650, 3709, 3737, 3767, 3820, 3845, 3846, 3878, 3954, 4052, 4109, 4155, 4215, 4216.

b) Système de lampes, 654, 676, 896, 924, 1083, 1165, 1166, 1167, 1169, 1202, 1235, 1468, 1511, 1543, 1580, 1767, 1906, 2021, 2088, 2124, 2289, 2316, 2340, 2363, 2492, 2564, 2664, 3092, 3157, 3549, 3565, 3602, 3737, 3792, 3954, 4109.

VI. Organisation du travail, 722-724, 992, 994, 1003, 1202, 1239, 1240, 1278, 1279, 1763, 1953, 2362, 2592, 3031, 3032, 3095-3096.

VII. Différentes causes de retard, 234-239, 562, 634, 746, 797, 967, 1330, 1579, 1622, 2024, 2031, 2458, 2665, 2781, 3099, 3522, 3523, 3526, 3765.

VIII. Sécurité de la mine, accidents, etc., 45, 113, 887, 1004, 1202, 1240, 1320, 1660-1662, 1959, 2360-2362, 2970, 2994, 3094, 3097, 3109, 3110.

IX. Difficultés inhérentes à l'exploitation, 1198-1200.

16. Fréquence des retards.

34, 163, 240, 241, 289, 314 391, 392, 507, 563, 582, 677, 711, 742, 747, 775, 799, 827, 921, 967, 975, 976, 1020, 1046, 1052, 1107, 1110, 1161, 1170, 1232, 1278, 1343, 1376, 1997, 2025, 2054, 2089, 2122, 2187, 2282, 2316, 2341, 2475, 2515, 2595, 2637, 2695, 2697, 2737, 2782, 2855, 2896, 2929, 2931, 2961, 3084, 3100, 3354, 3523, 3568, 3651, 3707, 3736, 3789, 3915, 3992, 4043, 4048, 4107, 4110, 4153, 4154, 4184, 4214.

17. Conditions hygiéniques de la mine.

a) Température : 11, 35, 130, 164, 242, 290, 315, 508, 564, 583, 611, 635, 678, 712, 828, 873, 926, 977, 1021, 1053, 1085, 1111, 1171, 1237, 1286, 1344, 1380, 1404, 1434, 1471, 1513, 1545, 1583, 1768, 1833, 1863, 1888, 1907, 2026, 2090, 2125, 2150, 2188, 2218, 2290, 2317, 2377, 2403, 2432, 2433, 2459, 2476, 2494, 2516, 2566, 2599, 2666, 2698, 2740, 2783, 2835, 2857, 2897, 2932, 2962, 2997,

2998, 3047, 3105, 3112, 3160-3162, 3188, 3355, 3398, 3420, 3447, 3474, 3502, 3527, 3569, 3652, 3738, 3793, 3821, 3847, 3879, 3918, 3955, 4053, 4111, 4157, 4185, 4217.

Causes de la température élevée, moyens d'y remédier : 978, 1021, 1472, 2090, 2599, 2998.

b) Aérage de la mine. — Viciation de l'air : 11, 35, 55, 130, 164, 243, 290, 315, 316, 393, 394, 508, 564, 611, 635, 655, 712, 748, 777, 800, 854, 873, 898, 926, 927, 978, 980, 1021, 1053, 1055, 1111, 1202, 1237, 1256, 1345, 1380, 1381, 1435, 1473, 1512, 1513, 1545, 1546, 1583, 1769, 1814, 1863, 1907, 1924, 1925, 1938, 1953, 1984, 1998, 2026, 2027, 2055, 2070, 2125, 2134, 2156, 2189, 2218, 2290, 2317, 2344, 2360; 2361, 2403, 2433, 2459, 2476, 2477, 2494, 2550, 2566, 2594, 2595, 2638, 2698, 2740, 2897, 2932, 2947, 3044, 3112, 3161, 3188, 3355, 3482, 3483, 3502, 3653, 3712, 3738, 3768, 3879, 3955, 3972, 3973, 4053, 4112, 4157.

Causes de la viciation de l'air (écuries, remblayage, etc., et moyens d'y remédier) : 55, 611, 748, 898, 926, 978, 979, 980, 993, 1345, 1404, 1583, 1768, 1863, 1953, 2090, 2091, 2134, 2378, 2432, 2550, 2593, 2666, 2667, 2743, 2744, 2897, 2932, 2997, 3032, 3047, 3106, 3356, 3398, 3483, 3569, 3711, 3768, 3793, 3918, 3955,

c) Humidité de la mine : 35, 56, 130, 165, 244, 290, 317, 393, 394, 508, 564, 583, 612, 635, 655, 678, 712, 749, 777, 782, 800, 829, 854, 873, 899, 928, 980, 1022, 1053, 1085, 1112, 1195, 1238, 1286, 1324, 1325, 1346, 1347, 1381, 1405, 1436, 1474, 1512, 1514, 1547, 1584, 1585, 1595, 1621, 1769, 1833, 1863, 1888, 1907, 1937, 1953, 1969, 1984, 1998, 2027, 2070, 2106, 2125, 2156, 2190, 2218, 2291, 2317, 2345, 2378, 2404, 2433, 2459, 2476, 2495, 2496, 2516, 2550, 2566, 2599, 2619, 2638, 2698, 2720, 2740, 2741, 2783, 2835, 2857, 2932, 2999, 3044, 3047, 3106, 3110, 3112, 3188, 3355, 3399, 3421, 3448, 3502, 3527, 3570, 3603, 3653, 3710, 3738, 3768, 3793, 3803, 3847, 3877, 3968, 3969, 3970, 3977, 4112, 4158, 4186, 4187, 4217, 4218.

Moyens d'y remédier : 1437, 1621, 2040.

d) Effets des conditions hygiéniques de la mine sur la santé de l'ouvrier : 545-547, 1347, 1546, 2040, 2041, 2191, 2231, 3023, 3111, 3163, 3317-3321, 3909.

Ankylostomasie : 45, 99, 1701, 1702, 2191, 3427, 3893, 4219.

Lavoirs pour ouvriers, 1789, 1959, 2040, 2364, 2504, 2618, 2971, 3010, 3053, 3427, 3488, 3558, 3890-3892, 4016.

Tinettes dans la mine, 2040, 2599, 2898, 3893.

Morbidité. — Invalidité. — Mortalité des ouvriers mineurs, 88, 114.

18. Possibilité pour les ouvriers d'accomplir la même tâche qu'actuellement en un temps plus court :

12, 32, 36, 41, 57, 131, 134, 166, 172, 226, 245, 318, 395, 509, 565, 584, 613, 614, 636, 713, 750, 778, 801, 830, 855, 874, 900, 929, 981, 1023, 1054, 1086, 1172, 1243, 1287, 1288, 1348, 1382, 1406, 1438, 1476, 1515, 1548, 1574, 1575, 1586, 1610, 1770, 1834, 1864, 1889, 1908, 1939, 1953, 1985, 1999, 2028, 2071, 2092, 2126, 2157, 2192, 2219, 2318, 2346, 2379, 2460, 2478, 2497, 2524, 2532-2536, 2540, 2567, 2600, 2639, 2668, 2698, 2745, 2784, 2808, 2836, 2858, 2899, 2933, 2963, 3000, 3114, 3164, 3189, 3357, 3378, 3401, 3422, 3449, 3475, 3503, 3604, 3654, 3655, 3739, 3794, 3848, 3881, 3956, 4054, 4113, 4159, 4188, 4220.

Effet sur la production, d'une loi limitant la durée du travail dans les mines : 237-239, 566, 833, 1443, 1557, 1818, 1868, 1912, 1956, 2033, 2058, 2096, 2148-2155, 2112, 2478, 2497, 2572, 2610, 2699, 2748, 2793, 2809, 2837, 2862, 2906, 2935, 2989, 3049, 3116, 3117, 3120, 3129, 3130, 3453, 3578, 3641, 3642, 3675, 3798, 3885, 3921, 3958, 4056.

Effet utile de l'ouvrier : 766, 2177, 2197, 2316, 2317, 3192, 3974, 3993-3996, 4055, 4078, 4127-4136.

19. Circonstances qui pourraient avoir pour effet de compenser une diminution de la production résultant d'une réduction de la durée de la journée de travail.

Généralités : 173, 760, 802, 875, 981, 1087, 1114, 1173, 1626-1630, 1675, 1676, 1865, 2039, 2294, 2461, 2479, 2601, 3165, 3485, 3504, 3713, 4160, 4189.

Mise au travail plus rapide : 1113, 1114, 1631-1638, 1641-1648, 1704.

a) Réduction des temps de repos pris l'intérieur de la mine : 13, 37, 59, 174, 247, 318, 398, 510, 566, 585, 679, 779, 856, 1113, 1244, 1630, 1633, 1815, 1835, 1890, 1909, 1986, 2029, 2056, 2093, 2219, 2319, 2436, 2498, 2602, 2669, 2699, 2785, 2859, 2964, 3358, 3450, 3658, 4057, 4114, 4221.

b) Diminution des chômages : 173, 248, 396, 680, 1113, 1114, 1245, 1290-1292, 2029, 2126, 2193, 2194, 2219, 2319, 2380, 2603, 2670, 2786, 2814, 3115, 3450, 3659, 3770, 3795, 4058, 4059, 4115, 4189, 4221.

c) Travail plus intense : 13, 83, 174, 249, 318, 397, 522, 523, 983, 1246, 1406, 1409, 1986, 2030, 2093, 2405, 2435, 2436, 2498, 2538, 2539, 2604, 2640, 2700, 2787, 3660-3668, 3713, 4060, 4062, 4116, 4221.

d) Amélioration des conditions hygiéniques de la mine : 174, 250, 399, 400, 714, 983, 1055, 1247, 1909, 2030, 2040, 2093, 2605, 2671, 2700, 2788, 3115, 3669, 3982, 3983, 4064, 4117.

e) Suppression, au moins partielle, des causes d'arrêt ou de retard énumérées au n° 15 : 174, 251, 981, 1248, 1289, 1632, 1835, 2030, 2640, 2700, 2784, 2789, 2899, 3644, 3645, 3670, 3882, 4065, 4118.

1. Préparation plus complète des chantiers : 713, 1054, 1475, 1631.

2. Chargement, transport et extraction des produits (entretien des galeries) : 57, 319, 762, 766, 981, 1054, 1103, 1278, 1279, 1382, 1407, 1475, 1516, 1549, 1600, 1601, 1602, 1771, 1772, 1792, 1864, 2056, 2745, 2816, 2899, 2933, 2934, 3114, 3423, 3477-3480, 3643, 3769, 3819, 4222.

3. Meilleur entretien des galeries, 762, 766, 1475, 1516.

4. Service des bois : 681, 713, 715, 900, 930, 981, 1475, 1864, 1890, 1908, 2040, 2745, 3114, 3449, 3479, 3822, 3850.

5. Service des lampes : 57, 766, 1054, 1382, 1475, 2745, 3449, 3643.

6. Organisation du travail, outillage, divers : 58, 77-79, 293, 761, 763-765, 994, 1054, 1114, 1277, 1287, 1349, 1587, 1588, 1617, 1618, 1890, 2029, 2220, 2383, 2405, 2814, 2964, 3001, 3111, 3400, 3403, 3475, 3476, 3481, 3528, 3571-3573, 3662-3666, 3740, 3822, 3848, 3920, 3923, 3925, 3981, 3984, 4002, 4003-4005, 4066.

20. Possibilité d'organiser plusieurs postes d'abatage par jour.

14, 60, 61, 132, 175, 252, 291, 320, 401, 511, 567, 682, 716-718, 751, 831, 857, 876, 931, 984, 1024, 1056, 1088, 1115, 1174, 1249, 1293-1296, 1350, 1383, 1439, 1817, 1550, 1571, 1589, 1603, 1608, 1609, 1773, 1793, 1836, 1866, 1891, 1910, 1954, 2031, 2094, 2127, 2128, 2153, 2162, 2196, 2221, 2292, 2320, 2381, 2406, 2437, 2444, 2480, 2499, 2517, 2606, 2607, 2672, 2701, 2746, 2790, 2819, 2838, 2860, 2901, 2936, 2965, 3002, 3025-3027, 3118, 3167, 3190, 3379, 3671-3673, 3714, 3741, 3771, 3796, 3823, 3883, 4063, 4067, 4119, 4161, 4223.

Organisation du travail et postes multiples d'abatage : 1057, 2128.

Remblayage, bosseyement et postes multiples : 175, 253, 320, 511, 567, 831, 901, 1350, 1891, 2196, 2480, 2499, 2518, 2606, 2702, 2746, 2790, 3025, 3883.

Conditions hygiéniques de la mine et postes multiples : 984, 1954, 2606.

Nombre de chantiers et postes multiples : 61, 175, 254, 321, 402, 2127, 2196, 1068.

Pénurie de la main-d'œuvre : 175, 403, 511, 525, 1293, 1294, 2726, 3911-3913.

21. La loi doit-elle limiter la durée du travail des ouvriers mineurs ?

A. 64-67, 142, 176, 196, 255, 280, 301, 312, 387-389, 404-415, 615, 637, 683, 719, 780, 803, 832, 858, 932, 985, 1131, 1132, 1175, 1212, 1215, 1230, 1250, 1251, 1298-1300, 1351, 1440, 1518, 1551, 1552, 1553, 1699, 1774, 1817, 1837, 1867, 1892, 1911, 1926, 1940, 1955, 1987, 2057, 2095, 2129, 2159, 2164-2170, 2174-2176, 2222, 2251, 2252, 2259, 2260, 2321, 2407, 2438, 2443, 2462, 2481, 2500, 2519, 2524, 2537, 2542, 2568, 2641, 2670, 2684, 2702, 2747, 2791, 2807-2822, 2839, 2861, 2902, 2937, 2970, 2989, 3028, 3048, 3129-3131, 3167, 3191, 3202-3205, 3359, 3380, 3401, 3424, 3505, 3531, 3577, 3674, 3715, 3742, 3772, 3797, 3824, 3852, 3884, 3922, 3930, 3957, 3985, 3999, 4000, 4020, 4069, 4105, 4120, 4140, 4190, 4224.

B. Raisons militant en faveur ou contre une intervention légale.

Les conditions hygiéniques l'imposent : 617, 766.

Un accord entre les patrons et les ouvriers est impossible : 62, 1488, 1519, 2811-2813.

La loi aura pour effet d'éviter des conflits : 1351, 2569, 2570, 2966, 3048, 3119, 3452.

La réduction de la journée de travail aura des garanties : 63, 616, 719, 752, 902, 1025, 1058, 1297, 1384, 1408, 1477, 1590, 1775 1779, 1911, 1955, 2032, 2072, 2608, 2609, 3003, 3853, 3926.

La loi ne compromettra aucun intérêt : 66, 331-334.

Une loi serait dangereuse au point de vue de la santé et de la sécurité des ouvriers : 280, 312, 313, 522, 1485, 1486, 1676, 2129, 2148-2153, 2185, 2252, 2386, 2622, 2700, 2947, 3657, 4163, 4164.

Elle aura pour conséquence une dépréciation des charbons extraits : 67, 523-525, 727, 2186, 2247, 2318, 3657, 4220.

La liberté de tous doit être sauvegardée : 133, 176, 177, 258, 404, 568, 587, 637, 656, 877, 1089, 1116, 1176,

1213, 1970, 1987, 2129, 2160, 2258-2260, 2321 2500, 2524, 2543, 2544, 3606, 3671, 3987, 4152, 4221.

On devrait tenter un essai de la réduction des heures de travail : 2790, 2820.

22. Effet d'une loi sur les salaires.

Les salaires baisseront : 134, 263, 323, 415, 512, 638, 785, 1177, 1251, 2157, 2197, 2293, 2348, 2355, 2674, 2703, 2792, 2837, 3168, 3675-3677, 3716, 3743, 4070-4072, 4121, 4162, 4191, 4225.

Ils ne baisseront pas : 38, 178, 618, 720, 753, 859, 903, 933, 986, 996, 1026, 1059, 1122, 1301, 1302, 1352, 1353, 1385, 1409, 1442, 1478, 1520-1522, 1557, 1780, 1818, 1838, 1868, 1893, 1956, 2033, 2058, 2096, 2572, 2610, 2642, 2748, 2792, 2793, 2862, 2906, 3004, 3049, 3120, 3381, 3402, 3425, 3453, 3532, 3578, 3773, 3798, 3835, 3884, 3885, 3931, 3958.

Il n'y a pas de solution à prévoir : 41, 67.

Les ouvriers accepteraient-ils, éventuellement, une baisse des salaires qui serait la conséquence d'une loi diminuant la durée du travail ? : 11, 2439.

23. Diminution et prolongation de la journée de travail au cours des dernières années.

15, 68, 69, 135, 140, 166, 264, 292, 324, 468, 479, 513, 514, 569, 588, 619, 639, 657, 678, 684 721, 757, 782, 804, 834, 861, 878, 934, 987, 998, 1027, 1060, 1090, 1117, 1178, 1257, 1277, 1279, 1303, 1351, 1386, 1387, 1410, 1444, 1479, 1521, 1554, 1555, 1599, 1619, 1776, 1793, 1819, 1869, 1894, 1913, 1942, 1988, 2000, 2034, 2097, 2130, 2198, 2223, 2295, 2322, 2349, 2382, 2408, 2410, 2463, 2502, 2520, 2573, 2611, 2643, 2675, 2704, 2750, 2794, 2810, 2863, 2907, 2938, 3050, 3121, 3169, 3360, 3382, 3404, 3454, 3486, 3533, 3534, 3579, 3607, 3678, 3717, 3744, 3774, 3799, 3826, 3855, 3887, 3923, 3932, 3959, 4001, 4073, 4074, 4122, 4165, 4192, 4226.

24. Causes de la diminut'on de la journée.

a) Entente entre patrons et ouvriers : 15, 135, 179, 513, 1116, 1117, 1257, 2198, 2750, 2794, 2841, 2863, 3679, 4166.

b) Grèves : 70-73, 1060, 3121.

c) Interventions syndicales : 2612.

d) Progrès dans l'outillage : 264, 324, 804, 1117, 1178, 1277, 2705, 2706, 4073

e) Meilleure organisation du travail : 292, 1279, 1793, 2408, 2705.

25. Effets des diminutions antérieures de la journée de travail dans les mines.

L'effet utile a été diminué : 16, 166, 171, 179, 468, 470, 480, 1118, 1258, 2346, 2347. 3680, 3745, 4075, 4076, 4167.

L'effet utile n'a pas été diminué : 41, 136, 1061, 1179, 1310, 1386, 2296, 2707, 2751, 2795, 2864, 3580 3583.

Le salaire n'a pas été diminué : 16, 136, 172, 179, 480, 481, 1258, 1386, 2613, 2707, 2751, 2795, 4077, 4123.

Autres effets : 74, 75, 1061.

26. Application de la même durée de travail.

a) à tous les charbonnages : 80-82, 265, 266, 325, 482-484, 685, 758, 805, 806, 832, 935, 988, 1062, 1091, 1180, 1259, 1304, 1305-1309, 1355, 1411, 1441, 1525, 1556, 1783, 1839, 2035, 2131, 2252, 2297, 2350, 2384, 2409, 2614, 2676, 2708, 2749, 2796, 2842, 2908, 2909, 2942, 2967, 3005, 3051, 3122, 3149, 3170, 3193, 3359, 3362, 3383, 3506, 3585-3588, 3626-3629, 3681, 3682, 3775, 3856, 3886, 3933-3935, 3960, 4078, 4123, 4168, 4227.

b) à tous les sièges d'un charbonnage : 83, 180, 265, 266, 325, 1259, 2409, 2676, 2708, 3610.

c) à toutes les catégories d'ouvriers : 181, 806, 1259, 1441, 1480, 1556, 1591, 2035, 2131, 2252, 2350, 2500, 2614, 2676, 2708, 2749, 2797, 3193, 3359, 3362, 3506, 3535.

27. Salaires.

Mode de rémunération des salaires : 39 84, 137, 182, 269, 294, 326, 485, 486, 488, 515, 570, 589, 620, 640, 658, 686, 725, 759, 784, 807, 835, 861, 879, 904, 936, 989, 999, 1000, 1028, 1063, 1092, 1181, 1260, 1311, 1356, 1357, 1412, 1445, 1446, 1481, 1526, 1558, 1592, 1594, 1784, 1820, 1840, 1870, 1895, 1914, 1927, 1943, 1957, 1971, 1989, 2001, 2036, 2059, 2073, 2098, 2132, 2199, 2298, 2323, 2351, 2369, 2370, 2392, 2397, 2410, 2442, 2464, 2483, 2491, 2503, 2521, 2574, 2615, 2627, 2628, 2644, 2677-2679, 2709, 2724, 2752, 2798, 2799, 2843, 2865, 2910, 2943, 2968, 3005, 3029, 3052, 3123, 3171, 3194, 3363, 3384, 3405, 3426, 3455, 3487, 3507, 3536, 3589, 3611, 3683, 3718, 3746, 3776, 3800, 3827, 3857, 3868, 3888. 3936, 3961, 4059, 4079, 4124, 4169, 4193, 4228.

Échelle mobile des salaires : 1523, 2677, 2817.

Primes : 17, 85, 137, 182, 270, 296, 327, 328, 487, 516, 570, 620, 688, 784, 809, 837, 879, 905, 936, 989, 1028,

1092, 1119, 1182, 1261, 1312, 1359, 1447, 1483, 1527, 1560, 1610, 1785, 1812, 1840, 1870, 1914, 2001, 2036, 2059, 2132, 2161, 2300, 2351, 2410, 2442, 2483, 2521, 2574, 2616, 2645, 2710, 2754, 2755, 2800, 2803, 2843, 2865, 2912, 2968, 3008, 3172, 3363, 3487, 3507, 3537, 3589, 3612, 3683, 3747, 3776, 3800, 3827, 3889, 3962, 4059, 4079, 4125, 4169, 4229.

Salaire progressif, 271, 1120, 2769.

Taux des salaires, 785, 999, 1028, 1064, 1357, 1358, 1609, 3124.

Amendes, 18, 52, 86, 87, 137, 183, 273, 489, 490, 570, 590, 606, 620, 687, 725, 726, 759, 808, 836, 879, 904, 928, 990, 1001, 1002, 1009, 1028, 1037, 1065-1067, 1092, 1121, 1262, 1311, 1328, 1360-1363, 1413, 1417, 1482, 1528, 1593, 1777, 1778, 1820, 1840, 1870, 1895, 1914, 1943, 1958, 1971, 1989, 2001, 2036, 5059, 2073, 2098, 2200, 2299, 2353, 2365, 2411, 2464, 2483, 2503, 2574, 2575, 2616, 2645, 2678, 2753, 2800, 2843, 2911, 2914, 2968, 2991, 3006, 3125, 3363, 3455, 3487, 3507, 3537, 3556, 3612, 3683, 3719, 3748, 3776, 3787, 3789, 3801, 3827, 3857, 3888, 3961, 4079, 4013-4015, 4125, 4169, 4194, 4229.

28. Sous-entreprises.

Il y a des sous-entreprises, 295, 491, 937, 2037, 2201, 2354, 2617, 2679, 2711, 2801, 2969, 3126, 3590.

Il n'y a pas de sous-entreprises, 138, 184, 274, 329, 571, 861, 905, 991, 1029, 1067, 1093, 1183, 1263, 1312, 1359, 1484, 1529, 1559, 1786, 2132, 2323, 2844, 2866, 2913, 2945, 3009, 3053, 3172, 3195, 3455, 3538, 3684, 3720, 3889, 4080, 4126, 4170, 4195, 4230.

Leur influence sur les salaires, 1641-1648, 1650, 2037, 2202, 2801, 2802.

29. Conséquences d'une loi limitant la durée du travail dans les mines sur la prospérité de l'exploitation.

20, 185, 186, 275, 276, 197, 330, 472-476, 492-494, 517-519, 765, 1123, 1184, 1255, 1264, 2132, 2303-2305, 2355, 2412-2415, 3196, 3322-3338, 3613, 3685-3689, 3749, 3937, 4081-4090, 4127-4136, 4171, 4196, 4231-4233.

Divers.

EXPLOITATION :

Situation de certains charbonnages, 1653-1656, 1660, 1666-1672, 1841, 3764, 4008, 4009.

Le travail de la mine comparé à celui de la surface, 1625.

De l'organisation en matière houillère, 3235-3258.

Durée de l'extraction, 19.

Gisement, 426-438, 445, 1649, 2357, 2358, 2385, 2386.

Marché du charbon : 418-425, 520-543, 2234-2248.

Situation de l'industrie charbonnière du pays comparée à celle des pays concurrents, 3929.

Bénéfice des charbonnages, 1306-1309, 1780, 1781, 3800.

Main-d'œuvre :

Apprentissage du métier de mineur, 1648, 1688, 1689, 2302.

Instruction, 787, 1186, 1187, 1189, 1643-1645, 1648, 1759, 2947, 2972, 3843.

Capacité des ouvriers, 1699.

Épargne et prévoyance, 1699.

Caisse de secours, pensions de vieillesse, 906, 1364, 1790.

Organisation syndicale, 2680, 2812, 3921.

Servitude des ouvriers, 1487-1491.

Contrat de travail à longue durée, 1643-1646, 1795.

Grande mobilité des ouvriers d'un charbonnage à l'autre, 1646, 1685-1687, 2147.

Entente entre patrons et ouvriers, 2821, 2828, 3584, 3938, 4012.

Grèves, 72, 79, 2177, 3833, 3868.

Surveillants, 621, 761, 786, 787, 810, 811, 893, 948, 1064, 1065, 1185, 1186, 1415, 1613, 1615, 1616, 1643, 1648, 1688-1692, 1761, 1788, 2036, 2301, 2616, 2710, 2724, 2733, 2815, 2886, 2900, 3100, 3101, 3561, 3580, 3581, 3767, 3801, 3828, 3869, 3917, 3938, 3939, 3988-3991, 4012.

Conseils de conciliation, 1315, 1796, 2822, 3456, 3938, 3939, 4012.

Influence du régime industriel sur la race belge, 3206, 3234.

Divers.

Plaintes contre des mesures de représailles, 1314, 3940, 3989.

Sincérité de certaines dépositions ouvrières, 1561, 1562, 1656-1659, 2325.

Travail du dimanche, 581.

Règlement d'atelier, 1594, 1623, 1624.

Inspection des mines, 948, 1003, 1137, 1241, 1622, 1624, 1656, 1662-1664, 2135, 2188, 2344, 3102-3104, 3977.

Mauvais traitements dont sont victimes les chevaux dans la mine, 949, 1663, 1665, 3098.

Les intérêts des patrons et des ouvriers sont communs dans la question de la réduction des heures de travail, 1693-1698.

Participation aux bénéfices, 2787, 2815.

TABLE DES MATIÈRES.

Introduction . . . . pages I à VI.

DÉPOSITIONS DES TÉMOINS.

NOMS DES TÉMOINS.	PROFESSIONS.	Association au nom de laquelle le témoin a déposé.	DÉPOSITIONS	
			Numéros.	Pages.
	GROUPE DE LIÉGE.			
	Dépositions des ouvriers.			
Courard Fr.-Nic.	Haveur au charbonnage de Batterie.	»	1-21	1-2
Henrard André .	Bosseyeur au charbonnage de Batterie.	»	22-39	2-3
Hamal Jacques .	Ouvrier boiseur aux Charbonnages de Bonne-Espérance, Batterie et Violette.	Société de secours mutuels : *Les disciples de J.-B. Cols.*	40-111	3-10
Riga Nicolas . .	Haveur au charbonnage de Batterie.	»	115-138	11
	Dépositions des patrons.			
Wéry Emile. . .	Directeur-gérant des charbonnages d'Abhooz et Bonne Foi Hareng.	»	139-186	12-17
Nagant Eugène .	Directeur-gérant des charbonnages de La Haye.	»	187-276	17-22
Joris Richard . .	Directeur des travaux aux charbonnages de La Haye.	»	277	22

NOMS DES TÉMOINS.	PROFESSIONS.	Association au nom de laquelle le témoin a déposé.	DÉPOSITIONS.	
			Numéros.	Pages.
Bernard Alfred .	Directeur-gérant des charbonnages de la Petite Bacnure.	»	278-297	23-24
Bogaert Hilaire .	Directeur gérant des charbonnages du Bois d'Avroy.	»	298-334	24-26
Thiriart Léon . .	Directeur-gérant du charbonnage de Patience et Beaujonc.	»	335-494	26-36
Demany Charles.	Directeur-gérant du charbonnage de la Grande Bacnure.	»	495-519	36-38
Van Hoegarden P.	»	Syndicat des charbonnages Liégeois.	520-547	38-42

Dépositions des ouvriers.

NOMS DES TÉMOINS.	PROFESSIONS.	Association au nom de laquelle le témoin a déposé.	Numéros.	Pages.
Janssens Joseph.	Ouvrier haveur aux charbonnage de Bonne-Espérance, Batterie et Violette.	»	548-571	43-44
Thomas Nicolas .	Bacneur au charbonnage de Bonne Espérance.	»	572-590	44-45
Dupont Louis . .	Ouvrier à la pierre du charbonnage de l'Espérance et Bonne Fortune.	Syndicat *Le Réveil des mineurs ansois.*	591-621	45-47
Creusy Jean. . .	Bacneur au charbonnage de l'Espérance et Bonne Fortune.	»	622-640	48-49
Busch Mathieu. .	Ouvrier mineur au charbonnage de l'Espérance et Bonne Fortune.	»	641-658	49-50
Remy Noël . . .	Ouvrier à veine au charbonnage de l'Espérance et Bonne Fortune.	Syndicat de Grâce-Berleur.	659-688	50-51
Van Steenhoven Ferd.-Jos. . . .	Ouvrier à veine au charbonnage de l'Espérance et Bonne Fortune.	»	689-727	51-54

NOMS DES TÉMOINS.	PROFESSIONS.	Association au nom de laquelle le témoin a déposé.	DÉPOSITIONS.	
			Numéros.	Pages.
Gaucet J.-J. . .	Ouvrier à veine au charbonnage d'Ans.	Syndicat *Le Réveil Ansois.*	728-766	54-56
Radoux Hubert .	Ouvrier à veine au charbonnage de l'Espérance et Bonne Fortune.	»	767-787	57-58
Thomissen Jacq.	Bosseyeur et boiseur au charbonnage de l'Espérance et Bonne Fortune.	»	788-811	59-60
Demaret Arnold.	Ancien ouvrier mineur aux charbonnages de Bonne Fortune et Patience et Beaujonc.	Société de Secours Mutuels *Les Bienvenus.*	812-838	60-62
Roufosse Alph. .	Bacneur au charbonnage de l'Espérance et Bonne Fortune.	»	839-861	62-63
Gayet Jean . . .	Ouvrier à veine au charbonnage de l'Espérance et Bonne Fortune.	»	862-879	63-64
Kousen D.-J. . .	Ouvrier à veine au charbonnage de l'Espérance et Bonne Fortune.	»	880-906	64-66
Rigaux Joseph. .	Ouvrier à veine au charbonnage de l'Espérance et Bonne Fortune.	Association des travailleurs réunis.	907-937	66-68
Flesch Joseph. .	Ouvrier à veine au charbonnage du Bois d'Avroy.	Syndicat mutuelliste d'Ougrée.	938-1004	68-73
Raymackers L.-A	Ouvrier mineur au charbonnage du Bois d'Avroy.	»	1005-1029	73-75
Jans Jules. . . .	Ouvrier mineur au charbonnage de Bonne Espérance à Herstal.	Syndicat l'Union des Mineurs de Liége et des environs.	1030-1068	75-78
Hoeyberghs Ch.	Bosseyeur au charbonnage de l'Espérance et Violette.	Société de Secours mutuels de l'Union Sainte-Barbe à Herstal.	1069-1093	78-79

NOMS DES TÉMOINS.	PROFESSIONS.	Association au nom de laquelle le témoin a déposé.	DÉPOSITIONS.	
			Numéros.	Pages.
Dépositions de patrons.				
Souheur Florent.	Directeur-gérant des charbonnages de Bonne Fin.	»	1094-1123	79-81
Habets Paul. . .	Directeur-gérant des charbonnages de l'Espérance et Bonne Fortune.	»	1124-1189	82-87
Radelet Georges.	Directeur des travaux au charbonnage de l'Espérance et Bonne Fortune.	»	1190	87
Poncelet Joseph.	Directeur des travaux du charbonnage de la Haye.	»	1191-1210	87-90
Gouverneur Sylv.	Administrateur-gérant des charbonnages d'Ans et de Rocour.	»	1211-1264	90-93
Dépositions des ouvriers.				
Francotte Jean .	Ouvrier boiseur au charbonnage d'Ans.	Syndicat l'Union des Mineurs de Montegnée.	1265-1315	94-98
De Baal Joseph .	Ouvrier mineur aux charbonnages de Bonne Espérance, Batterie et Violette.	Union des Mineurs du bassin de Liége.	1316-1364	98-102
Loxhay J.-Jos. .	Ouvrier à veine au charbonnage de Bonne Espérance et Batterie.	Synt des Mineurs de Jupille et Synt l'Union des Mineurs du bassin de Liége.	1365-1387	102-103
Verulst Gust. .	Bosseyeur au charbonnage de Batterie.	Syndicat l'Union des Mineurs du bassin de Liége.	1388-1415	103-104
Roussiaux Emile.	Houilleur au charbonnage du Bois d'Avroy.	Idem.	1416-1448	105-106
Van Belle Louis .	Houilleur au charbonnage de Bonne Fin.	Idem.	1449-1491	107-109

NOMS DES TÉMOINS.	PROFESSIONS.	Association au nom de laquelle le témoin a déposé.	DÉPOSITIONS.	
			Numéros.	Pages.
Biever Nicolas. .	Ouvrier à veine au charbonnage de Bonne Fin.	Syndicat l'Union des Mineurs du bassin de Liége.	1492-1529	109-111
Lacroix F.-Ferd.	Idem.	Idem.	1530-1562	111-113
Schmitz Joseph .	Bacneur au charbonnage de l'Espérance et Bonne Fortune.	Syndic^t des Mineurs solidaires de St-Nicolas.	1563-1596	113-115
Dépositions des patrons.				
Gevers Emile . .	Directeur des travaux au charbonnage de l'Espérance et Bonne Fortune.	»	1597-1650	115-119
Bogaert Hilaire .	Directeur-gérant du charbonnage du Bois d'Avroy.	»	1651-1702	119-125
Dépositions des ouvriers.				
Lambrichts Ant.	Docteur en médecine, médecin du « Syndicat des Mineurs liégeois ».	»	1703-1745	125-127
Julsonet Louis. .	Ouvrier à veine au charbonnage du Bois d'Avroy.	Syndicat des Mineurs d'Ougrée.	1746-1790	128-130
Francotte Jean .	Ouvrier boiseur au charbonnage d'Ans.	»	1791-1796	130

GROUPE DE SERAING

Dépositions des ouvriers.

NOMS DES TÉMOINS.	PROFESSIONS.	Association	Numéros.	Pages.
Rousel Jean. . .	Traineur aux bacs au charbonnage du Bonnier.	Syndicat des ouvriers du Bonnier.	1797-1821	132-134
Massart J.-B. . .	Boiseur au charbonnage du Bonnier.	Syndicat des ouvriers mineurs de Grâce-Berleur.	1822-1841	134-135

NOMS DES TÉMOINS.	PROFESSIONS.	Association au nom de laquelle le témoin a déposé.	DÉPOSITIONS.	
			Numéros.	Pages.
Lakaye Edmond.	Ouvrier à veine au charbonnage du Bonnier.	Syndicat des ouvriers mineurs de Grâce-Berleur.	1812-1871	136-137
Moray François .	Ouvrier à la pierre au charbonnage du Corbeau.	Idem.	1872-1896	137-139
Aubaye Philippe.	Ouvrier à veine au charbonnage de Gosson-Lagasse.	Idem.	1897-1914	139-140
Peterman Gust .	Réparateur de puits au charbonnage de Gasson-Lagasse.	»	1915-1927	140-141
Marquet Victor .	Ouvrier boiseur au charbonnage du Horloz.	»	1928-1943	141-142
Boeyckens Isid. .	Ouvrier à veine au charbonnage des Six Bonniers.	Syndicat des Mineurs d'Ougrée.	1944-1959	142-143
Graindorge Aug.	Boute-feu au charbonnage de Marihaye.	»	1961-1971	143-144
Point Henri . . .	Boiseur au charbonnage de Marihaye.	»	1972-1989	144-145
Mousset Hyac. .	Boiseur au charbonnage de Marihaye.	»	1990-2001	145
Damas Remy . .	Abatteur aux charbonnages des Kessales.	Synd de l'Union des Mineurs de Mons-Crotteux.	2002-2044	146-150
Maes Léon . . .	Hiercheur au charbonnage de l'Arbre Saint-Michel.	»	2045-2059	150-151
Cayet Alfred . .	Hiercheur au charbonnage de la Concorde.	Association des houilleurs du siège du Vieux-Maquet.	2060-2073	152-153
Dussart Jean . .	Ouvrier à veine au charbonnage de la Concorde.	»	2074-2098	153-154

NOMS DES TÉMOINS.	PROFESSIONS.	Association au nom de laquelle le témoin a déposé.	DÉPOSITIONS.	
			Numéros.	Pages.
	Dépositions des patrons.			
Construm Ar. . .	Directeur-gérant du charbonnage du Corbeau.	»	2099-2135	155-158
Piette Joseph . .	Directeur des travaux du charbonnage d'Ougrée.	»	2136-2162	159-161
Eloy Louis . . .	Directeur des charbonnages de Marihaye de la Société d'Ougrée-Marihaye.	»	2163-2202	162-166
D'heur Georges .	Directeur des travaux au siège Boverie du charbonnage de Marihaye.	»	2203-2223	166-168
Discry Emile . .	Directeur-gérant du charbonnage de Gosson-Lagasse.	»	2224-2248	168-171
Lohest Henry . .	Directeur des travaux de Gosson-Lagasse.	»	2249-2305	171-174
Pilet Gérard. . .	Directeur des travaux du charbonnage du Horloz.	»	2306-2324	175-176
Dehasse Joseph .	Directeur-gérant du charbonnage de la Concorde.	»	2325-2355	176-178
Souheur Baud^{ouin}.	Directeur-gérant des charbonnages des Six Bonniers.	»	2356-2386	178-180
Habets Marcel .	Ingénieur en chef des charbonnages de la Société John Cockerill.	»	2387-2415	181-185
Willem Jules . .	Directeur des travaux des charbonnages de Cockerill.	»	2416	185
Heinen Léonard .	Conducteur des travaux des charbonnages de Cockerill.			

NOMS DES TÉMOINS.	PROFESSIONS.	Association au nom de laquelle le témoin a déposé.	DÉPOSITIONS. Numéros.	Pages.
	Dépositions des ouvriers.			
Lismonte Narcisse.	Bacneur au charbonnage du Horloz.	»	2417-2444	186-187
Devillers Victor.	Ouvrier à veine au charbonnage de Marihaye.	»	2445-2464	188-189
Delvenne Henry.	Idem	»	2465-2483	189-190
Pirotte Jules. . .	Boiseur au charbonnage de Marihaye.	»	2484-2504	190-191
Plompteux P.-J.	Ouvrier à veine au charbonnage de Marihaye.	»	2505-2521	191-192
Pené Florent . .	Boiseur au charbonnage de Gosson-Lagasse.	»	2522-2550	192-194
Deprez Noël. . .	Ouvrier à veine aux charbonnages des Kessales.	Syndicat des ouvriers mineurs de Jemeppe.	2551-2576	194-196
Hastir Ferd. . .	Bosseyeur et boiseur de nuit au charbonnage de la Concorde.	Idem.	2577-2622	196-198
Flesch Joseph . .	Ouvrier à veine aux charbonnages du Bois d'Avroy.	Syndicat des ouvriers mineurs du charbonnage d'Ougrée.	2623-2646	199-200
Jousten J.-Math.	Boiseur et bosseyeur au charbonnage des Six-Bonniers.	Syndicat l'Union des Mineurs de Seraing.	2647-2680	200-202
Servais Guill. .	Ouvrier à veine au charbonnage d'Ougrée.	»	2681-2711	202-204
Clajot Jean . . .	Ancien ouvrier mineur.	Syndicat socialiste des Mineurs de Hollogne-aux-Pierres.	2712-2755	204-207
Paquay Joseph .	Secrétaire de la Fédération chrétienne des Francs Mineurs du bassin de Liége et de la rive gauche de la Meuse.	Fédération des Mineurs chrétiens et les syndicats qui en font partie.	2756-2822	207-213

NOMS DES TÉMOINS.	PROFESSIONS.	Association au nom de laquelle le témoin a déposé.	DÉPOSITIONS. Numéros.	DÉPOSITIONS. Pages.
Paulus Henri . .	Ouvrier hayeur au charbonnage du Corbeau.	»	2823-2844	214-216
Boulet François.	idem.	»	2845-2866	216-217
Dubar Henri . .	Hiercheur au charbonnage de de Marihaye.	Syndicat des mineurs de Seraing.	2867-2913	217-220
Passeux Joseph .	Boiseur au charbonnage de Marihaye.	Syndicat socialiste de Seraing.	2914-2945	220-223
Paulus Florent .	Hiercheur au charbonnage de Marihaye.	Union des mineurs de Seraing.	2946-2972	223-226
Brandebourger .	Hayeur au charbonnage de Marihaye.	Syndicat des Francs-mineurs de Seraing.	2973-3010	226-227
Dumoulin Nic. .	Ouvrier à veine au charbonnage de Marihaye.	Syndicat des mineurs de Seraing.	3011-3032	228-229
Larson Henri . .	Ouvrier mineur au charbonnage du Nord de Flémalle.	Syndicat des mineurs de St-Georges.	3033-3053	229-231
Wilisky Alph. .	Ancien mineur.	Syndicat l'*Union des min*[rs] *de Flémalle-Grande et environs.*	3054-3131	231-238

Dépositions des patrons.

NOMS DES TÉMOINS.	PROFESSIONS.	Association au nom de laquelle le témoin a déposé.	DÉPOSITIONS. Numéros.	DÉPOSITIONS. Pages.
Dehousse Charl[es].	Ingénieur en chef du charbonnage de Marihaye.	»	3132-3173	238-240
Deltenre Georg[es].	Directeur du charbonnage de l'Arbre Saint-Michel	»	3174-3196	241-242
Banneux Phil. .	Directeur-gérant du charbonnage du Horloz.	Union des mines et usines de la province de Liége.	3197-3338	242-256

NOMS DES TÉMOINS.	PROFESSIONS.	Association au nom de laquelle le témoin a déposé.	DÉPOSITIONS.	
			Numéros.	Pages.

GROUPE DE FLÉRON.

Dépositions des ouvriers.

Rogister Alph. .	Bosseyeur au charbonnage de Quatre-Jean.	»	3339-3363	258-259
Hubi Joseph. . .	Idem.	»	3364-3384	260
Heugmesse Jean.	Idem.	»	3385-3405	261
Mertens Servais.	Hiercheur au charbonnage de de Quatre-Jean.	»	3406-3427	262
Rasquinet Jules .	Ouvrier à veine au charbonnage de Quatre-Jean.	Syndicat *La Prévoyance du Queue du Bois.*	3428-3456	262-264
Habran Lambert.	Ouvrier à la pierre au charbonnage de Quatre-Jean.	Idem.	3457	264
Etienne Denis . .	Ouvrier à veine au charbonnage de Quatre-Jean.	Idem.	3457	264
Jacquemin Fr. .	Idem.	Idem.	3457	264
Lassine Joseph .	Bacneur au charbonnage de Quatre-Jean.	»	3458-3489	264-266
Hanquet Laurent.	Boiseur au charbonnage de Cowette-Rufin.	»	3490-3507	266-267
Dejardin Nicolas.	Ouvrier à la pierre au charbonnage de Cowette-Rufin.	Syndicat *Le Réveil des Mineurs de Beyne-Heusay.*	3508-3538	267-268
Boulanger Arnold.	Ouvrier à veine au charbonnage de l'Est de Liége.	Idem.	3539-3590	268-272

NOMS DES TÉMOINS.	PROFESSIONS.	Association au nom de laquelle le témoin a déposé.	DÉPOSITIONS.	
			Numéros.	Pages.
	Dépositions des patrons.			
d'Andrimont P. .	Administrateur-délégué du charbonnage du Hasard-Fléron.	»	3591-3613	272-273
Gathoye Louis. .	Directeur-gérant du charbonnage du Bois de Micheroux.	»	3614-3689	273-278
Deghaye Fr. . .	Directeur des travaux du charbonnage de Wérister.	»	3690-3720	278-280
Laguesse Léon. .	Directeur-gérant au charbonnage de Lonette.	»	3721-3748	280-281
	Dépositions des ouvriers.			
Deffet Dieudonné	Bosseyeur au charbonnage de Wérister.	Syndicat *Le Réveil des Mineurs de Beyne-Heusay.*	3749-3776	282-284
Lambermont Jos.	Bosseyeur et réparateur au charbonnage de Wérister.	Sectionsyndicale d'Ayeneux.	3777-3804	284-286
Demaret Jean. .	Haveur au charbonnage de Cowette-Rufin.	Syndicat *Le Réveil des Mineurs de Beyne-Heusay.*	3805-3828	286-287
Frenay Antoine.	Traîneur au charbonnage du Hasard.	Syndicat *Le Réveil des Mineurs de Fecher et Soumagne.*	3829-3857	287-288
Laruth Léonard.	Ouvrier à veine au charbonnage du Hasard.	Idem.	3858-3893	289-291
Lemasny Ed. . .	Bosseyeur au charbonnage de l'Est de Liége.	»	3894	291
Janssens Victor.	Ouvrier à veine au charbonnage de l'Est de Liége.	Syndicat régional du plateau de Herve.	3895-3940	291-294
Briand François.	Réparateur au charbonnage de Maireux et Bas Bois.	Syndicat d'Ayeneux.	3941-3964	294-295

NOMS DES TÉMOINS.	PROFESSIONS.	Association au nom de laquelle le témoin a déposé.	DÉPOSITIONS.	
			Numéros.	Pages.
Baudouin L. . .	Bosseyeur au charbonnage de Herve Wergifosse.	»	3965-3989	295-297
Dejardin Joseph.	Ancien mineur.	»	3986-4012	297-299

Dépositions des patrons.

NOMS DES TÉMOINS.	PROFESSIONS.	Association au nom de laquelle le témoin a déposé.	Numéros.	Pages.
Deghaye	Directeur des travaux des Charbonnages de Wérister.	»	4013-4016	299-300
Ledent Mathieu .	Directeur-gérant du charbonnage de Quatre Jean.	»	4017-4090	300 304
Joassart Const. .	Directeur au charbonnage de Maireux et Bas Bois.	»	4091-4136	304-308
Mathy Ernest . .	Directeur des travaux des charbonnages de Herve-Wergifosse.	»	4137-4171	308-310
Delsemme Tous.	Directeur-gérant du charbonnage Cowette-Rufin.	»	4172-4196	310-311
Trasenster M. .	Directeur-gérant des charbonnages de l'Est de Liége.	»	4197-4233	311-314

Tables analytiques . . . . pages 315 à 338.

www.ingramcontent.com/pod-product-compliance
Ingram Content Group UK Ltd.
Pitfield, Milton Keynes, MK11 3LW, UK
UKHW021102220726
13924UKWH00005B/2202